KAMPENWAND
VERLAG

ISBN: 978-3986600570

2022 KAMPENWAND VERLAG
RAIFFEISENSTR. 4 · D-83377 VACHENDORF WWW.KAMPENWAND-VERLAG.DE

VERSAND & VERTRIEB DURCH NOVA MD GMBH
WWW.NOVAMD.DE · BESTELLUNG@NOVAMD.DE · +49 (0) 861 166 17 27

TEXT: WERNER WIRTH
LEKTORAT: INEZ ULRICH

PRINTED IN CZECH REPUBLIC
FINIDR, S.R.O. · LÍPOVÁ 1965 · 737 01 ČESKÝ TĚŠÍN

MUSS MAN DAS WISSEN?

WERNER WIRTH

DIE GROẞE ENZYKLOPÄDIE

INHALT

INHALT

INHALT

INHALT

INHALT

BIOLOGIE

INHALT

INHALT

INHALT

INHALT

WAS KANN MAN IM BERUF, IM ALLTAG UND AUS DEN MEDIEN ERFAHREN

INHALT

INHALT

INHALT

INHALT

INHALT

INHALT

VORWORT

Eine informative ZDF-Sendung „Terra X" mit dem Thema Vulkanismus beeindruckte mich sehr und machte mich neugierig. Einiges über dieses Thema kannte ich bereits aus der Schule, manch anderes habe ich aus Büchern oder anderen Medien erfahren.
Das Thema hat mich so stark interessiert, dass ich an den folgenden Tagen mehrmals in verschiedenen Lexika und im Internet zusätzliche Informationen suchte.
Je mehr man sich in das Thema vertieft, desto spezieller werden die Erkenntnisse und desto intensiver sucht man nach weiterer Literatur.
Die Informationen allein zu diesem Thema „Vulkanismus" sind so umfangreich, dass man sich nur einen geringen Teil wirklich merken kann.

Was ist wichtig? Was ist wissenswert? Was ist überflüssig? Muss man für einen Überblick so viel Literatur studieren? Welches Wissen reicht für einem Überblick aus? Wo kann man sich schnell und einfach informieren?
Diese Gedanken gingen mir durch den Kopf.

Was ist Allgemeinwissen? Wie eignet man sich dieses Allgemeinwissen an? Zuerst als Kind und Jugendlicher in der Schule, dann als Erwachsener im Beruf, im Alltag und aus den Medien.
Es wäre wünschenswert, ein sogenanntes „Allgemeinwissen" in einem einzigen Buch, stets griffbereit, nachlesen zu können.

Das vorliegende Buch ist ein Versuch, möglichst viele Informationen – übersichtlich gegliedert – aus allen Bereichen des Lebens zusammenzutragen.
Da Allgemeinwissen aber kein einheitlich definierter Begriff ist, kann die vorliegende Sammlung nicht für jeden die gleiche Wertigkeit haben.
Das bedeutet, dass die Auswahl des hier genannten „Grundwissens" eine rein subjektive Entscheidung ist und deshalb auch niemals vollständig sein kann.
Ich bitte um Nachsicht, wenn manche wirklich wichtige Information fehlt oder zu viel überflüssiges Wissen aufgezählt wird.

Werner Wirth

WAS KANN MAN IN DEN UNTERRICHTSFÄCHERN DER SCHULE LERNEN

WICHTIGE BEGRIFFE DER GRAMMATIK UND SPRACHLEHRE

1. Substantiv (Hauptwort, Namenwort, Dingwort)

Mit Substantiven bezeichnet man Gegenstände, Dinge und Sachverhalte.
Beispiele: Mann, Koffer, Buch, Auto, Wissen, Freiheit, ...
Ein Substantiv kann man in verschiedene Fälle setzen:

	männlich	**weiblich**	**sächlich**
Nominativ (1. Fall, Wer-Fall)	der	die	das
Genitiv (2. Fall, Wessen-Fall)	des	der	des
Dativ (3. Fall, Wem-Fall)	dem	der	dem
Akkusativ (4. Fall, Wen- oder Was-Fall)	den	die	das

Beispiele:

Das ist die Frau	Dort liegt der Brief
Das Auto der Frau	Die erste Seite des Briefes
Das Kleid gehört der Frau	Die Briefmarke auf dem Brief
Ich frage die Frau	Der Postbote bringt den Brief

Zwei weitere Begriffe:
Singular (Einzahl): der Vater, die Mutter, das Kind
Plural (Mehrzahl): die Väter, die Mütter, die Kinder

2. Verb (Tätigkeitswort, Zeitwort)

Mit Verben werden Tätigkeiten (z. B. die Mutter kocht, der Hase hüpft), Zustände (z. B. die Tür ist abgeschlossen, die Blume blüht) und Vorgänge (z. B. das Wasser sprudelt, die Bremsen quietschen) beschrieben.

Es gibt auch sogenannte Hilfszeitwörter.
Beispiele: haben, sein, werden, sollen, lassen, ...

Ein Verb kann **konjugiert** (gebeugt, abgewandelt) werden. Es gibt
schwache Verben: bei der Beugung wird der Stammvokal im **Infinitiv** (Grundwort) nicht verändert, zum Beispiel bei arbeiten → arbeitete, kochen → kochte, lachen → lachte, lieben → liebte, spielen → spielte, ...

starke Verben: bei der Beugung wird der Stammvokal im Infinitiv verändert, zum Beispiel bei fahren → fuhr, finden → fand, halten → hielt, helfen → half, schlafen → schlief, ….
Es gibt auch Mischformen.

→ **mehr dazu siehe Seite 31, 32**

3. Adverb (Umstandswort, Lagewort)

Mit Adverbien beschreibt man die genaueren Umstände eines Sachverhaltes.

Wo geschieht etwas? → Umstandswort des **Ortes**
Beispiele: da, dazwischen, dort, draußen, fort, hier, hinten, irgendwo, links, nirgends, oben, rechts, ringsum, überall, unten, vorne, …

Wann geschieht etwas? → Umstandswort der **Zeit**
Beispiele: anfangs, bald, damals, demnächst, endlich, inzwischen, jährlich, jetzt, letzte Woche, manchmal, niemals, nun, stets, soeben, später, täglich, vorgestern, zuletzt, …

Wie geschieht etwas? → Umstandswort der **Art und Weise**
Beispiele: allmählich, anders, ausschließlich, besonders, ebenso, fast, kaum, leicht, nur, spielend, schnell, sorgfältig, teilweise, umsonst, unwahrscheinlich, vollständig, …

Warum geschieht etwas? → Umstandswort des **Grundes**
Beispiele: dafür, daher, dementsprechend, deshalb, folglich, jedenfalls, nur, somit, trotzdem, vorsorglich, wozu, …

4. Adjektiv (Eigenschaftswort, Artwort, Wiewort)

Mit Adjektiven bezeichnet man die Eigenschaft von Personen, Dingen, Tätigkeiten und Zuständen.
Die Eigenschaftswörter erfragt man mit wie?
Beispiele: albern, alt, böse, einfallsreich, farbig, freundlich, groß, hilfsbereit, hübsch, jung, leicht, riesig, schlank, schön, tolerant, vergesslich, widerspenstig, zänkisch, …

Man kann die Eigenschaftswörter steigern.

Beispiele:

Positiv (Grundform)	schön	frech	schnell
Komperativ (Steigerungsform)	schöner	frecher	schneller
Superlativ (Höchstform)	am schönsten	am frechsten	am schnellsten

5. Artikel (Geschlechtswort, Begleiter)

Die Artikel gehören zu den Substantiven und weisen auf das Geschlecht des Wortes (männlich: der, weiblich: die, sächlich: das) hin.
Bestimmte Artikel: der, die, das, des, dem, den
Unbestimmte Artikel: ein, eine, eines, einer, einem, einen

6. Pronomen (Fürwort)

In einem Satz steht ein Pronom als Stellvertreter oder Begleiter für ein Substantiv.

Personalpronomen (persönliches Fürwort): ich, du, er, sie, es, wir, ihr, sie
Beispiel: Mein Bruder ist jünger als ich. **Er** geht noch zur Schule.
↑ STELLVERTRETER

Possessivpronomen (besitzanzeigendes Fürwort): mein, dein, sein
Beispiele: Das ist **mein** Auto. **Mein** ist die Freude.
↑ BEGLEITER ↑ STELLVERTRETER

Demonstrativpronomen (hinweisendes Fürwort): dieser, jener, solche, dieselbe, …
Beispiel: Solche Schuhe gefallen mir.
↑ BEGLEITER

Relativpronomen (bezügliches Fürwort): der, die, das, welcher, was, wer, …
Beispiel: Das ist der Mann, **der** mein Nachbar ist.
↑ STELLVERTRETER

Interrogativpronomen (Fragefürwort): was? wer? welche?
Beispiel: Dort ist mein Bruder. **Welcher** von denen?
↑ STELLVERTRETER

Reflexivpronomen (rückbezügliches Fürwort): sich
Beispiel: Sich erholen, ist ein Genuss.
↑ STELLVERTRETER

Indefinitpronomen (unbestimmtes Fürwort): alle, etwas, keiner, mancher, vieles, …
Beispiele: Das ist **nichts** Gescheites. **Nichts** bleibt übrig.
↑ BEGLEITER ↑ STELLVERTRETER

7. Präposition (Verhältniswort, Vorwort)

Die Präposition steht vor einem Substantiv. Man gibt damit an, in welcher Beziehung Wörter oder Wortgruppen zueinanderstehen.

Präpositionen haben verschiedene Funktionen, sie beschreiben
→ einen Platz oder Raum (auf, unter, bei, ...→ weitere siehe unten)
→ einen Zeitpunkt oder Zeitraum (bis, während, jetzt, ...→ weitere siehe unten)
→ Beziehungen (außer, gegen, für, mit, ...→ weitere siehe unten)

Präpositionen sind an einen bestimmten **Kasus** (Fall) gebunden.

Genitiv (2.Fall):
abseits, abzüglich, anfangs, angesichts, anlässlich, anstatt, anstelle, aufgrund, ausschließlich, außerhalb, bar, beiderseits, betreffs, bezüglich, diesseits, einbezüglich, eingedenk, einschließlich, entgegen, gelegentlich, halber (immer nachgestellt), hinsichtlich, inmitten, innerhalb, jenseits, kraft, längsseits, links, mangels, mittels, namens, nördlich, nordöstlich, seitens, oberhalb, östlich, rechts, rücksichtlich, seitens, seitlich, südlich, südöstlich, südwestlich, unfern, ungeachtet, unterhalb, unweit, vorbehaltlich, vermittels, vermöge, vis-à-vis, während, zeit, zufolge (meist vorgestellt), zugunsten, zulasten, zuliebe, zuungunsten, zuzüglich, zwecks.
Beispiel: Das kleine Bild hängt **oberhalb** des Regals
↑ BEZIEHUNG ZWISCHEN BILD UND REGAL

Genitiv (2. Fall) oder **Dativ** (3. Fall):
binnen, dank, entlang (vorangestellt), längs, laut, trotz, während, wegen.
Beispiele: Der Schüler hat **dank** seines Fleißes die Prüfung bestanden.
↑ BEZIEHUNG ZWISCHEN FLEISS UND BESTANDENER PRÜFUNG

.... **binnen** eines Monats aber auch .... **binnen** einem Monat
↑ GENITIV ↑ DATIV

Dativ (3. Fall):
ab, außer, bei, entgegen, entsprechend, gegenüber, gemäß, getreu, gleich, mit, mitsamt, nächst, nach, nahe, nebst, samt, seit, von, vor, zu, zufolge (meist nachgestellt), zuwider, zwischen.
Beispiel: Ich weiß das **seit** gestern.

Dativ (3. Fall) → Frage: Wohin? oder **Akkusativ** (4. Fall) → Frage: Wo?:
an, anstatt, auf, entlang (nachgestellt), hinter, in, neben, per, über, unter.
Beispiele: Er wohnt im Stockwerk **über** mir. Ich gehe **über** die Straße.
↑ WO? ↑ WOHIN?

Akkusativ (4. Fall):
auf, bis, durch, entlang (nachgestellt), für, gegen, gen, je, lang (immer nachgestellt), ohne, pro, um, wider

Beispiele: Ich warte **bis** morgen. Der Hund liegt **unter** dem Tisch.
↑ ZEITLICHE FUNKTION ↑ ÖRTLICHE FUNKTION

8. Konjunktion (Bindewort)

Mit Konjunktionen verbindet man Wörter oder ganze Sätze. Es werden zwei oder mehrere Teile miteinander verknüpft.

Nebenordnende Konjunktionen verbinden Hauptsatz mit Hauptsatz.
Beispiel: Ich fahre an die Nordsee **oder** ich fahre ins Gebirge.
↑ 1. HAUPTSATZ ↑ KONJUNKTION ↑ 2. HAUPTSATZ

Unterordnende Konjunktionen verbinden Hauptsatz mit Nebensatz.

Beispiel: Räume dein Zimmer auf, **bevor** du deinen Freund besuchst.
↑ 1. HAUPTSATZ ↑ KONJUNKTION ↑ 2. HAUPTSATZ

Doppelkonjunktionen gehören zu den nebenordnenden Konjunktionen.
Beispiel: Ich war **sowohl** beim Bäcker **als auch** beim Metzger.
↑ DOPPELKONJUNKTION ↑

Nebenordnende Konjunktionen:
aber, allein, auch, außerdem, dagegen, daher, dann, darum, dazu, denn, dennoch, deshalb, doch, infolgedessen, jedoch, oder, nur, sondern, trotzdem, und, wenn auch.

Unterordnende Konjunktionen:
als, bevor, beziehungsweise, bis, da, damit, dass, ehe, falls, ferner, indem, nachdem, nun, ob, obwohl, ohne dass, von dem, seitdem, sobald, sodass, solange, sooft, ungeachtet, während, weil, wenn, wie, wogegen, zumal.

Doppelkonjunktionen:
entweder ...... oder, nicht nur ...... sondern auch, sowohl ...... als auch, weder ...... noch, zwar ...... aber.

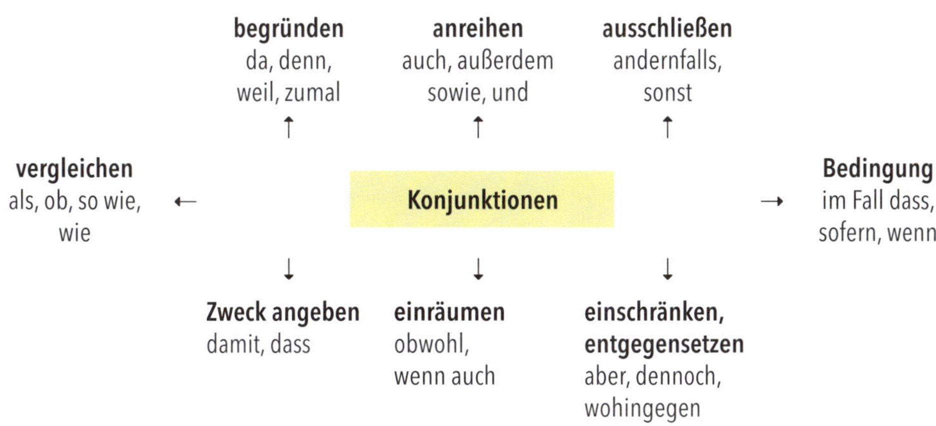

DIE ZEITFORMEN

Man unterscheidet folgende Zeitformen:

Präsens (Gegenwart)
Perfekt (vollendete Gegenwart, auch 2. Vergangenheit genannt)
Präteritum (1. Vergangenheit)
Plusquamperfekt (vollendete Vergangenheit)
Futur I (Zukunft)
Futur II (vollendete Zukunft)

KONJUGATION EINES VERBS

Die Formenbildung eines Verbs bezeichnet man als **Konjugation**. Man kann die Verben in „schwache" und „starke" Verben untereilen.

→ **siehe Seite 26**

1. Konjugation von „schwachen" und „starken" Verben

Nachfolgend ein Beispiel für das schwache Verb „sp**ie**len" und das starke Verb „schl**a**fen".

Zeitform	Schwaches Verb „sp**ie**len" STAMMVOKAL „ie" BLEIBT ERHALTEN!	Starkes Verb „schl**a**fen" STAMMVOKAL „a" ÄNDERT SICH!	Anwendung
Präsens	ich spiele du spielst er/sie/es spielt wir spielen ihr spielt sie spielen	ich schlafe du schl**ä**fst er/sie/es schläft wir schlafen ihr schlaft sie schlafen	Zustand oder Handlung in der Gegenwart Handlung in der Zukunft, die bereits vereinbart ist
Präteritum	ich spielte du spieltest er/sie/es spielte wir spielten ihr spieltet sie spielten	ich schl**ie**f du schliefst er/sie/es schlief wir schliefen ihr schlieft sie schliefen	Zustand oder abgeschlossene Handlung in der Vergangenheit Wird meist bei Erzählungen verwendet
Perfekt	ich habe gespielt du hast ...... er/sie/es hat ...... wir haben ...... ihr habt ...... sie haben	ich habe geschlafen du hast ...... er/sie/es hat ...... wir haben ...... ihr habt ...... sie haben	Abgeschlossene Handlung in der Vergangenheit Das Ergebnis der Handlung steht im Vordergrund
Plusquamperfekt	ich hatte gespielt du hattest ...... er/sie/es hatte ...... wir hatten ...... ihr hattet ...... sie hatten	ich hatte geschlafen du hattest ...... er/sie/es hatten .... wir hatten .... ihr hattet .... sie hatten	Handlung vor einem bestimmten Zeitpunkt in der Vergangenheit

<table>
<tr><td>Futur I</td><td>ich werde spielen
du wirst ....
er/sie/es wird ....
wir werden ....
ihr werdet ....
sie werden ....</td><td>ich werde schlafen
du wirst ......
er/sie/es wird ......
wir werden ......
ihr werdet ......
sie werden ......</td><td>Absicht, Hoffnung, Vermutung für die Zukunft der Gegenwart</td></tr>
<tr><td>Futur II</td><td>ich werde gespielt haben
du wirst ....
er/sie/es wird ....
wir werden ....
ihr werdet ....
sie werden ....</td><td>ich werde geschlafen haben
du wirst ....
er/sie/es wird ....
wir werden ....
ihr werdet ....
sie werden ....</td><td>Vermutung für die Vergangenheit
Vermutung, Hoffnung über etwas, das bis zu einem bestimmten Zeitpunkt in der Zukunft geschehen sein wird</td></tr>
</table>

2. Konjugation von Hilfsverben

Zeitform	haben	Sein	werden
Präsens	ich habe	ich bin	ich werde
Perfekt	ich hatte	ich war	ich wurde
Präteritum	ich habe gehabt	ich bin gewesen	ich bin geworden
Plusquamperfekt	ich hatte gehabt	ich war gewesen	ich war geworden
Futur I	ich werde haben	ich werde sein	ich werde werden
Futur II	ich werde gehabt haben	ich werde gewesen sein	ich werde geworden sein

DIE AUSSAGEWEISEN VON VERBEN

Es gibt drei Aussageweisen von Verben:

Der **Indikativ** (Wirklichkeitsform) wird verwendet, um wirkliche, tatsächliche Begebenheiten und Sachverhalte zu beschreiben.
Beispiel: Thomas und Eva lernen ein Gedicht.

Der **Imperativ** (Befehlsform) wird nur benutzt, wenn man eine oder mehrere Personen direkt anspricht. Es ist deshalb nur in der 2. Person Singular („du") oder 2. Person Plural („ihr") oder in der Höflichkeitsanrede („sie") möglich.
Beispiel: Lernt das Gedicht bis morgen!

Der **Konjunktiv** (Möglichkeitsform) wird hauptsächlich in der indirekten Rede verwendet.
Beispiel für den Konjunktiv I: Stefan glaubt, Thomas lerne das Gedicht.
Beispiel für den Konjunktiv II: Maria glaubt, Thomas würde das Gedicht lernen.

AKTIV UND PASSIV IN DER GRAMMATIK

„Aktiv" (Tätigkeitsform) und **„Passiv"** (Leideform) sind die beiden Handlungsrichtungen in der deutschen Grammatik.

Man muss sich das bildlich so vorstellen:
Derjenige (Person/Objekt), der handelt, ist aktiv, also der Täter.
Derjenige (Person/Objekt), der behandelt wird, ist passiv, also das Opfer.
Das Passiv wird nicht nur durch ein Verb angegeben, sondern durch die Kombination eines Verbes mit einem Hilfsverb.

Beispiel:
Aktivsatz: Der Vater mäht den Rasen.
Der Vater ist der Täter, weil er etwas tut. Der Rasen ist das Opfer, weil ihm etwas angetan wird.
Passivsatz: Der Rasen wird vom Vater gemäht.

Die häufigste Passivform wird mit dem Hilfsverb „werden" gebildet.

Zeitform	Aktiv	Passiv
Präsens	Er ruft mich	Ich werde von ihm gerufen
Präteritum	Er rief mich	Ich wurde von ihm gerufen
Perfekt	Er hat mich gerufen	Ich bin von ihm gerufen worden
Plusquamperfekt	Er hatte mich gerufen	Ich war von ihm gerufen worden
Futur	Er wird mich rufen	Ich werde von ihm gerufen werden

WEITERE BEGRIFFE

Subjekt (Satzgegenstand), **Prädikat** (Satzaussage), **Objekt** (Satzergänzung)
Beispiel: Die Mutter bereitet das Essen.
↑ ↑ ↑
SUBJEKT PRÄDIKAT OBJEKT

Singular (Einzahl: das Haus), **Plural** (Mehrzahl: die Häuser)

Vokal (Selbstlaut), **Konsonant** (Mitlaut)
Beispiele: Vokale sind a, e, i, o, u
Umlaute sind ä, ö, ü
Mitlaute sind alle anderen Buchstaben des Alphabets

Infinitiv (Grundform des Zeitwortes), **Imperativ** (Befehlsform des Zeitwortes)
Beispiel: laufen (Grundform), lauf (Befehlsform)

Maskulinum (männliches Hauptwort, z. B. der Baum)
Femininum (weibliches Hauptwort, z. B. die Schule)
Neutrum (sächliches Hauptwort, z. B. das Kleid)

Die häufigste Passivform wird mit dem Hilfsverb „werden" gebildet.

EIN PAAR RECHTSCHREIBHILFEN

Bei Unkenntnis oder Unsicherheit sollte man stets im Duden nachsehen.

das und dass
Wenn man für „das" die Wörter „dieses" oder „welches" einsetzen kann, wird „das" immer mit nur mit einem s geschrieben.
Beispiele: Das Kind, **das** heuer in die erste Klasse kommt.
Es ist erfreulich, **dass** heute die Sonne scheint.

seid oder seit
„seid" ist die 2. Person Plural vom Hilfsverb „sein", „seit" hat mit der Zeit zu tun.
Beispiele: **Seid** ihr gut angekommen?
Ich warte **seit** zwei Tagen auf diesen Brief.

ß und ss
Nach einem lang gesprochenen Selbstlaut wird ein ß geschrieben. Nach einem kurz gesprochenen Selbstlaut schreibt man ss.
Beispiele: Stra**ß**e – Ka**ss**e, Ma**ß** – Fa**ss**, Ma**ß**e – Ma**ss**e, Ru**ß** – Ku**ss**, Klo**ß** – Spro**ss**

b oder bb, p oder pp, s oder ss, t oder tt
Nach einem lang gesprochenen Selbstlaut schreibt man nur einen Buchstaben, nach dem kurz gesprochenen Selbstlaut schreibt man einen Doppelbuchstaben.
Beispiele: e**b**en – E**bb**e, Kna**b**e – kna**bb**ern, Ro**b**e – Ro**bb**e, Lu**p**e – Pu**pp**e, Ba**s**e –Ba**ss**, Lo**s**e – Po**ss**e, Mu**s** – mu**ss**, Gra**s** – kra**ss**, Fe**t**e – Fe**tt**e, Boo**t** - Po**tt**, Me**t** – Me**tt**, Ra**t**e – Ra**tt**e, Saa**t** – sa**tt**

z oder tz
z kommt nach einem lang gesprochenen Selbstlaut, einem Doppellaut und einem Konsonanten.
tz kommt nach einem kurz gesprochenen Selbstlaut.
Beispiele: Bre**z**e, De**z**ember, Har**z**, Her**z**, Kau**z**, du**z**en, Kreu**z**, Gei**z**, Schwan**z**
je**tz**t, Hi**tz**e, Ka**tz**e, Mü**tz**e, plö**tz**lich, Spi**tz**e, Schu**tz**, tro**tz**

Verbindungen mit „sein"
Verbindungen mit „sein" werden getrennt geschrieben.
Beispiele: dabei sein, fertig sein, zufrieden sein, zusammen sein

Zusammensetzung von zwei Wörtern
Bei zusammengesetzten Wörtern fällt kein Buchstabe weg.
Beispiele: selb**st** + **st**ändig → selb**stst**ändig (die Schreibweise selbständig ist auch erlaubt)
zieren + rat → Zierrat
Ausnahme: Hoheit

Drei gleiche Buchstaben hintereinander
Alle drei Buchstaben werden geschrieben.
Beispiele: Beste**lll**iste, Be**ttt**uch, Bre**nnn**essel, Flu**sss**and, Fre**sss**ucht, Kongre**sss**tadt, Pre**sss**ack, Schi**ff**-**f**ahrt, S**eee**lefant, We**tt**turnen, Z**ooo**rchester.

Eine Schreibung mit Bindestrich ist aber möglich (zum Beispiel Bestell-Liste, Kongress-Stadt, Zoo-Orchester).
Es gibt drei Ausnahmen: dennoch, Drittel, Mittag

ää, öö, üü
Es gibt zwei Selbstlaute hintereinander, aber niemals zwei Umlaute.
Beispiele: Waage, Beere, liiert, Moos, Verdauung
Ha**a**r → H**ä**rchen
S**aa**t → s**ä**en
Liebesp**aa**r → Liebesp**ä**rchen
Saal → S**ä**le

au und äu
Wenn im Singular (Einzahl) „au" steht, schreibt man im Plural (Mehrzahl) „äu".
Beispiele: B**au**m → B**äu**me, R**au**m → R**äu**me, Tr**au**m → Tr**äu**me

Doppelpunkt
Das erste Wort nach einem Doppelpunkt schreibt man groß, wenn ein ganzer Satz folgt.
Beispiel: Denke daran: **M**orgen ist dein Geburtstag.

Artikel (Geschlechtswort) + Präposition (Verhältniswort)
Schreibweise mit nur einem Wort („versteckter Begleiter") ist möglich.
Beispiele: an das → ans, an dem → dem, auf das → aufs, bei dem → beim, für das → fürs, in das → ins, in dem → im, um das → ums, von dem → vom, zu dem → zum

DIE DREI LITERARISCHEN GATTUNGEN

Die drei literarischen Gattungen sind:
Dramatik (Drama ist der Oberbegriff für Texte mit verteilten Rollen)
Epik (erzählende Literatur in Vers- und Prosaform)
Lyrik (Dichtung in Versform)

Dramatik	Epik	Lyrik
Komödie Tragödie Tragikomödie Bürgerliches Trauerspiel Episches Theater	Erzählung Fabel Kurzgeschichte Märchen Novelle Parabel Roman	Gedicht Ballade (längeres Gedicht, das ein besonderes Ereignis darstellt. Die Ballade wird auch „Erzählgedicht" genannt).

→ **siehe Seite 336**

Das Drama besitzt einen sogenannten „Spannungsbogen": Anfang, langsamer Anstieg zum Höhepunkt, schnelleres Absinken bis zum Ende.
Am Ende der Tragödie steht eine Katastrophe, am Ende der Komödie steht ein Happy End.

Es gibt zwei Grundformen des Dramas:
Die „geschlossene" (klassische) Form und die „offene" Form.
Die geschlossene Form gibt es seit Aristoteles, er wollte die Zuschauer emotional erschüttern. Bei ihm ist es die Einheit von Zeit, Ort und Handlung. Der zentrale Konflikt ist der dramatische Höhepunkt.

Geschlossene Form:
→ Nur wenige Personen, oft nur Könige und Adelige
→ Nur ein Ort mit wenigen Nebenschauplätzen
→ Die Handlung hängt zusammen und ist abgeschlossen
→ Einheit von Zeit, Ort und Handlung

Seit dem 18. Jahrhundert wurde diese klassische Form immer weiterentwickelt, das moderne Drama erhielt neue Impulse (zum Beispiel bei Berthold Brecht).

Offene Form:
→ Sprunghafte Handlung
→ Mehrere Handlungsorte
→ Zeitsprünge
→ Viele Figuren
→ Unterschiedliche Sprachstile

VIER BEDEUTENDE GEDICHTE

Viele können sich sicherlich noch an manch unangenehme Unterrichtsstunde in der Schulzeit erinnern, wenn der Lehrer das Vortragen eines Gedichtes benotete.
Da gab es selten die Note „sehr gut". Ein Versprecher, ein falsches Wort, ein zu langes Überlegen oder alles flüssig vorgetragen, aber leider nicht immer richtig betont, schon hatte man nur die Note „gut".
Die folgenden vier Gedichte muss man nicht auswendig können, aber man sollte sie zumindest einmal gelesen haben. Ich glaube, das erste Gedicht „Der Erlkönig" war in der Schule ein „Pflichtgedicht". Es hatte auch nur acht Strophen, da wurde man nicht unbedingt überfordert.
Das Gedicht „Das Lied von der Glocke" mit seinen 425 Versen (Zeilen) stellte höhere Ansprüche. An die erste Strophe kann man sich vielleicht noch erinnern.

1. Der Erlkönig

(von Johann Wolfgang von Goethe; erschienen 1788)

Wer reitet so spät durch Nacht und Wind?
Es ist der Vater mit seinem Kind;
Er hat den Knaben wohl in dem Arm,
Er fasst ihn sicher, er hält ihn warm.

Mein Sohn, was birgst du so bang dein Gesicht? -
Siehst, Vater, du den Erlkönig nicht?
Den Erlkönig mit Kron' und Schweif? -
Mein Sohn, es ist ein Nebelstreif. -

„Du liebes Kind, komm, geh mit mir!
Gar schöne Spiele spiel' ich mit dir;
Manch' bunte Blumen sind an dem Strand,
Meine Mutter hat manch gülden Gewand." -

Mein Vater, mein Vater, und hörest du nicht,
Was Erlkönig mir leise verspricht? -
Sei ruhig, bleibe ruhig, mein Kind;
In dürren Blättern säuselt der Wind. -

„Willst, feiner Knabe, du mit mir gehen?
Meine Töchter sollen dich warten schön;
Meine Töchter führen den nächtlichen Reihn
Und wiegen und tanzen und singen dich ein." -

Ein Vater, mein Vater, und siehst du nicht dort
Erlkönigs Töchter am düstern Ort? -
Mein Sohn, mein Sohn, ich seh' es genau:
Es scheinen die alten Weiden so grau. -

„Ich liebe dich, mich reizt deine schöne Gestalt;
Und bist du nicht willig, so brauch' ich Gewalt."
Mein Vater, mein Vater, jetzt fasst er mich an!
Erlkönig hat mir ein Leids getan! -

Dem Vater grauset's; er reitet geschwind,
Er hält in Armen das ächzende Kind,
Erreicht den Hof mit Mühe und Not;
In seinen Armen das Kind war tot.

2. Der Zauberlehrling

(von Johann Wolfgang von Goethe, erschienen 1797)

Hat der alte Hexenmeister
sich doch einmal wegbegeben!
Und nun sollen seine Geister
auch nach meinem Willen leben.
Seine Wort und Werke
merkt ich und den Brauch,
und mit Geistesstärke
tu ich Wunder auch.

Walle! walle
manche Strecke,
daß, zum Zwecke,
Wasser fließe
und mit reichem, vollem Schwalle
zu dem Bade sich ergieße.

Und nun komm, du alter Besen!
Nimm die schlechten Lumpenhüllen;
bist schon lange Knecht gewesen:
nun erfülle meinen Willen:
Auf zwei Beinen stehe,
oben sei ein Kopf,
eile nun und gehe
mit dem Wassertopf!

Walle! walle
manche Strecke,
daß, zum Zwecke,
Wasser fließe
und mit reichem, vollem Schwalle
zu dem Bade sich ergieße.

Seht, er läuft zum Ufer nieder,
Wahrlich! Ist schon an dem Flusse,
und mit Blitzeschnelle wieder
ist er hier mit raschem Gusse.
Schon zum zweiten Male!
Wie das Becken schwillt!
Wie sich jede Schale
voll mit Wasser füllt!

Stehe! stehe!
denn wir haben
deiner Gaben
vollgemessen! –
Ach, ich merk es! Wehe! wehe!
Hab ich doch das Wort vergessen!

Ach, das Wort, worauf am Ende
er das wird, was er gewesen.
Ach, er läuft und bringt behende!
Wärst du doch der alte Besen!
Immer neue Güsse
Bringt er schnell herein,
Ach! und hundert Flüsse
stürzen auf mich ein.

Nein, nicht länger
kann ichs lassen;
will ihn fassen.
Das ist Tücke!
Ach! nun wird mir immer bänger!
Welche Miene! welche Blicke!

O du Ausgeburt der Hölle!
Soll das ganze Haus ersaufen?
Seh ich über jede Schwelle
doch schon Wasserströme laufen.
Ein verruchter Besen,
der nicht hören will!
Stock, der du gewesen,
steh doch wieder still!

Willst am Ende
gar nicht lassen?
Will dich fassen,
will dich halten
und das alte Holz behende
mit dem scharfen Beile spalten.

Seht da kommt er schleppend wieder!
Wie ich mich nur auf dich werfe,
gleich, o Kobold, liegst du nieder;
krachend trifft die glatte Schärfe.
Wahrlich, brav getroffen!
Seht, er ist entzwei!
Und nun kann ich hoffen,
und ich atme frei!

Wehe! wehe!
Beide Teile
stehn in Eile
schon als Knechte
völlig fertig in die Höhe!
Helft mir, ach! ihr hohen Mächte!

Und sie laufen! Naß und nässer
wirds im Saal und auf den Stufen.
Welch entsetzliches Gewässer!
Herr und Meister hör mich rufen! –
Ach, da kommt der Meister!
Herr, die Not ist groß!
Die ich rief, die Geister
werd ich nun nicht los.

„In die Ecke,
Besen, Besen!
Seids gewesen.
Denn als Geister
ruft euch nur zu seinem Zwecke,
erst hervor der alte Meister."

3. Die Bürgschaft

(von Friedrich Schiller, erschienen 1798)

Zu Dionys, dem Tyrannen schlich
Möros, den Dolch im Gewande;
Ihn schlugen die Häscher in Bande.
„Was wolltest du mit dem Dolche, sprich!"
Entgegnet ihm finster der Wüterich.
„Die Stadt vom Tyrannen befreien!"
„Das sollst du am Kreuze bereuen."

„Ich bin", spricht jener, „zu sterben bereit
Und bitte nicht um mein Leben,
Doch willst du Gnade mir geben,
Ich flehe dich um drei Tage Zeit,
Bis ich die Schwester dem Gatten befreit,
Ich lasse den Freund dir als Bürgen,
Ihn magst du, entrinn ich, erwürgen".

Da lächelt der König mit arger List
Und spricht nach kurzem Bedenken:
„Drei Tage will ich dir schenken.
Doch wisse! Wenn sie verstrichen, die Frist,
Eh' du zurück mir gegeben bist,
So muss er statt deiner erblassen,
Doch dir ist Strafe erlassen."

Und er kommt zum Freunde: „Der König gebeut,
Dass ich am Kreuz mit dem Leben
Bezahle das frevelnde Streben,
Doch will er mir gönnen drei Tage Zeit,
Bis ich die Schwester dem Gatten gefreit,
So bleib du dem König zum Pfande,
bis ich komme, zu lösen die Bande."

Und schweigend umarmt ihn der treue Freund
Und liefert sich aus dem Tyrannen,
Der andere ziehet von dannen.
Und ehe das dritte Morgenrot scheint,
Hat er schnell mit dem Gatten die Schwester vereint,
Eilt heim mit sorgender Seele,
Damit er die Frist nicht verfehle.

Da gießt unendlicher Regen herab.
Von den Bergen stürzen die Quellen,
Und die Bäche, die Ströme schwellen.
Und er kommt ans Ufer mit wanderndem Stab,
Da reißet die Brücke der Strudel hinab,
Und donnernd sprengen die Wogen
Des Gewölbes krachenden Bogen.

Und trostlos irrt er an Ufers Rand,
Wie weit er auch spähet und blicket
Und die Stimme, die rufende, schicket,
Da stößet kein Nachen vom sichern Strand,
Der ihn setze an das gewünschte Land,
Kein Schiffer lenket die Fähre,
Und der wilde Strom wird zum Meere.

Da sinkt er ans Ufer und weint und fleht,
Die Hände zum Zeus erhoben:
„O hemme des Stromes Toben!
Es eilen die Stunden, im Mittag steht
Die Sonne, und wenn sie niedergeht
Und ich kann die Stadt nicht erreichen,
So muss der Freund mir erbleichen."

Doch wachsend erneut sich des Stromes Wut,
Und Welle auf Welle zerrinnet,
Und Stunde an Stunde entrinnet.
Da treibt ihn die Angst, da fasst er sich Mut
Und wirft sich hinein in die brausende Flut
Und teilt mit gewaltigen Armen
Den Strom, und ein Gott hat Erbarmen.

Und gewinnt das Ufer und eilet fort
Und danket dem rettenden Gotte,
Da stürzet die raubende Rotte
Hervor aus des Waldes nächtlichem Ort,
Den Pfad ihm sperrend, und schnaubet Mord
Und hemmet des Wanderers Eile
Mit drohend geschwungener Keule.

„Was wollt ihr?", ruft er für Schrecken bleich,
„Ich habe nichts als mein Leben,
Das muss ich dem Könige geben!"
Und entreißt die Keule dem nächsten gleich:
„Um des Freundes willen erbarmet euch!"
Und drei mit gewaltigen Streichen
Erlegt er, die andern entweichen.

Und die Sonne versendet glühenden Brand,
Und von der unendlichen Mühe
Ermattet sinken die Kniee.
„O hast du mich gnädig aus Räubers Hand
Aus dem Strom mich gerettet ans heilige Land,
Und soll hier verschmachtend verderben,
Und der Freund mir, der liebende, sterben!"

Und horch! da sprudelt es silberhell,
Ganz nahe, wie rieselndes Rauschen
Und stille hält er zu lauschen,
Und sieh, aus dem Felsen, geschwätzig, schnell,
Springt murmelnd hervor ein lebendiger Quell,
Und freudig bückt er sich nieder
Und erfrischet die brennenden Glieder.

Und die Sonne blickt durch der Zweige Grün
Und malt auf den glänzenden Matten
Der Bäume gigantische Schatten;
Und zwei Wanderer sieht er die Straße ziehn,
Will eilenden Laufes vorüberfliehn.
Da hört er die Worte sie sagen:
„Jetzt wird er ans Kreuz geschlagen."

Und die Angst beflügelt den eilenden Fuß,
Ihn jagen der Sorgen Qualen,
Da schimmern in Abendrots Strahlen
Von ferne die Zinnen von Syrakus,
Und entgegen kommt ihm Philostratus,
Des Hauses redlicher Hüter,
Der erkennet entsetzt den Gebieter.

„Zurück! du rettest den Freund nicht mehr,
So rette dein eigenes Leben!
Den Tod erleidet er eben.
Von Stunde zu Stunde gewartet er
Mit hoffender Seele der Wiederkehr,
Ihm konnte den mutigen Glauben
Der Hohn des Tyrannen nicht rauben!"

„Und ist es zu spät, und kann ich ihm nicht
Ein Retter willkommen erscheinen,
So soll mich der Tod ihm vereinen.
Des rühme der blutge Tyrann sich nicht,
Dass der Freund dem Freunde gebrochen die Pflicht,
Er schlachte der Opfer zweie
Und glaube an Liebe und Treue."

Und die Sonne geht unter, da steht er am Tor
Und sieht das Kreuz schon erhöhet,
Das die Menge gaffend umstehet,
An dem Seile schon zieht man den Freund empor,
Da zertrennt er gewaltig den dichten Chor:
„Mich, Henker", ruft er, „erwürget!
Da bin ich, für den er gebürget!"

Und Erstaunen ergreifet das Volk umher,
In den Armen liegen sich beide
Und weinen vor Schmerzen und Freude.
Da sieht man kein Auge tränenleer,
Und zum Könige bringt man die Wundermär,
Der fühlt ein menschliches Rühren,
Lässt schnell vor den Thron sie führen.

Und blicket sie lange verwundert an.
Drauf spricht er: „Es ist euch gelungen,
Ihr habt das Herz mir bezwungen,
Und die Treue, sie ist doch kein leerer Wahn,
So nehmet auch mich zum Genossen an
Ich sei, gewährt mir die Bitte
In Eurem Bunde der Dritte."

4. Das Lied von der Glocke

(von Friedrich Schiller, erschienen 1799)

Dieses Gedicht hat 19 Strophen mit insgesamt 425 Versen (Zeilen). Viele Zitate aus diesem Gedicht sind bekannt. Hier eine Auswahl (Versnummer in Klammern):
„Fest gemauert in der Erden steht die Form aus Lehm gebrannt" (1,2)
„Von der Stirne heiß rinnen muss der Schweiß. Soll das Werk den Meister loben, doch der Segen kommt von oben." (5-8)
„Wenn gute Reden sie begleiten, dann fließt die Arbeit munter fort." (11,12)
„Der Mutterliebe zarte Sorgen bewachen seinen goldnen Morgen." (55,56)
„O dass sie ewig grünen bliebe, die schöne Zeit der jungen Liebe." (78,79)
„Drum prüfe, wer sich ewig bindet, ob sich das Herz zum Herzen findet!" (91,92)
„Und drinnen waltet die züchtige Hausfrau." (116,117)
„Wohltätig ist des Feuers Macht, wenn sie der Mensch bezähmt, bewacht." (155,156)
„Wehe, wenn sie losgelassen." (163)
„Taghell ist die Nacht gelichtet." (192)
„Leergebrannt ist die Stätte." (211, 212)
„Er zählt die Häupter seiner Lieben. Und sieh! Ihm fehlt kein teures Haupt." (225,226)
„Wo rohe Kräfte sinnlos walten, da kann sich kein Gebild gestalten." (350,351)
„Gefährlich ist's, den Leu zu wecken, verderblich ist des Tigers Zahn; jedoch der schrecklichste der Schrecken, das ist der Mensch in seinem Wahn." (374-377)
„Friede sei ihr erst Geläute." (425)

Nun das Gedicht in voller Länge:

Fest gemauert in der Erden
Steht die Form aus Lehm gebrannt.
Heute muß die Glocke werden!
Frisch, Gesellen, seid zur Hand!
Von der Stirne heiß
Rinnen muß der Schweiß,
Soll das Werk den Meister loben;
Doch der Segen kommt von oben.

Zum Werke, das wir ernst bereiten,
Geziemt sich wohl ein ernstes Wort;
Wenn gute Reden sie begleiten,
Dann fließt die Arbeit munter fort.
So laßt uns jetzt mit Fleiß betrachten,
Was durch die schwache Kraft entspringt;
Den schlechten Mann muss man verachten,
Der nie bedacht, was er vollbringt.
Das ist's ja, was den Menschen zieret,
Und dazu ward ihm der Verstand,
Daß er im innern Herzen spüret,
Was er erschafft mit seiner Hand.

Nehmet Holz vom Fichtenstamme,
Doch recht trocken laßt es sein,
Daß die eingepresste Flamme
Schlage zu dem Schwalch hinein!
Kocht des Kupfers Brei!
Schnell das Zinn herbei,
Daß die zähe Glockenspeise
Fließe nach der rechten Weise!

Was in des Dammes tiefer Grube
Die Hand mit Feuers Hülfe baut,
Hoch auf des Turmes Glockenstube,
Da wird es von uns zeugen laut.
Noch dauern wird's in späten Tagen
Und rühren vieler Menschen Ohr,
Und wird mit den Betrübten klagen
Und stimmen zu der Andacht Chor.
Was unten tief dem Erdensohne
Das wechselnde Verhängnis bringt,
Das schlägt an die metallne Krone,
Die es erbaulich weiter klingt.

Weiße Blasen seh' ich springen;
Wohl! Die Massen sind im Fluß.
Laßt's mit Aschenfalz durchdringen,
Das befördert schnell den Guss.
Auch vom Schaume rein
Muß die Mischung sein,
Daß vom reinlichen Metalle
Rein und voll die Stimme schalle.

Denn mit der Feuer Feierklange
Begrüßt sie das geliebte Kind
Auf seines Lebens erstem Gange,
Den es in Schlafes Arm beginnt;
Ihm ruhen noch im Zeitenschoße
Die schwarzen und die heitern Lose;
Der Mutterliebe zarte Sorgen
Bewachen seinen goldnen Morgen –
Die Jahre fliehen pfeilgeschwind.
Vom Mädchen reißt sich stolz der Knabe,
Er stürzt ins Leben wild hinaus,
Durchmisst die Welt am Wanderstabe,
Fremd kehrt er heim ins Vaterhaus.
Und herrlich in der Jugend Prangen,
Wie ein Gebild aus Himmelshöhn,
Mit züchtigen, verschämten Wangen
Sieht er die Jungfrau vor sich stehn.
Da faßt ein namenloses Sehnen
Des Jünglings Herz, er irrt allein,
Aus seinen Augen brechen Tränen,
Er flieht der Brüder wilden Reihn.
Errötend folgt er ihren Spuren
Und ist von ihrem Gruß beglückt,
Das Schönste sucht er auf den Fluren,
Womit er seine Liebe schmückt.
O! zarte Sehnsucht, süßes Hoffen,
Der ersten Liebe goldne Zeit,

Das Auge sieht den Himmel offen,
Es schwingt das Herz in Seligkeit;
O! dass sie ewig grünen bliebe,
Die schöne Zeit der jungen Liebe!

Wie sich schon die Pfeifen bräunen!
Dieses Stäbchen tauch' ich ein,
Sehn wir's überglast erscheinen,
Wird's zum Gusse zeitig sein,
Jetzt, Gesellen, frisch!
Prüft mir das Gemisch,
Ob das Spröde mit dem Weichen
Sich vereint zum guten Zeichen.

Denn wo das Strenge mit dem Zarten,
Wo Starkes sich und Mildes paarten,
Da gibt es einen guten Klang.
Drum prüfe, wer sich ewig bindet,
Ob sich das Herz zum Herzen findet!
Der Wahn ist kurz, die Reu ist lang.
Lieblich in der Bräute Locken
Spielt der jungfräuliche Kranz,
Wenn die hellen Kirchenglocken
Laden zu des Festes Glanz.
Ach! Des Lebens schönste Feier
Endigt auch den Lebensmai,
Mit dem Gürtel, mit dem Schleier
Reißt der schöne Wahn entzwei
Die Leidenschaft flieht,
Die Liebe muß bleiben;
Die Blume verblüht,
Die Frucht muß treiben.
Der Mann muß hinaus
Ins feindliche Leben,
Muß wirken und streben
Und pflanzen und schaffen.
Erlisten, erraffen,
Muß wetten und wagen,
Das Glück zu erjagen.
Da strömet herbei die unendliche Gabe,
Es füllt sich der Speicher mit köstlicher Habe,
Die Räume wachsen, es dehnt sich das Haus.
Und drinnen waltet
Die züchtige Hausfrau,
Die Mutter der Kinder,
Und herrschet weise
Im häuslichen Kreise,
Und lehret die Mädchen
Und wehret den Knaben,
Und reget ohn' Ende
Die fleißigen Hände,
Und mehrt den Gewinn
Mit ordnendem Sinn,
Und füllet mit Schätzen die duftenden Laden,
Und dreht um die schnurrende Spindel den Faden,
Und sammelt im reinlich geglätteten Schrein
Die schimmernde Wolle, den schneeigten Lein,
Und füget zum Guten den Glanz und den Schimmer
Und ruhet nimmer.
Und der Vater mit frohem Blick
Von des Hauses weitschauendem Giebel
Überzählet sein blühend Glück.
Siehet der Pfosten ragende Bäume
Und der Scheunen gefüllte Räume,
Und die Speicher, vom Segen gebogen,
Und des Kornes bewegte Wogen,
Rühmt sich mit stolzem Mund:
Fest, wie der Erde Grund,
Gegen des Unglücks Macht
Steht mir des Hauses Pracht!
Doch mit des Geschickes Mächten
Ist kein ew'ger Bund zu flechten
Und das Unglück schreitet schnell.

Wohl! Nun kann der Guss beginnen,
Schön gezacket ist der Bruch.
Doch bevor wir's lassen rinnen,
Betet einen frommen Spruch!
Stoßt den Zapfen aus!
Gott bewahr' das Haus!
Rauchend in des Henkels Bogen
Schießt's mit feuerbraunen Wogen.

Wohltätig ist des Feuers Macht,

Wenn sie der Mensch bezähmt, bewacht,
Und was er bildet, was er schafft,
Das dankt er dieser Himmelskraft;
Doch furchtbar wird die Himmelskraft,
Wenn sie der Fessel sich entrafft,
Einhertritt auf der eignen Spur,
Die freie Tochter der Natur.
Wehe, wenn sie losgelassen,
Wachsend ohne Widerstand,
Durch die volkbelebten Gassen
Wälzt den ungeheuren Brand!
Denn die Elemente hassen
Das Gebild der Menschenhand.
Aus der Wolke
Quillt der Segen,
Strömt der Regen;
Aus der Wolke, ohne Wahl,
Zuckt der Strahl.
Hört ihr's wimmern hoch vom Turm?
Das ist Sturm!
Rot, wie Blut,
Ist der Himmel;
Das ist nicht des Tages Glut!
Welch Getümmel
Straßen auf!
Dampf wallt auf!
Flackernd steigt die Feuersäule,
Doch der Straße lange Zeile
Wächst es fort mit Windeseile;
Kochend, wie aus Ofens Rachen,
Glühn die Lüfte, Balken krachen,
Pfosten stürzen, Fenster klirren,
Kinder jammern, Mütter irren,
Tiere wimmern
Unter Trümmern;
Alles rennet, rettet, flüchtet,
Taghell ist die Nacht gelichtet;
Durch der Hände lange Kette
Um die Wette
Fliegt der Eimer; hoch im Bogen
Spritzen Quellen Wasserwogen.
Heulend kommt der Sturm geflogen,
Der die Flamme brausend sucht;
Prasselnd in die dürre Frucht
Fällt sie, in des Speichers Räume,
In der Sparren dürre Bäume,
Und als wollte sie im Wehen
Mit sich fort der Erde Wucht
Reißen in gewalt'ger Flucht,
Wächst sie in des Himmels Höhen
Riesengroß!
Hoffnungslos
Weicht der Mensch der Götterstärke,
Müßig sieht er seine Werke
Und bewundernd untergehn.
Leergebrannt
Ist die Stätte,
Wilder Stürme, rauhes Bette.
In den öden Fensterhöhlen
Wohnt das Grauen,
Und des Himmels Wolken schauen
Hoch hinein.
Einen Blick
Nach dem Grabe
Seiner Habe
Sendet noch der Mensch zurück –
Greift fröhlich dann zum Wanderstabe.
Was Feuers Wut ihm auch geraubt,
Ein süßer Trost ist ihm geblieben,
Er zählt die Häupter seiner Lieben,
Und sieh! ihm fehlt kein teures Haupt.

In die Erd' ist's aufgenommen,
Glücklich ist die Form gefüllt:
Wird's auch schön zu Tage kommen,
Daß es Fleiß und Gunst vergilt?
Wenn der Guss mißlang?
Wenn die Form zersprang?
Ach, vielleicht, indem wir hoffen,
Hat uns Unheil schon getroffen.

Dem dunkeln Schoß der heil'gen Erde
Vertrauen wir der Hände Tat,
Vertraut der Sämann seine Saat,

Und hofft, daß sie entkeimen werde
Zum Segen, nach des Himmels Rat.
Noch köstlicheren Samen bergen
Wir trauernd in der Erde Schoß,
Und hoffen, daß er aus den Särgen
Erblühen soll zu schönem Los.
Von dem Dome,
Schwer und bang,
Tönt der Glocke
Grabgesang.
Es begleiten ihre Trauerschläge
Einen Wandrer auf dem letzten Wege.
Ach! die Gattin ist's, die teure,
Ach, es ist die treue Mutter,
Die der schwarze Fürst der Schatten
Wegführt aus dem Arm des Gatten,
Aus der zarten Kinder Schaar,
Die sie blühend ihm gebar,
Die sie an der treuen Brust
Wachsen sah mit Mutterlust –
Ach! des Hauses zarte Bande
Sind gelöst auf immerdar;
Denn sie wohnt im Schattenlande,
Die des Hauses Mutter war;
Denn es fehlt ihr treues Walten,
Ihre Sorge wacht nicht mehr;
An verwaister Stätte schalten
Wird der Fremde, liebeleer.

Bis die Glocke sich verkühlet,
Lasst die strenge Arbeit ruhn.
Wie im Laub der Vogel spielet,
Mag sich jeder gütlich tun.
Winkt der Sterne Licht,
Ledig aller Pflicht,
Hört der Bursch die Vesper schlagen;
Meister muss sich immer plagen.

Munter fördert seine Schritte
Fern im wilden Forst der Wandrer
Nach der lieben Heimathütte.
Blökend ziehen heim die Schafe,
Und der Rinder
Breitgestirnte, glatte Scharen
Kommen brüllend,
Die gewohnten Ställe füllend.
Schwer herein
Schwankt der Wagen
Kornbeladen;
Bunt von Farben,
Auf den Garben
Liegt der Kranz,
Und das junge Volk der Schnitter
Fliegt zum Tanz.
Markt und Straße werden stiller,
Um des Lichts gesell'ge Flamme
Sammeln sich die Hausbewohner,
Und das Stadttor schließt sich knarrend.
Schwarz bedecket
Sich die Erde;
Doch den sichern Bürger schrecket
Nicht die Nacht,
Die den Bösen gräßlich wecket;
Denn das Auge des Gesetzes wacht.
Heil'ge Ordnung, segenreiche
Himmelstochter, die das Gleiche
Frei und leicht und freudig bindet,
Die der Städte Bau gegründet,
Die herein von den Gefilden
Rief den ungesell'gen Wilden,
Eintrat in der Menschen Hütten,
Sie gewöhnt zu sanften Sitten,
Und das teuerste der Bande
Wob, den Trieb zum Vaterlande!
Tausend fleiß'ge Hände regen,
Helfen sich in munterm Bund,
Und in feurigem Bewegen
Werden alle Kräfte kund.
Meister rührt sich und Geselle
In der Freiheit heil'gem Schutz;
Jeder freut sich seiner Stelle,
Bietet dem Verächter Trutz.
Arbeit ist des Bürgers Zierde,
Segen ist der Mühe Preis;

Ehrt den König seine Würde,
Ehret uns der Hände Fleiß.
Holder Friede,
Süße Eintracht,
Weilet, weilet
Freundlich über dieser Stadt!
Möge nie der Tag erscheinen
Wo des rauhen Krieges Horden
Dieses stille Tal durchtoben;
Wo der Himmel,
Den des Abends sanfte Röte
Lieblich malt,
Von der Dörfer, von der Städte
Wildem Brande schrecklich strahlt!

Nun zerbrecht mir das Gebäude,
Seine Absicht hat's erfüllt,
Daß sich Herz und Auge weide
An dem wohl gelungnen Bild.
Schwingt den Hammer, schwingt,
Bis der Mantel springt!
Wenn die Glock' soll auferstehen,
Muss die Form in Stücken gehen.

Der Meister kann die Form zerbrechen
Mit weiser Hand, zur rechten Zeit;
Doch wehe, wenn in Flammenbächen
Das glühnde Erz sich selbst befreit!
Blindwütend mit des Donners Krachen,
Zersprengt er das geborstne Haus,
Und wie aus offnem Höllenrachen
Speit es Verderben zündend aus.
Wo rohe Kräfte sinnlos walten,
Da kann sich kein Gebild gestalten;
Wenn sich die Völker selbst befrein,
Da kann die Wohlfahrt nicht gedeihn.
Weh, wenn sich in dem Schoß der Städte
Der Feuerzunder still gehäuft,
Das Volk, zerreißend seine Kette,
Zur Eigenhilfe schrecklich greift!
Da zerret an der Glocke Strängen
Der Aufruhr, daß sie heulend schallt
Und, nur geweiht zu Friedensklängen,
Die Lösung anstimmt zur Gewalt.
Freiheit und Gleichheit! hört man schallen;
Der ruh'ge Bürger greift zur Wehr,
Die Straßen füllen sich, die Hallen,
Und Würgerbanden ziehn umher.
Da werden Weiber zu Hyänen
Und treiben mit Entsetzen Scherz;
Noch zuckend, mit des Panthers Zähnen,
Zerreißen sie des Feindes Herz.
Nichts Heiliges ist mehr, es lösen
Sich alle Bande frommer Scheu;
Der Gut räumt den Platz dem Bösen,
Und alle Laster walten frei.
Gefährlich ist's, den Leu zu wecken,
Verderblich ist des Tigers Zahn;
Jedoch der schrecklichste der Schrecken,
Das ist der Mensch in seinem Wahn.
Weh denen, die dem Ewigblinden
Des Lichtes Himmelsfackel leihn!
Sie strahlt nicht ihm, sie kann nur zünden,
Und äschert Städt' und Länder ein.

Freude hat mit Gott gegeben!
Sehet! wie ein goldner Stern,
Aus der Hülse, blank und eben,
Schält sich der metallne Kern,
Von dem Helm zum Kranz
Spielt's wie Sonnenglanz,
Auch des Wappens nette Schilder
Loben den erfahrnen Bilder.

Herein! Herein!
Gesellen alle, schließt den Reihen,
Daß wir die Glocke tausend weihen!
Concordia soll ihr Name sein.
Zur Eintracht, zu herzinnigem Vereine
Versammle sie die liebende Gemeine.
Und dies sei fortan ihr Beruf,
Wozu der Meister sie erschuf:
Hoch überm niedern Erdenleben
Soll sie im blauen Himmelszelt,

Die Nachbarin des Donners, schweben
Und grenzen an die Sternenwelt,
Soll eine Stimme sein von oben,
Wie der Gestirne helle Schar,
Die ihren Schöpfer wandelnd loben
Und führen das bekränzte Jahr.
Nur ewigen und ernsten Dingen
Sei ihr metallner Mund geweiht,
Und stündlich mit den schnellen Schwingen
Berühr' im Fluge sie die Zeit.
Dem Schicksal leihe sie die Zunge;
Selbst herzlos, ohne Mitgefühl,
Begleite sie mit ihrem Schwunge
Des Lebens wechselvolles Spiel.
Und wie der Klang im Ohr vergehet,
Der mächtig tönend ihr entschallt,
So lehre sie, daß nichts bestehet,
Daß alles Irdische verhallt.

Jetzo mit der Kraft des Stranges
Wiegt die Glock' mir aus der Gruft,
Daß sie in das Reich des Klanges
Steige, in die Himmelsluft!
Ziehet, ziehet, hebt!
Sie bewegt sich, schwebt.
Freude dieser Stadt bedeute,
Friede sei ihr erst Geläute.

RELIGION

DIE FÜNF GROSSEN RELIGIONEN

Statistika Research Department gibt für 2010 und 2050 (Prognose) folgende Anteile an der Weltbevölkerung an:
2010: Christen 31,4 %, Muslime 23,2 %, Hindus 15 %, Buddhisten 7,1 %, Juden 0,2 %.
2050: Christen 31,4 %, Muslime 29,7 %, Hindus 14,9 %; Buddhisten 5,2 %, Juden 0,2 %.
Die Konfessionslosen nehmen von 16,4 % auf 13,2 % ab,
die Naturreligionen nehmen von 5,9 % auf 4,8 % ab,
andere Religionen nehmen von 0,8 % auf 0,7 % ab.
Besonders auffallend ist, dass nur die Muslime eine deutliche Zunahme von über 5 % verzeichnen.

1. Das Christentum

Etwa 2,3 Milliarden der Weltbevölkerung sind Christen, sie leben vorwiegend in Europa, Angloamerika, Lateinamerika, im pazifischen Raum und im östlichen, zentralen und südlichen Afrika.
Das Christentum ging aus dem Judentum hervor. Judentum und Christentum sind noch heute durch den ersten Teil der Bibel verbunden. Zentrale Bedeutung für das Christentum hat der jüdische Wanderprediger Jesus aus der Stadt Nazareth, der etwa im Jahr 4 vor unserer Zeitrechnung geboren wurde. Er scharte eine Gruppe von Gleichgesinnten (seine „Jünger") um sich. Er beabsichtigte die Erneuerung und Verinnerlichung des jüdischen Glaubens zu einer Beziehung zu Gott dem „Vater". Seine Predigten missfielen aber der römischen Besatzungsmacht und er wurde zum Tod verurteilt und am Kreuz hingerichtet.
Die **Bibel** ist die Heilige Schrift des Christentums. Das Neue Testament der Bibel, das an das Alte Testament der jüdischen Bibel anschließt, beschreibt das Leben und die Lehren Jesu.
Im Neuen Testament wird die zentrale Bedeutung des christlichen Glaubens aufgezeigt. Gott wandte sich in seinem Sohn Jesus Christus den sündigen Menschen zu. Durch den Tod Jesu am Kreuz wurde die Menschheit von Schuld und Sünde erlöst.

Die zehn Gebote (→ siehe Seite 56) sind die Grundlage christlicher Ethik.

2. Der Islam

Etwa 1,6 Milliarden Menschen der Weltbevölkerung sind Muslime. Der Islam (der Begriff bedeutet „Hingebung", „Unterwerfung") ist die zweitgrößte Religion der Welt. Die Moslems leben vorwiegend in Vorderasien, Nordafrika, Süd- und Südostasien und in Zentralasien.
85 % gehören zur Konfessionsgruppe der Sunniten, 15 % sind Schiiten, sie leben vor allem im Iran.
Im islamischen Glauben sind alle Menschen vor Gott gleich. Viele Geschichten aus der Bibel sind auch im Islam anerkannt. Mohammed (570 bis 632 n. Chr.) ist Religionsstifter und der wichtigste Prophet des Islam. Er hat die vollendete Offenbarung von Gott erhalten, die im **Koran** niedergeschrieben ist. Der Koran ist die Heilige Schrift des Islam und besteht aus 114 **Suren** (Kapiteln).

Die fünf Säulen des Islam:

- **Schahada** (Glaubensbekenntnis; „Ich bezeuge, dass es keinen Gott außer Gott gibt und ich bezeuge, dass Muhammed der Gesandte Gottes ist")
- **Salat** (oberste Pflicht ist das tägliche fünfmalige Gebet)
- **Zakat** (Pflichtabgabe für die Armen. Die Zakat („Reinheit") ist ein Almosen für alle Muslime. Wer wohlhabend genug ist, soll einmal im Jahr einen Teil seines Vermögens an bedürftige Menschen spenden)
- **Saum** (Fasten im Ramadan. Ramadan ist der Fastenmonat im Islam und der 9. Monat im islamischen Mondkalender)
- **Haddsch** (Pilgerfahrt nach Mekka)

3. Der Hinduismus

Etwa eine Milliarde der Weltbevölkerung sind Hindus, über 80 % leben in Indien.
Im Hinduismus gibt es viele Glaubensbewegungen mit verschiedenen religiösen Strömungen.
Gemeinsam ist ihnen aber der Glaube an die Wiedergeburt (man kann als Mensch, als Tier oder sogar als Stein wiedergeboren werden), die religiösen Rituale, der Glaube an Gott, an die göttliche Kraft Brahman und die hohe Bedeutung der Gurus (**Guru** ist ein religiöser Titel für einen spirituellen Lehrer) und das **Kastenwesen.** Viele Hindus glauben, dass man in eine Kaste hineingeboren werden kann.

Kaste (Varna) bezeichnet die „pyramidenförmige" Einordnung und Abgrenzung gesellschaftlicher Gruppen. Nach der indischen Verfassung von 1950 darf kein Inder wegen seiner Kaste diskriminiert werden. Die vier Hauptkasten von oben nach unten:

Brahmanen (intellektuelle Elite, Priester, Grundbesitzer)
Kshatriyas (Krieger, Fürsten, höhere Beamte)
Vaishyas (Händler, Kaufleute, Grundbesitzer, Landwirte)
Shudras (Handwerker, Pachtbauern, Tagelöhner)

Unterhalb dieser Pyramide stehen die „Unberührbaren", die **Parias** oder Harijans (die „Unterdrückten", die nur niedere Arbeiten verrichten).

Im Hinduismus gibt es drei Hauptströmungen, deren Namen sich von den jeweils verehrten Gottheiten ableitet:
Vishnuismus (Gott Vishnu, der Höchste), Shivaismus (Gott Shiva, der Höchste), Shaktismus (Muttergöttin Shakti, die Höchste).
Wegen der vielen Strömungen gibt es im Hinduismus keine für alle Hindus verbindlichen Glaubenssätze. Verbindlich sind nur die Tradition und die verschiedenen Überlieferungen des jeweiligen Gurus.

4. Der Buddhismus

Etwa 400 Millionen der Weltbevölkerung sind Buddhisten, sie leben vorwiegend in Südostasien (Thailand, Myanmar, Kambodscha, Bhutan, Sri Lanka, Laos) und in Japan.
Anders als in anderen Religionen wird im Buddhismus keine Gottheit verehrt.

Der Buddhismus hat keinen Gott, sondern einen Lehrer. Im Zentrum stehen die Lehren Buddhas. Siddhartha Gautama (um 560 bis um 480 v. Chr.) gilt als Begründer des Buddhismus, er wird als „historischer" Buddha bezeichnet. Er führte als reicher Fürstensohn ein Leben im Überfluss. Er beschloss Mönch zu werden, um bei verschiedenen Meistern Meditation zu lernen. Die streng enthaltsame Lebensweise zur Erreichung sittlicher und religiöser Ideale war nach vielen Jahren erfolglos. Er setzte sich unter einen Bodhibaum (eine schnell wachsende und sehr hohe Pappelfeige, sie wird auch Buddhabaum genannt) und schwor, erst wieder aufzustehen, wenn er **Nirvana** erreicht hat.

Nirvana ist ein zentraler Begriff im Buddhismus. Im Nirvana gibt es kein Leid, kein Glück, keine Trauer, keine Liebe, keine Wut, kein Gut und kein Böse. Die Seele befindet sich im idealen Gleichgewicht. Sie ist frei von allen Gedanken und Gefühlen und auch von der ewigen Wiedergeburt, denn eine Wiedergeburt bedeutet erneutes Leid.
Nirvana bedeutet den Austritt aus dem Kreislauf des Leidens durch „Erwachen" und ist ein Zustand der Vollkommenheit.

Buddha erreichte nach einigen Tagen unter diesem Baum das Nirvana. Vor nun an lehrte er seinen Schülern die vier Edlen Wahrheiten (Lebensregeln) des Buddhismus:
1. Dukkha (das Leben besteht aus Leiden)
2. Samudaya (die Ursachen des Leidens: Gier, Begehren, Hass, Unkenntnis)
3. Nirodha (wenn der Mensch seine Habgier überwindet, endet das Leiden)
4. Lebensregeln, um vom Leid erlöst zu werden.

Die **Lebensregeln des achtfachen Pfades** werden erreicht, wenn man folgende Schritte befolgt:
1. Bemühe dich um Weisheit und verhalte dich immer richtig
2. Sei gelassen und friedfertig
3. Lüge niemals
4. Tue keinem Lebewesen etwas an und stehle nicht
5. Schade niemandem und zerstöre nicht die Natur
6. Gib dir Mühe und erfülle deine Pflichten, auch in der Religion
7. Sei achtsam, denke und handle stets besonnen
8. Konzentriere dich, denke nach und meditiere

5. Das Judentum

Das Judentum ist die älteste Religion der Welt, die nur einen Gott hat. Sie ist mehr als 3000 Jahre alt. Etwa 15 Millionen der Weltbevölkerung bekennen sich zum Judentum, die meisten leben in Israel und in den Vereinigten Staaten. Unter Judentum versteht man nicht nur die Religion, sondern auch die Kultur, die Tradition, die Lebensweise und die Philosophie der Juden.
Der Schöpfer-Gott hat mit dem Volk Israel mehrere Male einen Bund geschlossen, der das Volk zur Einhaltung der göttlichen Gesetze verpflichtet. Den ersten Bund schloss Gott mit Abraham, dem Stammvater Israels.

Auf Abraham berufen sich aber auch Muslime und Christen. Die Juden führen ihre Abstammung auf Abrahams Sohn Isaak zurück, die Muslime aus Abrahams Sohn Ismael.
Mose aus Ägypten ist ein wichtiger Prophet für Juden, Christen und Muslime. Er überbrachte den Menschen die Zehn Gebote. Für die Juden gilt er als Stifter ihrer Religion. Er führte in einer 40-jährigen Wanderung die Israeliten aus der Sklaverei in Ägypten in das kananäische Land. Auf dem Berg Sinai offenbarte ihm Gott die Zehn Gebote und die **Tora**.

Der **Tanach** ist die Heilige Schrift des Judentums. Die Tora („Lehre", „Gesetz") ist ein Teil der hebräischen Bibel Tanach. Der Tanach besteht aus drei Teilen: Tora (Weisung), Nevi'im (Propheten) und Ketuvim (Schriften). Das Christentum hat alle Bücher des Tanach als Altes Testament übernommen.

Die Tora ist in hebräischen Buchstaben auf handgefertigtem Pergament geschrieben. Zum Schreiben werden Gänsekiele und reine Tinte verwendet. Eine neue Torarolle wird meist unvollendet in die Synagoge gebracht. Die letzten noch fehlenden zwölf Buchstaben des 5. Buch Moses werden in der Synagoge normalerweise nur von einem dazu ausgebildeten Schreiber („Sofer") ergänzt. Es ist eine besondere Ehre, wenn diese letzten Buchstaben von einer bedeutenden Persönlichkeit geschrieben werden dürfen
Das Leben streng gläubiger Juden wird von vielen Geboten und Verboten bestimmt, unter anderem auch durch die jüdischen Speisegesetze (**Kaschrut**). Speisen, die für den Verzehr erlaubt sind, nennt man **koscher**.
Schweinefleisch, Wild, Meeresfrüchte und Blut dürfen nicht gegessen werden. Auch darf man Fleisch nicht mit milchigen Zutaten mischen. Es gibt auch spezielle Vorschriften für den Herstellungsprozess und die Zubereitung.

Zum Judentum gehört auch die **Brit Mila** (Beschneidung) eines Buben. Sie geschieht meist am achten Tag nach seiner Geburt. Wenn eine Mutter Jüdin ist, ist ihr Baby von Geburt an jüdisch. Mit der Beschneidung soll der jüdische Glaube auch in der folgenden Generation weiterleben.
Immer mehr Familien verschieben die Beschneidung, damit sich ihre Söhne selbst entscheiden können, ob sie den jüdischen Glauben annehmen wollen. Wenn sich der Sohn für den jüdischen Glauben entscheidet, findet die Beschneidung auch im reifen Alter statt.

DIE BIBEL

Die Bibel oder die **Heilige Schrift** ist die wichtigste religiöse Textsammlung im Christentum und im Judentum.
Die christliche Bibel ist das am meisten gedruckte und veröffentliche und in die meisten Sprachen übersetzte Buch der Welt.

Von Anfang an bezog sich das Christentum auf die heiligen Schriften Israels. Das Christentum übernahm diese heiligen Schriften als „Altes Testament" und ergänzte nach der Auferstehung Jesu Christi die neueren, eigenen Schriften als „Neues Testament".

Bücher des Alten Testaments
Der Pentateuch (die fünf Bücher Mose):
1. Buch Mose (Genesis), 2. Buch Mose (Exodus), 3. Buch Mose (Levitikus), 4. Buch Mose (Numeri), 5. Buch Mose (Deuteronomnium)
Geschichtsbücher:
Josua, Richter, Rut, 1. Buch Samuel, 2. Buch Samuel, 1. Buch Könige, 2. Buch Könige, 1. Buch Chronik, 2. Buch Chronik, Esra, Nehemia, Ester
Lehrbücher:
Hiob, Psalter, Sprüche Salomos, Prediger Salomo, Hohelied Salomos
Propheten:
Jesaja, Jeremia, die Klagelieder Jeremias, Hesekiel, Daniel, Hosea, Joel, Amos, Obadja, Jona, Micha, Nahum, Habakuk, Zephanja, Haggal, Sacharja, Maleachi

Bücher des Neuen Testaments
Evangelien:
Matthäus, Markus, Lukas, Johannes
Apostelgeschichte:
Johannes
Paulusbriefe:
Römer, 1. Korinther, 2. Korinther, Galater, Epheser, Philipper, Kolosser, 1. Thessalonicher, 2. Thessalonicher, 1. Timotheus, 2. Timotheus, Titus, Philemon
1. und 2. Brief des Petrus
1., 2. und 3. Brief des Johannes
Brief an die Hebräer
Brief des Jakobus
Brief des Judas
Offenbarung des Johannes

Die christliche Bibel ist das am meisten gedruckte und veröffentliche und in die meisten Sprachen übersetzte Buch der Welt.

DIE ZEHN GEBOTE

Der Prophet Moses erhielt nach der biblischen Überlieferung die zehn Gebote auf dem Berg Sinai. Die zehn Gebote sind im Alten Testament überliefert und regeln die Einstellung des Menschen zu Gott und zu den Mitmenschen. Sie bilden die Grundlage der christlichen Ethik.

Das **erste** Gebot:
Ich bin der Herr, dein Gott. Du sollst keine anderen Götter haben neben mir.

Das **zweite** Gebot:
Du sollst den Namen des Herrn, deines Gottes, nicht missbrauchen.

Das **dritte** Gebot:
Du sollst den Feiertag heiligen.

Das **vierte** Gebot:
Du sollst deinen Vater und deine Mutter ehren.

Das **fünfte** Gebot:
Du sollst nicht töten.

Das **sechste** Gebot:
Du sollst nicht ehebrechen.

Das **siebte** Gebot:
Du sollst nicht stehlen.

Das **achte** Gebot:
Du sollst nicht falsch Zeugnis reden wider deinen Nächsten.

Das **neunte** Gebot:
Du sollst nicht begehren deines Nächsten Haus.

Das **zehnte** Gebot:
Du sollst nicht begehren deines Nächsten Weib, Knecht, Magd, Vieh, noch alles, was dein Nächster hat.

DAS „VATERUNSER"

Das „Vaterunser" ist das meist gesprochene Gebet der Christen in aller Welt. Dieses Gebet hat Jesus seinen Jüngern selbst gelehrt.
Es wird von Christen aller Konfessionen gebetet.

Vater unser im Himmel,
geheiligt werde dein Name.
Dein Reich komme.
Dein Wille geschehe,
wie im Himmel so auf Erden.
Unser tägliches Brot gib uns heute.
Und vergib uns unsere Schuld,
wie auch wir vergeben unsern Schuldigern.
Und führe uns nicht in Versuchung,
sondern erlöse uns von dem Bösen.
Denn dein ist das Reich und die Kraft
und die Herrlichkeit in Ewigkeit.
Amen.

DIE ZWÖLF APOSTEL

Im Matthäusevangelium werden sie genannt:
Simon Petrus, Andreas (Bruder von Simon Petrus), Jakobus (Sohn des Zebedäus), Johannes, Philippus, Bartholomäus, Thomas, Matthäus, Jakobus (Sohn des Alphäus), Thaddäus, Simon Kananäus, Judas Iskariot

DIE HEILIGEN DREI KÖNIGE

Sie werden auch als „Weise aus dem Morgenland" bezeichnet.
Sie hießen Caspar, Balthasar und Melchior.
Der Name Caspar stammt aus dem Persischen und bedeutet „Hüter des Schatzes" oder „Schatzmeister".
Er wird oft als Afrikaner mit dunkler Hautfarbe dargestellt.
Der Name Balthasar stammt aus dem Hebräischen und bedeutet „Gott schütze sein Leben" oder „Gott wird helfen".
Der Name Melchior ist ein hebräischer Name und bedeutet „König des Lichts".

DIE PÄPSTE SEIT BEGINN DES 20. JAHRHUNDERTS

„Papst" ist der Titel des Bischofs von Rom und des Oberhauptes der römisch-katholischen Kirche. Der erste Papst war der Apostel Simon Petrus, ein Jünger Jesu. Seine Amtszeit war etwa von 33 - 67 n. Chr.

Papst	Weltlicher Name	Herkunft	Amtszeit
Pius X.	Guiseppe Melchiorre Sato	Kaisertum Österreich, Lombardo-Venetien	1903 - 1914
Benedikt XV.	Giacomo della Chiesa	Königreich Sardinien	1914 - 1922
Pius XI.	Achille Ambrogio Damiano Ratti	Kaisertum Österreich, Lombardo-Venetien	1922 - 1939
Pius XII.	Eugenio Maria Giuseppe Giovanni Pacelli	Italien	1939 - 1958
Johannes XXIII.	Angelo Guiseppe Roncalli	Italien	1958 - 1963
Paul VI.	Giovanni Battista Enrico Antonio Maria Montini	Italien	1963 - 1978
Johannes Paul I.	Albino Luciani	Italien	33 Tage[1)]
Joannes Paul II.	Karol Jòzef Wojtyla	Polen	1978 - 2005
Benedikt XVI.[2)]	Joseph Aloisius Ratzinger	Deutschland	2005 - 2013
Franziskus	Jorge Mario Bergoglio	Argentinien	seit 2013

[1)] VOM 26.8.1978 BIS 28.9.1978 [2)] 2013 ZURÜCKGETRETEN

GÖTTER

Der Themenbereich „Götter" wird auch im Unterrichtsfach Geschichte behandelt.

Als Gott (Göttin, Gottheit) bezeichnet man ein übernatürliches Wesen mit einer übersinnlichen Macht. Die frühen Kulturvölker brauchten in erster Linie nicht die Götter, um sie anzubeten, sondern um das geheimnisvolle Wirken der Gesetze zu verstehen. Sie glaubten, es muss jemanden geben, der die Elemente (Wasser, Luft, Feuer) steuert und für alles andere (Unwetter, Krieg, Krankheit, Liebe, Unglück, Glück, Tod, ...) verantwortlich ist. Sie wollten erfahren und verstehen, warum alles so abläuft.

Sie versuchten auch, die Götter milde zu stimmen, indem sie ihnen Opfergaben darbrachten.
Die früheren Kulturvölker hatten sehr viele Götter. In den folgenden Kapiteln werden nur die wichtigsten Gottheiten der entsprechenden Völker genannt.

1. Ägyptische Götter

Amun
Er wird auch „Amun Re genannt".
Er ist der „Gott der Fruchtbarkeit und des Windes", „Sonnengott und Schöpfergott" und der „Schutzgott der Pharaonen".

Anubis
Er ist „ägyptischer Totengott der Mumifizierung und der Totenriten" und „Beschützer der Verstorbenen".

Atum
Er wird auch „Atum Re" der „Tem" genannt.
Er ist der „Gott der Schöpfung" und „Gottvater" und „Urgott". Er wurde auch als „Lichtgott" und Sonnengott" verehrt.

Bastet
Sie ist die „Katzengöttin der Fruchtbarkeit und der Liebe" und die „Beschützerin der Schwangeren".

Bes
Er ist der „Schutzgott" vor gefährlichen Tieren der Wüste.

Chnum
Er ist der „Schöpfergott".

Chons
Er ist der ägyptische „Mondgott".

Geb
Er ist der „Erdgott" und Bruder und Gatte der Himmelsgöttin Nut.

Horus
Er ist „Gott des Himmels, der Könige, des Krieges und des Lichts" und Beschützer der Kinder.

Isis
Sie ist die „Muttergottheit", die Gattin des Osiris.

Nephthys
Sie ist die „Herrin des Hauses". Sie ist die Zwillingsschwester der Isis und die Schwestergattin des Seth.

Nut
Sie ist die „Göttin des Himmels" und gilt als Mutter der Himmelskörper.

Osiris
Er ist „Gott und Herrscher der Unterwelt, der Auferstehung und der Vegetation". Er wurde von seinem Bruder Seth im Nil ertränkt.

Ptah
Er ist der Hauptgott der Stadt Memphis.

Re oder auch **Ra**
Er ist der „Sonnengott", der wichtigste altägyptische Gott.

Sachmet
Sie ist eine „unheilbringende und gewalttätige Göttin in Löwengestalt".

Schu
Er ist „Gott der Luft und des Sonnenlichts".

Seth
Er ist der „Gott des Chaos", der Bruder des Osiris.

Tefnut
Sie ist eine „Feuergöttin" und Schwester des Schu.

Thot
Er ist „Gott der Weisheit, Schutzgott der Gelehrten und Schöpfer der Schrift".

2. Germanische Götter

Wotan/Wodan oder auch **Odin**
Er war der wichtigste und höchste Gott der Germanen und der „Gott der Weisheit". Er ist der wilde Jäger der Lüfte und der „Gott des Windes, des Sturmes und der toten Seelen".

Donar oder auch **Thor**
Er ist der zweitwichtigste Gott der Germanen. Er ist der „Gott des Wetters" und wird immer mit dem Hammer dargestellt, mit dem er die heilige Ordnung schützt. Der Hammer gilt als Symbol der Macht und der Fruchtbarkeit. Er ist der Gott der Bauern, er bringt Regen und vertreibt den Frost.

Thyr oder auch **Ziu, Saxnot, Thiu**
Er war vor Wotan der höchste Gott der Germanen. Er ist der „Gott des Krieges und der Gerechtigkeit".

Baldur
Er ist der Sohn Wotans und „Gott der Fruchtbarkeit, der Sonne und des Frühlings".

Loki
Er ist der „Gott des Feuers". Er gilt als listig und zänkisch, der immer wieder für Ärger und Streit sorgt.

Freya
Sie ist die „Göttin der Liebe, der Fruchtbarkeit und der Schönheit".

Freyr
Er ist der Bruder von Freya und „Gott des Lichts und der Fruchtbarkeit". Er herrscht über Regen und Sonnenschein und wacht über das Wachstum der Felder.

Hel oder auch **Helheim**
Sie ist die Tochter von Loki. Sie ist die „Göttin des Totenreichs und der Unterwelt". Sie wurde von anderen Göttern in die Tiefe der Erde gestürzt.

3. Griechische und römische Götter

In Kreuzworträtsel werden wir sehr oft nach griechischen oder römischen Göttern gefragt, zum Beispiel nach dem Kriegsgott, dem Gott des Meeres oder der Göttin der Weisheit.
In der folgenden Tabelle sind die wichtigsten Götter gegenübergestellt.
Die zwölf griechischen Götter, die auf dem Olymp residieren, werden auch olympische Götter genannt.
Die beiden Hauptgötter bei den Griechen sind Zeus und Hera, bei den Römern sind es Jupiter und Juno.
Die entsprechenden griechischen und römischen Götter sind in ihrer Funktion vergleichbar.

Die beiden Hauptgötter bei den Griechen sind Zeus und Hera, bei den Römern sind es Jupiter und Juno.

RELIGION

Griech. Gott/Göttin Olympische Götter	Funktion/Beschreibung	Röm. Gott/Göttin
Zeus	Gott des Himmels und König der Götter; Himmels- und Wettergott. Er ist zuständig für Luft, Blitz und Donner.	Jupiter
Hera (Gattin und Schwester von Zeus)	Hera ist die oberste Göttin. Göttin der Ehe, der Schwangerschaft und der Familie.	Juno (Gattin von Jupiter)
Poseidon	Gott des Meeres, der Erdbeben und der Pferde.	Neptun
Demeter	Sie ist die Erdgöttin, die Göttin der Fruchtbarkeit, des Ackers und des Getreides.	Ceres
Aphrodite	Göttin der Liebe, der Schönheit und der Sinnlichkeit.	Venus
Athene	Göttin der Weisheit, der Künste und des Handwerks. Sie ist Schutzherrin der Helden, des Krieges und des Friedens.	Minerva
Ares	Gott des schrecklichen Krieges, des Blutbades und des Massakers.	Mars
Apollon (Sohn von Zeus und Zwillingsbruder von Artemis)	Gott der Künste, der Musik, der Poesie, des Lichts, der Heilkunst und der Reinheit.	Apollo
Hestia	Göttin des häuslichen Friedens und des Herdfeuers.	Vesta (Staatsgöttin von Rom)
Artemis (Tochter von Zeus und Zwillingsschwester von Apollon)	Göttin der Jagd und des Mondes.	Diana
Hephaistos	Gott des Feuers und der Schmiede.	Vulcanus
Hermes	Bote der Götter. Gott des Marktes, des Handels und der Finanzen. Er ist auch Gott des Verkehrs, der Reisenden und der Diebe.	Mercur

NEBEN DIESEN ZWÖLF HAUPTGÖTTERN GIBT ES NOCH WEITERE GÖTTER.

DAS WELTALL

1. Sterne am Himmel

Sterne sind Himmelskörper mit großer Masse. Sie bestehen aus sehr heißem Plasma zu 99% Wasserstoff und Helium und sind selbstleuchtend, so wie unsere Sonne.

Am Nachthimmel erscheinen Sterne nur als ganz kleine Lichtpünktchen. Das liegt nur an der riesigen Entfernung, denn in Wirklichkeit sind sie riesengroße Kugeln. Die glühende Materie eines Sterns ist ein natürlicher Kernreaktor, der gewaltige Energiemengen freisetzen kann. Viele der Sterne sind größer als unsere Sonne. Der derzeit größte bekannte Stern ist der VY Canis Majoris, dessen Durchmesser den Durchmesser der Sonne (1,4 Millionen km) um das etwa 20000-fache übertrifft.

2. Die Milchstraße

Die Milchstraße wird auch **Galaxis** genannt. In dieser Milchstraße befindet sich unser Sonnensystem mit der Erde. Die Milchstraße besteht aus über hundert Milliarden Sternen. Ihr Durchmesser beträgt fast 200000 Lichtjahre. Wenn man bedenkt, dass das Licht in der Sekunde 300000 Kilometer zurücklegt, dann ist diese Entfernung unvorstellbar. Die Masse beträgt etwa 1,5 Billionen Sonnenmassen.

3. Das Weltall

Das Weltall wird auch **Universum** oder **Kosmos** genannt. Es ist die Gesamtheit von Raum und Zeit einschließlich aller darin enthaltenen Materie und Energie. Wir können nur einen sehr kleinen Teil des Weltalls beobachten.
Das beobachtbare Universum hat einen Radius von mehr als 45 Milliarden Lichtjahre und eine Masse von 10^{53} Kilogramm (diese Zahl ist eine 1 mit 53 Nullen !!!).
Im Weltall gibt es etwa 2 Billionen Milchstraßen (Galaxien).

4. Unsere Planeten im Sonnensystem

Das Sonnensystem umfasst die Sonne, die Planeten und deren natürliche Satelliten (Monde), Kometen, Meteoriten, Asteroiden und alle weiteren Gas- und Staubteilchen.

Die **Sonne** als Zentralstern des Sonnensystems besitzt 99,9% der Masse des gesamten Systems.
Planeten sind nicht durch sich selbst, sondern nur im reflektierten Licht eines Sterns sichtbar.

In der Reihenfolge des Abstandes von der Sonne sind die
inneren Planeten: **Merkur, Venus, Erde, Mars** (terrestrische Planeten)
äußeren Planeten: **Jupiter, Saturn, Uranus, Neptun** (Gasplaneten)

Eine Eselsbrücke zum Merken der Reihenfolge der Planeten:
„**M**ein **V**ater **er**klärt **m**ir **j**eden **S**onntag **u**nsern **N**achthimmel" oder
„**M**ein **Ve**tter **er**zählte **ma**nchmal **ju**belnd **sa**genhafte **ur**komische **Ne**uigkeiten"

Es gibt auch noch Zwergplaneten:
Pluto, Eris, Makemake, Haumea und auch noch andere. Pluto galt früher als echter Planet, aber 2006 wurde er von der Internationalen Astronomischen Union (IAU) nicht mehr als Planet eingestuft.

5. Die acht Planeten

Alle der in der Tabelle genannten Zahlenangaben stammen aus verschiedenen Quellen des Internets. Leider variieren diese Zahlen sehr oft. Aber trotzdem sind die enormen Größen klar zu erkennen. Laut Angaben soll sich auch die Anzahl der Monde verändern.

Planet	Durchmesser in km	Anzahl der Monde	Abstand zur Sonne in Mio. km	Masse in kg	Umlaufzeit um die Sonne in Tagen	Minimale Temperatur in °C	Maximale Temperatur in °C
Merkur	4879	-	58	$3,3 \times 10^{23}$	88	-173 °C	427 °C
Venus	12103	-	108	$4,9 \times 10^{24}$	225	437 °C	497 °C
Erde	12735	1	150	$6,0 \times 10^{24}$	365	-89 °C	58 °C
Mars	6672	2	228	$6,4 \times 10^{23}$	687	-133 °C	27 °C
Jupiter	138346	69	778	$1,9 \times 10^{27}$	4329[1)]	-108 °C	-108 °C
Saturn	114632	62	1433	$6,7 \times 10^{26}$	10751[2)]	-139 °C	-139 °C
Uranus	50532	27	2872	$8,7 \times 10^{25}$	30644[3)]	-197 °C	-197 °C
Neptun	49105	14	4495	$1,0 \times 10^{26}$	60148[4)]	-201 °C	-201°C

[1)] FAST 12 JAHRE [2)] 29 JAHRE [3)] 84 JAHRE [4)] FAST 165 JAHRE

Die Umlaufgeschwindigkeit der Erde beträgt 107208 km/h.

Zum Vergleich:
Flugzeug: etwa 900 km/h
Gewehrkugel: etwa 2900 km/h
Rakete: etwa 28000 km/h

UNSERE ERDE

1. Basisdaten der Erde

Die Erde ist keine exakte Kugel, sie ist an den Polen abgeflacht. Deshalb unterscheiden sich die Erdradien zum Äquator und zu den Polen.

Erdradius zum Äquator:	6378,137 km
Erdradius zu den Polen:	6356,752 km → Durchschnittswert: 6371 km
Dicke des Erdmantels:	2900 km
Dicke des äußeren Kerns:	2200 km
Dicke des inneren Kerns:	1200 km
Erdumfang am Äquator:	40075 km
Erdumfang an den Polen:	40008 km
Durchmesser am Äquator:	12756 km
Volumen:	$1{,}083 \times 10^{12}$ km^3
Masse:	$5{,}974 \times 10^{24}$ kg
Mittlere Dichte:	$5{,}52\ \frac{g}{cm^3}$ (das ist das 5,52-fache von Wasser)
Oberfläche:	510 Mio. km^2
Landfläche:	149 Mio. km^2 (Asien 45 Mio. km^2, Afrika 30 Mio. km^2, Nordamerika 24 Mio. km^2, Südamerika 18 Mio. km^2, Antarktis 14 Mio. km^2, Europa 10 Mio. km^2, Australien 7,6 Mio. km^2, Ozeanien 400000 km^2)
Wasserfläche:	361 Mio. km^2 (Pazifischer Ozean 179,6 Mio. km^2, Atlantischer Ozean 106,5 Mio. km^2, Indischer Ozean 74,9 Mio. km^2)
Mittlere Landhöhe:	875 m
Mittlere Meerestiefe:	3800 m
Sonnenentfernung:	maximal 152 Mio. km, minimal 147 Mio. km
Dauer einer Erdumdrehung:	23,9345 Stunden
Dauer eines Jahres:	365,256 Tage
Neigung der Erdachse:	23° 44′
Atmosphäre:	78,08% Stickstoff, 20,95% Sauerstoff, 0.93% Argon, 0,04% Kohlendioxyd

2 Die Klimazonen der Erde

2.1 Klassifikation nach C. Troll und K. Paffen

Sie gliedern das Klima der Erde ist in vier Hauptzonen:

Hauptzonen	Klimazonen	Beschreibung
Kalte Zone	**Eisregion**	Das ganze Jahr sehr kalt und trocken. Alle Monate unter 0°C.
	Tundra	Sehr kalte und trockene Winter, sehr kurze und kühle Sommer. Alle Monate unter 10°C, nur wenige Tage Wachstumszeit bei über 5°C
	Nördliche Nadelwälder (Taiga)	Sehr kalte und trockene Winter, sehr kühle und feuchte Sommer. Wärmster Monat über 10°C, 100 bis 170 Tage Wachstumszeit bei über 5°C.
Gemäßigte Zone	**Feuchtklima der Gemäßigten Zone**	Das ganz Jahr feucht, über 170 Tage Wachstumszeit. Ozeanischer Bereich: Kühle Sommer, milde Winter, kältester Monat über 2°C, wärmster Monat unter 20°C. Kontinentaler Bereich: Warme bis heiße Sommer und kalte Winter mit Schnee, kältester Monat unter 2°C.
	Steppe der Gemäßigten Zone	Weniger Regen als beim vorhergehenden Feuchtklima.
	Wüste der Gemäßigten Zone	Das ganze Jahr trocken. Heiße Sommer und kalte Winter.

Subtropen	**Mittelmeerklima, Westseitenklima**	Heiße und trockene Sommer, milde und feuchte Winter. Kältester Monat zwischen 2°C und 13°C. Mehr als 5 Monate feucht.
	Ostseitenklima der Subtropen	Heiße Sommer und milde Winter, im Sommer oder das ganze Jahr feucht. Mehr als 5 Monate feucht.
	Subtropische Steppe	Heiße und trockene Sommer, weniger als 5 Monate feucht.
	Subtropische Wüste	Das ganze Jahr sehr heiß und trocken.
Tropen	**Tropische Wüste**	Das ganze Jahr sehr heiß und trocken. Kältester Monat über 13°C. 0 bis 2 Monate Regenzeit.
	Dornsavanne	Das ganze Jahr sehr heiß. 0 bis 4 Monate Regenzeit.
	Trockensavanne	Das ganze Jahr sehr heiß. 4 bis 7 Monate Regenzeit.
	Feuchtsavanne	Das ganze Jahr sehr heiß. 7 bis 9 Monate Regenzeit.
	Tropischer Regenwald	Das ganz Jahr sehr heiß und feucht. 9bis 12 Monate Regenzeit.

2.2 Klassifizierung nach W. Köppen und R. Geiger

Sie gliedern das Klima mit Hilfe von Buchstaben:

1. Buchstabe: Hauptklimatyp (Großbuchstaben A bis E)
2. Buchstabe: Niederschläge
3. Buchstabe: Temperatur

1. Buchstabe	2. Buchstabe	3. Buchstabe
A: Tropische Klimate	S: Steppenklima	a: wärmster Monat über 22°C
B: Trockenklimate	W: Wüstenklima	b: wärmster Monat unter 22°C
C: Warmgemäßigte Klimate	w: wintertrocken	c: bis 4 Monate über 10°C, kältester Monat über -38°C
	s: sommertrocken	
D: Schneeklimate (Boreale Klimate)	f: feucht, keine Trockenzeit	d: bis 4 Monate über 10°C, kältester Monat unter -38°C
E: Eisklimate	m: unwirksame Trockenzeit (Monsun)	h: heiß, Jahresmittel über 18°C
		k: winterkalt, Jahresmittel unter 18°C
	F: Klima des Ewigen Frostes (alle Monate unter 0°C)	
	T: Tundrenklima (wenigstens ein Monat über 0°C)	

Damit ergeben sich typische Klimaregionen für die ersten beiden Buchstaben.

Af: Tropisches Regenwaldklima **Aw**: Savannenklima **Am**: Monsunklima
BW: Wüstenklima **BS**: Steppenklima
Cs: Mittelmeerklima **Cw**: warmes, wintertrockenes Klima **Cf**: feuchtgemäßigtes Klima
Df: winterfeuchtes, kaltes Klima **Dw**: wintertrockenes, kaltes Klima
ET: Tundrenklima **EF:** Klima des ewigen Frostes

Mit dieser Klassifizierung gilt zum Beispiel für folgende Bereiche:
Sahara: **BWh**, Süditalien**: Csa**, die Hochregionen der Alpen: **Dfb**, Florida: **Cfa**, Grönland und nord-sibirischer Küstenbereich: **ET**, die meisten Gebiete Deutschlands: **Cfb**

3. Die Jahreszeiten

Die Erde macht zwei Bewegungen. Sie dreht sich einmal am Tag (24 Stunden) um ihre eigene Achse und im Lauf eines Jahres einmal um die Sonne.
Durch die Drehung um die eigene Achse entstehen Tag und Nacht. Durch die Drehung um die Sonne entstehen die Jahreszeiten.
Die Neigung der Erdachse ist zu ihrer Umlaufbahn um die Sonne um 23,5° geneigt. Diese Neigung ist der Grund für die verschiedenen Jahreszeiten und auch für die Länge von Tag und Nacht.
Sie ist auch der Grund dafür, dass man den Eindruck hat, die Sonne bewege sich (im Sommer steht sie höher über dem Horizont als im Winter).

Wegen der Drehung der Erde um die Sonne treffen die Sonnenstrahlen zweimal im Jahr senkrecht auf den Äquator, am 20. März (Frühlingsbeginn auf der Nordhalbkugel, und am 23. September (Herbstbeginn auf der Nordhalbkugel). An diesen beiden Tagen ist überall auf der Erde Tag- und Nachtgleiche, jeweils 12 Stunden.

Am 21. Juni (Sommerbeginn) treffen die Sonnenstrahlen senkrecht auf den nördlichen Wendekreis (23,5° n. Br.). Die Nordhalbkugel wird stärker „beleuchtet" als die Südhalbkugel. Wir genießen den längsten Tag im Jahr.

Am 21. Dezember (Winterbeginn) treffen die Sonnenstrahlen senkrecht auf den südlichen Wendekreis (23,5° s. Br.). Jetzt haben die Menschen auf der Südhalbkugel den längsten Tag und wir die längste Nacht.

3.1 Kalendarische Jahreszeiten

Die kalendarischen (astronomischen) Jahreszeiten richten sich nach dem Sonnenstand, sie entsprechen den „natürlichen" Jahreszeiten.

Kalendarischer Frühlingsanfang: **um**[1] den 20. März
Kalendarischer Sommeranfang: **um** den 21. Juni
Kalendarischer Herbstanfang: **um** den 23. September
Kalendarischer Winteranfang: **um** den 21. Dezember

[1] DAS „UM" BEDEUTET, DASS ES NICHT IMMER GENAU DIESER TAG SEIN MUSS, ES KANN Z. B. AUCH EINMAL DER 21. MÄRZ ODER DER 22. SEPTEMBER SEIN.

3.2 Meteorologische Jahreszeiten

Die meteorologischen Jahreszeiten sind eine vereinfachte Jahreszeiteneinteilung.
Meteorologischer Frühlingsanfang: 1. März → Frühling: März, April Mai
Meteorologischer Sommeranfang: 1. Juni → Sommer: Juni, Juli, August

Meteorologischer Herbstanfang: 1. September → Herbst: September, Oktober, November
Meteorologischer Winteranfang: 1. Dezember → Winter: Dezember, Januar, Februar

Auf der Südhalbkugel sind die Jahreszeiten genau entgegengesetzt:
Frühling auf der Nordhalbkugel → Herbst auf der Südhalbkugel
Sommer auf der Nordhalbkugel → Winter auf der Südhalbkugel
Herbst auf der Nordhalbkugel → Frühling auf der Südhalbkugel
Winter auf der Nordhalbkugel → Sommer auf der Südhalbkugel

4. Die Erdzeitalter (Geologische Systeme)

Die Rangordnung der Zeiteinheiten lautet:
Zeitalter (Ära), **System** (Periode; früher Formation), **Abteilung**

Zeitalter	System	Abteilung	Beginn vor Mio. Jahren	Entwicklung des Lebens
Erdneuzeit (Neozoikum, Känozoikum)	**Quartär**	**Holozän** **Pleistozän**	2,5	Beginn der Menschwerdung Tiere und Pflanzen in der Eiszeit
	Tertiär	**Pliozän** **Miozän** **Oligozän** **Eozän** **Paläozän**	65	Entwicklung der Vögel und Säugetiere
Erdmittelalter (Mesozoikum)	**Kreide**	**Oberkreide** **Unterkreide**	140	Aussterben der Dinosaurier und Flugsaurier
	Jura	**Malm** **Dogger** **Lias**	210	Marine Fauna, Urvogel Archäopteryx
	Trias	**Keuper** **Muschelkalk** **Buntsandstein**	250	Im Keuper erstes Auftreten der Säugetiere

Erdaltertum (Paläozoikum)	**Perm**	**Zechstein Rotliegendes**	290	Entwicklung der Reptilien
	Karbon	**Oberkarbon Unterkarbon**	360	Amphibien, erste Reptilien, baumförmige Farne
	Devon	**Oberdevon Mitteldevon Unterdevon**	410	Erste Farne, Kopffüßer und Fische
	Silur		440	Fische, Korallen
	Ordovizium		500	Erstes Auftreten von Korallen
	Kambrium		590	Erstes Auftreten von Trilobiten (Leitfossilien)
Erdfrühzeit (Präkambrium)	**Algonkium (Proterozoikum)**		etwa 2500	Quallen, Seefedern, Algenreste
	Archaikum		etwa 4000	Entstehung des Lebens

5. Die Erdgeschichte in „zwölf Stunden"

Würde man die Erdgeschichte auf 12 Stunden reduzieren, ergäbe sich folgende Zeitabfolge:
Von 0.00 Uhr bis 1:00 Uhr:
Die Erde als Feuerball (vor 4,6 – 4,2 Milliarden Jahren)

Von 1:00 Uhr bis 2:00 Uhr:
Die Erde kühlt sich ab, Ozeane entstehen (vor etwa 4 Milliarden Jahren)

Von 2:00 Uhr bis 10:30 Uhr:
Erste einfache Lebensformen (vor etwa 3,5 Milliarden Jahren)

Von 10:30 bis 10:50 Uhr:
Erste Pflanzen und Tiere im Wasser (vor etwa 600 Millionen Jahren)

Von 10:50 bis 11:00 Uhr:
Erste Fische (vor etwa 470 Millionen Jahren)

Von 11:00 bis 11:25 Uhr:
Erste Pflanzen und Tiere an Land (vor etwa 430 Millionen Jahren)

Von 11:25 Uhr bis 11:50 Uhr:
Dinosaurier (vor etwa 250 Millionen Jahren)

Von 11:50 Uhr bis 11:59 Uhr:
Vögel und die ersten Säugetiere (vor etwa 66 Millionen Jahren)

Die letzten 60 Sekunden:
Sekunde 0 bis 4:
Vorfahren von Mensch und Schimpanse (vor etwa 6 Millionen Jahren)

Sekunde 4 bis 20:
„Vormenschen" (vor etwa 5 Millionen Jahren)

Sekunde 20 bis 40:
Australopithecus geht auf zwei Beinen (vor etwa 3 Millionen Jahren)

Sekunde 40 bis 58:
Homo erectus (vor 2 Millionen bis 200000 Jahren)

Sekunde 58 bis 60:
Homo sapiens (vor 200000 Jahren bis heute)

6. „Schwächezonen" der Erde

Die Entwicklung der Erde ist noch nicht vollkommen abgeschlossen. Es gibt immer noch tektonische Zonen (Tektonik = Lehre vom Aufbau der Erdkruste und von den Bewegungen, die in ihr stattfindenden), die eine geringere Festigkeit als ihre Umgebung haben. Diese Zonen nennt man Schwächezonen.

Die äußere Hülle der Erdkruste ist in riesige Kontinentalplatten gegliedert, die sich auf dem oberen Erdmantel bewegen (nur einige Millimeter pro Jahr). Die sechs großen Platten sind die Afrikanische, die Amerikanische, die Arktische, die Eurasische, die Indisch-Australische und die Pazifische Platte.

Die Schwächezonen liegen vorwiegend an den Rändern dieser Platten. Wenn eine Platte unter eine andere gedrückt wird, kann es zu Erdbeben und Vulkanausbrüchen kommen.
(→ siehe Seite 382, 385)

95 % der tätigen Vulkane befinden sich an diesen Plattengrenzen. In größeren Tiefen ist die Temperatur höher. Wenn sich eine Platte unter eine andere schiebt, wird das Gesteinsmaterial der Erdkruste geschmolzen. Es bildet sich glühend flüssiges Magma, das nach oben steigt und als Lava an der Erdoberfläche austritt.
Besonders gefährdet ist der Grenzbereich, wo die Pazifische Platte im Westen und Osten auf die kontinentalen Platten Asiens und Amerikas stößt. Diese Zone nennt man „Ring of Fire" (Feuerring).

7. Die Kontinentalverschiebung

Die Wissenschaft geht davon aus, dass die Erdteile und die Ozeane aus einem großen Urozean und einem zusammenhängenden Urkontinent (**Pangaea**) entstanden sind.
Dieser zerbrach zuerst in zwei Teile: **Laurasia** auf der Nordhalbkugel (die heutigen Erdteile Eurasien und Nordamerika) und **Gondwana** auf der Südhalbkugel (die heutigen Erdteile Südamerika, Afrika, Antarktika, Australien, Indien).

Erst später löste sich Indien von Gondwana und driftete nach Norden an den Kontinent Asien. Bei diesem „Zusammenstoß" mit einer Geschwindigkeit von 9 m pro Jahrhundert wurde das Himalayagebirge in die Höhe gedrückt. Diese Drift hält heute noch an, der Himalaya wird jährlich 1 cm höher.
Der Verlauf der Ostküste Südamerikas und der Westküste Afrikas lassen die Vermutung zu, dass diese beiden Kontinente einst zusammenhängend waren. Der Geowissenschaftler Alfred Wegener stellte 1912 erstmals dieses Auseinanderdriften fest. Diese Theorie wurde zuerst von der Fachwelt abgelehnt, kann aber nach neuesten Untersuchungen bestätigt werden.

Die Driftgeschwindigkeit im Nordatlantik beträgt 1 cm/Jahr, im Südatlantik 2 cm/Jahr und im Indischen Ozean bis zu 6 cm/Jahr.

Welche Folgen kann diese Drift haben?

Eine Extrapolation (näherungsweise Bestimmung eines Verhaltens über den sicheren Bereich hinaus) lässt vermuten:

- In 20 Millionen Jahren hat sich die Iberische Halbinsel von Europa abgetrennt. Ostafrika hat sich entlang des Ostafrikanischen Grabenbruchs abgespaltet. Australien und Neuseeland werden nach Norden verschoben.
- In 40 Millionen Jahren ist Afrika nach Norden verschoben und der gesamte Bereich des Mittelmeeres ist umgestaltet. Europa könnte entlang des Rheins auseinanderbrechen.
- In 60 Millionen Jahren stößt Australien an Asien.
- In 80 Millionen Jahren ist Afrika so weit nach Norden verschoben, dass sich anstelle des Mittelmeeres ein Gebirge gebildet hat. Neuseeland liegt in den Tropen und die Antarktis liegt im Bereich vom heutigen Australien.
- In 90 Millionen Jahren wird Nordamerika nach Süden verschoben und liegt an der Seite von Südamerika.

- In 150 Millionen Jahre liegt Grönland auf der geographischen Breite von Peru.
- In 200 Millionen Jahren liegen Mexiko und die Antarktis am Äquator. Ostafrika und Madagaskar sind mit Indien und Südostasien kollidiert.
- In 300 Millionen Jahren hat sich ein neuer Superkontinent „Pangaea ultima" gebildet.

8. Das Eiszeitalter

Das Eiszeitalter ist ein Zeitraum der Erdgeschichte (im **Pleistozän**), der durch mehrfache Kaltzeiten (Eiszeiten) und Warmzeiten geprägt wurde. Die Warmzeiten waren dem Klima und der Vegetation der Gegenwart ähnlich. In der Eiszeit hatten die Gletscher eine wesentlich größere Ausdehnung als heute.

Während der Eiszeit waren 48 Millionen Quadratkilometer der Erdoberfläche mit Eis bedeckt, das ist ein Mehrfaches der Fläche, die heute mit Eis bedeckt ist.
Die Eiszeit begann etwa vor 1000000 Jahren, sie endete vor etwa vor 10000 Jahren. Zur Zeit der größten Ausbreitung bedeckte das nordische Inlandeis das gesamte Nordeuropa, die Ostsee, die Nordsee einschließlich der Britischen Inseln und reichte bis zum Nordrand der Mittelgebirge. Die Talgletscher der Alpen, der Pyrenäen und des Kaukasus reichten bis weit ins Vorland.

Nach dem Rückzug hinterließen die Gletscher im Alpenvorland und in der Norddeutschen Tiefebene eine Moränenlandschaft (durch Gletscher transportierter Gesteinsschutt) mit vielen Seen.
Auch große Teile Nordamerikas waren mit Gletschereis bedeckt. Das Eis reichte bis zu den fünf großen Seen.

Man unterscheidet verschiedene Eiszeiten:
In den Alpen die Günz-, Mindel-, Riß- und Würmeiszeit. Teilweise wird noch die Donau- und Bibereiszeit vorangestellt.
In Norddeutschland die Elster-, Saale- und Weichseleiszeit.
In Nordamerika die Nebraskan-, Kansan-, Illinoian- und Wisconsineiszeit.

9. Das Gradnetz der Erde

Um die Lage eines Ortes auf der Erde genau bestimmen zu können, legte man über die Erde ein „Netz". Dieses Netz besteht aus zum Äquator parallelen Linien (**Breitenkreise**) und dazu von Pol zu Pol verlaufenden senkrechten Linien (**Längenkreise** oder **Meridiane**).

Als sogenannter **Nullmeridian** wurde der Meridian von Greenwich festgelegt. Von diesem Meridian werden nach Westen (**w. L.** oder **W**) und Osten (**ö. L.** oder **O**) jeweils 180° gezählt. Vom Äquator zählt man nach Norden (**n. Br.** oder **N**) und Süden (**s. Br.** oder **S**) jeweils 90°.

Mit dieser Einteilung kann man jeden Punkt der Erde genau lokalisieren. Vor allem, wenn man die Grade noch in Minuten gliedert und zusätzlich die Minuten in Sekunden (1° = 60′ und 1′ = 60″). Bei den neuesten Navigationssystemen im Auto kann man seine augenblickliche Position genau erkennen.

10. Die Zeitzonen

Die Erde dreht sich in 24 Stunden einmal um ihre eigene Achse. Mithilfe der Längenkreise (Meridiane) kann man die Oberfläche in 24 gleiche von Pol zu Pol verlaufende Teile von je 15° (360:24 = 15) einteilen. Ein solcher Teil entspricht einer **Zeitzone**.

In Wirklichkeit verlaufen aber diese Zeitzonen nicht exakt entlang eines Längenkreises, weil die Ländergrenzen nicht immer entlang von Meridianen verlaufen. Im Bereich der Ozeane ist das schon möglich. Im Atlas oder im Internet kann man sich den Verlauf der Zeitzonen genau anschauen.
Deutschland hat eine Zeitzone. Flächenmäßig große Länder haben mehr Zeitzonen. Zum Beispiel 4 in Brasilien, 6 in Kanada, 11 in Russland. Das große Land China hat heute nur noch eine einzige gesetzliche Zeit, früher gab es dort 5 Zeitzonen.

11. Geographische und klimatische Extremwerte

Größter Kontinent:	Asien (45 Mio. km²)
Kleinster Kontinent:	Australien (7,6 Mio. km2)
	Australien mit Ozeanien (8,4 Mio. km²)
Größter Ozean:	Pazifischer Ozean (179,6 Mio. km²)
Flächenmäßig größtes Gebirge:	Himalaya (2500 km lang, 150-280 km breit)
Längstes Gebirge:	Anden (etwa 8000 km lang)
Höchster Berg:	Mount Everest (8848 m)
Größte Insel:	Grönland (2130800 km²; fast die 6-fache Fläche Deutschlands)
Größter See:	Kaspisches Meer (386400 km²; etwa die Fläche Deutschlands)
Tiefste Stelle der Erdoberfläche:	Totes Meer (- 428 m)
Tiefste Meeresstelle:	Witjastief im Marianengraben des Pazifischen Ozeans (11034 m)
Tiefster See:	Baikalsee (1642 m)
Längster Fluss:	Nil (6671 km)

Höchste je gemessene Temperatur:	Death Valley, USA (56,7°C am 10.7.1930)
Mittlere Jahrestemperatur im Death Valley:	24,2°C[1)]
Höchste mittlere Jahrestemperatur in Dschibuti:	30,1°C[2)]
Tiefste je gemessene Temperatur:	Wostok-Station Antarktis (-89,2°C am 21.7.1983)
Tiefste mittlere Jahrestemperatur:	Wostok-Station (-55,6°C)

Größter jährlicher Temperaturunterschied:	Werchojansk in Sibirien (105,1°C)
Höchste durchschnittliche Niederschlagsmenge/Jahr:	Cherrapunji in Indien (11684 mm)[3]
Höchste jährliche Niederschlagsmenge:	Cherrapunji (26461 mm im Jahr 1860/1861)
Größte Regenmenge an einem Tag:	Cilaos auf Réunion (1870 mm, am 15./16.3.1952)
Trockenster Ort:	Calama in der Wüste Atacama (jährlicher Niederschlag 0 mm)
Längste Sonnenscheindauer im Jahr:	Sahara (etwa 4000 Stunden)[4]

[1] ZUM VERGLEICH: HAMBURG 8,4°C, BERLIN 8,9°C, FRANKFURT 9,4°C, MÜNCHEN 7,6°C, FELDBERG 3,2°C, KRETA 18,6°C, MALLORCA 16,8°C.
DIE HÖCHSTE MITTLERE JAHRESTEMPERATUR SEIT BEGINN DER WETTERAUFZEICHNUNG IM JAHR 1881 BETRUG IN DEUTSCHLAND 10,45°C (2018), DIE TIEFSTE MITTLERE JAHRESTEMPERATUR BETRUG 6,63°C (1940).

[2] DSCHIBUTI IST DIE HAUPTSTADT DES KLEINEN STAATES DSCHIBUTI IN NORDOSTAFRIKA. IN DER IN UNBEWOHNTEN DANAKILSENKE (-125 M) IN ÄTHIOPIEN LIEGT DIE MITTLERE JAHRESTEMPERATUR SOGAR BEI 34,4°C.

[3] ZUM VERGLEICH: HAMBURG 714 MM, BERLIN 803 MM, FRANKFURT 890 MM, MÜNCHEN 964 MM, FELDBERG 1732 MM

[4] ZUM VERGLEICH: HAMBURG 1630 h, BERLIN 1818 h, FRANKFURT 1840 h, MÜNCHEN 1771 h, FELDBERG 1673 h, KRETA 2868 h, MALLORCA 2795 h

DEUTSCHLAND

1. Landschaftliche Gliederung (Naturräume)

Gliederung von Norden nach Süden:
Norddeutsches Tiefland, Mittelgebirgsland, Alpenvorland, Alpen

Die „Grenze" zwischen dem Norddeutschen Tiefland und dem Mittelgebirgsland verläuft etwa entlang einer gedachten Linie Dresden – Harz – Osnabrück.

Das Norddeutsche Tiefland erstreckt sich mit drei Tieflandsbuchten (Kölner Bucht, Westfälische Bucht, Leipziger Bucht) in das Mittelgebirgsland.

Das Mittelgebirgsland reicht im Süden bis zur Donau.
Südlich der Donau liegt das Alpenvorland und ganz im Süden das Hochgebirge der Alpen.

2. Flüsse und Seen

Flüsse
In Deutschland gibt es sechs große Flüsse, die in ein Meer münden.
Die **Donau** (2857 km) ist nach der Wolga der zweitlängste Fluss Europas. Die beiden Quellflüsse heißen

Brigach und Breg, sie entspringen im Schwarzwald. In Rumänien mündet die Donau ins Schwarze Meer.

Die **Elbe** (1094 km) entspringt im Riesengebirge (Sudeten) und mündet in die Nordsee.

Die **Ems (**371 km) entspringt in der Senne (Westhang des Teutoburger Waldes) und mündet in die Nordsee.

Die **Oder** (840 km) entspringt in den südlichen Sudeten und mündet in Polen in die Ostsee. Die Oder bildet einen Teil der Grenze zu Polen.

Der **Rhein** (1233 km) entspringt in den Alpen. Die beiden Hauptquelläste heißen Vorderrhein und Hinterrhein. Ab diesem Zusammenfluss bis zum Bodensee heißt er Alpenrhein. Zwischen Bodensee und Basel heißt er Hochrhein, zwischen Basel und Bingen Oberrhein und ab Bingen Niederrhein. In den Niederlanden mündet er in einem breiten Delta in die Nordsee. Er bildet einen Teil der Grenze zur Schweiz und zu Frankreich.

Die **Weser** (452 km) entsteht aus den beiden Flüssen Fulda (entspringt in der Rhön) und Werra (entspringt im Thüringer Wald). Ab dem Zusammenfluss bei Hannoversch-Münden heißt der Fluss Weser. Die Weser mündet in die Nordsee.

Die sechs Hauptflüsse und ihre wichtigsten Nebenflüsse:

Donau: Iller, Lech, Isar, Inn, Wörnitz, Altmühl, Naab, Regen.
Für diese Nebenflüsse gibt es einen Merksatz:

„Iller, Lech, Isar, Inn fließen rechts zur Donau hin,
Wörnitz, Altmühl, Naab und Regen kommen ihr links entgegen"

Ein weiterer Nebenfluss der Donau ist die Ilz. Sie entspringt im Böhmerwald und hat sehr dunkel gefärbtes Wasser. Deshalb wird sie oft als „schwarzer Fluss" bezeichnet. Sie mündet in Passau in die Donau. Genau an der Stelle, wo auch der Inn von Süden einmündet. Man spricht deshalb von der „Dreiflüssestadt" Passau, die bei Hochwasser oft stark überflutet wird.

Elbe: Schwarze Elster, Mulde, Saale, Havel, Elde
Ems: Hase
Oder: Neiße (Grenzfluss zwischen Deutschland und Polen)
Rhein: Kinzig, Neckar, Main, Nahe, Lahn, Mosel, Sieg, Ruhr, Lippe
Weser: Aller

Die folgenden zwei Flüsse erhalten nach dem Zusammenfluss einen neuen Namen:
Die Brigach und die Breg heißen nach dem Zusammenfluss Donau.

Die Fulda und die Werra heißen nach dem Zusammenfluss Weser.
Der Weiße Main und der Rote Main heißen nach dem Zusammenfluss Main.
Die Fichtelnaab und die Waldnaab heißen nach dem Zusammenfluss Naab.
Die Pegnitz und die Rednitz heißen nach dem Zusammenfluss Regnitz.

Seen
Die zehn größten Seen in Deutschland:

	See	Bundesland	Fläche in km²	Größte Tiefe in m
1	Bodensee	Baden-Württemberg, Bayern auch Österreich und Schweiz	536	251
2	Müritz	Mecklenburg-Vorpommern	112,6	31
3	Chiemsee	Bayern	79,9	73
4	Schweriner See	Mecklenburg-Vorpommern	61,5	52
5	Starnberger See	Bayern	56,4	128
6	Ammersee	Bayern	46,6	81
7	Plauer See	Mecklenburg-Vorpommern	38,4	26
8	Kummerower See	Mecklenburg-Vorpommern	32,6	23
9	Steinhuder Meer	Niedersachsen	29,1	3
10	Großer Plöner See	Schleswig-Holstein	28,4	56

3. Wichtige Kanäle

Die fünf längsten Kanäle:
Der **Mittellandkanal** (325 km) verbindet das Ruhrgebiet mit dem Industrieraum Berlin.

Mit dem **Dortmund-Ems-Kanal** (223 km) besitzt das Ruhrgebiet eine schiffbare Verbindung zur Nordsee.

Der **Rhein-Main-Donau-Kanal** (171 km) verbindet die Donau bei Kelheim mit dem Main bei Bamberg. Diese künstliche Wasserstraße stellt damit eine schiffbare Verbindung zwischen dem Schwarzen Meer und dem Atlantik dar.

Der **Elbe-Seitenkanal** (115 km) verläuft durch die Lüneburger Heide und stellt eine Verbindung zwischen dem Mittellandkanal bei Braunschweig/Wolfsburg und der Elbe südlich von Hamburg dar.

Der **Nord-Ostsee-Kanal** (98 km) verläuft durch Schleswig-Holstein von Kiel bis zur Mündung der Elbe. Dieser Kanal gehört weltweit zu den meistbefahrenen künstlichen Wasserstraßen für Seeschiffe.

4. Gebirge und Berge

Südlich der Tieflandsbuchten beginnt das Mittelgebirgsland. In Klammern sind jeweils die höchsten Erhebungen angegeben.

Der **Teutoburger Wald** (Barnacken 446 m) und der **Harz** (Brocken 1142 m).
Zwischen Bingen und Köln linksrheinisch die **Eifel** (Hohe Acht 747 m) im Norden und der **Hunsrück** (Erbeskopf 818 m) im Süden, getrennt durch die Mosel.

Westlich des Rheins zwischen Saarbrücken und Ludwigshafen liegt der **Pfälzer Wald** (Eschkopf 609 m) mit der Haardt (Kalmit 673 m).
Rechtsrheinisch zwischen dem Neckar im Süden und dem Main im Norden liegt der **Odenwald** (Katzenbuckel 626 m).

Rechtsrheinisch das **Rothaargebirge** (Kahler Asten 841 m), der **Westerwald** (Fuchskauten 656 m) und der **Taunus** (Großer Feldberg 879 m). Zwischen Westerwald und Taunus fließt die Lahn.

Östlich dieser drei Gebirge liegt der **Vogelsberg** (773 m), und die **Röhn** (Wasserkuppe 950 m). Im Süden dieser beiden Mittelgebirge liegt der **Spessart** (Geiersberg 585 m) im sogenannten „Mainviereck".

Östlich der Rhön liegt der **Thüringer Wald** (Großer Beerberg 982 m), der **Frankenwald** (Döbraberg 795 m) und das **Fichtelgebirge** (Schneeberg 1051 m).

Noch weiter im Osten liegt das **Erzgebirge** (Keilberg 1244 m liegt auf tschechischer Seite; die höchste Erhebung auf deutscher Seite ist der Fichtelberg 1214 m). Das Erzgebirge verläuft entlang der Grenze zwischen Sachsen und der Tschechischen Republik.

Der **Oberpfälzer Wald** (Kreuzfelsen 938 m) und der **Böhmerwald** (Großer Arber 1456 m) bilden die Grenze zwischen Bayern und der Tschechischen Republik. Der Fluss Regen trennt den Böhmerwald zum parallel verlaufenden **Bayerischen Wald** (Einödriegel 1121 m). Der Bayerische Wald liegt zwischen Donau und Regen. Oberpfälzer Wald, Böhmerwald und Bayerischer Wald werden auch als **Ostbayerisches Grenzgebirge** bezeichnet.

Im Südwesten von Baden-Württemberg liegt der **Schwarzwald** (Feldberg 1493 m).

Zwischen dem Schwarzwald und dem sogenannten Nördlinger Ries verläuft parallel zur Donau die **Schwäbische Alb** (Lemberg 1015 m).

Ab dem Nördlinger Ries verläuft die **Fränkische Alb** (Dürrenberg 656 m) von der Donau im Süden bis zum Main im Norden. Am nördlichen Ende liegt die **Fränkische Schweiz** (Staffelberg 539 m).

Die niedrigsten der deutschen Mittelgebirge (eigentlich sind es nur Höhenzüge, die in der Landschaft nicht wesentlich auffallen) sind die im Westen der Fränkischen Alb von Süden nach Norden verlaufenden **Frankenhöhe** (Hornberg 554 m), **Steigerwald** (Scheinberg 498 m) und **Haßberge** (Stachelberg 496 m).

Im Süden Deutschlands liegen die **Alpen** (höchste Erhebung in Deutschland ist die Zugspitze mit 2982 m; die höchste Erhebung der Alpen ist der Montblanc mit 4810 m). Der Mont Blanc ist auch der höchste Berg Europas. Durch die Alpen verläuft die Grenze zu Österreich.

5. Inseln

Die meisten Inseln haben große Bedeutung für den Tourismus.

Nordseeinseln
In der Nordsee liegen die Ostfriesischen Inseln und die Nordfriesischen Inseln, getrennt durch die Helgoländer Bucht.

Ostfriesische Inseln:
Borkum, Juist, Norderney, Baltrum, Langeoog, Spiekeroog, Wangerooge.
Eselsbrücke zum Merken der Reihenfolge:
„**B**ei **j**eder **N**ordseeinsel **b**uddeln **l**ustige **S**eemänner **W**attlöcher".

Die kleine Insel Memmert (zwischen Borkum und Juist) gehört nicht dazu, weil sie unbewohnt ist (sie wird nur von einem Vogelwart bewohnt).

Nordfriesische Inseln:
Nordstrand (Halbinsel), **Pellworm, Amrum, Föhr, Sylt.**
Die zahlreichen kleinen Halligen (z. B. Hooge) gehören nicht dazu, weil sie ohne Hochwasserschutz sind.
Die Insel **Helgoland** (besteht aus zwei Inseln) liegt in der Nordsee vor der Helgoländer Bucht.

Ostseeinseln
In der Ostsee liegen die zu Deutschland gehörenden Inseln **Fehmarn, Poel, Hiddensee, Rügen, Usedom.**
Ein kleiner östlicher Teil der Insel Usedom gehört zu Polen.

Inseln in Seen
Im Bodensee liegen die Inseln **Reichenau, Mainau.** Auch die Stadt **Lindau** liegt auf einer Insel.

Im Chiemsee liegen drei Inseln: Die **Herreninsel**, die **Fraueninsel** und die **Krautinsel**.

Auf der Herreninsel ließ der bayerische König Ludwig II. („Märchenkönig") sein Schloss Herrenchiemsee im Stil des Schlosses von Versailles erbauen.

Auf der kleineren Fraueninsel liegt das Kloster Frauenchiemsee, eine Abtei der Benediktinerinnen. Das Kloster ist ein Wallfahrtsort für die selige Irmengard, eine Schutzpatronin des Chiemgaus.

Die Krautinsel ist unbewohnt. Sie bekam ihren Namen, weil dort im Mittelalter Gemüse und Kräuter angebaut wurden.

6. Küstenformen

Die Nordseeküste Niedersachsens und die Westküste von Schleswig-Holstein sind eine **Wattenküste.** Die Wattenküste ist eine Flachküste im Bereich der Gezeitenzone, die bei Niedrigwasser trockenfällt. Der Wattenküste sind viele flache Inseln vorgelagert.

Die Ostseeküste in Schleswig-Holstein ist eine **Fördenküste.** Förde ist das deutsche Wort für Fjord. Sie ist eine von einer landeinwärts gewanderten Gletscherzunge gegrabene schmale Meeresbucht.
Die mecklenburgische Ostseeküste im Bereich Rügen und Usedom ist eine **Boddenküste**.
Die Boddenküste ist durch Überflutung der flachen Grundmoränenlandschaft in der Nacheiszeit entstanden.

7. Klima

Klimatypen nach Köppen und Geiger (→ **siehe Seite 68).**
Vorwiegend: Feuchtgemäßigtes Klima **Cfb**, im Bereich der Alpen winterfeuchtes kaltes Klima **Df**.

EUROPA

Europa hat eine Fläche von etwa 10 Mio. km^2

1. Gliederung

In Europa gibt es 48 Staaten, von denen 27 zur Europäischen Union (EU) gehören
(→ siehe Seiten 233, 236)

Diese 48 Staaten liegen in folgenden Gebieten:
Nordeuropa
Dänemark (mit Färöer und Grönland), Finnland, Island, Norwegen, Schweden

Nordosteuropa
Estland, Lettland, Litauen

Osteuropa
Kasachstan (nur ein kleiner Landesteil), Russland (der europäische Teil bis zum Ural), Ukraine, Weißrussland

Mitteleuropa
Deutschland, Kroatien, Liechtenstein, Österreich, Polen, Schweiz, Slowakei, Slowenien, Tschechische Republik, Ungarn

Westeuropa
Belgien, Frankreich, Großbritannien und Nordirland, Irland, Luxemburg, Monaco, Niederlande

Südeuropa
Italien, Malta, San Marino, Vatikanstadt

Südwesteuropa
Andorra, Portugal, Spanien

Südosteuropa
Albanien, Bosnien und Herzegowina, Bulgarien, Griechenland, Kosovo, Moldau, Montenegro, Nordmazedonien, Rumänien, Serbien, Türkei (europäischer Teil), Zypern (europäischer Teil)

Man kann auch manche der europäischen Staaten nach einem anderen Merkmal zusammenfassen.

Die Skandinavischen Länder
Die nordeuropäischen Länder, die Anteil am Skandinavischen Gebirge haben, bezeichnet man als Skandinavische Länder (Norwegen, Schweden und der nordwestliche Landesteil Finnlands).

Die Baltischen Staaten
Die Ostsee wird auch Baltisches Meer genannt. An dieses Meer grenzen die Länder Estland, Lettland und Litauen. Nach dem Ersten Weltkrieg lösten sie sich von Russland und wurden selbstständig. 1940 wurden sie wieder von der Sowjetunion annektiert und im Jahr 1991 erlangten sie erneut ihre Selbständigkeit. Diese drei Länder bezeichnet man als die Baltischen Staaten.

Die Mittelmeerländer
Alle Staaten, die ans Mittelmeer grenzen (dazu gehören außer den europäischen Staaten auch die Staaten Nordafrikas und Vorderasiens) bezeichnet man als Mittelmeerländer.

Die Beneluxstaaten
Die drei Länder **Be**lgien, Niederlande (**Ne**derland) und **Lux**emburg vereinbarten bereits 1944 eine Zollunion, die mit dem Benelux-Vertrag 1960 in Kraft trat.

Die Balkanstaaten
Die östliche der drei europäischen Halbinseln im Mittelmeer ist die Balkanhabinsel, benannt nach dem Gebirge Balkan. Die Länder auf dieser Halbinsel nennt man Balkanländer. Zu ihnen gehören Albanien, Bosnien-Herzegowina, Bulgarien, Griechenland, Kosovo, Kroatien, Montenegro, Nordmazedonien, Rumänien, Serbien, Slowenien. Man könnte auch noch den kleinen europäischen Teil der Türkei zu diesen Ländern rechnen.

Die Iberischen Staaten
Die westliche der drei europäischen Halbinseln im Mittelmeer ist die Pyrenäenhalbinsel (benannt nach dem Gebirge im Nordwesten) oder auch Iberische Halbinsel, benannt nach der Volksgruppe der Iberer, die in der Antike dieses Gebiet bewohnten. Der Name leitet sich vom Fluss Ebro ab. Zu den iberischen Staaten gehören Spanien (etwa 85 % der Gesamtfläche), Portugal (etwa 15 % der Gesamtfläche), das Fürstentum Andorra in den Pyrenäen und das kleine britische Überseegebiet Gibraltar (nur 6,8 km^2) der Südküste Spaniens.

Die Alpenländer
Die Länder, die teilweise oder ganz zum Alpenraum gehören, bezeichnet man als Alpenländer. Insgesamt haben acht Länder einen Anteil an den Alpen.
In Klammern steht jeweils der Alpenanteil an der Gesamtfläche des Staates:
Deutschland (3 %), Frankreich (7 %), Italien (17 %), Liechtenstein (100 %), Monaco (100 %),
Österreich (65 %), Schweiz (60 %), Slowenien (40 %).
Diese Staaten beschlossen 1991 einen gemeinsamen Vertrag „zum Schutz und zur nachhaltigen Entwicklung der Alpen".

Weil unsere beiden südlichen Nachbarländer (Schweiz, Österreich und die Region Südtirol in Italien) sowohl im Sommer als auch im Winter besonders beliebte Urlaubsziele sind, wird die Verwaltungsgliederung dieser Länder tabellarisch vorgestellt.

Schweiz

Die Schweiz ist in 26 Kantone gegliedert.

Kanton	Hauptstadt
Aargau	Aarau
Appenzell/Ausserrhoden	Herisau
Appenzell/ Innerrhoden	Appenzell
Basel-Landschaft	Liestal
Basel-Stadt	Basel
Bern	Bern
Freiburg	Freiburg
Genf	Genf
Glarus	Glarus
Graubünden	Chur
Jura	Delémont
Luzern	Luzern
Neuenburg	Neuenburg

Kanton	Hauptstadt
Nidwalden	Stans
Obwalden	Sarnen
Schaffhausen	Schaffhausen
Schwyz	Schwyz
Solothurn	Solothurn
St. Gallen	St. Gallen
Tessin	Bellinzona
Thurgau	Frauenfeld
Uri	Altdorf
Waadt	Lausanne
Wallis	Sion
Zug	Zug
Zürich	Zürich

Österreich

Österreich ist in neun Bundesländer gegliedert.

Verwaltungsgebiet	Hauptstadt
Burgenland	Eisenstadt
Kärnten	Klagenfurt
Land Salzburg	Salzburg
Land Wien	Wien
Niederösterreich	St. Pölten

Verwaltungsgebiet	Hauptstadt
Oberösterreich	Linz
Steiermark	Graz
Tirol	Innsbruck
Vorarlberg	Bregenz

Italien

Italien ist in 20 Regionen gegliedert. Nur die folgenden sechs nördlichen Regionen haben Anteil an den Alpen. Außer den Regionen Aostatal und Südtirol haben nur die nördlichsten Teile dieser Regionen Anteil an den Alpen.

Region	Hauptstadt
Aostatal	Aoasta
Piemont	Turin
Lombardei	Mailand

Region	Hauptstadt
Südtirol[1)]	Bozen
Venetien	Venedig
Friaul (Julisch Vene-tien)	Triest

[1)] SÜDTIROL IST NUR DER NÖRDLICHE TEIL DER REGION SÜDTIROL-TRENTINO. DIE HAUPTSTADT DIESER REGION IST DIE STADT TRIENT. BOZEN IST DIE HAUPTSTADT DER TEILREGION SÜDTIROL.

2. Flüsse und Seen

Flüsse

Die großen europäischen Flüsse münden
ins Nordpolarmeer: Nördliche Dwina, Petschora
in die Ostsee: Oder, alle schwedischen Flüsse
in die Nordsee: Ems, Elbe, Rhein, Seine, Themse, Weser
in den Atlantischen Ozean: Garonne, Loire

in das Mittelmeer: Ebro, Po, Rhône
in das Schwarze Meer: Dnjepr, Don, Donau,
in das Kaspische Meer: Wolga

Seen
Die größten Seen liegen im europäischen Teil Russlands.
In Finnland gibt es neben dem Saimasee (viertgrößter See Europas) noch fast 190000 weitere kleine Seen.

3. Gebirge und Berge

Alpen
Der höchste Berg ist der Mont Blanc (4810 m).
Das etwa 1200 Kilometer lange Gebirge ist eine wichtige europäische Klimascheide.

Skandinavisches Gebirge (Skanden)
Der höchste Berg ist der Galdhöpiggen (2469 m).
Das 1700 Kilometer lange Gebirge erstreckt sich von Süden nach Norden der Skandinavischen Halbinsel. Auf dem Gebirge verläuft die Grenze zwischen Norwegen und Schweden.

Pyrenäen
Der höchste Berg ist der Pico de Aneto (3404 m).
Das etwa 430 Kilometer lange Gebirge bildet die Grenze zwischen Frankreich und Spanien.

Apenninen (Apennin)
Der höchste Berg ist der Corno Grande (2914 m).
Das etwa 1400 Kilometer lange Gebirge durchzieht Italien von Norden nach Süden. In Italien liegen auch zwei Vulkane: Der Vesuv (1277 m) bei Neapel und der Ätna (3350 m) auf der Insel Sizilien.

Karpaten
Der höchste Berg ist die Gerlsdorfer Spitze (2655 m) in der Hohen Tatra.
Sie erstrecken sich im Bereich der Länder Slowakei, Polen, Ukraine, Rumänien in einem 1500 Kilometer langen nach Westen offenen Bogen (Waldkarpaten mit der Hohen Tatra, Ostkarpaten, Südkarpaten).

Ural
Der höchste Berg ist der Narodnaja (1895 m).
Das 2200 Kilometer lange Gebirge erstreckt sich von Norden nach Süden und bildet die Grenze zwischen Europa und Asien.

Kaukasus
Der höchste Berg ist der Elbrus (5642 m).
Der Kaukasus liegt im Grenzbereich Europa/Asien. Nur einen kleinen Westteil könnte man zu Europa rechnen. Genau in diesem Bereich liegt der Elbrus.

Weitere Gebirge sind:
Sudeten entlang der Grenze entlang der Grenze Tschechische Republik/Polen, das **Dinarische Gebirge** entlang der Ostküste der Adria (Kroatien, Bosnien und Herzegowina, Monte Negro, Serbien), der **Balkan** (Serbien, Bulgarien), die **Rhodopen** (Bulgarien, Griechenland), der **Pindos** (Griechenland), **Vogesen** und **Zentralmassiv** (Frankreich) und in Spanien das **Kastilische Gebirge**, das **Kastilische Scheidegebirge** und die **Betische Kordillere** mit der **Sierra Nevada**.

4. Inseln

Die größten Inseln in der Nordsee sind Grönland, Großbritannien, Island und Irland.
Die größten Inseln im Mittelmeer sind Sizilien, Sardinien, Korsika, Zypern und Kreta. Die kleine Insel Malta liegt südlich von Sizilien.

Weitere Inselgruppen im Mittelmeer sind die **Balearen** (Mallorca, Menorca, Ibiza), die **nördlichen Sporaden** (z. B. Skyros), **südlichen Sporaden** (z. B. Rhodos), **Kykladen** (z. B. Naxos), **Euböa** (Evia) und **Lesbos** im Ägäischen Meer und die **ionischen Inseln** im Ionischen Meer.

Im Atlantik liegen die zu Spanien gehörenden **kanarischen Inseln** (Teneriffa, Gran Canaria, Fuerteventura, Lanzarote, La Gomera, La Palma, El Hierro) und die zu Portugal gehörende Insel **Madeira** und die **Azoren** (z. B. São Miguel, Pico, Flores). Die Azoren liegen über 1300 km Madeira 900 km von Lissabon entfernt.

5. Klima

Klimatypen nach Köppen und Geiger (→ **siehe Seite 68**).

Nordeuropa:
Winterfeuchtes kaltes Klima **Df**, an der Küste feuchtgemäßigtes Klima **Cf**, in den Hochlagen des Gebirges Eisklima **E**.
Mitteleuropa und Westeuropa:
Überwiegend feuchtgemäßigtes Klima **Cf**, im Bereich der Alpen winterfeuchtes kaltes Klima **Bf**.
Südeuropa: Mittelmeerklima **Cs** und **Csa**.

6. Der Golfstrom

Der Golfstrom ist für Europa eine sehr wichtige Meeresströmung. Er ist die Fortsetzung des Nordäquatorialstromes, der im Golf von Mexiko seine Richtung ändert. Entlang der südlichen Ostküste Nordamerikas nennt man ihn Floridastrom, entlang der nördlichen Ostküste heißt er Golfstrom. Er fließt dann als Nordatlantischer Strom in Richtung Europa. Er wird aber immer als Golfstrom bezeichnet.
Er ist eine warme und schnelle Meeresströmung. Seine Fließgeschwindigkeit beträgt etwa 2 m pro Sekunde, ist über 100 m mächtig und transportiert bis zu 150 Millionen m^3 Wasser pro Sekunde.
Er wird sehr oft als „Warmwasserheizung Europas" bezeichnet. Er beeinflusst das Klima in Nordeuropa und in Nordasien bis zum Ural. Ohne seinen Einfluss wären große Gebiete der norwegischen Küste vereist und die Temperaturen in Europa wären mehr als 5°C kälter.

ASIEN

Asien hat eine Fläche von etwa 45 Mio. km^2.

1. Gliederung

In Asien gibt es 49 Staaten. Diese Staaten liegen in folgenden Gebieten:

Nordasien
Russland

Vorderasien
Armenien, Aserbaidschan, Bahrein, Georgien, Irak, Iran, Israel, Jemen, Jordanien, Katar, Kuweit, Libanon, Oman, Saudi-Arabien, Syrien, Türkei (asiatischer Teil), Vereinigte Arabische Emirate, Zypern (der Nordteil gehört zur Türkei → Vorderasien; der Südteil gehört zu Griechenland → Südosteuropa)

Zentralasien
Afghanistan, Kasachstan, (ein sehr kleiner Landesteil wird noch zu Europa gerechnet), Kirgisistan, Mongolei, Tadschikistan, Turkmenistan, Usbekistan

Ostasien
China, Taiwan, Japan, Republik Korea (Südkorea), Demokratische Volksrepublik Korea (Nordkorea)

Südasien
Bangladesch, Bhutan, Indien, Malediven, Myanmar, Nepal, Pakistan, Sri Lanka, Thailand

Südostasien
Brunei, Indonesien (ein Teil wird auch zu Ozeanien gerechnet), Kambodscha, Laos, Malaysia, Osttimor, Philippinen, Singapur, Vietnam

2. Flüsse und Seen

Flüsse
In das Nordpolarmeer münden die großen russischen Flüsse: Ob, Jenissej, Lena, Kolyma
In das Kaspische Meer mündet: Wolga
In den Persischen Golf mündet: Schatt al-Arab (nach dem Zusammenfluss von Tigris und Euphrat)
In den Indischen Ozean münden: Indus, Narmada, Ganges und Brahmaputra (kurz vor ihrer Mündung vereinigen sie sich und münden dann als Meghna in den Golf von Bengalen), Irawadi, Nu Jiang
In das Südchinesische Meer münden: Menam, Mekong, Yu Jiang
In das Ostchinesische Meer münden: Jangtsekiang, Huang He (Gelber Fluss), Amur

Seen
Das Kaspische Meer in Zentralasien ist der größte See der Erde (er har die 700-fache Größe des Bodensees). Der Baikalsee in Sibirien ist der tiefste See der Erde, der Balchaschsee in Kasachstan, der Issyk Kul in Kirgisistan.
› **siehe Seite 357**

3. Gebirge und Berge

Himalaya
Das etwa 2800 km lange Gebirge ist das höchste Gebirge der Erde (Mount Everest 8848 m). Im Süden dieses Hochgebirges liegt der Indische Subkontinent, im Norden das **Hochland von Tibet**.

Kunlun Shan
Der etwa 2500 km lange Gebirgszug (höchster Berg ist der Liushi Shan mit 7167 m) bildet die Nordgrenze des Hochlandes von Tibet.

Karakorum (zweithöchster Berg der Erde, K2 oder Godwin Austen 8611 m), **Hindukusch** (höchster Berg Tirich Mir 7690 m) und **Pamir** (höchster Berg Ismael Samani 7495 m; der Pamir wird gelegentlich auch als das „Dach der Welt" bezeichnet) bilden die Fortsetzung der Gebirgsketten nach Westen.
Im Himalaya und Karakorum liegen noch weitere 12 „Achttausender" → **siehe Seite 344)**.

Zagrosgebirge

Das etwa 1500 km lange Gebirge (höchster Berg ist der Zarad Kuh mit 4547 m) im Iran liegt an der Küste des Persischen Golfes und an der Grenze zum Irak.

Elburs

Dieses Gebirge (höchster Berg ist der Demawend mit 5604 m) liegt im Norden von Teheran entlang der Südküste des Kaspischen Meeres.

Kaukasus

Der etwa 1500 km lange Gebirgszug (höchster Berg ist der Elbrus mit 5642 m) liegt zwischen dem Kaspischen Meer und dem Schwarzen Meer. Durch den westlichen Kaukasus verläuft die Grenze zwischen Asien und Europa.

Ural

Alle bisher genannten Gebirge verlaufen in Ostwest-Richtung. Der etwas über 2000 km lange Ural (höchster Berg ist der Narodnaja mit 1895 m) verläuft in Nordsüd-Richtung und bildet die Grenze zu Europa.

Werchojansker Gebirge, Tscherskigebirge, Kolymagebirge

Diese Gebirge liegen im Nordosten von Sibirien. Der höchste Berg ist der Pobeda mit 3147 m im Tscherskigebirge.
Östlich des Himalaya verlaufen die Gebirgszüge in nordsüdlicher Richtung und setzen sich auf den Inseln Südostasiens fort.

4. Inseln

Im Nordpolarmeer die Insel Nowaja Semlja und die Neusibirischen Inseln.
Vor allem Ost-, Süd- und Südostasien besteht aus vielen Inselgruppen und Inseln.
Im Pazifischen Ozean Sachalin, die japanischen Inseln, Taiwan, die Philippinen und die Inselwelt Indonesiens (Sumatra, Java, Borneo, Celebes, Neuguinea, Bali, Timor und noch viele kleinere).
Im Indischen Ozean liegt die Insel Sri Lanka (bis 1972 Ceylon) im Südosten des indischen Subkontinents und im Südwesten Indiens die Inselgruppen der Lakkadiven und Malediven.

5. Klima

Klimatypen nach Köppen und Geiger (**→ siehe Seite 68**).
Auf den Inseln im Nordpolarmeer: Eisklima **E** und Tundrenklima **ET**
An der Nordküste Sibiriens: Tundrenklima **ET**
Im Bereich der zentralen Hochgebirge: Eisklima **E**
In Eurasien und großen Teilen West- und Zentralsibiriens: Winterfeuchtes kaltes Klima: **Df**

In Ostsibirien, Mongolei und Nordchina: Wintertrockenes kaltes Klima: **Dw**
In Zentralasien: Steppenklima **BSk** und Wüstenklima **BWk**
Auf der Arabischen Halbinsel, im Iran, in Afghanistan und Pakistan: Steppenklima **BS** und Wüstenklima **BW**
In Landesinneren Westindiens: Steppenklima **BS**
An der Küste Westindiens und in Südindien: Tropische Klimate: **Aw**, **Af**, **Am**
Nordindien und große Teile Chinas: Warmgemäßigtes, wintertrockenes Klima **Cf**
Ostindien und Myanmar: Tropisches Monsunklima **Am**
Festland und Inselwelt Südostasiens, Philippinen: Tropische Klimate **Aw** und **Af**
Japan und Ostküste Chinas: Feuchtgemäßigtes Klima **Cf**

6. Natürliche Vegetationszonen

Von Norden nach Süden sind folgende Zonen zu erkennen:
Auf den Inseln im Nordpolarmeer: **Eiswüste** und **Tundra** (Flechten, Moose, Zwergstauden)
Sibirien: **Tundra** mit Dauerfrostboden (Nordsibirien), **Borealer (nördlicher) Nadelwald** (südlich der Tundra), **Laub- und Mischwald** (südlich des Nadelwaldes)

Zentralasien und Südwestasien: **Steppen und Wüsten** (Kasachensteppe in Kasachstan, die Wüste Kysylkum in Usbekistan, die Wüste Karakum in Turkmenistan, die Wüste Gobi in der Mongolei, die Wüste Takla Makan in China, die Wüste Tharr in Indien/Pakistan, die Wüste Lut im Iran und die großen Wüsten auf der Arabischen Halbinsel.

Indien: Im Landesinneren **Tropischer Trockenwald**, im Süden und im Bereich der Gangesmündung in Bangladesch **Tropischer Regenwald**.

In Südostasien und auf den Inseln **Tropischer Regenwald**, an den Küsten **Mangroven** (verholzende Salzpflanzen im Gezeitenbereich tropischer Küsten). Auf den Inseln Borneo, Sulawesi und Neuguinea liegt das drittgrößte Regenwaldgebiet der Erde.

AMERIKA

Amerika hat eine Fläche von etwa 42 Mio. km^2.

1. Gliederung

In Amerika gibt es 35 Staaten. Diese Staaten liegen in folgenden Gebieten:
Nordamerika
Kanada, Vereinigte Staaten von Amerika (USA)

Mittelamerika
Landbrücke: Belize, Costa Rica, El Salvador, Guatemala, Honduras, Mexiko, Nicaragua, Panama
Karibikinseln: Antigua und Barbuda, Bahamas, Barbados, Dominica, Dominikanische Republik, Grenada, Haiti, Jamaica, Kuba, Saint Lucia, Saint Kitts und Nevis, Saint Vincent und die Grenadinen, Trinidad und Tobago

Südamerika
Argentinien, Bolivien, Brasilien, Chile, Ecuador, Guyana, Kolumbien, Französisch-Guayana (gehört zu Frankreich), Paraguay, Peru, Suriname, Uruguay, Venezuela

2. Flüsse und Seen

Flüsse in Nordamerika
In das Nordpolarmeer münden der Mackenzie (in die Beaufortsee) und der Nelson River (in die Hudson Bay).

In den Pazifischen Ozean münden der Yukon (ins Beringmeer), der Columbia und der Colorado (in den Golf von Kalifornien). Der Colorado hat den Grand Canyon geschaffen.

In den Atlantischen Ozean mündet der St.-Lorenz-Strom.

In den Golf von Mexiko münden der Rio Grande (Grenzfluss zwischen USA und Mexiko) und der Mississippi (mit seinen vielen Nebenflüssen: Missouri, Arkansas, Red River, Ohio, Tennessee). Der Nebenfluss Missouri ist länger als der Mississippi.

Das Flusssystem Mississippi-Missouri entwässert das gesamte Gebiet südlich der Fünf Großen Seen zwischen den Appalachen im Osten und den Rocky Mountains im Westen.

Flüsse in Südamerika
Alle großen Flüsse münden in den Atlantik: Orinoco, Amazonas (Nebenflüsse Rio Negro, Madeira und viele andere), São Francisco, Paraná.
→ **siehe Seite 369**

Seen in Nordamerika
In Kanada gibt es viele Seen. Die größten sind: Großer Sklavensee, Großer Bärensee, Winnipegsee. Durch vier der Fünf Großen Seen in Nordamerika verläuft die Grenze zwischen Kanada und USA: Oberer See (82414 km² → 150-fache Größe des Bodensees), Huronsee, Eriesee, Ontariosee. Der Michigansee liegt nur in USA. Der Eriesee entwässert über die fast 100 m hohen Niagarafälle und dem etwa 45 km langen Niagara River in den Ontariosee.
→ **siehe Seite 357**

Zwischen den Rocky Mountains im Osten und der Sierra Nevada im Westen liegt im „Großen Becken" im Staat Utah der USA der Große Salzsee (4400 km²). Der Salzgehalt ist höher als der des Meerwassers. Die maximale Tiefe beträgt 10 m.

Seen in Südamerika
Der Titicacasee auf der Altiplano-Hochebene in den Anden liegt im Grenzbereich der Staaten Peru und Bolivien. Er ist mit 8290 km² (15-fache Fläche des Bodensees) der größte See Südamerikas.

Ein weiterer See auf der Altiplano-Hochfläche ist der Poposee. Er ist der zweitgrößte See Boliviens und steht kurz vor dem Austrocknen.

Der zweitgrößte See Südamerikas ist die Laguna Mar Chiquita in Argentinien.

3. Der Panamakanal

Der etwa 80 km lange Panamakanal durchquert in Panama die Landenge Mittelamerikas von Colón am Karibischen Meer bis Panama-Stadt am Pazifischen Ozean. Mehrere Schleusen überwinden die unterschiedlichen Höhen der Meeresspiegel und das Gatúnsees.

Ferdinand de Lesseps, der den Suezkanal von 1859 bis 1869 erfolgreich baute, wollte auch den Panamakanal erbauen. 1881 wurde mit dem Bau begonnen. Die Bauarbeiten mussten aber 1889 abgebrochen werden, weil im Lauf der Jahre 50000 Arbeiter an Gelbfieber und Malaria starben. Viele Jahre später vollendeten die Amerikaner den Bau.

Er wurde am 15.8.1914 eröffnet und zählt heute zu den wichtigsten Wasserstraßen der Welt. Er spielt eine große Rolle für den Warentransport zwischen der Ost- und Westküste der USA und dem Handel zwischen Ostasien (vor allem China) und der Ostküste der USA.

4. Gebirge und Berge

Vom Beringmeer im Norden bis nach Feuerland im Süden erstreckt sich an der Westküste der beiden Kontinente Nord- und Südamerika ein durchgehender Hochgebirgszug.

In Nordamerika sind es die **Alaskakette** (höchster Berg Denali 6194 m; bis 2015 hieß er Mount McKinley) und die **Rocky Mountains** (4800 km; höchster Berg Mount Elbert 4396 m) und in Südamerika die **Anden** (8000 km; höchster Berg Aconcagua 6960 m).

Das Gebirge verläuft auch durch Mittelamerika mit der höchsten Erhebung Citlaltépetl oder Pico de Orizaba (5610 m) in Mexiko.

In Nordamerika sind den Rocky Mountains direkt entlang der Küste noch weitere Gebirge vorgelagert: Die **Küstenkette**, die **Sierra Nevada** und die **Westliche Sierra Madre**.

An der Ostküste Nordamerika erstreckt sich von Norden nach Süden das Mittelgebirge der **Appalachen** (2400 km; höchster Berg Mount Mitchell 2039 m).

5. Inseln

Vor der Nordküste Kanadas im Nordpolarmeer viele Inseln, die größten sind Baffininsel und die Victoriainsel (→ **siehe Seite 359**).
Die Inseln der Aleuten im Beringmeer.
Die Insel Neufundland vor der kanadischen Ostküste.
Die Westindischen Inseln im Karibischen Meer: Die Bahamas, die Großen Antillen (die größten sind Kuba, Hispaniola und Jamaica) und die Kleinen Antillen (z. B. Antigua, Barbuda, Dominica, Grenada).
Die Insel Feuerland an der Südspitze Südamerikas.
Die Hawaiiinseln (50. Staat der USA) und die Galápagos-Inseln (gehören zu Ecuador) im Pazifischen Ozean.

6. Klima

Klimatypen nach Köppen und Geiger (→ **siehe Seite 68**).
Auf den kanadischen Inseln und an der Nordküste Kanadas: Eisklima **E**
In Kanada und im Norden der USA: Von Norden nach Süden winterfeuchtes kaltes Klima **Dfc**, **Dfb**, **Dfa**.
Etwa südlich 40° nördliche Breite bis zur karibischen Küste und von der Ostküste bis zu etwa 100° w. L. („Trockengrenze") feuchtgemäßigtes Klima **Cfa**.
Westlich davon in den trockenen Gebieten und im Norden Mexikos Steppen- und Wüstenklima **BSh** und **BWh**.

An der Südspitze Floridas: Tropisches Savannenklima **Aw**.
An der Küste Kaliforniens: Mittelmeerklima **Cs**.
Südmexiko: Warmes, wintertrockenes Klima **Cw** und Savannenklima **Aw**.
Karibische Inseln: Savannenklima **Aw**.
Südöstlicher Teil der mittelamerikanischen Landbrücke: Tropisches Regenwaldklima **Af**.
Der Norden Südamerikas bis etwa 20° südliche Breite und von der Küste bis zu den Anden vorwiegend Savannenklima **Aw** und im Amazonastiefland tropisches Regenwaldklima **Af**.
Südlich und westlich davon ein schmaler Bereich warmes, wintertrockenes Klima **Cw**.
Im Bereich Nordargentinien und Uruguay feuchtgemäßigtes Klima **Cf.**
Große Teile West- und Südargentiniens Steppenklima **BS** und Wüstenklima **BW**.
Im Hochgebirgsbereich der Anden Eisklima **E**.
Ein schmaler Streifen entlang der pazifischen Küste von etwa 5° s. Br. bis 30° s. Br. Wüstenklima **BWh** und **BWk**.
Südlicher Abschnitt der Küste: Warmgemäßigtes Klima **Csb** und **Cf**.

7. Natürliche Vegetationszonen

Die Inseln im Nordpolarmeer **Tundra** und in ganz im Norden **Eiswüste**.
Alaska: **Tundra**, im Gebirge **Nadelwald**.

Nordkanada: **Tundra** („Barren Grounds").

Südkanada: Von der Ostküste bis zu den Rocky Mountains **Nadelwälder**.
Von der Ostküste der USA bis etwa 100° westl. Länge **Laub- und Mischwald**, anschließend **Steppe** („Great Plains" = Prärien).

Rocky Mountains: **Gebirgsnadelwald**
Westlich der Rocky Mountains im „Großen Becken" und im Hochland von Mexiko **Hochgebirgstrockensteppe** und **Halbwüste**.

An der kalifornischen Küste und an der Pazifikküste Mexikos **Hartlaubgewächse**.

Karibikküste Mexikos und Amazonastiefland: **Tropischer Regenwald**. Das Amazonastiefland ist das größte zusammenhängende Regenwaldgebiet der Erde.

Im brasilianischen Bergland und in den Llanos Venezuelas: **Trockensavanne**.

Im Gran Chaco **Hartlaubformation**.

Im Bereich der Anden: **Hochgebirgstrockensteppe** und **winterfeuchte Steppe** (Pampa und Patagonien).

An der mittleren Westküste: **Wüste** (Atacama)

An der südlichen Westküste: **Nadel- und Laubfeuchtwald**

AFRIKA

Afrika hat eine Fläche von etwa 30 Mio. km^2

1. Gliederung

In Afrika gibt es 53 Staaten. Diese liegen in folgenden Gebieten:
Nordafrika
Algerien, Libyen, Tunesien

Nordostafrika
Ägypten, Äthiopien, Dschibuti, Eritrea, Somalia, Sudan, Südsudan

Nordwestafrika
Marokko, Mauretanien

Westafrika
Benin, Burkina Faso, Elfenbeinküste, Gambia, Ghana, Guinea, Guinea Bissau, Kap Verde, Liberia, Mali, Niger, Nigeria, Senegal, Sierra Leone, Togo

Zentralafrika
Äquatorialguinea, Gabun, Kamerun, Kongo (Demokratische Republik), Kongo (Republik), São Tomé und Principe, Tschad, Zentralafrikanische Republik

Ostafrika
Burundi, Kenia, Komoren, Ruanda, Seychellen, Tansania, Uganda

Südafrika
Botsuana, Lesotho (Binnenstaat, auch Enklave genannt; er wird vollständig von vom Staat Südafrika eingeschlossen), Sambia, Simbabwe, Südafrika

Südostafrika
Madagaskar, Malawi, Mauritius, Mosambik

Südwestafrika
Angola, Namibia

2. Flüsse und Seen

Flüsse
In das Mittelmeer mündet der Nil. Er ist der längste Strom der Erde. Die beiden Quellflüsse sind der Weiße Nil und der kürzere, aber wasserreichere Blaue Nil. Bei Khartum vereinigen sie sich zum Nil. Letzter Nebenfluss ist der Atbara (auch Schwarzer Nil genannt). Die weiteren über 2000 km fließt der Nil ohne einen weiteren größeren Zufluss durch die Wüste.

In den Atlantik münden: Senegal, Volta, Niger, Kongo (Livingstonefälle), Oranje

In den Indischen Ozean münden: Limpopo, Sambesi (Victoriafälle an der Grenze von Sambia und Simbabwe)

Seen
Der größte See ist der Victoriasee (→ **siehe Seite 357**).
Im Ostafrikanischen Grabenbruch liegen Tanganjikasee, Malawisee, Kivusee, Eduardsee, Albertsee, Turkanasee (Rudolfsee).
Am Südrand der Sahara liegt der Tschadsee. Er ist ein abflussloser Binnensee. Wegen der großen Hitze, den unregelmäßigen Niederschlägen und der hohen Verdunstung und als Folge der globalen Erwärmung ändert sich seine Größe ständig. Im Augenblick hat er eine Fläche von etwa 1350 km^2 (zum Vergleich: Bodensee 536 km^2).

3. Der Suezkanal

Der Suezkanal zwischen den Städten Port Said im Norden und Suez im Süden verbindet das Mittelmeer über den Golf von Suez mit dem Roten Meer. Initiator des Baus war der französische Jurist und Diplomat Ferdinand de Lesseps, der den ägyptischen Vizekönig Muhammed Said Pascha von der Notwendigkeit des Baus überzeugte. Der Bau begann 1859 und der Kanal wurde am 19. November 1869 eröffnet. Die Handelsschiffe zwischen Asien und Europa ersparen sich seit dieser Zeit den 6000 km längeren Weg um das Kap der Guten Hoffnung an der Südspitze Afrikas.
Der Kanal war bei der Einweihung 164 km lang. Durch neuere Baumaßnahmen hat er heute eine Länge von 193 km. Der Suezkanal ist ein Meerwasserkanal und braucht keine Schleusen wie zum Beispiel der Panamakanal.

4. Gebirge und Berge

Atlasgebirge
Das Gebirge an der Nordwestküste Afrikas besteht aus mehreren Gebirgsketten: Antiatlas, Hoher Atlas mit dem höchsten Berg Toubkal (4165 m), Mittlerer Atlas, Saharaatlas.

Ahaggar (Hoggar), Tassili de Adjer, Tibesti, Ennedi, Jabal Marra
Diese Gebirge liegen in der Wüste Sahara. Höchste Erhebungen sind Tahat (3003 m; Ahaggar) und Djebel Afao (2158 m; Tassili), Schildvulkan Emi Koussi (3415 m; Tibesti), Basso (1310 m; Ennedi) und der Vulkanberg Deriba Caldera (3088 m; Jabal Marra).

Hochland von Äthiopien
Dieses Gebirge nimmt den Großteil der Fläche Äthiopiens ein. Der höchste Berg ist der Ras Daschan (4620 m).

Kamerunberg
Der 4070 m hohe tätige Vulkanberg liegt an der Westküste Kameruns.

Zentralafrikanische und ostafrikanische Schwelle
Diese beiden Gebirgsschwellen bilden den Westrand und Ostrand des Ostafrikanischen Grabenbruchs. Die beiden höchsten Berge Afrikas, Kilimandscharo (5895 m) und Mount Kenia (5199 m) liegen auf der Ostafrikanischen Schwelle. Auf der Zentralafrikanischen Schwelle liegt der dritthöchste Berg Ruwenzori (5109 m).

Drakensberge
Dieses Gebirge mit dem höchsten Berg Thabana Ntlenjana (3482 m) liegt an der Ostküste Südafrikas.

5. Inseln

Vor der Nordwestküste liegen die Inseln Madeira und die Kanaren, die aber zu Europa gehören.
Im Golf von Guinea liegen die kleinen Inseln São Tomé und Principe.
Im Indischen Ozean liegen die Inselgruppen Seychellen, Komoren und Maskarenen (Urlaubsziel Mauritius) und die Insel Madagaskar, die viertgrößte Insel der Erde.

6. Klima

Klimatypen nach Köppen und Geiger (→ **siehe Seite 68**)

An der Nordküste: Mittelmeerklima **Csa,** im Bereich des Atlasgebirges im Nordwesten Steppenklima **BSh**.

Im Süden anschließend ein über 1000 km breiter Gürtel von der atlantischen Westküste bis zum Roten Meer an der Ostküste extremes Wüstenklima **BWh**.

Am Südrand der Sahara Steppenklima **BSh**.

Nach Süden schließt sich das Savannenklima **Aw** an und im Bereich des Äquators das tropische Regenwaldklima **Af**.

Am Südrand des Regenwaldklimas wieder Savannenklima **Af**.

Im Landesinneren von Südafrika Steppenklima **BSh**, an der Westküste Wüstenklima **BWh** und **BWk** und an der Ostküste und Südküste feuchtgemäßigtes Klima **Cw** und **Cf**.

7. Natürliche Vegetationszonen

An der Mittelmeerküste **Hartlaubformation** und **Dornsteppe**.

Südlich davon die **Trockenwüste** Sahara. Die Sahara ist mit neun Millionen km² (etwa die 25-fache Größe der Bundesrepublik Deutschland) die größte Wüste der Erde.

Nach Süden schließt sich in folgender Reihenfolge an: **Dornstrauchsavanne**, **Trockensavanne**, **Feuchtsavanne** und im Bereich des Äquators von der Westküste bis zur Mitte des Kontinents **tropischer Regenwald**, das zweitgrößte zusammenhängende Regenwaldgebiet der Erde.

Weiter nach Süden folgt dann **tropischer Trockenwald**.

Entlang der Südwestküste **Wüste** (Namib) und im Landesinneren **Trockensteppe** und **Halbwüste** (Kalahari).

Entlang der Süd- und Südostküste **Hartlaubformation**.

AUSTRALIEN

Australien hat eine Fläche von 7,6 Mio. km².

Der Kontinent Australien

- ist der einzige Kontinent, der vollständig südlich des Äquators liegt und
- der einzige Kontinent, auf dem es nur ein Land (den Staat Australien) gibt.

Die Küstenlinie ist wenig gegliedert, im Norden reicht der Carpentariagolf breit in den Kontinent hinein.

1. Flüsse und Seen

Weil es in Australien sehr heiß ist und nur wenig Niederschläge fallen gibt auch nicht viele Flüsse. Der längste Fluss ist der Murray (etwa 2500 km), der in den Australischen Alpen entspringt mit seinen Nebenflüssen Darling, Lachlan und Marrumbidgee.

Ohne das Murray-Darling-Flusssystem wäre die Landwirtschaft in Südostaustralien nicht möglich.
Viele Flüsse im Landesinnern trocknen aus und erreichen das Meer nicht. Manche münden in einen See, der wegen zu geringer Wasserzufuhr auch austrocknet. Der größte See ist der Eyresee (Salzsee), dessen Wasserfläche 17 m unter dem Meeresspiegel liegt. Seine maximale Tiefe beträgt nur 4 m. Wenn er genug Wasserzufluss erhält, kann er eine Fläche von etwa 9000 km² erreichen.
Südlich dieses Salzsees und in Südwestaustralien gibt es einige Süßwasserseen, die von Flüssen gespeist werden, die ausreichend Wasser führen.

2. Gebirge und Berge

Entlang der Ostküste erstreckt sich das **Australische Bergland** (Great Dividing Range) in einer Gesamtlänge von 3700 km von Norden nach Süden.

Das Gebirge hat Mittelgebirgscharakter, die höchsten Berge sind nur etwa 1500 bis 1600 m hoch. Ganz im Süden wird das Bergland zum Hochgebirge (**Australische Alpen**) mit der höchsten Erhebung Mount Kosciusko (2230 m).

Im Zentrum des Kontinents liegen die **Macdonnellkette** (höchste Erhebung 1510 m) und die **Musgravekette** (höchste Erhebung 1440 m).

Zwischen diesen beiden Gebirgszügen liegt der weltbekannte Sandsteinmonolith Ayers Rock oder **Uluru** (897 m), der 350 über das Umland ragt. Für die australischen Ureinwohner ist er ein heiliger Berg.
An der australischen Westküste liegt die **Hamersleykette** (höchste Erhebung 1226 m).

3. Inseln

Zu Australien gehören noch die im Süden vorgelagerten Inseln Tasmanien und die Känguru-Insel sowie einige kleinere Inseln im Pazifischen Ozean (Norfolk-Insel, Lord-Howe-Insel) und Indischen Ozean (Weihnachtsinsel, Kokosinseln).

Vor der Nordostküste erstreckt sich das 2300 Kilometer lange „Great Barrier Reef" mit vielen kleinen Inseln, das größte Korallenriff der Welt.

4. Klima

Klimatypen nach Köppen und Geiger (→ **siehe Seite 68**).

Australien wird sehr oft der „trockene" Kontinent genannt.
Im Sommer (Winter in Australien) fallen nur im Bereich der Südostküste Niederschläge, im Winter (Sommer in Australien) fallen die Niederschläge an der Nordküste. Im Landesinneren fallen nur sehr wenig oder ganz selten Niederschläge.

Der Norden Australiens gehört zum Klimabereich der äußeren Tropen, der Süden zum subtropischen Bereich.
An der Nordküste: Savanenklima **Aw** und tropisches Regenwaldklima **Af**.
An der Ost- und Südostküste und auf der Insel Tasmanien: Feuchtgemäßigtes Klima **Cfa** und **Cfb**.
An der Südwestküste: Mittelmeerklima **Csb**.
Im Landesinneren: Heißes Wüstenklima **BWh**.
Zwischen dem zentralen Wüstenklima und dem tropischen Klima an der Nordküste liegt ein Bereich mit Steppenklima **BSh**.

5. Natürliche Vegetationszonen

Der Großteil des Landesinneren wird von **Wüsten, Halbwüsten** (Große Sandwüste, Gibsonwüste, Große Victoriawüste, Simpsonwüste) und **Steppen** (Australisches Tiefland) bedeckt.
An der Nordküste **tropischer Regenwald,** entlang der Küste **Mangroven**, landeinwärts **Savannen.**
An der Südwest- und Südostküste **Hartlaubformation** (Eukalyptuswälder).

OZEANIEN

Ozeanien sind die Inseln im Pazifischen Ozean, die nicht zu Asien, Australien und Nordamerika gehören. Die Inselwelt liegt nördlich und östlich von Australien.

Das gesamte Meeresgebiet nimmt eine Fläche von 70 Millionen Quadratkilometer ein. Die Landfläche beträgt etwa 400000 Quadratkilometer, das sind nur etwa 0,6 %.

Von den 7500 Inseln sind über 2000 bewohnt.

Zu Ozeanien gehören 14 Staaten. Sie liegen vorwiegend auf drei Inselgruppen:
Mikronesien
Dazu gehören die Staaten Kiribati, Marshallinseln, Mikronesien, Nauru, Palau.

Melanesien
Dazu gehören die Staaten Fidschi, Salomonen, Vanuatu.

Polynesien
Dazu gehören die Staaten Neuseeland (Nord- und Südinsel), Samoa, Tonga, Tuvalu.

Neben diesen drei Inselgruppen werden auch Osttimor, Papua-Neuguinea und ein kleiner Landesteil von Indonesien (ist bei der Gesamtanzahl 14 nicht enthalten) zu Ozeanien gerechnet.

Zur Inselgruppe Polynesien gehören auch Hawaii (50. Staat der USA → Nordamerika) und die Osterinsel (gehört zu Chile → Südamerika). Sie sind also keine Länder Ozeaniens.

Klima
Klimatypen nach Köppen und Geiger **(→ siehe Seite 68)**.
Vorwiegend tropisches Savannenklima **Aw** und tropisches Regenwaldklima **Af**.

ANTARKTIS

Die Landmasse am Südpol, die Antarktis (14 Mio. km^2), wird neben den Kontinenten Afrika (30 Mio. km^2), Asien (45 Mio. km^2), Australien mit Ozeanien (8 Mio. km^2), Europa (10 Mio. km^2), Nordamerika (24 Mio. km^2), Südamerika (18 Mio. km^2) als der siebte Kontinent bezeichnet. Beim Vergleich der Zahlenwerte stellt man fest, dass die Antarktis größer ist als Europa.

Rechnet man die umgebenden Eisflächen dazu, die über die Landmasse hinausragen, dann ergibt sich für die Antarktis eine Fläche von über 23 Mio. km^2. Das Ross-Schelfeis hat eine Fläche von etwa 500000 km^2. Der höchste Berg ist der Mount Vinson (4892 m), es gibt noch zehn weitere Berge über 4000 m.

Der Eismasse auf dem Kontinent ist bis zu 3000 Meter dick. Im Eis sind etwa 70% der gesamten Süßwasserreserven der Erde gebunden.

In der Antarktis gibt es keine dauerhaften Wohnsiedlungen, nur etwa 80 Forschungsstationen von verschiedenen Staaten. In den Sommermonaten (wenn bei uns Winter ist) leben dort bis zu 4000 Wissenschaftler, in den Wintermonaten nur etwa 1000. Die deutsche „Neumayer Station III" befindet sich an der Atka-Bucht.

Die Antarktis ist das Land der Robben, Pinguine, Seelöwen und Walen.

Klima
→ siehe Seite 68
Klima des ewigen Frostes: **EF**

OZEANE

Die gesamte Wasserfläche beträgt 361 Millionen km^2, das sind 70,7 % der Erdoberfläche.

Es gibt drei große Ozeane **(Weltmeere):**
Pazifischer Ozean (Pazifik, Stiller Ozean, Großer Ozean)
Atlantischer Ozean (Atlantik)
Indischer Ozean (Indik)

Gelegentlich wird der **Arktische Ozean** (Arktik, Nördliches Eismeer, Nordpolarmeer) als vierter Ozean genannt. Er wird aber auch als Nebenmeer des Atlantischen Ozeans bezeichnet.

Mit „Nebenmeer" bezeichnet man Meeresgebiete (Randmeere, Mittelmeere und Binnenmeere) die entweder durch Inselgruppen oder Meeresrücken vom offenen Ozean (Hauptmeer) abgegrenzt sind.

Ein Binnenmeer ist ein großes Nebenmeer. Es ist mit dem Ozean durch eine schmale Meeresstraße verbunden, wobei zum gegenüberliegenden Ufer eine Sichtverbindung besteht.

Pazifischer Ozean
Mit einer Gesamtfläche von 179,6 Millionen km^2 ist er der größte Ozean. Der Anteil an der Gesamtwasserfläche beträgt 49,8 %, der Anteil an der Erdoberfläche beträgt 35,2 %.

Er liegt zwischen den Erdteilen Asien und Australien im Westen und Nord- und Südamerika im Osten und grenzt an alle anderen Ozeane. Seine mittlere Tiefe beträgt 3940 m. Die tiefste Stelle liegt mit 11034 Meter („Witjastief") im Marianengraben.

Nebenmeere
Im Westen von Nord nach Süd:
Ochotskisches Meer, Japanisches Meer, Gelbes Meer, Ostchinesisches Meer, Formosastraße, Südchinesisches Meer, Australisches Mittelmeer (Meer im Bereich der Inselwelt südlich des asiatischen Festlandes und der Philippinen; zu diesen Nebenmeeren z. B. Sulusee, Celebessee, Molukkensee, Javasee, Floressee, Bandasee, Timorsee, Arafurasee, Carpentariagolf, Salomonensee, Korallensee), Tasmansee.
Im Osten von Nord nach Süd: Beringmeer, Golf von Alaska, Golf von Kalifornien, Golf von Panama, Magellanstraße.

Atlantischer Ozean
Mit einer Gesamtfläche von 106,5 Millionen km^2 (einschließlich der Nebenmeere und dem Arktischen Ozean) ist er der zweitgrößte Ozean. Der Anteil an der Gesamtwasserfläche beträgt 29,5 %, der Anteil an der Erdoberfläche beträgt 21 %.

Er liegt zwischen den Erdteilen Nord- und Südamerika im Westen und Afrika und Europa im Osten. Seine mittlere Tiefe beträgt 3293 m. Die tiefste Stelle mit 9219 m („Milwaukeetief") liegt im Puerto- Rico-Graben nördlich der Inselgruppe der Kleinen Antillen.

Nebenmeere
Im Westen von Nord nach Süd:
Europäisches Nordmeer, Baffin-Bai, Hudsonbai, Labradorsee, Sargassosee, Karibisches Meer, Golf von Mexiko, Magellanstraße.

Im Osten von Nord nach Süd:
Europäisches Nordmeer, Nordsee, Skagerrak, Kattegat, Ostsee (Binnenmeer; der nördliche Meeresteil ist der Bottnische Meerbusen), Ärmelkanal, Golf von Biscaya, Mittelmeer (Binnenmeer; mit den Meeresteilen Ligurisches Meer, Thyrrhenisches Meer, Adriatisches Meer, Ionisches Meer, Ägäisches Meer), Schwarzes Meer (Binnenmeer; es ist mit dem Bosporus und den Dardanellen mit dem Mittelmeer verbunden und besitzt dadurch mit der Straße von Gibraltar eine Verbindung zum Atlantik), Golf von Guinea.

Indischer Ozean
Mit einer Gesamtfläche von 74,9 Millionen km^2 ist er der drittgrößte Ozean. Der Anteil an der Gesamtwasserfläche beträgt 20,7 %, der Anteil an der Erdoberfläche beträgt 15,7 %.
Er liegt zwischen Afrika und der Arabischen Halbinsel im Westen, Asien im Norden und Asien und Australien im Osten. Seine mittlere Tiefe beträgt 3897 m. Die tiefste Stelle liegt mit 7450 m im Sundagraben südlich der Insel Java.

Nebenmeere
Im Westen von Nord nach Süd:
Arabisch-persischer Golf, Golf von Oman, Arabisches Meer, Golf von Aden, Rotes Meer, Straße von Moçambique

Im Osten von Nord nach Süd:
Golf von Bengalen, Andamisches Meer, Malakkastraße, Timorsee, Große Australische Bucht

Arktischer Ozean
Der Arktische Ozean ist mit 14 Millionen km^2 ein Nebenmeer des Atlantischen Ozeans. Seine mittlere Tiefe beträgt 982 m. Die tiefste Stelle liegt mit 5690 m („Moloytief") westlich von Spitzbergen.
Er liegt in der Nordpolarregion nördlich der Erdteile Asien, Europa, der Insel Grönland und Nordamerika. Große Flächen sind mit Eis bedeckt. Infolge des Klimawandels nimmt aber die Eisbedeckung besorgniserregend ab. Im Herbst 1980 betrug die Eisfläche noch 6,5 Millionen km2, 2010 noch 4,1 Millionen km^2 und 2020 nur noch 3,8 Millionen km^2.

Im Herbst 2019 ließ sich das Forschungsschiff „Polarstern" für ein Jahr im Packeis der Arktis einfrieren und bewegte sich nur mit der Drift des Eises. Insgesamt 700 Wissenschaftlerinnen und Wissenschaftler wechselten sich in ihrer Arbeit ab und ermittelten wertvolle Daten für die Umwelt- und Klimaforschung. Mit Eisbrechern und Flugzeugen wurde das Team versorgt. Die Gesamtkosten des Forschungsprojektes betrugen etwa 120 Millionen Euro.

Der Expeditionsleiter Professor Dr. Markus Rex erklärte nach der abgeschlossenen Forschungstätigkeit: „Die Dramatik der Erwärmung in der Arktis wird in den heutigen Klimamodellen nicht im vollen Umfang wiedergegeben und die Unsicherheiten für die Arktis sind enorm."

Randmeere
Im Uhrzeigersinn:
Beringstraße, Ostsibirische See, Laptewsee, Karasee, Barentssee, Grönlandsee, Beaufortsee.

Der Expeditionsleiter Professor Dr. Markus Rex erklärte nach der abgeschlossenen Forschungstätigkeit: „Die Dramatik der Erwärmung in der Arktis wird in den heutigen Klimamodellen nicht im vollen Umfang wiedergegeben und die Unsicherheiten für die Arktis sind enorm."

EINIGE BEDEUTENDE GESCHICHTSDATEN

- Um 3200 v. Chr.: Gletschermann „Ötzi" (Jungsteinzeit).
- Ab etwa 3000 v. Chr.: Hochkultur in Ägypten.
- Um 560 v. Chr. - um 480 v. Chr. In dieser Zeit lebte Buddha („Der Erwachte"). Er gilt als Religionsstifter des Buddhismus.
- 356 v. Chr. - 13.6.323 v. Chr. In dieser Zeit lebte der griechische König Alexander der Große. Er beherrschte damals ein Reich, das etwa die heutigen Länder umfasst: Griechenland, Türkei, Syrien, Libanon, Irak, Israel, Jordanien, Ägypten (im Jahr 332 v.Chr. gründete er die Stadt Alexandria), Iran, Afghanistan, Pakistan.
- 15.3.44 v. Chr.: Cäsar wird mit 23 Dolchstichen ermordet.
- Um 7 - 4 v. Chr.: Jesus von Nazareth wird geboren. Er wurde im Jahr 30 gekreuzigt. Er gilt als Religionsstifter des Christentums.
- 0: Beginn unserer Zeitrechnung.
- 19. - 26. Juli 64: Beim großen Brand in Rom wurden von 14 Stadtbezirken drei vollkommen zerstört, sieben stark beschädigt und nur vier blieben unversehrt. Der römische Kaiser Nero (15.12.37 - 9.6.68) wurde von Tacitus als Brandstifter verdächtigt. Er wälzte aber die Schuld auf die Christen ab, die er daraufhin grausam verfolgen und ermorden ließ.
- 476: Ende des Weströmischen Reiches.
- 5. und 6. Jahrhundert: Völkerwanderung.
- 22.4.571 - 8.6.632: In dieser Zeit lebte Mohammed. Er gilt als Religionsstifter des Islam.
- 25.12.800: Karl der Große wird in Rom zum Kaiser gekrönt. Er lebte vom 7.2.742 bis zum 28.1.814.
- 962 - 1806: „Heiliges Römisches Reich deutscher Nation". Am 2.2.962 wird Otto I. zum Kaiser gekrönt, am 6.8.1806 legt Franz II. die Kaiserkrone nieder.
- 1096 - 1270: Insgesamt 9 Kreuzzüge.
- 1346 - 1353: Pest („Schwarzer Tod") in Europa, eine der verheerendsten Pandemien der Weltgeschichte. In Europa sterben 25 Millionen Menschen, etwa ein Drittel der Bevölkerung.
- 1455: Erste gedruckte Gutenberg-Bibel.

- 14.10.1492: Kolumbus (31.10.1451 – 20.5.1506) entdeckt Amerika und geht auf der Insel Guanahani (Insel der Bahamas) an Land. Wegen der falschen Angabe des Erdumfangs versuchte er Indien über die Westroute zu erreichen, um sich den langen Seeweg um das Kap der Guten Hoffnung zu ersparen. Er glaubte bis zu seinem Tod, die Ostküste Asiens erreicht zu haben.

- 31.10.1517: Martin Luther (10.11.1483 – 18.2.1546) nagelt an die Tür der Schlosskirche in Wittenberg seine 95 Thesen.

- 1618 – 1648: Dreißigjähriger Krieg, der als Religionskrieg begann. Auslöser war der „Fenstersturz von Prag". Berühmte Feldherren in diesem Krieg waren Wallenstein (24.9.1583 - 25.2.1634), Tilly (1.2.1559 – 30.4.1632) und der schwedische König Gustav II. Adolf (3.12.1594 – 6.11.1632).

- 24.10.1648: Mit dem Westfälischen Frieden wird der Dreißigjährige Krieg beendet.

- 24.1.1712 – 17.8.1786: Zu dieser Zeit lebte Friedrich II. der Große, genannt der „Alte Fritz". Er führte die Meinungs- und Pressefreiheit ein und machte Preußen zu einem Wohlfahrts- und Rechtsstaat.

- 4.7.1776: Amerikanische Unabhängigkeitserklärung.

- 1808: Amerika verbietet die Einfuhr von Sklaven.

- 14.7.1789: Mit dem Sturm auf die Bastille beginnt die Französische Revolution. Der 14. Juli ist französischer Nationalfeiertag.

- 1804 – 1815: Zeitalter Napoleons.

- 18.12.1865: Die Sklaverei in den Vereinigten Staaten wird endgültig abgeschafft.

- 29.1.1886: Carl Benz meldet seinen ersten Motorwagen zum Patent an.

- 1888: „Dreikaiserjahr": Wilhelm I., Friedrich III. und Wilhelm II.

- 28.6.1914: Der österreichisch-ungarische Thronfolger Franz Ferdinand und seine Frau werden von einem nationalistischen Serben ermordet. Dieses Attentat war der Auslöser des Ersten Weltkrieges.

- 1914 – 1918: Der Erste Weltkrieg. Insgesamt 17 Millionen Menschen verloren ihr Leben.

- *9.11.1918: Ende der Monarchie, Kaiser Wilhelm II. muss abdanken und geht ins Exil in die Niederlande. Beginn einer parlamentarisch-demokratischen Republik, der sogenannten „Weimarer Republik". Friedrich Ebert wird Reichskanzler.

- 11.11.1918: Kriegsende.

- 9.11.1918 – 28.2.1933: Weimarer Republik (Deutschlands erste demokratische Verfassung).

- Oktober 1929: New Yorker Börsencrash → Weltwirtschaftskrise bis Ende 1932.
- *9.11.1938: Pogrom gegen die jüdische Bevölkerung, die sog. „Reichskristallnacht". Organisierte Gewalt gegen die jüdische Bevölkerung in Deutschland und Österreich (Brandanschläge auf Synagogen, Plünderungen jüdischer Geschäfte und Morde).
- 1.9.1939: Hitler befiehlt den Überfall auf Polen. Damit beginnt der Zweite Weltkrieg.
- 1939 – 1945: Zweiter Weltkrieg. Insgesamt 70 Millionen Menschen verloren ihr Leben.
- 1942/1943: „Weiße Rose" (Widerstandsbewegung von Studenten an der Universität München).
- 8.5.1945: Kriegsende in Deutschland mit der bedingungslosen Kapitulation der deutschen Wehrmacht.
- 8.5.1945: Die Amerikaner warfen zwei Atombomben auf die japanischen Städte Hiroschima und Nagasaki.
- 2.9.1945: Der Zweite Weltkrieg ist endgültig beendet. Nach dem Abwurf dieser Atombomben kapitulierte auch Japan.
- 23.5.1949: Gründung der BRD.
- 7.10.1949: Gründung der DDR.
- 17.6.1953: Volksaufstand in der DDR, der von der Sowjetarmee brutal niedergeschlagen wurde. 34 Demonstranten wurden getötet.
- 13.8.1961 Mauerbau in Berlin.
- 21.7.1969 Neil Armstrong betritt als erster Mensch den Mond.
- 26.4.1986: Atomreaktor-Katastrophe in Tschernobyl.
- *9.11.1989: Fall der Berliner Mauer.
- 3.10.1990: Deutsche Wiedervereinigung.
- 1.1.2002: Der Euro (€) löst die Deutsche Mark (DM) ab.
- 24.2.2022: Der russische Staatspräsident Wladimir Putin beginnt einen Krieg mit der Ukraine.

*DER 9.11. GILT ALS „SCHICKSALSTAG" IN DER DEUTSCHEN GESCHICHTE (SIEHE OBEN: 9.11.1918, 9.11.1938, 9.11.1989).

GESCHICHTE

ZEITABSCHNITTE DER GESCHICHTE DES MENSCHEN

1. Urgeschichte (Prähistorie) und Frühgeschichte

Sie beginnt etwa vor 2,5 Millionen Jahren (Erdzeitalter „Neozoikum", System „Quartär", Abteilung „Pleistozän".

Aus der Urgeschichte liegen natürlich keine schriftlichen Überlieferungen vor, nur die ersten fossil überlieferten Menschenarten, zum Beispiel der Neandertaler.

Aus der Frühgeschichte sind die ersten Werkzeuge aus Stein und Knochen bekannt (Speer, Klinge, Schaber, Bohrer, Harpune, Nadeln).
Beginn der **Steinzeit** vor etwa 600000 Jahren mit der Altsteinzeit (**Paläolithikum**) bis zur Jungsteinzeit etwa 2000 v. Chr.

Die Steinzeit wird abgelöst durch die **Bronzezeit** (etwa 2000 v. Chr. bis 800 v. Chr.) und **Eisenzeit** (etwa 800 v. Chr. bis 500 n. Chr.). Werkzeuge und Waffen wurden aus Bronze, Kupfer und Eisen hergestellt. Die Hochkulturen in Ägypten und Vorderasien entstanden am Ende der Jungsteinzeit und in der Bronzezeit.

2. Altertum

Altertum ist der Zeitabschnitt von den Anfängen geschichtlicher Überlieferung bis zum Ausgang der griechisch-römischen Antike (von etwa 4000 v. Chr. bis etwa 700 n. Chr.).
Sehr oft wird das Ende des Altertums mit dem Untergang des Weströmischen Reiches (476 n. Chr.) in Verbindung gebracht. In anderen Quellen gilt die Kaiserkrönung Karl des Großen (800 n. Chr.) als Ende des Altertums.
Der Begriff Altertum bezieht sich räumlich vor allem auf Vorderasien und den Mittelmeerraum. In den orientalischen Reichen Vorderasiens (Babylonien, Mesopotamien), Ägypten, Iran und Anatolien. Aus dieser Zeit gibt es die ersten schriftlichen Überlieferungen.

3. Antike

Die Antike ist ein Zeitabschnitt des Altertums, der etwa von 800 v. Chr. bis 600 n. Chr. reicht. Man bezeichnet die Antike auch als „klassisches Altertum" und bezieht den Begriff nur auf den Mittelmeerraum. Die Antike ist eigentlich das griechisch-römische Altertum und umfasst die Geschichte des antiken Griechenlands, des Hellenismus und des Römischen Reiches.

4. Mittelalter

Die zeitlichen Grenzen des Mittelalters werden unterschiedlich angegeben. Etwa vom Ende der Antike (600 n. Chr.) bis zum Beginn der Neuzeit (15. Jahrhundert). Als Faustregel kann man sich merken: Vom Ende des Römischen Reiches (oder auch von der Kaiserkrönung Karl des Großen) bis zur Entdeckung Amerikas durch Kolumbus (1492).

Nach dem Weströmischen Reich entstanden neue Reiche: das Frankenreich, das angelsächsische Reich und das Westgotenreich. Wissenschaft, Kultur, Kunst und Wirtschaft blühten auf. Latein wurde zur allgemeinen Bildungssprache. Große Gebiete Europas wurden zum Christentum bekehrt.

5. Neuzeit

Die Neuzeit reicht von etwa 1500 bis zur Gegenwart.
Die frühe Neuzeit reicht bis zur französischen Revolution im Jahr 1789.

DIE SIEBEN WELTWUNDER DER ANTIKE

1. Die hängenden Gärten der Semiramis zu Babylon
2. Der Koloss von Rhodos
3. Das Grab des Königs Mausolos II. zu Halikarnassos
4. Der Leuchtturm auf der Insel Pharos vor Alexandria
5. Die Pyramiden von Gizeh in Ägypten
6. Der Tempel der Artemis in Ephesos
7. Die Zeusstatue des Phidias in Olympia

Heute existieren von diesen imposanten und prunkvollen Bauwerken nur noch die Pyramiden von Gizeh. Die anderen zerfielen im Lauf der Jahrhunderte oder wurden durch Kriege, Erdbeben oder Vandalismus zerstört.
→ **weitere „Weltwunder" siehe Seite 339**

HEILIGES RÖMISCHES REICH

Der Herrschaftsbereich der römisch-deutschen Kaiser wurde vom Spätmittelalter bis 1806 als „Heiliges Römisches Reich" bezeichnet. Im späten 15. Jahrhundert kam die Bezeichnung „deutscher Nation" dazu. Die Bezeichnung „Heiliges Römisches Reich" leitet sich vom römischen Imperium ab. Das Reich war kein Staat, sondern eigentlich ein Dachverband, bestehend aus vielen Territorien, unter der Führung eines

Königs oder eines deutsch-römischen Kaisers. Die Bezeichnung „Heilig" soll darauf hinweisen, dass die Herrschaft auf Gottes heiligem Willen beruht.
Die Grenzen dieses Reiches veränderten sich im Lauf der Jahrhunderte sehr oft. In seiner größten Ausdehnung umfasste das Reich fast das ganze Gebiet von Mitteleuropa und Teile Südeuropas.

Ungefähre Fläche:
Im Jahr 962 etwa 780000 km², im Jahr 1181 etwa 940000 km², nach dem 30-jährigen Krieg im Jahr1648 etwa 650000 km², im Jahr 1806 etwa 565000 km².

Das „Heilige Römische Reich" begann am 2. Februar 962 mit der Kaiserkrönung Otto I. und das „Heilige Römische Reich deutscher Nation" endete nach 844 Jahren. Am 12. Juli 1806 fand die Unterzeichnung der Rheinbundakte unter der Federführung des französischen Kaisers Napoleon I. statt. Viele west- und süddeutsche Fürsten, auch die Königreiche Bayern und Württemberg, gehörten nun zum „Rheinbund" unter der französischen Oberherrschaft.

Am 6. August 1806 legte Kaiser Franz II. die Krone nieder.

RÖMISCHE KAISER

Die Bezeichnung „römischer Kaiser" bezieht sich
→ einerseits auf die Herrscher des antiken römischen Reiches
→ und andererseits auf die Herrscher des „Heiligen Römischen Reiches"

1. Die ersten fünf römischen Kaiser der Antike
(Julisch-Claudische Dynastie)

Name	Regierungszeit	lebte von ... bis ...
Augustus	31 v. Chr. - 14 n. Chr.	63 v. Chr. - 14 n. Chr.
Tiberius	14 - 37	42 v. Chr. - 37 n. Chr.
Caligula	37 - 41	12 - 41 (ermordet)
Claudius	41 - 54	10 v. Chr. - 54 n. Chr.
Nero	54 - 68	37 - 68 (Selbstmord)

2. Die römischen Kaiser von 800 bis 924

Der fränkische König Karl I. („der Große") war der erste westeuropäische Herrscher, der seit der Antike die Kaiserwürde erhielt.

Name	Regierungszeit als Kaiser	lebte von ... bis ...
Karl I., der Große	800 - 814	747 - 814
Ludwig der Fromme	813 - 840	778 - 840
Lothar I.	823 - 855	795 - 855
Ludwig II. von Italien	850 - 875	825 - 875
Karl II. der Kahle	875 - 877	823 - 877
Karl III. der Dicke	881 - 887	839 - 888
Guido von Spoleto	891 - 892	855 - 894
Lampert von Spoleto	892 - 896	880 - 898
Arnolf von Kärnten	896 - 899	850 - 899
Ludwig III. der Blinde	901 - 905	880 - 928
Berengar von Friaul	915 - 924	845 - 924

3. Die Kaiser des Römischen Reiches von 962 bis 1806

Name	König von ... bis ...	Kaiser von ... bis ...	Gegenkönig von ... bis ...	Adelsgeschlecht
Otto I.	936 - 962	962 - 973		Ottonen
Otto II.	961 - 973	973 - 983		Ottonen
Otto III.	983 - 996	996 - 1002		Ottonen
Heinrich II.	1002 - 1014	1014 - 1024		Ottonen

Konrad II.	1024 - 1027	1027 - 1039		Salier
Heinrich III.	1028 - 1046	1046 - 1056		Salier
Heinrich IV.	1053 - 1084	1084 - 1106		Salier
Konrad (III.)[1]	1087 - 1098			Salier
Rudolf von Rheinfelden			1077 - 1080	Herzog von Schwaben
Hermann von Luxemburg			1081 - 1088	Salm
Heinrich V.	1099 - 1111	1111 - 1125		Salier
Lothar III.	1125 - 1133	1133 - 1137		Supplinburger
Konrad III.	1138 - 1152		1127 - 1135	Staufer
Heinrich (VI.)[2]	1147 - 1150			Staufer
Friedrich I. Barbarossa	1152 - 1155	1155 - 1190		Staufer
Heinrich VI.	1169 - 1191	1191 - 1197		Staufer
Philipp von Schwaben	1198 - 1208			Staufer
Otto IV.	1208 - 1209	1209 - 1218	1198 - 1208	Welfen
Friedrich II.	1215 - 1220	1220 - 1250	1212 - 1215	Staufer
Heinrich (VII.)[3]	1222 - 1235			Staufer
Heinrich Raspe			1246 - 1247	Ludowinger
Konrad IV.	1235 _ 1254			Staufer
Wilhelm von Holland	1254 - 1256		1248 - 1254	Gerulfinger
Richard von Cornwall	1257 - 1272			Plantagenet

Name	König von … bis …	Kaiser von … bis …	Gegenkönig von … bis …	Adelsgeschlecht
Alfons X. von Kastilien			1252 – 1275	Staufer
Rudolf I. von Habsburg	1273 - 1291			Habsburger
Adolf von Nassau	1292 – 1298			Nassau
Albrecht von Habsburg	1298 – 1308			Habsburger
Heinrich VII.	1308 – 1312	1312 – 1313		Luxemburger
Ludwig IV. der Bayer	1314 – 1328	1328 – 1347		Wittelsbacher
Friedrich der Schöne			1314 – 1330	Habsburger
Karl IV. von Luxemburg	1347 – 1355	1355 – 1378	1346 – 1347	Luxemburger
Günther v. Schwarzburg			1349	Schwarzburg
Wenzel von Luxemburg	1378 – 1400			Luxemburger
Ruprecht von der Pfalz	1400 – 1410			Wittelsbacher
Jobst von Mähren	1410 – 1411			Luxemburger
Sigismund v. Luxemburg	1411 – 1433	1433 – 1437		Luxemburger
Albrecht II.	1438 – 1439			Habsburger
Friedrich III.	1440 – 1452	1452 – 1493		Habsburger

Maximilian I.	1486 - 1508	1508 - 1519		Habsburger
Karl V.	1519 - 1520	1520 - 1556		Habsburger
Ferdinand I.	1531 - 1558	1558 - 1564		Habsburger
Maximilian II.	1562 - 1564	1564 - 1576		Habsburger
Rudolf II.	1575 - 1576	1576 - 1612		Habsburger
Matthias		1612 - 1619		Habsburger
Ferdinand II.		1619 - 1637		Habsburger
Ferdinand III.	1636 - 1637	1637 - 1657		Habsburger
Ferdinand IV.	1653 - 1654			Habsburger
Leopold I.		1658 - 1705		Habsburger
Josef I.	1690 - 1705	1705 - 1711		Habsburger
Karl VI.		1711 - 1740		Habsburger
Karl VII.		1742 - 1745		Wittelsbacher
Franz I.		1745 - 1765		Habsburger
Josef II.	1764 - 1765	1765 - 1790		Habsburger
Leopold II.		1790 - 1792		Habsburger
Franz II.		1792 - 1806		Habsburger

1)ER WAR SOHN VON KAISER HEINRICH IV. UND NUR MITKÖNIG.
2)ER WAR SOHN VON KÖNIG KONRAD III. UND NUR MITKÖNIG.
3)ER WAR SOHN VON KAISER FRIEDRICH II. UND NUR MITKÖNIG.

DIE EINGEKLAMMERTEN ORDNUNGSZAHLEN NACH DEM NAMEN WERDEN OFFIZIELL NICHT MITGEZÄHLT.

DIE BÜNDNISSE VON 1806 BIS 1871

Rheinbund (1806 - 1813)
Der Rheinbund wurde 1806 von Napoleon I. als Militärbündnis zwischen deutschen Staaten und dem französischen Kaiserreich gegründet. In diesem Bündnis war Napoleon der „Protektor". Nach der Niederlage Napoleons in der Völkerschlacht bei Leipzig brach der Staatenbund zusammen.

Deutscher Bund (1815 - 1866)
Nach der Niederlage Napoleons wurde auf dem **Wiener Kongress** (18.9.1814 - 9.6.1815) Europa neu geordnet. Den Ländern des ehemaligen Heiligen Römischen Reiches wurde ihre Unabhängigkeit zugesichert. Es wurde ein deutscher Bund souveräner Staaten mit Österreich als Präsidialmacht geschaffen. In diesem Bund waren auch ausländische Monarchen vertreten: Der König der Niederlande als Großherzog von Luxemburg, der König von Großbritannien als König von Hannover und der König von Dänemark als Herzog von Holstein und Lauenburg.

Norddeutscher Bund (1866 - 1871)
Nach den Prager Friedensverhandlungen entstand der Norddeutsche Bund als ein Bundesstaat, der alle deutschen Staaten nördlich des Mains unter preußischer Führung vereinte.
Der preußische Ministerpräsident Otto von Bismarck (1815 - 1898) war der erste und einzige Kanzler des Norddeutschen Bundes.

DIE STAATSOBERHÄUPTER DES DEUTSCHEN REICHES

Von 1871 bis 1918 war das Deutsche Reich ein Bundesstaat. Die Könige von Preußen waren gleichzeitig auch deutsche Kaiser und damit als Staatsoberhaupt auch Inhaber des „Bundespräsidiums".
Von 1918/1919 bis 1945 war das Deutsche Reich eine Republik (Weimarer Republik bis 30.1.1933). Am 30.1.1933 wurde Adolf Hitler Reichskanzler. Er zerstörte die Strukturen des Rechtsstaates und führte die Diktatur ein.

König von Preußen

Wilhelm I.	Amtszeit vom 1. Juli 1867 bis 9. März 1888

Deutsche Kaiser und Könige von Preußen

Wilhelm I.	ab 18.1.1871 zusätzlich Deutscher Kaiser
Friedrich III.	Amtszeit vom 9. März 1888 bis 15. Juni 1888
Wilhelm II.	Amtszeit vom 15 Juni 1888 bis 9. November 1918

Vom 9. November 1918 bis 11. Februar 1919 war das Amt des Staatsoberhauptes nicht besetzt.

Reichspräsidenten der Weimarer Republik

Friedrich Ebert — Amtszeit vom 11. Februar 1919 bis 28. Februar 1925
Paul von Hindenburg — Amtszeit 12. Mai 1925 bis 2. August 1934

Nach von Hindenburgs Tod (2.8.1934) wurden die Ämter Reichskanzler und Reichspräsident per Gesetz in einer Person vereint und so wurde Adolf Hitler neue „Führer" des Deutschen Reiches.

Deutsches Reich (1933 - 1945)

Adolf Hitler — Amtszeit vom 2. August 1934 bis 30. April 1945
Karl Dönitz — Amtszeit vom 30. April 1945 bis 23. Mai 1945

Die Regierung Dönitz wurde am 23. Mai 1945 verhaftet.

DIE BAYERISCHEN HERRSCHER

Das Königreich Bayern entstand nach dem Friedensvertrag in Preßburg (26.12.1805) zwischen dem französischen Kaiser Napoleon und dem letzten Kaiser Franz II. des Heiligen Römischen Reiches, der ab 1804 als Franz I. Kaiser von Österreich wurde. Er regierte bis zu seinem Tod im Jahr 1835.
Am 1. Januar 1806 wurde Maximilian I. Josef erster bayerischer König.

König bzw. *Prinzregent	Regierungszeit	lebte von ... bis ...
Maximilian I. Josef	1806 - 1825	1756 - 1825
Ludwig I.	1825 - 1848	1786 - 1868
Maximilian II. Josef	1848 - 1864	1811 - 1864
Ludwig II. (1886 entmündigt)	1864 - 1886	1845 - 1886 (IM STARNBERGER SEE ERTRUNKEN)
*Luitpold (Neffe von Ludwig II.)	1886	1821 - 1912
Otto I. (Bruder von Ludwig II. war wegen Geisteskrankheit regierungsunfähig)	1886 - 1916	1848 - 1916
*Luitpold (Onkel von Otto I.)	1886 - 1912	1821 - 1912
*Ludwig (III.) (Cousin von Otto I.)	1912 - 1913	1845 - 1921
Ludwig III.	1913 - 1918	1845 - 1921

Das Ende des Ersten Weltkrieges war auch das Ende der Monarchie in Bayern.
Am 7.11.1918 endeten 738 Jahre Wittelsbacher Dynastie.

DIE ÖSTERREICHISCHEN KAISER VON 1804 BIS 1918

Der letzte römisch-deutsche Kaiser Franz II. erhob sich am 11. August 1804 als Franz I. zum Kaiser von Österreich. Seine Krone als römisch-deutscher Kaiser Franz II. legte er erst am 6. August 1806 nieder. Er führte also zwei Jahre die beiden Kaisertitel.

Name	lebte von ... bis ...	Regierungszeit
Franz I.	1786 - 1835	1804 - 1835
Ferdinand I.	1793 - 1875	1835 - 1848
Franz Josef I.	1830 - 1916	1848 - 1916
Karl I.	1887 - 1922	1916 - 1918

Der letzte österreichische Kaiser Karl I. war als Karl IV. auch König von Ungarn und Kroatien und als Karl III. König von Böhmen.

DIE RUSSISCHEN KAISER SEIT 1721

Nach dem gewonnenen Großen Nordischen Krieg (es ging um die Vorherrschaft im Ostseeraum) erreichte das russische Zarentum eine Großmachtstellung. Um diese Position zu untermauern, führte Peter I. den Kaisertitel ein. Die russischen Zaren nennen sich ab diesem Zeitpunkt „Kaiser".

Name	lebte von ... bis ...	Regierungszeit
Peter I., „der Große"	9.6.1672 - 8.2.1725	1682 - 1725
Katharina I.	15.4.1684 - 17.5.1725	1725 - 1727
Peter II.	23.10.1715 - 29.1.1730 (STARB AN POCKEN)	1727 - 1730
Anna	7.2.1693 - 28.10.1740	1730 - 1740

Iwan IV.	23.8.1740 - 16.7.1764 (ERMORDET)	1740 - 1741
Elisabeth	29.12.1709 - 5.1.1762	1741 - 1762
Peter III.	21.2.1728 - 17.7.1762 (ERMORDET)	1762
Katharina II., „die Große"	2.5.1729 - 17.11.1796	1762 - 1796
Paul I.	1.10.1754 - 23.3.1801 (ERMORDET)	1796 - 1801
Alexander I.	23.12.1777 - 1.12.1825	1801 - 1825
Nikolaus I.	6.7.1796 - 2.3.1855	1825 - 1855
Alexander II., „der Befreier"	29.4.1818 - 13.3.1881 (ERMORDET)	1855 - 1881
Alexander III., „der Friedensstifter"	10.3.1845 - 1.11.1894	1881 - 1894
Nikolaus II.	18.5.1868 - 17.7.1918 (ERMORDET)	1894 - 1917

ÄGYPTISCHE PHARAONEN/PHARAONINNEN

Im alten Ägypten galten die Pharaonen als fleischgewordene Götter. Ihre Untertanen bauten ihnen monumentale Bauwerke (Pyramiden), damit sie auch nach ihrem Tod noch über ihr Volk wachen können. Seit dem neuen Reich ist Pharao der Titel für den König von Ober- und Unterägypten.

Man kann die Zeit der Pharaonen in drei Epochen gliedern:

→ Das alte Reich (etwa 2740 bis 2070 v. Chr.; 3. bis 10. Dynastie)
→ Das mittlere Reich (etwa 2070 bis 1550 v. Chr.: 4. bis 17. Dynastie)
→ Das neue Reich (etwa 1550 bis 1075 v. Chr.; 18. bis 20. Dynastie)

1. Von der 1. bis zur 17. Dynastie

Die Namen weniger Pharaonen aus dieser Zeit (von etwa 2740 bis 1550 v. Chr.) sind allgemein bekannt, eigentlich nur die Namen von drei Pharaonen:
Djoser (3. Dynastie; er ließ um 2650 v. Chr. die Stufenpyramide von Sakkara erbauen)
Cheops (4. Dynastie; er ließ um 2600 v. Chr. die Cheops-Pyramide erbauen)
Chephren (4. Dynastie: er ließ um 2550 v. Chr. die Chephrenpyramide erbauen)

2. Von der 18. bis zur 20. Dynastie

Um das Jahr 1650 v. Chr. übernahm eine Gruppe asiatischer Stämme (Hyksos) für mehr als 100 Jahre die Herrschaft in Ägypten. Pharao Ahmose I. vertrieb die Hyksos und stellte die ägyptische Herrschaft wieder her.

Liste der Pharaonen/Pharaoninnen von der 18. bis zur 20. Dynastie

In der Literatur findet man teilweise unterschiedliche Angaben zu den einzelnen Regierungszeiten.
In der Liste der Pharaonen dieser Dynastien findet man viele bekannte Namen.

Pharao	Thronname	Regierungszeit
	18. Dynastie	
Ahmose I.	Neb-pechti-Re	1550 – 1525 v. Chr.
Amenophis I.	Djeser-ka-Re	1525 – 1493 v. Chr.
Thutmosis I.	Aa-cheper-ka-Re	1493 – 1482 v. Chr.
Thutmosis II.	Aa-cheper-en-Re	1482 – 1479 v. Chr.
Hatschepsut*)	Maat-ka-Re	1479 – 1458 v. Chr.
Thutmosis III.	Men-cheper-Re	1458 – 1426 v. Chr.
Amenophis II.	Aa-cheperu-Re	1426 – 1400 v. Chr.
Thutmosis IV.	Men-cheperu-Re	1400 – 1390 v. Chr.
Amenophis III.	Neb-maat-Re	1390 – 1353 v. Chr.

Amenophis IV. (Echnaton)	Nefer-cheperu-Re-wa-en-Re	1353 – 1336 v. Chr.
Neferneferuaton[*)]	Anchet-cheperu-Re	1336 – 1335 v. Chr.
Semenchkare	Anch-cheperu-Re	1335 – 1332 v. Chr.
Tutanchamun	Neb-cheperu-Re	1332 – 1323 v. Chr.
Eje II.	Cheper-cheperu-Re	1323 – 1319 v. Chr.
Haremhab	Djeser-cheperu-Re-setep-en-Re	1319 – 1292 v. Chr.
	19. Dynastie	
Ramses I.	Men-pechti-Re	1292 – 1290 v. Chr.
Sethos I.	Men-maat-Re	1290 – 1279 v. Chr.
Ramses II. (der Große)	User-maat-Re	1279 – 1213 v. Chr.
Merenptah	Ba-en-Re-meri-Amun	1213 – 1204 v. Chr.
Sethos II.	User-chepru-Re-setep-en-Re	1204 – 1198 v. Chr.
Amenmesse	Men-mi-Re-setep-en-Re	Evtl. Gegenkönig von Sethos II.
Siptah	Secha-en-Re-meri-Amun[1)] Ach-en-Re-setep-en-Re[2)]	1198 – 1193 v. Chr.
Tausret[*)]	Sat-Re-meri-Amun	1193 – 1190 v. Chr.
	20. Dynastie	
Sethnacht	User-chau-Re-setep-en-Re-meri-Amun	1190 – 1187 v. Chr.
Ramses III.	User-maat-Re-meri-Amun	1187 – 1156 v. Chr.
Ramses IV.	User-maat-Re-setep-en-Amun[3)] Heqa-maat-Re-setep-en-Amun[4)]	1156 – 1150 v. Chr.
Ramses V.	User-maat-Re-sechjeper-en-Re	1150 – 1145 v. Chr.
Ramses VI.	Neb-maat-Re-meri-Amun	1145 – 1137 v. Chr.

Pharao	Thronname	Regierungszeit
Ramses VII.	User-maat-Re-setep-en-Re	1137 – 1129 v. Chr.
Ramses VIII.	User-maat-Re-ach-en-Amun	1128 v. Chr.
Ramses IX.	Nefer-ka-Re-setep-en-Re	1127 – 1109 v. Chr.
Ramses X.	Cheper-maat-Re-setep-en-Re	1109 – 1105 v. Chr.
Ramses XI.	Men-maat-Re-setep-en-Ptah	1105 – 1075 v. Chr.

*) PHARAONIN
1) THRONNAME 1. UND 2. REGIERUNGSJAHR
2) THRONNAME 2. BIS 6. REGIERUNGSJAHR
3) THRONNAME IM 1. REGIERUNGSJAHR
4) THRONNAME AB 2. REGIERUNGSJAHR

Klärung einiger Begriffe:
Re oder **Ra** ist der altägyptische Sonnengott.

Amun ist der altägyptische Gott des Windes und der Fruchtbarkeit.

maat steht für Gerechtigkeit, Recht, Wahrheit, Staatsführung, Weltordnung.

cheper bedeutet „werden", „entstehen". Der Skarabäus (er galt in Ägypten als Glücksbringer) ist das Ideogramm (Schriftzeichen, das einen ganzen Begriff darstellt) für das Wort cheper.
Cheper ist eine altägyptische Gottheit, die den Sonnenaufgang und die Morgensonne symbolisiert.

Setep-en-Re ist eine altägyptische Prinzessin der 18. Dynastie, die jüngste Tochter von Pharao Echnaton und seiner Gemahlin Nofretete.

3. Die berühmtesten Pharaonen/Pharaoninnen

Pharao Djoser (3. Dynastie)
Er ließ die um 2650 v. Chr. die älteste Pyramide bei Sakkara erbauen.

Pharao Cheops (4. Dynastie)
Er ließ um 2600 v. Chr. die Cheops-Pyramide erbauen. Sie hat eine quadratische Grundfläche mit der Seitenlange 230 m und der Höhe 147 m. Sie besteht aus etwa zwei Millionen Steinblöcken von je 2,5 Tonnen.

Pharao Chephren (4. Dynastie)
Er ließ um 2550 v. Chr. die Chephren-Pyramide erbauen. Die riesige Statue der „Sphinx" (mit Menschenkopf und Löwenkörper) soll den Eingang bewachen.

Pharaonin Hatschepsut (18. Dynastie)
Sie war die Gemahlin von Tutmosis II. und die erste Pharaonin. Sie soll eine sehr schöne Frau gewesen sein.

Pharao Amenophis III. (18. Dynastie)
Er baute den Hauptteil des Luxor-Tempels und seinen Totentempel in Theben.

Pharao Echnaton (18. Dynastie)
Er gründete mit der alleinigen Verehrung des Gottes Aton die erste monotheistische Religion der Geschichte.

Nofretete (18. Dynastie)
Nofretete heißt: „Die Schöne kommt". Sie war eigentlich keine Pharaonin, sondern hatte den Beinamen „Große königliche Gemahlin". Sie war die Gemahlin von Pharao Echnaton.

Pharao Tutanchamun (18. Dynastie)
Er kam bereits mit 9 Jahren auf den Thron. Sein Grab im Tal der Könige wurde nicht geplündert und seine Mumie ist vollständig erhalten.

Pharao Ramses II, der Große (19. Dynastie)
Er baute im 13. Jahrhundert vor Christi die Tempelanlage von Abu Simbel. Wegen des Staudamms am Nil musste die Tempelanlage verlegt werden. Sie liegt heute am Westufer des Nassersees (seit 1979 Weltkulturerbe der UNESCO).

Pharaonin Kleopatra VII. (griechisch-römische Zeit)
Sie regierte von 51 bis 30 v. Chr. Sie war die Geliebte von Cäsar und Antonius und beging Selbstmord, um der Gefangenschaft durch die Römer zu entgehen.

Biologie ist die Wissenschaft von der belebten Natur. Der Begriff stammt aus dem Altgriechischen: "bios" bedeutet Leben und „logos" bedeutet Lehre.

MENSCH

1. Die Entstehung des Menschen

In der erdgeschichtlichen Abteilung Pleistozän (vor etwa 2,5 Millionen Jahren) → **siehe Seite 70** gibt es die ersten fossil überlieferten Menschenarten.

Es gab viele Menschenarten gleichzeitig. Die ältesten Vertreter der Gattung „Homo" waren: der Homo rudolfensis (vor 2,5 bis 1,9 Millionen Jahren), der Homo habilis (vor 2,1 bis 1,5 Millionen Jahren) und der Homo erectus (der „aufgerichtete Mensch" vor etwa 2 Millionen Jahren).

Nach dem Homo erectus entwickelten sich der Homo heidelbergensis (vor 700000 bis 300000 Jahren) in Europa, der Homo sapiens („verstehender" Mensch vor etwa 300000 Jahren) in Nordafrika und der Homo naledi in Südafrika (vor 300000 bis 250000 Jahren).

Der Homo heidelbergensis ist ein Vorfahre des Homo neanderthalensis (vor 150000 bis 30000 Jahren). Wissenschaftler sind der Meinung, dass Gesicht, Kieferknochen und Zähne uns schon sehr ähnlich waren.

2. Der Körper des Menschen

Der menschliche Körper besteht aus 10 bis 100 Billionen Zellen. Die organische und anorganische Materie unseres Körpers besteht aus 26 lebensnotwendigen und 7 nicht lebensnotwendigen Bioelementen. Der menschliche Körper ist zu 94,07 % aus den drei Elementen Sauerstoff, Kohlenstoff und Wasserstoff aufgebaut. In der folgenden Tabelle sind die häufigsten Bioelemente aufgezeigt.

Der menschliche Körper besteht aus 10 bis 100 Billionen Zellen.

2.1 Die häufigsten Bioelemente im menschlichen Körper

Element	Symbol	Gewichtsanteil (in %)	Atomanteil (in %)
Sauerstoff	O	63,3	25,5
Kohlenstoff	C	20,1	10,5
Wasserstoff	H	10,1	60,3
Stickstoff	N	2,9	2,42
Calcium	Ca	2,0	0,226
Chlor	Cl	0,1	0,032
Phosphor	P	0,93	0,134
Kalium	K	0,23	0,036
Schwefel	S	0,2	0,041
Natrium	Na	0,1	0,73
Magnesium	Mg	0,04	0,01

IM KÖRPER SIND AUCH NOCH WEITERE SPURENELEMENTE ENTHALTEN.

2.2 Das Skelett des Menschen

Insgesamt hat der Mensch (je nach Zählweise) 206 bis 212 Knochen. De Knochenmasse eines Menschen mit Normalgewicht beträgt etwa 12 % seines Gesamtgewichts.

Säuglinge haben über 300 Knochen, von denen einige im Lauf der Jahre zusammenwachsen.

Das menschliche Skelett besteht aus drei Teilen:
Kopfskelett (Schädel),
Rumpfskelett (Wirbelsäule, Becken, Brustkorb, Schultergürtel),
Gliedmaßenskelett (Arme und Beine)

Kopfskelett

Das Kopfskelett besteht aus 22 miteinander verbundenen Knochen. Es gliedert sich in zwei Teile:
Gehirnschädel:
Er besteht aus mehreren Knochen (Stirnbein, zwei Scheitelbeine, zwei Schläfenbeine, Hinterhauptbein, Keilbein, Siebbein). Er ist eine stabile Hülle für das Gehirn.

Gesichtsschädel:
Zum Gesichtsschädel gehören Unterkiefer, Oberkiefer, Nasenbein, Jochbein, Tränenbein (das Tränenbein bildet zusammen mit dem Oberkiefer die Tränensackgrube), Gaumenbein, Zungenbein und Pflugscharbein.

Die drei kleinen Gehörknöchelchen (Hammer, Amboss, Steigbügel) werden nicht immer zu den Schädelknochen gezählt **(→ siehe Seite 136 „Sinnesorgane")**
Die 32 Zähne (8 Schneidezähne, 4 Eckzähne, 8 Vormahlzähne, 12 Backenzähne) in den beiden Kieferknochen zählen nicht zu den Knochen. Sie bestehen aus Hydroxylapatit, dessen Hauptbestandteile Calcium und Phosphat sind.

Rumpfskelett

Das Rumpfskelett besteht aus der Wirbelsäule, dem Brustkorb und dem Becken.
Die Wirbelsäule trägt den Kopf und den Brustkorb und hat eine feste Verbindung mit dem Becken.
Die Wirbelsäule besteht aus 26 Wirbeln (24 freie Wirbel und 2 verschmolzene Wirbel).
Die freien Wirbel sind:
7 Halswirbel (C 1 bis C 7; der erste Halswirbel wird als Atlas bezeichnet),
12 Brustwirbel (Th 1 bis Th 12),
5 Lendenwirbel (L 1 bis L 5).
Die verschmolzenen Wirbel sind:
Kreuzbein (S 1; aus 5 Kreuzbeinwirbeln zusammengewachsen),
Steinbein (S 2; aus 4 Steißbeinwirbeln zusammengewachsen).
Zwischen den Wirbeln liegen 23 Bandscheiben, die als Stoßdämpfer wirken und für die Beweglichkeit der Wirbelsäule verantwortlich sind.
Der Brustkorb mit 12 Rippenpaaren schützt das Herz und die beiden Lungenflügel.
Der Beckengürtel ermöglicht dem Menschen eine aufrechte Haltung und gibt Festigkeit und Stabilität.

Gliedmaßenskelett

Obere Gliedmaßen:
Schultergürtel mit je zwei Schlüsselbeinen und Schulterblättern.

Arm
Oberarmknochen und Unterarmknochen (Elle und Speiche).

Hand
Die Hand besteht aus insgesamt 27 Knochen:
8 Knochen Handwurzel (Kahnbein, Mondbein, Dreiecksbein, Erbsenbein, großes Vieleckbein, kleines Vieleckbein, Kopfbein, Hakenbein),
5 Knochen Mittelhand,
2 Knochen Mittehand-Finger-Gelenk des Daumens,
4 Finger jeweils 3 Knochen.

Untere Gliedmaßen:
Hüftbein (Hüfte)
Das Hüftbein besteht aus je 3 Knochen auf jeder Seite (Darmbein, Schambein, Sitzbein). Etwa ab dem 15. Lebensjahr wachsen diese drei Knochen zum Hüftbein zusammen. Das Kreuzbein-Darmbein-Gelenk verbindet die beiden Hüftbeine mit dem Kreuzbein.

Bein
Oberschenkelknochen, Kniescheibe, Unterschenkelknochen (Schienbein, Wadenbein).

Fuß
Der Fuß besteht aus 26 Knochen:
7 Fußwurzelknochen (Sprungbein, Fersenbein, Kahnbein, 3 Keilbeine, Würfelbein),
5 Mittelfußknochen,
2 Sesambeine im Mittelfuß-Zehen-Gelenk der Großzehe,
4 Zehen mit jeweils 3 Knochen.

2.3 Der Wasserhaushalt des Körpers

Der Mensch kann ohne Nahrung länger als einen Monat überleben, ohne Wasser nur drei bis vier Tage. Der menschliche Körper besteht zu 50 bis 80 Prozent (je nach Alter) aus Wasser, es ist in allen Organen und Zellen enthalten (im Blut zu 90 %). Das Blut versorgt vor allem das Gehirn und alle anderen Organe, Zellen und Muskeln mit Sauerstoff und Nährstoffen.
Wie wird die benötigte Wassermenge aufgenommen und ausgeschieden?

Tägliche Zufuhr etwa 2,0 – 2,5 Liter				Ausscheidung etwa 2,0 – 2,5 Liter
Flüssigkeit 1,0 – 1,5 Liter	→	Menschlicher Körper	→	Nieren 1,0 – 1,5 Liter
Lebensmittel 0,7 Liter	→		→	Haut 0,5 Liter
Nährstoffaufbau[1] 0,3 Liter	→		→	Lunge 0,4 Liter
			→	Darminhalt 0,1 Liter

[1] DIE WICHTIGSTEN NÄHRSTOFFE SIND **KOHLEHYDRATE** (BROT, NUDELN, KARTOFFELN, REIS), **FETTE** (PFLANZENFETTETE, MILCH, BUTTER, KÄSE, SAHNE) UND **EIWEISSE** (FLEISCH, FISCH, EIER, HÜLSENFRÜCHTE, MILCHPRODUKTE, SOJABOHNEN).

Ein geringes Absinken des Wasseranteils im Körper hat Einfluss auf die Zusammenarbeit aller Organe und kann die körperliche und geistige Aktivität reduzieren.

Wie stellt man Wassermangel im Körper fest?
Gelber oder dunkler Urin ist ein untrügliches Zeichen. Wenn der Urin hell ist, ist der Wasserhaushalt in Ordnung.
Wenn man mit zwei Fingern die Haut der Handoberseite hochzieht und die Hautfalte bleibt stehen, dann besteht Wassermangel. Wenn die Haut sofort wieder glatt wird, ist der Wasserhaushalt in Ordnung.
Eine Grundregel lautet: Jede Stunde ein Glas Wasser trinken!!

Einige Zahlenwerte zum **Wasseranteil** im Körper. Bitte beachten: alle Werte sind nur Zirka-Werte!
Gesamtkörper: 60 %
Augen: 99 %, Blutplasma: 90 %, Leber: 85 %, Gehirn: 85 %, Lunge: 84 %, Nieren: 83 %, Gelenke: 83 %,
Herz: 75 %, Muskeln: 75 %, Haut 70 %, Knochen: 22 %, Haare: 10 %

2.4 Der Bodymaßindex (BMI)

Der Bodymaßindex ist eine Maßzahl für die Bewertung des Körpergewichts zur Körpergröße. Er wird berechnet als Quotient aus Körpergewicht (in kg) und dem Quadrat der Körpergröße (in m).

$$\text{BMI} = \frac{\text{Körpergewicht [kg]}}{\text{Körpergröße}^2\,\text{[m]}}$$

Bei Normalgewicht liegt der BMI zwischen 18,5 und 25.
Bei Übergewicht ist er höher, bei Untergewicht niedriger.
Berechnungsbeispiel:
Körpergewicht: 79,5 kg, Größe: 1,76 m

$$\rightarrow \text{BMI} = \frac{79{,}5}{1{,}76^2}\,\frac{\text{kg}}{\text{m}^2} = 25{,}67\,\frac{\text{kg}}{\text{m}^2}$$

Im Jahr 2017 ergab sich für die Bevölkerung ab 18 Jahren folgende Verteilung:

BMI	Gesamt	Männer	Frauen
< 18,5	2,0 %	0,8 %	25,1 5 %
18,5 - 25	45,3 %	37,2 %	53,6 %
25 - 30	36,4 %	44,0 %	28,5 %
> 30	16,3 %	18,1 %	14,6 %

Aus der Tabelle ist zu erkennen, dass über die Hälfte der Bevölkerung im Jahr 2017 Übergewicht hatte. Interessant ist, dass der Anteil der Bevölkerung mit Übergewicht in den letzten Jahren stetig zugenommen hat, wie anhand der folgenden Tabelle zu erkennen ist.

Anteil der Bevölkerung ab 18 Jahren mit Übergewicht
(BMI über 25)

Jahr	Gesamt	Männer	Frauen
1999	48 %	56 %	40 %
2003	49 %	58 %	41 %
2005	50 %	58 %	42 %
2009	51 %	60 %	43 %
2013	52 %	62 %	43 %
2017	53 %	62 %	43 %

Zur Berechnung des BMI wird das Alter nicht verwendet. Für ältere Menschen gilt aber, dass der BMI für ein „Normalgewicht" etwas höher liegen darf (bis etwa 29 $\frac{kg}{m^2}$), weil Fettreserven im Körper helfen können, längere Erkrankungen besser zu überstehen.

3. Die Organe des Menschen

Ein Organ ist ein Körperteil, der eine bestimmte Aufgabe erfüllt. Organe sind abgegrenzt (zum Beispiel das Herz) oder über den ganzen Körper verteilt (zum Beispiel die Adern).
Man unterteilt sie in innere und äußere Organe.

Innere Organe sind zum Beispiel die Kreislauforgane, Atmungsorgane, Verdauungsorgane und Geschlechtsorgane.

Äußere Organe sind zum Beispiel die Haut und die Augen.

Prozentualer Anteil einiger ausgewählter Organe am Körpergewicht eines Menschen
(Größe: 1,70 m; Gewicht: 70 kg):

Organ	Anteil am Körpergewicht in %
Muskeln[1]	45,0
Haut	17,4
Skelett	11,6
Verdauungstrakt	2,9
Leber	2,4
Gehirn	2,3
Blut	1,8
Lunge	1,6
Niere	0,5
Herz	0,4
Milz	0,2
Bauchspeicheldrüse	0,1

[1] MUSKELN SIND EIN KONTRAKTILES (KONTRAKTIL = SICH ZUSAMMENZIEHEN) KÖRPERORGAN.

Wenn alle Organe intakt sind und zusammenarbeiten, „organisieren" sie uns ein gesundes Leben.

3.1 Kreislauforgane

Herz
Das Herz ist der „Motor des Lebens". Die rechte und linke Herzhälfte bestehen je aus einer Kammer und einem Vorhof. Das Herz ist ein Hohlmuskel und versorgt durch Kontraktion die Zellen mit Sauerstoff und Nährstoffen. Im körperlichen Ruhezustand pumpt das Herz etwa fünf Liter Blut pro Minute durch den Körper. Bei großer körperlicher Anstrengung können es bis zu 25 Liter sein.
Das Herz schlägt etwa 70-mal in der Minute, das sind 100000-mal am Tag, in einem 70-jährigen Leben sind es 2,7 Milliarden Mal.

Blut
Das Blutplasma transportiert Nähr- und Abfallstoffe, die roten Blutzellen transportieren Sauerstoff und Kohlendioxyd, die weißen Blutzellen wehren Krankheitserreger ab und die Blutplättchen helfen bei der Blutgerinnung.
Der Transport des Blutes geschieht über die Adern.

Blutgefäße (Adern)
Das Herz bildet mit allen Blutgefäßen zusammen den Blutkreislauf (Herz-Kreislauf-System). Durch die Blutgefäße zirkuliert das Blut durchschnittlich über 1000-mal täglich.
Neben den in Kapitel A V. 1.4.3 genannten Arterien und Venen gibt es noch einen weiteren Gefäßtyp, die Kapillaren. 20 % aller Blutgefäße sind Arterien, 70 % sind Venen und nur 5 % sind Kapillaren. Die Kapillaren sind sehr kleine, weit verzweigte Blutgefäße. Sie sind nur etwa 0,5 mm lang mit einem Durchmesser von 5 – 10 Mikrometer (1 µm = 10^{-6}m).
Die Wände der Kapillaren sind für bestimmte Stoffe, Gase und Flüssigkeiten durchlässig. So können sie das Gewebe mit Sauerstoff und Nährstoffen versorgen.

3.2 Die Atmungsorgane

Luftröhre
Die Luftröhre ist ein 10 bis 15 cm langer elastischer Schlauch, der die Kehle mit den Bronchien und der Lunge verbindet. Die Luftröhre hat zwei Aufgaben: Einerseits versorgt sie die Lunge mit der eingeatmeten Luft und andererseits schützt sie die Lunge. Gerät zum Beispiel etwas Flüssigkeit oder ein Speiserest in die Luftröhre, so wird ein Hustenreiz ausgelöst, der den „Fremdkörper" wieder nach außen befördert.

Lunge
Die Lunge besteht aus dem rechten und linken Lungenflügel und wiegt etwa 1 kg. Der linke Lungenflügel besteht aus zwei Lappen, der rechte aus drei Lappen. Der Brustkorb schützt die Lunge.

Mit ihren 400 Millionen Lungenbläschen hat sie ein Gesamtvolumen von etwa sechs Liter.

Ihre Hauptaufgabe ist der Gesamtaustausch von Atemluft und Blutkreislauf. Sie leitet Sauerstoff in den Körper und leitet Kohlendioxyd aus dem Körper.

Wir „veratmen" pro Tag etwa 12000 Liter Luft. Die eingeatmete Luft besteht zu 78 % aus Stickstoff, 21 % aus Sauerstoff und 0,04 % aus Kohlendioxyd.

Bei normaler Atmung werden in einer Minute etwa 5-8 Liter (0,5 Liter pro Atemzug) Luft ein- und ausgeatmet. Bei starker Belastung werden mit einem Atemzug bis zu 2 Liter Luft eingeatmet.

Im Körper verbrennen die Muskeln den Sauerstoff, als Abfallprodukt entsteht dabei Kohlendioxyd. Die ausgeatmete Luft enthält nur noch 17 % Sauerstoff, aber 4 % Kohlendioxyd.

3.3 Die Organe des Nervensystems

Diese Organe sind für die Verarbeitung und Weiterleitung von Informationen wichtig.
Das **Gehirn** und das **Rückenmark** bilden das **zentrale Nervensystem (ZNS)**. Der Teil des Nervensystems, der nicht zum zentralen Nervensystem gehört, bildet das **periphere Nervensystem (PNS)**, das sind die Nerven.

Man kann das Nervensystem auch nach Funktionen unterteilen:
Das **vegetative Nervensystem** steuert die Arbeitsweise der Organe und das **animale** oder **somatische Nervensystem** ermöglicht die zweckmäßige und sinnvolle Auseinandersetzung mit der Umwelt.

Gehirn
Das Gehirn ist etwa 1,3 kg schwer.
Das Gehirn hat etwa 100 Milliarden Nervenzellen (Neuronen). Die Nervenbahnen haben eine Länge von fast 6 Millionen Kilometer.

Man gliedert das Gehirn in
Großhirn, Zwischenhirn, Hirnstamm (Mittelhirn, Brücke, verlängertes Rückenmark) und Kleinhirn.
Das Gehirn ist neben dem Herz das wichtigste Organ in unserem Körper. Das Gehirn hat eine zentrale Funktion:
Es regiert, überwacht und kontrolliert.
Es speichert Informationen, koordiniert Verhaltensweisen und verarbeitet Sinneseindrücke.
Das **Großhirn** ist zuständig für Wahrnehmung, Denken und Handeln. Es ist oberstes Zentrum für unser bewusstes Erleben und Tun.
Das **Zwischenhirn** verarbeitet Gefühle (Liebe, Abneigung, Angst, Wut, Enttäuschung).
Das **Kleinhirn** und der **Hirnstamm** sind Zentren für die Überwachung der Steuerung aller automatisierten und unwillkürlichen Tätigkeiten.

Rückenmark
Das Rückenmark liegt im Wirbelsäulenkanal (Spinalkanal). Es übernimmt die Übermittlung von Nachrichten zwischen dem Gehirn und anderen Körperteilen.

Nerven
Die Nerven verteilen Befehle vom zentralen Nervensystem zu den verschiedenen Organen (efferent = „herausführend") und sie übertragen sensorische Informationen von den Sinnesorganen zum zentralen Nervensystem (afferent = „zuführend").

Das periphere Nervensystem besteht aus 12 Hirnnerven, die im Gehirn entspringen und 31 Spinalnerven, die im Rückenmark entspringen.

Die 12 **Hirnnerven** sind:
Riechnerv, Sehnerv, Augenbewegungsnerv, Abrollnerv, Drillingsnerv, Abziehnerv, Gesichtsnerv, Hör- und Gleichgewichtsnerv, Zungen-Rachen-Nerv, umherschweifender Nerv, hinzutretender Nerv, Unterzungennerv.

Die 31 **Spinalnerven** sind:
8 cervikale Nervenpaare (C 1 – C 8) im Halsbereich,
12 thorakale Nervenpaare (Th 1 – Th 12) im Brustbereich
5 lumbale Nervenpaare (L 1 – L 5) im Lendenbereich
5 sakrale Nervenpaare (S 1 – S 5) im Kreuzbeinbereich
1 kokzygeales Nervenpaar (Co 1) im Steißbeinbereich

3.4 Die Verdauungsorgane

Der Verdauungstrakt erstreckt sich vom Mund bis zum After. Er hat mehrere Aufgaben:
Aufnahme von Nahrungsmitteln,
Aufspaltung der Nahrungsmittel in Nährstoffe,
Aufnahme der Nährstoffe in den Blutkreislauf,
Ausscheidung nicht verdaulicher Anteile der Nahrungsmittel aus dem Körper.
Zum Verdauungstrakt gehören:
Mundhöhle mit Zunge und Speicheldrüse, Speiseröhre, Magen, Darm (Dünndarm, Dickdarm, Blinddarm mit Wurmfortsatz, Enddarm oder Mastdarm), After (Anus).
Die Leber, die Bauchspeicheldrüse und die Gallenblase gehören nicht zum Verdauungstrakt, sind aber für die Verdauung wichtig.

Zunge
Die Zunge ist in verschiedene Bereiche aufgeteilt, die unterschiedliche Geschmäcker empfinden können. Die Zunge ist aber auch besonders wichtig für das Sprechen. Ohne Zunge könnte man keine Worte formulieren.
→ **siehe Seite 136**

Speicheldrüse
Die Speicheldrüse produziert Speichel zur Befeuchtung der Nahrungsmittel, damit sie leichter geschluckt werden können.

Speiseröhre
In der Speiseröhre wird die Nahrung vom Rachen in den Magen transportiert. Sie ist ein etwa 25 cm langer Muskelschlauch mit einem Durchmesser zwischen 1,5 und 2,5 cm. Sie kann sich der Nahrungsgröße anpassen. Sie ist an der unteren Stelle mit einem Ringmuskel verschlossen, damit kein saurer Mageninhalt in die Speiseröhre zurückfließt.

Magen
Im Magen wird die Nahrung mithilfe des Magensaftes zu einem Brei verarbeitet und an den Darm weitergegeben. Der Fassungsinhalt beträgt etwa 1-1,5 Liter. Die im Magensaft enthaltene Salzsäure tötet mit der Nahrung aufgenommene Krankheitserreger ab.

Darm
Der Darm ist insgesamt etwa 6-7 m lang. Er wird in mehrere Abschnitte gegliedert:

Dünndarm
Der Dünndarm ist der Hauptort der Verdauung, er ist etwa 5-6 m lang. An der Innenwand des Darms befinden sich viele Falten, Zotten und Ausstülpungen, die für eine enorme Vergrößerung der inneren Oberfläche sorgen. Die Gesamtgröße seiner Oberfläche beträgt dann etwa 30-40 Quadratmeter. Dadurch wird eine optimale Aufnahme wichtiger Nährstoffe in den Blutkreislauf ermöglicht.

Dickdarm
Der Dickdarm ist etwa 1,25 m lang. In ihm wird dem nicht mehr nahrhaften Nahrungsbrei Wasser entzogen und mit Zugabe von Schleim zu Stuhl verarbeitet. Nach dem Verlassen des Dickdarms (Mastdarm) ist der Verdauungsprozess abgeschlossen.

Blinddarm
Der Blinddarm mit dem Wurmfortsatz ist der blind endende Anfangsteil des Dickdarms. Fälschlicherweise wird sehr oft in der Umgangssprache der Wurmfortsatz als Blinddarm bezeichnet. Der Blinddarm übernimmt auch Aufgaben der Immunabwehr.

Enddarm
Der Enddarm ist das etwa 20 cm lange Endstück des Dickdarms. Er gliedert sich in Mastdarm und dem etwa 3-4 cm langem Analkanal. In ihm wird der Darminhalt bis zur nächsten Entleerung gespeichert.

After
Der After (Anus) mit seinem gasdichten Verschluss ist der Darmausgang. Die primäre Aftermuskulatur wird unbewusst durch das Gehirn geschlossen gehalten. Mit einem weiteren Muskel (abwechselndes Zusammenziehen und Erschlaffen) kann der Darminhalt zum Ausgang befördert werden.

Die bräunliche Farbe des Kots (unverdaute Nahrungsreste, Wasser, Schleim, Bakterien) kommt von Sterkobilin, eines der Abfallprodukte des Hämoglobins (roter Blutfarbstoff).
Die weiter verarbeiteten Abfallprodukte des Hämoglobins werden über den Urin ausgeschieden.

Nicht direkt zum Verdauungstrakt gehören:

Leber
Die Leber wiegt etwa 1,5 bis 2 kg. Sie filtert täglich 2000 Liter Blut und ist das zentrale Organ des gesamten Stoffwechsels. Sie produziert Gallenflüssigkeit zur Fettverdauung und lebenswichtige Eiweißstoffe, entgiftet und baut Nährstoffe ab, regelt den Fett- und Zuckerstoffwechsel und baut bis zu 90 % des Alkohols ab.
Wer dauerhaft zu viel Alkohol trinkt, riskiert Fettablagerungen in der Leber.

Bauchspeicheldrüse
Die Bauchspeicheldrüse ist etwa 15-20 cm lang. Sie produziert Verdauungsenzyme, die Eiweiße, Fette und Kohlehydrate voneinander trennen. So produziert auch Hormone und Glucagon zur Regulierung des Blutzuckerspiegels.

Gallenblase
Die birnenförmige Gallenblase ist etwa 6-10 cm lang. Sie speichert die in der Leber gebildete Gallenflüssigkeit, die vor allem zur Fettverdauung benötigt wird.

3.5 Exkretionsorgane

Exkretion = Ausscheidung nicht weiter verwendbarer Stoffwechselprodukte.
Im vorangehen Kapitel „Verdauungsorgane" wurden die Exkretionsorgane dargestellt, die für die Ausscheidung fester Stoffe verantwortlich sind.
Die Ausscheidung flüssiger Stoffwechselprodukte geschieht über die Nieren und die Harnblase.

Niere
Die Niere ist ein paarig angelegtes Organ. Der gesunde Mensch hat zwei Nieren, obwohl er ohne Beschwerden auch mit einer Niere leben kann.
Die wichtigste Funktion ist die Entgiftung. Die Giftstoffe und die Stoffwechselendprodukte werden über den Urin ausgeschieden. Weitere Funktionen sind auch die Regulierung des Elektrolyte- und Wasserhaushalts sowie die langfristige Blutdruckeinstellung.

Harnblase
Über den Harnleiter wird der von der Niere kommende Urin in der Harnblase zwischengespeichert. Das Fassungsvolumen bei Männern beträgt bis zu 750 ml, bei Frauen etwas weniger. Über die Harnröhre werden mit dem Urin alle Giftstoffe aus dem Körper entfernt. Die Harnröhre bei Männern wird von der Prostata umschlossen.

3.6 Die Sinnesorgane

Der Mensch hat fünf Sinnesorgane, die Reize aufnehmen und weiterleiten:
Haut, Auge, Ohr, Mund, Nase

Haut

Die Haut ist das größte Organ des Menschen (etwa 1,70 m^2) mit einem Gewicht von 5 bis 14 Kilogramm. An ihrer Oberfläche befinden sich über 2 Millionen Schweißdrüsen.
Sie ist ein Grenzorgan zur Umwelt und schützt den Körper vor äußeren Einflüssen. Sie dient zur Wahrnehmung von Schmerz, Temperatur und Druck (z. B. Wind, Verletzungen). Sie schützt vor Überhitzung und Wärmeverlust. Sie verhindert den Ausfluss von Blut und über die Hautatmung kann sie dem Körper Sauerstoff zuführen.

Auge

Der größte Teil des Auges ist ein mit einer durchsichtigen, gelartigen Substanz gefüllter Glaskörper, der zu 98 % aus Wasser besteht. Die vorderen Teile des Auges sind die Pupille, die Regenbogenhaut (Iris) und die Lederhaut. Die Hornhaut schützt das Auge. Das innerste Häutchen ist die Netzhaut mit den Sinneszellen und Nervenzellen. Nach innen grenzt die Netzhaut an den Glaskörper.
Hinter der Pupille liegt die – von außen nicht sichtbare – Linse. Die Netzhaut am Augenhintergrund erfüllt die Funktion des Films bei einem Fotoapparat.

Mit den Augen können wir sehen und die Umgebung wahrnehmen. Sie helfen bei der Orientierung, können Farben unterscheiden und Gefahren erkennen. Die Augen können sich auf gewaltige Helligkeitsunterschiede einstellen und auch in der Dämmerung und bei Nacht sehen.

Ohr

Das Ohr besteht aus drei Teilen: Außenohr, Mittelohr, Innenohr

Zum **Außenohr** gehören Ohrknorpel, Ohrmuschel, Ohrläppchen, äußerer Gehörgang und die Außenseite des Trommelfells. Die vielen Vertiefungen und Erhebungen der Ohrmuschel machen es möglich, den genauen Ort (oben, unten, links, rechts, …) der Schallquelle zu erkennen.

Zum **Mittelohr** gehören das Trommelfell und die Gehörknöchelchen Hammer, Amboss und Steigbügel **(→ siehe auch Seite 126 „Kopfskelett")**. Die Eustachische Röhre (Ohrtrompete) verbindet das Mittelohr mit dem Nasenrachenraum. Das Mittelohr leitet die Signale vom Außenohr zum Innenohr weiter.

Im **Innenohr** liegen die Hörschnecke und das Gleichgewichtsorgan. Es ist ein knöchernes Labyrinth, das mit Flüssigkeit (Perilymphe) gefüllt ist. Die Gehörknöchelchen geben den Schall, den sie über das Trommelfell erhielten, an das Labyrinth weiter. Weil sich der Schall im Wasser schneller bewegt als in der Luft, findet eine etwa 20-fache Verstärkung der Schallübertragung statt.

Im Innenohr befindet sich auch das Gleichgewichtsorgan. Es registriert alle Arten von Beschleunigungen und Lageveränderungen und ermöglicht uns dadurch die Orientierung im Raum. Wenn der Gleichgewichtssinn gestört ist, kommt es zum Schwindel. Man kann weder aufrecht stehen, noch gehen.

Das „Ohrenschmalz" ist eine fettige, gelblich-braune Absonderung der Ohrenschmalzdrüsen. Es befeuchtet den Gehörgang und dient zur Selbstreinigung der Ohren. Staub und Schmutz werden durch das Ohrenschmalz in Richtung Außenohr befördert. Durch das Reinigen mit einem Wattestäbchen kann ein „Ohrenpfropf" entstehen, der nur von einem HNO-Arzt entfernt werden sollte.

Mund

Im Mund beginnt die Zerkleinerung der Nahrung. Durch Geruch, Aussehen und Geschmack von Essen wird die Speichelproduktion angeregt, mit dessen Hilfe die Nahrung zu einem schluckfähigen Brei aufbereitet wird. Die Mundschleimhaut produziert etwa 1-1,5 Liter Speichel täglich.

Als Sinnesorgan ist vorwiegend die Zunge gemeint (→ **siehe auch Seite 133 „Die Verdauungsorgane"**).
Verschiedene Geschmacksfelder auf der Zunge können süß, sauer, salzig und bitter unterscheiden.
Die Zunge ist auch zum Sprechen wichtig, denn ohne sie könnten wir keine Worte formulieren.
Am Zustand der Zunge können auch Krankheiten (vor allem Erkältungskrankheiten) erkannt werden.

Nase

Der äußere Teil der Nase besteht aus einem knöchernen und einem knorpeligen Teil.
Die beiden Nasenlöcher, getrennt durch die Nasenscheidewand führen zur Nasenhöhle, dem inneren Teil der Nase. Über den Rachen besteht eine Verbindung der Nasenhöhle mit der Speiseröhre und der Luftröhre.
Die Nase hat zwei Funktionen: Riechen und Einatmen von Luft.
Wir atmen den benötigten Sauerstoff über den Mund und die Nase ein. Mediziner sind der Meinung, dass wir öfter durch die Nase einatmen sollten, weil durch die Flimmerhärchen in der Nase die Luft besser gereinigt wird.

3.7 Die Geschlechtsorgane

Die Geschlechtsorgane sind bei Männern und Frauen verschieden, zusätzlich unterscheidet man auch zwischen äußeren und inneren Organen. Die Geschlechtsorgane dienen der menschlichen Fortpflanzung.

Männliche Geschlechtsorgane

Die äußeren Geschlechtsorgane sind der Penis und der Hodensack.
Die inneren Geschlechtsorgane sind die Hoden, die Nebenhoden, der Samenleiter und die Prostata.

Hoden
Die Hoden sind die Keimdrüsen des Mannes. Im Hoden werden die Spermien (Samen des Mannes) und das männliche Geschlechtshormon Testosteron gebildet.

Nebenhoden
Im Nebenhoden wird das Sperma gespeichert, bis es gebraucht wird.

Samenleiter
Der Samenleiter verbindet die Nebenhoden mit der Harnröhre, er dient also der Weiterleitung der Spermien.

Prostata
Die Prostata produziert einen Teil der Spermien (Samenflüsssigkeit) und ist an der Ejakulation (Samenerguss) beteiligt.

Penis
Der Penis hat zwei Aufgaben. Einerseits dient er als Ausscheidungsorgan des Harns, andererseits transportiert er das Sperma in die inneren Geschlechtsorgane der Frau.

Weibliche Geschlechtsorgane

Die äußeren Geschlechtsorgane werden als Vulva (Scham) bezeichnet. Dazu gehören der Schamhügel (Venushügel), die großen und kleinen Schamlippen, der Scheidenvorhof und ein kleiner Teil der Klitoris (Kitzler).

Die inneren Geschlechtsorgane sind die Scheide (Vagina), die Gebärmutter, die Eileiter und die Eierstöcke.

Schamhügel (Venushügel)
Der Schamhügel liegt oberhalb der Schamlippen. Mit dem Einsetzen der Pubertät beginnt dort das Wachstum der Schamhaare.

Schamlippen
Die inneren Schamlippen werden meist von den äußeren Schamlippen überdeckt. Die äußeren Schamlippen beginnen unterhalb des Venushügels und verlaufen bis zum Damm. Der Damm (nur wenige cm lang) ist eine sehr erogene Region zwischen dem Ende der Scheide und dem Anus. Bei der Geburt kann es zu einem Dammriss kommen.
Die kleinen Schamlippen sind sehr berührungsempfindlich, sie bilden die seitliche Begrenzung des Scheidenvorhofes und bedecken ihn meist vollständig.

Scheidenvorhof
In den Scheidenvorhof münden die Vagina und die Harnröhre. Im hinteren Teil des Scheidenvorhofs liegen die Bartholinischen Drüsen, die bei sexueller Erregung ein Sekret abgeben, das den Scheidenraum befeuchtet.

Klitoris
Die Klitoris spielt eine entscheidende Rolle bei der sexuellen Erregbarkeit und dem Lustempfinden der Frau. Sie ist ein Schwellkörper und vergrößert sich bei sexueller Stimulation.

Vagina
Die Vagina ist ein 10-12 cm langes schlauchförmiges Organ. Sie verbindet die äußeren Geschlechtsorgane mit dem Muttermund. In der fruchtbaren Phase öffnet sich der Muttermund, um eine Befruchtung zu ermöglichen.

Jungfernhäutchen (Hymen)
Das Jungfernhäutchen liegt hinter den kleinen Schamlippen und stellt die Grenze zwischen den inneren und äußeren Geschlechtsorganen dar. Es ist sehr elastisch und kann beim ersten Geschlechtsverkehr reißen und leicht bluten.

Gebärmutter
In der Gebärmutter wachsen und reifen die befruchteten Eizellen zu einem Embryo. Die Plazenta (Mutterkuchen; Nachgeburt) versorgt den heranwachsenden Embryo.

Eileiter
Am oberen Ende der Gebärmutter gehen die beiden Eileiter ab, die Verbindung zwischen Gebärmutter und Eierstöcken. Die Eileiter transportieren die Eizelle nach dem Eisprung (Ovulation) von den Eierstöcken in die Gebärmutter. Im Eileiter findet die eigentliche Befruchtung der Eizelle statt.

Eierstöcke
Die Eierstöcke sind die Keimdrüsen der Frau, hier reifen die Eizellen heran. Andere Zellen der Eierstöcke produzieren die Sexualhormone Östrogen (auch Estrogen genannt).

4. Das Blut

In den Adern eines Menschen fließen – je nach Körpergewicht – fünf bis acht Liter Blut, das entspricht etwa $\frac{1}{12}$ des Körpergewichts. Die Blutmenge ist abhängig vom Körpergewicht und vom Alter.

4.1 Die Bestandteile des Blutes

Das Blut besteht zu etwa 55 % aus flüssigem Blutplasma (gelbliche Flüssigkeit) und 45 % festen

Blutkörperchen. Man unterscheidet drei Arten von Blutkörperchen.
Die **roten Blutkörperchen** (Erythrozyten):
Sie machen 99% der Blutzellen aus. Sie transportieren mit Hilfe ihres roten Blutfarbstoffs (Hämoglobin) den Sauerstoff von der Lunge in den ganzen Körper.

Die **weißen Blutkörperchen** (Leukozyten):
Sie machen nur 1% der Blutzellen aus. Sie sind Bestandteile des Immunsystems und wehren Krankheitserreger ab.

Die **Blutplättchen** (Thrombozyten) spielen eine wichtige Rolle bei der Blutgerinnung und Blutstillung.

4.2 Die Blutgruppen

Es gibt vier Blutgruppen 0, A, B, und AB mit den Rhesusfaktoren + oder -, also insgesamt acht verschiedene Blutgruppen: 0+, 0-, A+, A-, B+, B-, AB+, AB-

Diese Blutgruppen sind beim Menschen wie folgt verteilt:
43 % haben die Blutgruppe A (37 % A+ und 6 % A -)
41 % haben die Blutgruppe 0 (35 % 0 + und 6 % 0 -)
11 % haben die Blutgruppe B (9 % B + und 2 % B -)
5 % haben die Blutgruppe AB (4 % AB + und 1 % AB -)

Insgesamt haben nur 15 % der Menschen einen negativen Rhesusfaktor.
Bei der Versorgung von Patienten ist die Blutgruppe des Spenders besonders wichtig, denn nicht jedes Blut kann an jeden Patienten übertragen werden.

können Blut spenden an die Blutgruppen		**Diese Blutgruppen** ↓		**können Blut erhalten von den Blutgruppen**
0+, 0-, A+, A-, B+, B+, AB+, AB-	←	**0-**	←	0-
0+, A+, B+, AB+	←	**0+**	←	0+. 0-
A+, A-, AB+, AB -	←	**A-**	←	0-, A-
A+, AB+	←	**A+**	←	0+, 0-, A+, A-
B+, B-, AB+, AB-	←	**B-**	←	0-, B-
B+, AB+	←	**B+**	←	0+, 0-, B+, B-
AB-, AB+	←	**AB-**	←	0-, B-, A-, AB-
AB+	←	**AB+**	←	0-, 0+, A-, A+, B-, B+, AB-, AB+

Menschen mit der Blutgruppe 0- können nur Blut von Menschen mit der Blutgruppe 0- erhalten.
Menschen mit der Blutgruppe AB+ können von allen anderen Menschen Blut erhalten.
Weil Menschen mit der Blutgruppe 0- an alle anderen Menschen Blut spenden können, besteht bei dieser Blutgruppe ein hoher Bedarf.

4.3 Die Blutgefäße (Adern)

Die Blutgefäße sind für den Transport des Blutes wichtig.
Die **Arterien** führen das sauerstoffreiche Blut vom Herzen zum Körper, die **Venen** transportieren das sauerstoffarme Blut zurück zum Herzen.
Das größte und wichtigste Blutgefäß ist die **Aorta** (Hauptschlagader). Sie ist etwa 30 bis 40 Zentimeter lang und hat einen Durchmesser von 2,5 bis 3,0 Zentimeter. Sie beginnt an der linken Herzkammer, steigt zunächst nach oben und verläuft dann nach dem Aortabogen entlang der Wirbelsäule wieder nach unten. Sie versorgt weitere wichtige Schlagadern (Halsschlagader, Bauchschlagader, Schlüsselbeinschlagader) mit Blut.
Das Herz pumpt durch die Adern pro Minute das gesamte Blut durch den Körper, das sind 7000 Liter pro Tag.
Alle Blutgefäße zusammen haben eine Länge von etwa 100000 Kilometer, sie würden also mehr als zweimal um die Erde reichen.

Alle Blutgefäße zusammen haben eine Länge von etwa 100 000 Kilometer, sie würden also mehr als zweimal um die Erde reichen.

TIERWELT

Die Entstehung des Lebens begann vor etwa 4000 Millionen Jahren.

1. Evolutionsgeschichte der Tiere

Zeitalter	System	Abteilung	Beginn vor etwa Millionen Jahren	Entwicklung von Leben
Erdneuzeit (Känozoikum)	Quartär	Holozän Pleistozän	0,01 2,5	Homo sapiens Größenwachstum der Säugetiere
	Tertiär	Pliozän bis Paläozän	65	Primaten, Affen Entwicklung der Säugetiere, Vögel und Insekten
Erdmittelalter (Mesozoikum)	Kreide	Oberkreide Unterkreide	140	Dinosauriern sterben aus Entwicklung der Säugetiere Wachstum bei Dinosauriern
	Jura	Malm Dogger Lias	150 210	Aus Reptilien entwickelt sich der Urvogel (Archaeopteryx)
	Trias	Keuper Muschelkalk Buntsandstein	250	Primitive Säugetiere Reptilien
Erdaltertum (Paläozoikum)	Perm	Zechstein Rotliegendes	290	Säugetierähnliche Reptilien
	Karbon	Oberkarbon Unterkarbon	360	Insekten, erste Reptilien Riesenlibellen
	Devon	Oberdevon Mitteldevon Unterdevon	410	Entwicklung der Fische Amphibien (Vierfüßer) Muscheln, Kopffüßer

	Silur Ordovizium Kambrium		440 500 590	Erste Knochenfische Erste Wirbeltiere, Algen Korallen Schnecken, Krebse
Erdfrühzeit (Präkambrium)	Algonkium Archaikum		2500 4000	Quallen, Bakterien Erste einzellige Organismen

2. Die Ordnung der Tiere nach ihrer stammesgeschichtlichen Verwandtschaft

Die Ordnung geschieht in folgender Reihenfolge:
Stamm – Klasse – Ordnung – Familie – Gattung – Art

Die Art ist die grundlegende Einheit.
Am Beispiel der fünf Tiere Löwe, Junikäfer, Karpfen, Blindschleiche und Star wird diese Ordnung aufgezeigt:

Stamm	Wirbeltiere	Wirbellose Tiere	Wirbeltiere (Chordatiere)	Wirbeltiere	Wirbeltiere
Klasse	Säugetiere	Insekten	Strahlenflosser	Reptilien	Vögel
Ordnung	Raubtiere	Käfer	Karpfenähnliche Fische	Schuppen-kriechtiere	Sperlings-vögel
Familie	Katzen	Blatthorn-Käfer	Karpfenfische	Schleichen	Stare
Gattung	Großkatzen	Amphimallon	Cyprinus	Anguis	Sturnus
Art	Löwe	Junikäfer	Karpfen	Blindschleiche	Star

3. Die fünf verschiedenen Wirbeltierklassen

Zu den Wirbeltieren gehören fünf Tierklassen: Säugetiere, Vögel, Fische, Kriechtiere, Amphibien. Sie leben auf dem Land, im Wasser oder in der Luft.

Gemeinsame Merkmale der Wirbeltiere:
- Gegliederter Körper in Kopf, Rumpf, Schwanz
- Knochenskelett mit Wirbelsäule
- Zentrales Nervensystem
- Der Mittelpunkt des geschlossenen Blutgefäßsystems ist das Herz
- Zwei paar Gliedmaßen (zum Teil zurückgebildet)

3.1 Säugetiere

Zu den Säugetieren gehören zum Beispiel Wolf, Rind, Tiger, Maus, Wal
Die höchst entwickelte Klasse der Wirbeltiere sind die Säugetiere, vor allem ist das Gehirn stark ausgeprägt. Die meisten Säugetiere haben Haare bzw. Fell oder Pelz.

Die ersten Säugetiere lebten bereits vor etwa 200 Millionen Jahren.

Die Fortpflanzung geschieht durch innere Befruchtung. Sie gebären lebende Junge, die von der Mutter gesäugt werden. Die meisten Säugetiere leben an Land, manche auch im Wasser (Wale, Delfine; → Der **Wal ist kein Fisch**, sondern ein Säugetier!)

Säugetiere sind gleichwarme Tiere, das heißt, sie haben immer eine gleichbleibende Körpertemperatur. Man unterscheidet Fleischfresser, Pflanzenfresser, Allesfresser.

3.2 Vögel

Zu den Vögeln gehören zum Beispiel Adler, Storch, Rebhuhn, Gans, Strauß, Pinguin.
Die ersten Vögel lebten bereits vor etwa 150 Millionen Jahren.

Der Körper der Vögel ist mit Federn bedeckt. Vögel sind gleichwarme Tiere, unabhängig von Hitze oder Kälte ist ihre Körpertemperatur konstant.
Die meisten Vögel können fliegen. Strauß und Kiwi können nicht fliegen, aber laufen. Der Pinguin kann nicht fliegen, aber schwimmen. Die Ente kann fliegen, laufen und schwimmen. Zum Lebensraum der Vögel gehören also Luft, Land und Wasser.

Die Nahrung der Vögel ist vielfältig. Sie ernähren sich von Samen, Pflanzen, Insekten, Würmern und kleineren Tieren.
Die Fortpflanzung geschieht durch innere Befruchtung. Sie legen Eier, aus denen nach dem Ausbrüten die Jungen schlüpfen.

3.3 Fische

Zu den Fischen gehören zum Beispiel Forelle, Aal, Hai, Hecht.
Fische sind die ältesten Wirbeltiere der Welt, sie lebten bereits vor etwa 450 Millionen Jahren.

Ihre Körpertemperatur passt sich der Umgebungstemperatur an, sie sind deshalb wechselwarme Tiere.
Die Gliedmaßen der Fische sind zu Flossen umgewandelt.
Sie ernähren sich von Algen, Plankton, Pflanzen, Insekten und Würmern. Raubfische (Hai, Hecht) fressen auch kleinere Fische.

Der Lebensraum der Fische ist das Wasser. Zum Atmen besitzen sie Kiemen.
Die Fortpflanzung geschieht durch äußere Befruchtung. Das Weibchen legt Eier ab, die vom Männchen befruchtet werden.

3.4 Kriechtiere (Reptilien)

Zu den Reptilien gehören zum Beispiel Echsen, Schlangen, Krokodile, Schildkröten.
Sie gehören zu den wechselwarmen Tieren und lebten bereits vor 315 Millionen Jahren.
Kriechtiere leben an Land (kriechende oder schlängelnde Fortbewegung) oder im Wasser (Wasserschildkröte).

Vor etwa 100 Millionen Jahren verloren die Schlangen durch Mutation (Veränderung im Erbgefüge) ihre Gliedmaßen.
Zur Atmung besitzen sie gekammerte Lungen. Die Körperbedeckung besteht aus Hornschuppen, bei Krokodilen und Schildkröten aus Hornplatten. Die trockene Haut von Echsen und Schlangen wächst nicht mit, sie häuten sich regelmäßig.

Sie ernähren sich von Echsen und Würmern (z. B. Frösche und Eidechsen). Krokodile oder auch Schlangen fressen auch größere Beutetiere.
Die Fortpflanzung geschieht durch innere Befruchtung. Das Weibchen legt die Eier in ein Nest oder eine Bodengrube, die dann ohne Beteiligung des Weibchens durch die Wärme ausgebrütet werden.

3.5 Lurche (Amphibien)

Zu den Amphibien gehören zum Beispiel Molche, Unken, Kröten, Frösche, Salamander.
Amphibien waren die ersten Vierfüßer (vor etwa 400 Millionen Jahren).

Sie leben am Land und im Wasser. Die Lurche sind wechselwarme Tiere, sie passen ihre Körpertemperatur der Umgebung an. Sie können sogar im Winter in eine Körperstarre verfallen.
Bei Froschlurchen geschieht die Fortpflanzung durch äußere Befruchtung, bei Schwanzlurchen durch innere Befruchtung. Bei beiden Befruchtungsarten werden die Eier im Wasser abgelegt, das heißt, die Lurche laichen.

Im Lauf ihres Lebens unterliegen die Lurche einer Metamorphose (Entwicklung vom Ei zum geschlechtsreifen Tier in verschiedenen Gestaltformen). Die aus den Eiern schlüpfenden Larven besitzen Kiemen zur Atmung. Nach der Metamorphose können Lurche am Land leben und atmen über die Lunge oder über die Haut.

4. Die sechs verschiedenen Klassen der wirbellosen Tiere

Diese vielzelligen Tiere haben keine Wirbel bzw. kein Skelett. 95 % aller Tiere sind wirbellose Tiere. Zu ihnen gehören die Gliederfüßer, die Weichtiere, die Würmer, die Nesseltiere und Schwämme.

4.1 Gliederfüßer

Zu den Gliederfüßern gehören die Insekten, die Tausendfüßer, die Krebstiere und die Spinnentiere.
Sie besitzen kein Innenskelett, sondern ein Außenskelett aus Chitin.

Insekten
Zu den Insekten zählen zum Beispiel Käfer, Bienen, Schmetterlinge, Fliegen, Ameisen, Libellen und Heuschrecken.
Insekten gibt es seit etwa 350 Millionen Jahren.

Ihr Körper besteht aus drei Teilen: Kopf, Brust, Hinterleib. An der Brust sitzen drei Beinpaare. Fast alle Insekten haben zwei paar Flügel und Fühler, mit denen sie riechen, schmecken und tasten können.

Tausendfüßer
Sie lebten schon vor 400 Millionen Jahren. Sie bestehen aus vielen gleichartigen Körperteilen (Segmenten) an denen 8 bis maximal 340 Beinpaare sitzen. Am kapselförmigen Kopf sitzen Mundwerkzeuge.

Krebstiere
Zu den Krebstieren gehören Krebs, Langusten, Hummer, Scampi, Garnelen, Asseln.
Krebstiere gibt es seit etwa 500 Millionen Jahren.
Der Körper besteht aus Kopf, Brust, Hinterleib. Die meisten Krebse haben fünf Beinpaare, bei vielen Krebsen ist das vordere Beinpaar zu Scheren entwickelt.
Asseln haben sieben Körperglieder und sieben Beinpaare.

Spinnentiere
Spinnentiere leben seit 500 Millionen Jahren. Sie haben sieben Beinpaare und ihr Körper besteht aus Vorderleib und Hinterleib. Zu den Spinnentieren gehören auch Zecken, Milben und Skorpione.

4.2 Weichtiere

Zu den Weichtieren gehören Schnecken, Muscheln, Kraken, Tintenfische.
Weichtiere gibt es etwa seit 500 Millionen Jahren.

Die Tiere leben vorwiegend im Meer. Ihr Körper ist weich, meist mit einer Schleimschicht überzogen und durch eine feste Kalkschale geschützt. Die Tiere haben (außer bei den Muscheln) eine Raspelzunge, die wie eine Feile funktioniert.

4.3 Würmer

Zu den Würmern gehören Regenwurm, Bandwurm, Blutegel.
Man unterscheidet Ringelwürmer, Rundwürmer und Fadenwürmer. Würmer lebten bereits vor etwa 600 Millionen Jahren.
Der Regenwurm ist ein nützlicher Wurm. Er gräbt den Garten um, kompostiert altes Laub und mit seinem nährstoffreichen Kot düngt er den Garten.

4.4 Nesseltiere

Zu den Nesseltieren gehören Seeanemonen, Korallen, Quallen, Polypen.
Nesseltiere sind einfach gebaute vielzellige Tiere. Sie haben kein Herz, kein Hirn und auch kein Blut. Quallen gibt es schon seit etwa 650 Millionen Jahren, sie bestehen zu 99 % aus Wasser. Bei Berührung der Fangarme wird ein Gift ausgestoßen, das die Haut nesselt (wie bei der Brennnessel).

Polypen haben einen einfach gebauten Hohlkörper, der oben eine zentrale Mundöffnung mit Tentakeln (Fangarmen) besitzt. Sie sind meist festsitzend mit einer Fußscheibe an eine harte Oberfläche angeheftet. Korallen sehen aus wie Blumen, sind aber Tiere, die sich nicht fortbewegen können. Sie filtern Nährstoffe aus dem Wasser.

4.5 Stachelhäuter

Zu den Stachelhäutern gehören Seestern, Seeigel, Seegurken.
Stachelhäuter gibt es seit etwa 500 Millionen Jahren. Sie leben am Meeresboden und haben Saugfüße zur Fortbewegung. Unter der Haut befinden sich Kalkplatten, durch die sie vor Angriffen geschützt sind. Sie ernähren sich räuberisch von Muscheln, Schwämmen und Schnecken.

4.6 Schwämme

Schwämme gab es bereits vor etwa 640 Millionen Jahren.
Schwämme sehen nicht wie Tiere aus. Sie sind aber vielzellige Tiere, aber ohne Organe. Sie leben im Meer. Sie bewegen sich nicht fort, sondern sitzen fest auf einer Platte oder auf einer alten Muschelschale. Sie filtern Nährstoffe und kleine Lebewesen aus dem Wasser. Durch die Löcher in ihrem Körper kann das Wasser gut zirkulieren.

Die meisten Schwämme werden in Griechenland, in der Karibik und in der Südsee geerntet. Die durchlöcherten nackten Skelette sehen aus wie Kissen, Keulen oder Knollen. Ein Naturschwamm ist Balsam für die Haut, sie wird gereinigt, massiert und gepflegt.

Die Schwämme, die in der Schule zum Wischen der Wandtafel verwendet werden, sind natürlich künstlich hergestellt.

5. Wie alt können Tiere werden?

Nur an wenigen ausgewählten Beispielen wird die Lebenserwartung aufgezeigt. Leider findet man in der Literatur sehr unterschiedliche Angaben.
So ist zum Beispiel im Internet beim Karpfen an der einen Stelle die Lebenserwartung mit 38 Jahren angegeben, an einer anderen Stelle mit 120 Jahren, an einer dritten Stelle mit 20 Jahren und an einer vierten Stelle sieht man ein Foto (veröffentlich am 5.8.2019; aktualisiert am 5.11.2020; aufgenommen im „Gavins Point National Fish Hatchery and Aquarium" in Süd-Dakota) von einem „Großmäuligen Büffelfischweibchen" (gehört zur Familie der Karpfen) mit der Überschrift „Karpfen bricht alle Rekorde". Dieser Fisch wurde 112 Jahre alt.
Bei solchen Zahlenangaben ist also immer Vorsicht geboten. Eigentlich ist es ausreichend zu wissen, dass Karpfen sehr alt werden können.

So alt können Tiere werden:

Tier	Alter in Jahren	Tier	Alter in Jahren	Tier	Alter in Jahren
Aal	88	Ameise	7	Bär	50
Biene (Königin)	3-5	andere Bienen	1 Monat	Delphin	20
Eintagsfliege	1-2 Tage	Elefant	85	Eule	20-40
Feldhase	10	Fledermaus	15	Forelle	18
Fuchs	15	Gans	40	Gepard	40
Giraffe	25	Goldfisch	20-30	Gorilla	47
Hai	20-70	Haussperling	13	Hecht	100
Hering	18	Hirsch	35	Hummel	1 Monat
Hund	14	Igel	7	Kabeljau	16
Karpfen	112	Kamel	30	Kanarienvogel	22
Katze	15	Klapperschlange	30	Krokodil	30

Kröte	40
Marder	4-15
Papagei	70
Orang-Utan	35
Rhesusaffe	36
Schimpanse	60
Spinne	20
Strauß	50
Wal	120
Wolf	20

Löwe	35
Maulwurf	3-6
Pferd	25-30
Rabe	23
Riesenschild-kröte	180
Schmetterling	2-3 Monate
Steinadler	100
Taube	45
Wellensittich	5-15

Maikäfer	6 Wochen
Nashorn	50
Pinguin	6-20
Regenwurm	10
Rind	20-30
Schwein	15
Storch	20
Tiger	15
Wespe	1

6. Bedrohte und ausgerottete Tiere
(Stand im Jahr 2000, nach Dr. Manfred Niekisch*)

	Beschriebene Arten	Bedrohte Arten	Ausgerottete Arten
Fische	22000	734	81
Lurche	4000	124	5
Kriechtiere	50	253	5
Säuger	4330	1096	86
Vögel	9670	1107	104
Wirbellose	1200000	1891	315

* DER BIOLOGE DR. MANFRED NIEKISCH WAR VON 2008 BIS 2017 DIREKTOR DES FRANKFURTER ZOOS UND IST EXPERTE FÜR INTERNATIONALEN NATURSCHUTZ.

Einige Beispiele für seit 2000 ausgerottete Tiere:
Schwertstör (2020) lebte im Jangtsekiang
Pinta Riesenschildkröte (2016) lebte auf den Galapagos-Inseln
Weihnachtsinsel Waldskink (Eidechse; 2017)
Bramble-Cay Mosaikschwanzratte (2016) lebte auf dem Barriere Riff Australien
Chinesischer Flussdelfin (2007) lebte im Jangtsekiang
Goldkröte (2004) lebte in Costa Rica

Einige Beispiele für schon früher ausgestorbene Tiere:
Auerochse (1627), Berberlöwe (1920), Balitiger (1930), Beutelwolf, auch Tasmanischer Tiger genannt (1936), Kaspischer Tiger und Javatiger (1950), südchinesischer Tiger (1990).

PFLANZENWELT

Pflanzen sind Organismen, die aus Wurzeln, Stiel und Blättern bestehen. Eine Pflanze kann mithilfe des Sonnenlichts aus anorganischen Stoffen ihre eigene organische Substanz aufbauen.
Es gibt viele verschiedene Pflanzenarten: Bäume, Sträucher, Gräser, Blumen, Stauden (die oberen Teile dieser Pflanze sterben im Herbst ab. Im nächsten Frühjahr treiben aus den Wurzeln neue Stauden), Moose.

1. Natürlich wachsende Pflanzen

Damit sind Pflanzen gemeint, deren Samen nicht vom Menschen ausgebracht wurden, sozusagen die natürliche Vegetation.

1.1 Bäume

Man unterscheidet zwischen Laubbäumen und Nadelbäumen. Die Bäume sind entweder „Flachwurzler" (z. B. die Fichte) oder „Pfahlwurzler" (z. B. Tanne, Kiefer, Eiche). Bei den Flachwurzlern breitet sich das Wurzelgeflecht tellerförmig um den Baum aus, bei den Pfahlwurzlern wächst die Hauptwurzel vertikal (senkrecht) in den Boden.
Nach einem Sturmschaden kann man den Unterschied gut erkennen. Eine Fichte liegt mit ihrer tellerförmigen Wurzel am Boden, bei einem Pfahlwurzler wurde der Baum am Stamm abgebrochen.

Laubbäume
Die bekanntesten heimischen Laubbäume sind (mögliche Höhenangabe in Klammern):
Ahorn (15 m), Birke (25 m), Buche (45 m), Eberesche (Vogelbeerbaum; 25 m), Eiche (25 m), Erle (6 m), Kastanie (30 m), Linde (40 m), Ulme (40 m), Wildkirsche (25 m).
Der Ahorn und die Eiche können bis zu 600 Jahre alt werden, die Birke und die Buche bis zu 150 Jahre.

Nadelbäume
Die bekanntesten Nadelbäume sind:
Eibe (15 m), Fichte (40 m), Kiefer (50 m), Lärche (40 m), Mammutbaum (80 m; er ist in Nordamerika beheimatet), Tanne (65 m), Thuje (70 m; vor allem in Nordamerika und Asien), Wacholder (12 m), Zeder (40 m), Zirbe (25 m)

Der Mammutbaum kann bis zu 3000 Jahre alt werden.
Fast 30 % aller Bäume sind Fichten.

1.2 Sträucher

Sträucher werden auch Busch oder Gebüsch oder kleines Gehölz genannt, weil sie nicht sehr hoch werden (etwa 2-3 m, gelegentlich auch etwas höher).
Ein Strauch hat keinem Stamm als Hauptast. Vögel nisten gern in Sträuchern.

Bekannte Sträucher sind:
Buchsbaum, Eibe (gibt es auch als Baum), Flieder, Forsythie, Ginster, Hartriegel, Lorbeer, Liguster, Pracht-Spiere, Stechpalme, Weißdorn

1.3 Gräser

Gras ist eine einfache krautige Pflanze mit einem hohlen Halm oder Stiel und schmalen Blättern. Es gibt sehr viele verschiedenartige Arten von Gras. In Deutschland gibt es vor allem Süßwassergewächse und einige Sauerwassergewächse (Riedgräser, Binsengewächse).

Eine unbearbeitete, mit Gras bewachsene geschlossene Pflanzendecke auf dem Erdboden bezeichnet man als Wiese oder auch Graslandschaft. Wenn Kühe oder Schafe das Gras auf der Wiese fressen, dann ist die Wiese eine Weide.

1.4 Moose

Moos hat sich vor 400-450 Millionen Jahren aus Grünalgen entwickelt. Moos ist anspruchslos und wächst auf Steinen, Baumrinden oder auf der Erde. Sie können Trockenheit und Kälte gut überstehen.
Es gibt viele Tausend verschiedene Arten von Moosen, die man drei Gruppen zuordnen kann:
Hornmoose, Laubmoose, Lebermoose.

1.5 Ökosystem Wald

Ein **Ökosystem** (griechisch: oíkos = Haus, griechisch/lateinisch: systéma = geordnetes Ganzes) besteht aus einer „Lebensgemeinschaft von Organismen mehrerer Arten mit ihrer unbelebten Umwelt" oder so formuliert: Ein Ökosystem ist ein „Beziehungsgefüge der Lebewesen untereinander und mit ihrem Lebensraum".

Als **Wald** bezeichnet man ein größeres Gebiet auf der Erdoberfläche, das mit Bäumen bedeckt ist. In einem Wald sind aber auch Sträucher, Gräser und Moose. Diese natürlichen Gewächse sind verschieden hoch, deshalb spricht man einem **Stockwerkbau** des Waldes.
So wie es bei einem Haus einen Keller und verschiedene Stockwerke gibt, so ist auch der Wald in verschiedene Stockwerke gegliedert.

Haus	Wald	Höhe (in m)	Pflanzen und Tiere im Wald
Keller	Wurzelschicht	-3 bis 0 Die Wurzelschicht kann auch viel tiefer reichen.	Fruchtbare Humusschicht, Wurzeln und Knollen; Feldhamster, Maulwurf, Maus, Würmer
Erdgeschoss	Moosschicht	0 bis 0,1	Vegetationsschicht unmittelbar am Boden; Moose, Flechten, Pilze; Käfer, Ameise, Spinne, Kröte, Blindschleiche
1. Stock	Krautschicht	0 bis 1	Gräser, Kräuter, Blumen, kleinere Pflanzen, Beeren; Reh, Wildschein, Fuchs, Hase, Igel, Marder, Salamander, Insekten
2. Stock	Strauchschicht	1 bis 3	Sträucher, Büsche, junge Bäume; Vögel aller Art haben hier ihre Nist- und Brutplätze, Hirsch, Schmetterling, Insekten
3. Stock bzw. Dachgeschoss	Baumschicht	4 bis 20 Kann auch viel höher reichen.	Nadel und/oder Laubbäume; ein großes Blätterdach schützt den Boden vor starker Sonneneinstrahlung; Eichhörnchen, Specht, Eichelhäher, Nachtigall, Eule, Fledermaus, Insekten

1.6 Biotop

Ein **Biotop** (griechisch: bios = Leben, topos = Ort) ist ein Lebensraum, der durch bestimmte Pflanzen- und Tiergesellschaften gekennzeichnet ist.
Ursprünglich wurde der Begriff Biotop nur auf natürlich entstandene Landschaftsteile bezogen. In den 70-er Jahren sprach man viel über Naturschutz und so wurden vom Menschen auch kleine Landschaftsbereiche neu geschaffen, die den stark bedrohten Tier- und Pflanzenarten Heimat und Schutz bieten sollten.

Es gibt viele Arten von Biotopen, zum Beispiel die Flussaue, die Wattlandschaft, das Moor, die Streuobstwiese, um nur einige zu nennen.

Beispiel Moorbiotop
Das Moor speichert Kohlenstoff und bietet einen natürlichen Hochwasserschutz. Es gibt wenig Nährstoffe, die Pflanzen wachsen auf abgestorbenen Pflanzenteilen. Abgestorbene Pflanzen werden nicht zersetzt, es entsteht also kein Kohlendioxyd.

Idealer Lebensraum für viele Pflanzen und Tiere: Moose, Moosbeere, Zwergbirke, Libellen, Tagfalter, Schmetterlinge.

Beispiel Streuobstwiese
Verstreute hochstämmige Obstbäume verschiedener Sorten (beim intensiven Obstanbau sind es niederstämmige Obstsorten in Monokultur). Auf einer Streuobstwiese stehen nur 60 bis 120 Bäume auf einem Hektar, bei Obstplantagen sind es etwa 3000 Bäume pro Hektar.

Streuobstwiesen bieten einen idealen Lebensraum für eine vielfältige Pflanzen- und Tierwelt:
Löwenzahn, Schafgarbe, Herbstzeitlose, diverse Wiesenkräuter; Vögel, Bienen, Hummeln, Spinnen, Laubfrösche, Kröten, …

Es gibt viele Arten von Biotopen, zum Beispiel die Flussaue, die Wattlandschaft, das Moor, die Streuobstwiese, um nur einige zu nennen.

1.7 Vegetationszonen der Erde

Das Klima hat großen Einfluss auf die Vegetationszonen.

Temperatur und Niederschläge beeinflussen die Vegetation

Anzahl der Monate mit Mittel-temperatur über 10 °C	Niederschläge					
	bis 125 mm	bis 250 mm	bis 500 mm	bis 1000 mm	bis 2000 mm	über 2000 mm
0	Flechten-tundra	Zwerg-strauch-tundra	Wiesen-tundra			
1 - 4		Sommer-grüner Nadelwald	Immer-grüner Nadelwald	Sommer-grüner Laubwald		
5 - 7	Wüste	Wüsten-steppe	Steppe	Sommer-grüner Laubwald	Gemäßigter Regenwald	
8 - 12	Wüste	Halbwüste	Dorn-steppe	Hartlaub-vegetation	Subtrop-ischer Regenwald	
12	Wüste	Halbwüste	Dornsa-vanne	Trocken-Savanne	Feucht-savanne	Tropischer Regenwald

Tundra
Artenarmer Vegetationstyp jenseits der polaren Baumgrenze.

Nadelwald
Der Nadelwald im kaltgemäßigten Klima Nordeuropas, Nordamerikas und Nordasiens wird als **borealer Nadelwald** bezeichnet. Er besteht aus Fichten, Kiefern, Lärchen, Tannen und auch aus Birken.

Laubwald
Der Laubwald besteht fast nur aus Laubbäumen, nur vereinzelt auch Nadelbäume.

Wüste
Vegetationslose oder sehr vegetationsarme Gebiete der Erdoberfläche, die aus Wasser- oder Wärmemangel entsteht. Es gibt Trockenwüsten (z. B. Sahara), Kältewüsten (im Hochgebirge) und Eiswüsten (im polaren Bereich).

Steppe
Die Steppe ist eine außertropische, baumlose Pflanzenformation mit trockenheitsliebenden Gräsern.

Savanne
Die Savanne in den wechselfeuchten Tropen hat einen geschlossenen Graswuchs mit vereinzelten Holzgewächsen.

Regenwald
Der Regenwald ist eine Pflanzenformation mit immergrünen Bäumen in ganzjährig feuchten Gebieten der Erde. Kennzeichnend sind die Artenvielfalt und der Stockwerkbau. Blüte, Fruchtreife und Laubwechsel finden das ganze Jahr statt.

2. Kultivierte Pflanzen

„Kultivieren" bedeutet: Durch Rodung, Be- und Entwässerung oder Ähnlichem den Boden bearbeiten, bebauen, um ihn zur landwirtschaftlichen Nutzung geeignet machen.

Die Bebauung des Bodens geschieht in erster Linie zur Nahrungsmittelproduktion für Mensch und Tier. Für die Ernährung sind besonders wichtig Getreide (auch „Korn" genannt) und Kartoffeln.

2.1 Getreide

Die Hauptgetreidegattungen sind: Weizen, Roggen, Gerste, Hafer, Triticale (Kreuzung von Weizen und Roggen), Reis, Mais, Hirse.

Weizen wird vorwiegend in den gemäßigten Breiten angebaut und hat die besten Backeigenschaften.
Roggen ist ein Brotgetreide und auch Viehfutter.
Gerste wird zur Malzherstellung gebraucht und ist auch Viehfutter.
Reis wird vorwiegend in den tropischen Zonen angebaut und ist Grundnahrungsmittel in Asien.
Mais ist Grundnahrungsmittel Nord- und Südamerika und Afrika und dient auch als Viehfutter.
Hirse ist Grundnahrungsmittel in Afrika und auch in Asien.

Im Jahr 2018 wurden weltweit fast 3 Milliarden Tonnen Getreide geerntet.

Die 10 größten Getreideproduzenten weltweit
(2018)

	Land	Menge (in t)
1	Volksrepublik China	608040000
2	USA	467860000
3	Indien	318320000
4	Indonesien	129110000
5	Russland	117680000
6	Brasilien	109330000
7	Argentinien	76340000
8	Ukraine	62420000
9	Bangladesch	60490000
10	Frankreich	56000000
16	Deutschland	38420000

Weltgetreideernte 2018

Getreide	Anbaufläche in ha Welt	Anbaufläche in ha Deutschland	Getreidemenge in t Welt	Getreidemenge in t Deutschland
Mais	193734000	411000	1147622000	3344000
Reis	167133000		782000000	
Weizen	214292000	3036000	734045000	20264000
Gerste	47929000	1622000	141423000	9584000

Hirse	75703000		90361000	
Hafer	9846000	140400	23051000	577600
Roggen	4117000	523000	11274000	2201000

2.2 Kartoffeln

Die Kartoffel gehört zu den wichtigsten Grundnahrungsmitteln der Welt. Sie ist auch Futtermittel und Rohstoff für die Industrie.

Verwendung der Ernte in Deutschland:
Nahrungsmittel (60 %), Herstellung von Stärke (30 %), Ethanolgewinnung (4 %), Saatgut (5 %), Futtermittel (1 %).

Weltweit wurden im Jahr 2019 etwa 370 Millionen Tonnen Kartoffeln geerntet.

Die 10 größten Kartoffelproduzenten weltweit

	Land	Ernte (in 1000 t)
1	China	91818
2	Indien	50190
3	Russland	22075
4	Ukraine	20269
5	USA	19182
6	Deutschland	10602
7	Bangladesch	9655
8	Frankreich	8560
9	Niederlande	6961
10	Polen	6482

2.3 Plantagenanbau

Eine Plantage ist ein großer landwirtschaftlicher Betrieb, vor allem in tropischen und subtropischen Ländern.

Kennzeichen einer Plantage:

- Sehr große Anbaufläche
- Monokultur
- Produktion für den Weltmarkt
- Hohe Anzahl von Arbeitskräften
- Eigentümer sind Großgrundbesitzer und Kapitalgesellschaften

Die Arbeitskräfte auf den Plantagen waren früher vorwiegend Sklaven, vor allem auf den Baumwollfeldern der USA. Auch heute noch sind die Arbeitsbedingungen sehr hart. Die Arbeiter werden sehr schlecht bezahlt, haben keinen Arbeitsvertrag und ungeregelte Arbeitszeiten, viele sind nur Tagelöhner und haben keinen Arbeits- und Krankenschutz.

Die wichtigsten auf Plantagen angebaute Produkte sind:
Ananas, Bananen, Baumwolle, Kaffee, Kakao, Kautschuk, Palmöl, Sisal, Tabak, Tee.
Der Export dieser Wirtschaftsgüter mit Schiffen und Flugzeugen in die gesamte übrige Welt verursacht nicht nur hohe Kosten, sondern belastet vor allem die Umwelt.

Einige Beispiele für die Importe nach Deutschland (Jahr 2020):
Bananen 1,3 Millionen Tonnen (vorwiegend aus Ecuador, Kolumbien, Costa Rica)
Orangen 472000 Tonnen (vorwiegend aus Spanien)
Kakao 460000 Tonnen (vorwiegend aus Elfenbeinküste, Nigeria)
Kaffee 407000 Tonnen (vorwiegend aus Brasilien)
Ananas 145000 Tonnen (vorwiegend Costa Rica, Philippinen)
Kiwis 108000 Tonnen (vorwiegend aus Neuseeland, Chile)
Tee 53000 Tonnen (vorwiegend Indien, China)

2.4 Gemüse, Obst, Blumen

Die Zeiten haben sich geändert.
Anfang des 20. Jahrhunderts standen größtenteils nur Gemüse (Möhren, Bohnen, Erbsen, Kohl, Sellerie, Lauch, Tomaten) und Obst (Apfel, Birne, Kirsche, Zwetschge, diverse Beeren) auf unserem Speiseplan, das im eigenen Land angebaut wurde.

Rosen und andere Schnittblumen, die man verschenkte, züchtete man im eigenen Garten oder kaufte sie beim Gärtner, der in seinen Treibhäusern schönere Blumen züchten konnte.
Das alles ist natürlich auch heute noch möglich.

Unsere Essensgewohnheiten haben sich verändert. Ein Apfel vom eigenen Baum im Garten oder ein paar Erdbeeren vom eigenen Beet reichen nicht mehr aus.

Gut schmecken auch Südfrüchte (z. B. Apfelsinen) oder exotische Früchte (z. B. Bananen, Ananas, Mango). Und diese Früchte kann man in jedem Großmarkt oder auf jedem Wochenmarkt kaufen.
Um alle Verbraucherwünsche zu befriedigen, werden diese Früchte auf riesigen Flächen und in großen Treibhäusern angebaut. Viel Obst kommt aus den Mittelmeerländern und Gemüse und Blumen aus den Niederlanden.

Die Apfelernte in Deutschland betrug im Jahr 2020 1,02 Millionen Tonnen. Trotzdem wurden noch zusätzlich 192500 Tonnen aus Italien, 64600 Tonnen aus den Niederlanden und 43200 Tonnen aus Polen importiert.

Schnittblumen kommen heute vorwiegend aus Kolumbien, Ecuador, Kenia.

Wie lang wird die Umwelt diese Verbrauchergewohnheiten noch verkraften?
Die wenigen Beispiele aus den beiden letzten Kapiteln sollten uns zum Nachdenken und zum Handeln anregen.

Man rodet wertvolle natürliche Vegetation (z. B. Regenwald in Brasilien), um noch mehr und noch großere Anbauflachen fur die Plantagen zu erhalten, um die Verbraucherwünsche der Bevölkerung der Industrieländer zu befriedigen.

Die Bevölkerung der Entwicklungsländer wird ausgebeutet und die Umwelt wird übermäßig belastet. Wenn kein Umdenken geschieht, gefährden wir unsere gesunde Zukunft.

Unsere veränderten Verbrauchergewohnheiten sollten uns zum Nachdenken und Handeln anregen. Wenn kein Umdenken geschieht, gefährden wir unsere gesunde Zukunft!

MATHEMATIK

DIE ZAHLEN

1. Die Zahlenmengen

Jede der folgenden Zahlenmengen hat unendlich viele Elemente.

Die Menge der **Natürlichen Zahlen N:**
In dieser Menge sind zum Beispiel die Zahlen 1, ... 16, ... 19, 20, ... 3785, ...

Die Menge der **Ganzen Zahlen Z:**
In dieser Menge sind zusätzlich zu den Zahlen aus der Menge **N** alle negativen ganzen Zahlen, zum Beispiel die Zahlen .... -261, ... -34, ... -14, ... -1, 0, ... 7, ... 33, ...

Die Menge der **Rationalen Zahlen Q:**
In dieser Menge sind zusätzlich zu den Zahlen aus der Menge **Z** alle Bruchzahlen, alle Kommazahlen (Dezimalzahlen) und auch periodische Dezimalzahlen, zum Beispiel die Zahlen ... -11,53; ... $-5\frac{3}{4}$; ... $\frac{8}{17}$; ... 2,348017; ... 7,012012012012......... (die Ziffernfolge 012 wiederholt sich periodisch), $\sqrt{6{,}25}$, ...

Die Menge der **Irrationalen Zahlen I:**
In dieser Menge sind Wurzelzahlen, unendliche Dezimalzahlen und die Kreiszahl π, zum Beispiel die Zahlen .... $-\sqrt{7}$, ... $\sqrt[3]{11}$, ... π, ... 5, 137648935 ...

$\sqrt{6{,}25}$ (siehe Zahlenmenge **Q)** ist kein Element dieser Menge **I**, weil man diese Wurzel ziehen kann (Ergebnis ist 2,5 und das ist eine rationale Zahl).
5,137648935... ist kein Element der Zahlenmenge **Q,** weil die Kommastellen nicht periodisch sind.

Die Menge der **Reellen Zahlen R:**
In dieser Menge sind alle Elemente der Zahlenmengen **Q** und **I.**

Man kann sich das bildhaft so vorstellen:
In einer großen Schachtel **R** befinden sich die beiden Schachteln **Q** und **I.**
In der Schachtel **Q** befindet sich die Schachtel **Z.**
In der Schachtel **Z** befindet sich die Schachtel **N.**

2. Die vier Grundrechenarten

Die vier Grundrechenarten sind Addition, Subtraktion, Multiplikation und Division.
Addition und Multiplikation → „Strichrechnung"
Multiplikation und Division → „Punktrechnung"
Es gilt folgende wichtige Regel: **Punktrechnung kommt vor Strichrechnung!**

Beispiel:

2 + 3 × 5 + 11 - 8 : 4 + 1 =

↑ ↑

15 ← ZUERST → 2

2 + 15 + 11 - 2 + 1 = 27

Nicht so:

2 plus 3 ist 5, mal 5 ist 25, plus 11 ist 36, minus 8 ist 28, durch 4 ist 7, plus 1 ist 8

3. Besondere Bruchzahlen und Dezimalzahlen

$\frac{1}{10} = 0{,}1$ $\frac{1}{100} = 0{,}01$ $\frac{1}{1000} = 0{,}001$ …………

$\frac{1}{4} = 0{,}25$ $\frac{1}{2} = 0{,}5$ $\frac{3}{4} = 0{,}75$

$\frac{1}{5} = 0{,}2$ $\frac{2}{5} = 0{,}4$ $\frac{3}{5} = 0{,}6$ $\frac{4}{5} = 0{,}8$

$\frac{1}{8} = 0{,}125$ $\frac{3}{8} = 0{,}375$ $\frac{5}{8} = 0{,}625$ $\frac{7}{8} = 0{,}875$

4. Römische Zahlen

Römische Zahlzeichen:

I = 1 V = 5 X = 10 L = 50 C = 100 D = 500 M = 1000

I, X, C, M sind die Grundzahlen.

V, L, D sind die Zwischenzahlen.

Beim Schreiben von römischen Zahlen gelten folgende Regeln:

- Gleiche Zeichen nebeneinander werden addiert
- Es dürfen höchstens drei Grundzahlen I, X, C, M hintereinanderstehen
- Die Zwischenzahlen V, L, D dürfen niemals zweimal hintereinanderstehen
- Zwischenzahlen dürfen nicht subtrahiert werden
- Kleinere Zeichen rechts von größeren Zeichen werden addiert
- Kleinere Zeichen links von größeren Zeichen werden subtrahiert
- Die Grundzahlen I, X, C dürfen nur von der nächsthöheren Grund- oder Zwischenzahl subtrahiert werden
- Vor zwei Zeichen einer größeren Zahl darf niemals ein Zeichen einer kleineren Zahl stehen
- Es darf höchstens ein Zeichen einer kleineren Zahl vor einer größeren Zahl stehen

Beispiele:

CCIII = 203 XCV = 95 XXIV = 24 MMMCCIX = 3209 CMXIV = 914

Das darf nicht sein:
LD soll die Zahl 450 darstellen, aber L darf nicht vor D stehen. Es muss heißen: XDL
IIC soll die Zahl 98 darstellen. Es muss heißen: XCVIII
XXXXV soll die Zahl 405 darstellen. Es muss heißen: CDV
XMMI soll die Zahl 1991 darstellen. Es muss heißen: MCMXCI

POTENZEN

1. Der Potenzbegriff

$a^b = c$

a^b heißt **Potenz**,
a ist die **Grundzahl (Basis), b** ist die **Hochzahl (Exponent), c** ist der **Potenzwert**

Die Grundzahl gibt an, welche Zahl mit sich selbst multipliziert wird. Die Hochzahl gibt an, wie oft die Grundzahl mit sich selbst multipliziert wird. Der Potenzwert ist das Ergebnis dieser Berechnung.

2. Potenzen mit positiven Hochzahlen

Beispiele:
$3^5 = 243$, weil $3 \times 3 \times 3 \times 3 \times 3 = 243$
$4^3 = 64$, weil $4 \times 4 \times 4 = 64$

Einige Aufgaben zum Üben.
Setze in allen 8 Aufgaben zwischen die beiden Potenzen eines der Zeichen
= (gleich), < (kleiner), > (größer), damit eine wahre Aussage entsteht.

1. $2^5 \quad 5^2$ **2.** $4^3 \quad 3^4$ **3.** $2^4 \quad 4^2$ **4.** $2^3 \quad 6^1$
5. $2^8 \quad 16^2$ **6.** $(\frac{1}{2})^2 \quad (\frac{1}{2})^3$ **7.** $(\frac{1}{4})^3 \quad (\frac{1}{5})^3$ **8.** $1^4 \quad 2^2$

Lösung:

1.	$>$	weil 32 größer ist als 25	5.	$=$	weil beide Werte 256 sind
2.	$<$	weil 64 kleiner ist als 81	6.	$>$	weil $\frac{1}{4}$ größer ist als $\frac{1}{8}$
3.	$=$	weil beide Werte16 sind	7.	$>$	weil $\frac{1}{64}$ größer ist als $\frac{1}{125}$
4.	$>$	weil 8 größer ist als 6	8.	$<$	weil 1 kleiner ist als 4

Besondere Potenzen sind die Quadratzahlen, die Kubikzahlen, die Zweierpotenzen und die Zehnerpotenzen (→ **siehe Seite 163, 164**).

3. Potenzen mit der Hochzahl Null

Besondere Bedeutung hat die Hochzahl Null:

$a^0 = 1$

Jede Zahl hoch Null hat den Wert 1.

Beispiele:

$4^0 = 1$ $3{,}8^0 = 1$ $(-6{,}25)^0 = 1$ $(\frac{5567}{236})^0 = 1$

4. Potenzen mit negativen Hochzahlen

Zwischen Potenzen mit positiven Hochzahlen und negativen Hochzahlen besteht folgender Zusammenhang:

$a^{-n} = \frac{1}{a^n}$ bzw. $a^n = \frac{1}{a^{-n}}$ bzw. $a^n \times a^{-n} = 1$

Beispiele:

$4^{-3} = \frac{1}{4^3} = \frac{1}{64}$ $2^4 = \frac{1}{2^{-4}} = \frac{1}{\frac{1}{16}} = 16$ $3^5 \times 3^{-5} = 1$

5. Quadratzahlen und Kubikzahlen

Quadratzahlen von 1 bis 25

$1^2 = 1$
$2^2 = 4$
$3^2 = 9$
$4^2 = 16$
$5^2 = 25$
$6^2 = 36$
$7^2 = 49$
$8^2 = 64$
$9^2 = 81$
$10^2 = 100$
$11^2 = 121$
$12^2 = 144$
$13^2 = 169$
$14^2 = 196$
$15^2 = 225$
$16^2 = 256$
$17^2 = 289$
$18^2 = 324$
$19^2 = 361$
$20^2 = 400$
$21^2 = 441$
$22^2 = 484$
$23^2 = 529$
$24^2 = 576$
$25^2 = 625$

Kubikzahlen von 1 bis 10

$1^3 = 1$
$2^3 = 8$
$3^3 = 27$
$4^3 = 64$
$5^3 = 125$
$6^3 = 216$
$7^3 = 343$
$8^3 = 512$
$9^3 = 729$
$10^3 = 1000$

6. Zweierpotenzen und Zehnerpotenzen

Zweierpotenzen

$2^0 = 1$ $2^6 = 64$
$2^1 = 2$ $2^7 = 128$
$2^2 = 4$ $2^8 = 256$
$2^3 = 8$ $2^9 = 512$
$2^4 = 16$ $2^{10} = 1024$
$2^5 = 32$

Zehnerpotenzen

$10^0 = 1$
$10^1 = 10$
$10^2 = 100$
$10^3 = 1000$
$10^4 = 10000$
usw.
$10^6 = 1000000$ Million
usw.
$10^9 = 1000000000$ Milliarde

Bei den Zehnerpotenzen gibt die Hochzahl die Anzahl der Ziffern 0 an, die hinter der 1 stehen.
Man verwendet die Zehnerpotenzen vorwiegend dann, wenn man sehr große (oder sehr kleine) Zahlen angeben muss. Diese Zahl zerlegt man in ein Produkt aus zwei Zahlen, wobei die erste Zahl eine Dezimalzahl zwischen 1 und 10 ist und die zweite Zahl eine Zehnerpotenz.

Beispiele:

1. Die Entfernung Erde – Sonne beträgt etwa 149500000 km
   Man schreibt: $1{,}495 \times 10^8$ km, weil man 8 Stellen vor der letzten Ziffer das Komma gesetzt hat. Das Komma wurde also um 8 Stellen nach **links** verschoben. Deshalb schreibt man als Hochzahl die Zahl 8.

2. Die Erdmasse beträgt etwa 5980 000 000 000 000 000 000 t
   Man schreibt: $5{,}98 \times 10^{21}$ t

3. Ein Wasserstoffatom hat einen Durchmesser von etwa 0,000000107 mm
   Man schreibt: $1{,}07 \times 10^{-7}$ mm
   Das Komma wurde bei dieser Aufgabe um 7 Stellen nach **rechts** verschoben, deshalb schreibt man als Hochzahl die Zahl -7.

Merkregel: Komma nach links → positive Hochzahl
Komma nach rechts → negative Hochzahl

7. Vorsilben und Symbole bei Zehnerpotenzen

Zehner-potenz	Vorsilbe	Symbol	Zehner-potenz	Vorsilbe	Symbol
10^{1}	Deka	da	10^{-1}	Dezi	d
10^{2}	Hekto	h	10^{-2}	Zenti	c
10^{3}	Kilo	k	10^{-3}	Milli	m
10^{6}	Mega	M	10^{-6}	Mikro	µ
10^{9}	Giga	G	10^{-9}	Nano	n
10^{12}	Tera	T	10^{-12}	Pico	p
10^{15}	Peta	P	10^{-15}	Femto	f
10^{18}	Exa	E	10^{-18}	Atto	a

Beispiele:
Drei**tausend** Gramm = 3 × **1000** g = 3 × **10^{3}** g = 3 **k**g = 3 **Kilo**gramm
Fünf**millionstel** Meter = 5 × m = 5 × **10^{-5}** m = 5 **µ**m = 5 **Mikro**meter

Bitte beachten: In USA gibt es den Begriff „Milliarde" nicht, er heißt dort „billion".

Zum Vergleich:

	deutsch	US-englisch
10	Zehn	ten
100	Hundert	one hundred
1000	Tausend	thousand
1000000	Million	million
1000000000	Milliarde	billion
1000000000000	Billion	trillion
1000000000000000	Billiarde	quadrillion

Ein Milliardär in Deutschland ist also in USA ein Billionär!

8. Zehnersystem und Dualsystem

Wir rechnen im täglichen Leben mit dem **Zehnersystem.**

Stufenzahlen im Zehnersystem:

1000000		100000		10000		1000		100		10		1
10^6	←	10^5	←	10^4	←	10^3	←	10^2	←	10^1	←	10^0
	× 10		× 10		× 10		× 10		× 10		× 10	

Im Zehnersystem erhält man die nächsthöhere Stufenzahl durch Multiplikation mit 10.

Bei den Zahlen im Zehnersystem stehen die Ziffern in folgender Reihenfolge:

.... Hunderttausender,	Zehntausender,	Tausender,	Hunderter,	Zehner,	Einer
8	3	0	4	9	5

Das ist die Zahl 830495, die sich aus 8 Hunderttausendern, 3 Zehntausendern, 0 Tausendern, 4 Hundertern, 9 Zehnern und 5 Einern zusammensetzt.

Im digitalen Bereich wird im **Dualsystem** (Zweiersystem) gerechnet. Im Dualsystem gibt es nur die Ziffern 0 und 1.

Stufenzahlen im Dualsystem:

64		32		16		8		4		2		1
2^6	←	2^5	←	2^4	←	2^3	←	2^2	←	2^1	←	2^0
	× 2		× 2		× 2		× 2		× 2		× 2	

Im Dualsystem erhält man die nächsthöhere Stufenzahl durch Multiplikation mit 2. Im Dualsystem stehen die Ziffern in folgender Reihenfolge:

... $2^{10}, 2^9, 2^8, 2^7, 2^6, 2^5, 2^4, 2^3, 2^2, 2^1, 2^0$

Diejenigen Zweierpotenzen, die in der Zahl vorkommen, werden mit der Ziffer 1 notiert, die Zweierpotenzen, die nicht vorkommen, werden mit 0 notiert.

Regel beim Schreiben im Dualsystem:

Man zerlegt die Zahl im Zehnersystem in eine Summe von Zahlen, die alle Zweierpotenzen sind.

Beispiele:

1. Wie lautet die Zahl 37 im Dualsystem?

   Lösung:

   $37 = 32 + 4 + 1$

   $= 2^5 + 2^2 + 2^0 \rightarrow$ 2^0 kommt vor → erste Stelle von rechts → 1
   2^1 kommt nicht vor → zweite Stelle von rechts → 0
   2^2 kommt vor → dritte Stelle von rechts → 1
   2^3 kommt nicht vor → vierte Stelle von rechts → 0
   2^4 kommt nicht vor → fünfte Stelle von rechts → 0
   2^5 kommt vor → sechste Stelle von rechts → 1

   37 im Dualsystem lautet: 100101

2. Wie lautet die Zahl 530 im Dualsystem?

   Lösung:

   $530 = 512 + 16 + 2$

   $= 2^9 + 2^4 + 2^1 \rightarrow 1000010010$

3. Wie heißt diese Dualzahl 110001 im Zehnersystem?

   Lösung:

   $110001 \rightarrow 2^0 + 2^4 + 2^5 = 1 + 16 + 32 = 49$

TEILBARKEITSREGELN

Eine Zahl ist teilbar durch ...

		Beispiele
2	wenn sie eine gerade Zahl ist	26, 412, 3468
3	wenn die Quersumme durch 3 teilbar ist	201, 12342, 555552[1)]
4	wenn die beiden letzten Ziffern durch 4 teilbar sind	912, 33056, 210080
5	wenn die letzte Ziffer eine 0 oder 5 ist	235, 6740, 34875
6	wenn sie eine gerade Zahl ist und die Quersumme durch 3 teilbar ist	3912, 40008, 123414
8	wenn die die letzten drei Ziffern durch 8 teilbar sind	72096, 10808, 3452648
9	wenn die Quersumme durch 9 teilbar ist	225, 34650, 12340701
10	wenn die letzte Ziffer eine 0 ist	310, 4670, 23416770

11	wenn die alternierende Quersumme durch 11 teilbar ist	7192801[2], 19085[3], 60851813[4]
25	wenn die beiden letzten Ziffern 00, 25. 50 oder 75 sind	700, 375, 10003425
125	wenn die letzten drei Ziffern 000, 125, 250, 375, 500, 625, 750 oder 875 sind	342875, 170001625

Die **Quersumme** ist die Summe der Ziffern einer Zahl.

Beispiel (siehe oben):
[1] Die Zahl 555552 hat die Quersumme 5+5+5+5+5+5+2 = 27
Das bedeutet: 27 ist durch 3 teilbar, also auch 555552.

Würde zum Beispiel die Quersumme einer sehr großen Zahl 114 ergeben und man weiß nicht, ob 114 durch 3 teilbar ist, dann bildet man von 114 noch einmal die Quersumme und erhält 1+1+4 = 6. 6 ist durch 3 teilbar, also auch die erste sehr große Zahl.

Alternierend bedeutet: wechselnde Rechenzeichen

Beispiele (siehe oben):
[2] 7192801 hat die alternierende Quersumme 7-1+9-2+8-0-1 = 22
[3] 19085 hat die alternierende Quersumme 1-9+0-8+5 = -11
[4] 60851813 hat die alternierende Quersumme 6-0+8-5+1-8+1-3 = 0

PRIMZAHLEN

Eine Primzahl ist eine Zahl größer 1, die nur sich selbst und die Zahl 1 als Teiler hat.
Eine andere Definition lautet: Eine Primzahl ist eine Zahl, die genau zwei Teiler hat.
Die Zahl 2 ist die einzige gerade Primzahl.

Die Primzahlen bis 100:

	2	3		5		7			
11		13				17		19	
		23						29	
31						37			
41		43				47			
		53						59	
61						67			
71		73						79	
		83						89	
						97			

1. Primfaktorzerlegung

Jede Zahl kann in ein Produkt von Faktoren zerlegt werden, wobei jeder Faktor eine Primzahl ist.
Beispiele:
$12 = 2\times2\times3$ $30 = 2\times3\times5$ $168 = 2\times2\times2\times3\times7$ $17 = 1\times17$
Falsche Zerlegung: $120 = 2\times2\times5\times6$
Diese Zerlegung ist deshalb falsch, weil 6 keine Primzahl ist. Richtig muss es heißen:
$120 = 2\times2\times2\times3\times5$
Die Reihenfolge der Faktoren spielt keine Rolle. Es ist aber üblich und sinnvoll, die Primzahlen nach ihrer Größe zu ordnen.

2. Der größte gemeinsame Teiler (ggT)

Bei der Bestimmung des ggT ist die Primfaktorzerlegung sinnvoll.
Beispiel:
Bestimme den größten gemeinsamen Teiler der Zahlen 24, 60, 30, 54, 72.
Lösung:
Man zerlegt jede Zahl in ihre Primfaktoren und schreibt **gleiche Faktoren ordentlich untereinander** und beginnt – nicht unbedingt nötig – mit der größten Zahl.

$$\begin{array}{ll} 72 & = 2\times2\times2\times3\times3 \\ 60 & = 2\times2\times \quad 3\times \quad 5 \\ 54 & = 2\times \quad\quad 3\times3\times3 \\ 30 & = 2\times \quad\quad 3\times \quad 5 \\ 24 & = 2\times2\times2\times3 \end{array}$$

Bitte beachten:
Untereinander (in einer „Spalte") dürfen nur gleiche Primzahlen stehen!

$$\begin{array}{ll} \text{ggT} & = 2\times \quad 3 \\ \text{ggT} & = 6 \end{array}$$

Man notiert nur solche „Spalten", die lückenlos ausgefüllt sind. Das Produkt dieser Primzahlen ist der größte gemeinsame Teiler.
Man schreibt: ggT(24,30,54,60.72) = 6

Dazu eine Sachaufgabe:
Die Mutter von Steffi hat Plätzchen für das Weihnachtsfest gebacken, vier verschiedene Sorten. 24 von der Sorte A, 40 von der Sorte B, 56 von der Sorte C und 72 von der Sorte D. Sie möchte **alle** Plätzchen in Tüten füllen, in jeder Tüte soll nur eine Sorte, die gleiche Anzahl
und möglichst viele sein.
Wie viele Plätzchen sind dann in jeder Tüte und wie viele Tüten braucht sie insgesamt?

Lösung:
Man zerlegt alle Zahlen in Primfaktoren:

$$\begin{array}{ll} 24 & = 2\times2\times2\times3 \\ 40 & = 2\times2\times2\times \quad 5 \\ 56 & = 2\times2\times2\times \quad\quad 7 \\ 72 & = 2\times2\times2\times3\times \quad 3 \end{array}$$

$$\begin{array}{ll} \text{ggT} & = 2\times2\times2 \\ \text{ggT} & = 8 \end{array}$$

8 Plätzchen müssen in eine Tüte.
24:8 = 3   40:8 =5   56:8 = 7   72:8 = 9

In jede Tüte müssen 8 Plätzchen. Die Sorte A wird in 3 Tüten gefüllt, die Sorte B in 5 Tüten, die Sorte C in 7 Tüten und die Sorte D in 9 Tüten. Sie braucht insgesamt 24 Tüten.

3. Das kleinste gemeinsame Vielfache (kgV)

Auch zur Bestimmung des kgV ist die Primfaktorzerlegung sinnvoll.
Beispiel:
Bestimme das kgV der Zahlen 12, 20, 25, 30.
Lösung:

$$\begin{array}{lllll} 12 & = 2\times 2\times 3 & & & \\ 20 & = 2\times 2\times & & 5 & \\ 25 & = & & 5\times 5 & \\ 30 & = 2\times & 3\times 5 & & \end{array}$$

---

kgV $= 2\times 2\times 3\times 5\times 5$
kgV $= 300$

Man notiert von **jeder „Spalte" eine Zahl**. Das Produkt dieser Primzahlen ist das kleinste gemeinsame Vielfache.
Man schreibt: kgV(12,20,25,30) = 300

Dazu eine Sachaufgabe:
Die Freunde Kai, Tom und Uwe haben ungleiche Schrittlängen: Kai 60 cm, Tom 70 cm und Uwe 75 cm. Sie laufen nebeneinander los. Nach wie vielen Metern stehen sie wieder genau nebeneinander? Wie viele Schritte hat dann jeder von ihnen gemacht?

Lösung:
Man zerlegt die Zahlen in Primfaktoren:

$$\begin{array}{ll} 60 & = 2\times 2\times 3\times 5 \\ 70 & = 2\times \quad\quad 5\times 7 \\ 75 & = \quad\quad 3\times 5\times \quad 5 \end{array}$$

---

kgV $= 2\times 2\times 3\times 5\times 7\times 5$
kgV $= 2100$

Nebenrechnungen: 2100:60 = 35
2100:70 = 30
2100:75 = 28

Sie laufen insgesamt 21 Meter.
Kai macht 35 Schritte, Tom macht 30 Schritte und Uwe macht 28 Schritte.

DIREKTE UND INDIREKTE ZUORDNUNG

Sie wird auch direkte und indirekte Proportionalität genannt.

Eine Zuordnung heißt **direkt**, wenn zum Doppelten (zum Dreifachen, zum Vielfachen, zur Hälfte, zum Fünftel, ….) einer gegebenen Größe das Doppelte (das Dreifache, das Vielfache, die Hälfte, das Fünftel, ….) einer abhängigen Größe gehört.
Beispiel: Je **mehr** man kauft, desto **mehr** muss man bezahlen.

Eine Zuordnung heißt **indirekt**, wenn zum Doppelten (zum Dreifachen, zur Hälfte, …) einer gegebenen Größe die Hälfte (der dritte Teil, das Doppelte, …) einer abhängigen Größe gehört.
Beispiel: Je **mehr** Arbeiter tätig sind, desto **weniger** Zeit wird benötigt.

Diese Zuordnungen braucht man zur Berechnung von Sachaufgaben. Sie werden bei der sogenannten Schlussrechnung (bei den „Dreisatzaufgaben") angewendet.

1. Die einfache Schlussrechnung

Sowohl bei der direkten als auch bei der indirekten Zuordnung gelten die gleichen Regeln bei der Berechnung:
Man schließt von der **gegebenen Mehrheit** auf die **Einheit** und dann auf die **neue Mehrheit**.

Mehrheit	→	**Einheit**	→	**neue Mehrheit**
5 kg einer Ware kosten 12 €	dann	kostet 1 kg den 5. Teil, also 2,40 €	dann	kosten 22 kg 22-mal so viel, also 52,80 €

Beispiel zu einer direkten Zuordnung:
Anne hat in ihrem Buch die ersten 14 Seiten in 35 Minuten gelesen. Wie lang braucht sie, um alle 240 Seiten des Buches zu lesen?

Lösung:
Für 14 Seiten braucht Anne 35 Minuten
Für 1 Seite braucht Anne 35:14 Minuten = 2,5 Minuten
Für 240 Seiten braucht Anne 2,5×240 Minuten = 600 Minuten

Beispiel zu einer indirekten Zuordnung:
4 Bagger heben eine Baugrube in 27 Stunden aus. Wie lang würden 6 Bagger brauchen?

Lösung:
4 Bagger brauchen 27 Stunden
1 Bagger braucht dann 4-mal so lang, also 27×4 Stunden = 108 Stunden
6 Bagger brauchen dann nur den 6. Teil der Zeit, also 108:6 = 18 Stunden.

Man löst diese Aufgaben in drei Sätzen, deshalb werden sie auch „Dreisatzaufgaben" genannt.
→ **weitere Aufgaben Seite 178, 179**

2. Die zusammengesetzte Schlussrechnung

Sehr oft sind in einer Aufgabe direkte und indirekte Zusammenhänge gegeben und gefragt.
Sie müssen **schrittweise** stets auf die Einheit und dann auf die neue Mehrheit geschlossen werden.

Beispiel:
In einem Betrieb montieren 8 Männer (M) und 12 Frauen (F) 24 Geräte (G) bei einer täglichen Arbeitszeit von 6 Stunden (tgl.) in 120 Stunden (h).
Wie viele Stunden brauchen 4 Männer und 16 Frauen bei einer täglichen Arbeitszeit von 10 Stunden für die Montierung von 30 Geräten?

Lösung:

8 M	und	12 F	montieren	24 G	bei	6 tgl.	in	120 h
1 M	und	12 F	montieren	24 G	bei	6 tgl.	in	8×120 h = 960 h
4 M	und	12 F	montieren	24 G	bei	6 tgl.	in	960 h: 4 = 240 h
4 M	und	**1** F	montieren	24 G	bei	6 tgl.	in	12×240 h = 2880 h
4 M	und	16 F	montieren	24 G	bei	6 tgl.	in	2880 h: 16 = 180 h
4 M	und	16 F	montieren	**1** G	bei	6 tgl.	in	180 h: 24 = 7,5 h
4 M	und	16 F	montieren	30 G	bei	6 tgl.	in	$30 \times 7{,}5$ h = 225 h
4 M	und	16 F	montieren	30 G	bei	**1** tgl.	in	6×225 h = 1350 h
4 M	und	16 F	montieren	30 G	bei	10 tgl.	in	1350 h: 10 = 135 h

Sie würden 135 Stunden brauchen.

Man kann diese Aufgabe mit einem einzigen Bruch lösen und dann kürzen.
Es sind die Anzahl der Stunden gesucht, der erste Wert auf dem Bruchstrich muss die gegebene Stundenzahl sein, also 120. Und dann muss man überlegen, ob eine direkte oder indirekte Zuordnung vorliegt und folgerichtig den zugehörigen Zahlenwert in den Zähler oder in den Nenner schreiben. Bei einer

direkten Zuordnung (z. B. bei 4, 16, 24, 10) kommt der Wert in den Nenner, bei einer indirekten Zuordnung (z. B. bei 8, 12, 30, 6) kommt der Wert in den Zähler.
Anschließend kann man den Bruch mehrfach kürzen.

$$\frac{120 \times 8 \times 12 \times 30 \times 6}{4 \times 16 \times 24 \times 10} = 135$$

RECHNEN MIT GRÖSSEN

1. Der Begriff „Größe"

Eine **Größe** besteht immer aus einer **Maßzahl** und einer **Maßeinheit.**
27 km ist eine „Größe", wobei 27 die Maßzahl und km die Maßeinheit ist.

2. Die Maßeinheiten

Maßeinheiten der Länge: mm, cm, dm, m, km
Maßeinheiten der Fläche: mm^2, cm^2, dm^2, m^2, a, ha, km^2
Maßeinheiten des Raumes: mm^3, cm^3, dm^3, m^3, km^3
Hohlmaße: l, hl
Maßeinheiten der Zeit: s (Sekunde), min (Minute), h (Stunde), d (Tag), m (Monat), a (Jahr)
Maßeinheiten der Masse: mg, g, kg, t
Geldbeträge: ct, €
Maßeinheiten der Temperatur: °C , K (Kelvin) → **siehe Seite 193**
Elektrische Stromstärke: A (Ampere)
Speichereinheiten (Computer, USB-Stick): Bit, Byte (B), Kilobyte (KB), …
→ **siehe Seite 177**
Vielfache und Teile von Einheiten: → **siehe Seite 165**

3. Wichtige zusammengesetzte Größen

Geschwindigkeit v: Maßeinheit Länge (km) und Maßeinheit Zeit (h) (→ **siehe Seite 189)**
Umrechnungsformeln:

$v = \frac{s}{t}$ $s = v \times t$ $t = \frac{s}{v}$

Dichte ϱ: Maßeinheit Masse (m) und Volumen (V) (→ **siehe Seite 192)**
Umrechnungsformeln:

$\varrho = \frac{m}{V}$ $\qquad$ $m = \varrho \times V$ $\qquad$ $V = \frac{m}{\varrho}$

Widerstand R: Spannung (U) und Stromstärke (I) **(→ siehe Seite 196)**
Umrechnungsformeln:

$R = \frac{U}{I}$ $\qquad$ $U = R \times I$ $\qquad$ $I = \frac{U}{R}$

4. Umrechnung in eine andere Einheit

4.1 Längeneinheiten

Die Umrechnungszahl ist 10.
10 mm = 1 cm
10 cm = 1 dm
10 dm = 1 m

Ausnahme: von Meter zu Kilometer
1000 m = 1 km

Beispiele:
1. 2418 cm = 241,8 dm = 24,18 m = 0,02418 km
2. 0,69 km – 690 m = 69000 cm
3. Gib 145 m, 12 mm in cm an.
   Lösung:
   145 m = 14500 cm, 12 mm = 1,2 cm → 14501,2 cm

4.2 Flächeneinheiten

Die Umrechnungszahl ist 100.

100 mm^2 = 1 cm^2	100 m^2 = 1 a
100 cm^2 = 1 dm^2	100 a = 1 ha
100 dm^2 = 1 m^2	100 ha = 1 km^2

Beispiel:
Ein Bauer hat 35,8 ha Ackerfläche. Wie viele Quadratmeter sind das?
Lösung: Man muss mit 10000 (wegen 100 × 100) multiplizieren, also das Komma um 4 Stellen nach rechts verschieben:
$35{,}8 \times 10000 = 358000$ → 35,8 a = 358000 m^2

4.3 Volumeneinheiten (Raumeinheiten)

Die Umrechnungszahl ist 1000.
1000 mm^3 = 1 cm^3
1000 cm^3 = 1 dm^3
1000 dm^3 = 1 m^3

Beispiele:

1. Wie viele cm^3 sind 0,26 m^3?
   0,26 m^3 = 260000 cm^3 (das Komma muss um 2 × 3 Stellen nach rechts verschoben werden)

2. Gib 47 m^3 36 cm^3 in dm^3 an.
   Lösung: 47 m^3 = 47000 dm^3
   36 cm^3 = 0,036 dm^3 → 47 m^3 36 cm^3 = 47000,036 dm^3

Raumeinheiten aus der Forstwirtschaft und im Holzhandel:

Raummeter (Rm; Ster)	1 Rm = 1 m^3	geschichtetes Holz (mit Zwischenräumen)
Festmeter (fm)	1 fm = 1 m^3	feste Holzmasse (ohne Zwischenräume)

4.4 Hohlmaße

1000 ml = 1 l   100 cl = 1 l   100 l = 1 hl

Zwischen Raumeinheiten und Hohlmaßen besteht folgender Zusammenhang:

1 dm^3 = 1 l
1 cm^3 = 1 ml
1 m^3 = 1000 l = 10 hl
100 dm^3 = 1 hl

Beispiel:
Wie viele Liter Wasser passen in einen Bottich mit dem Volumen 1,34 m^3?
Wie viele Hektoliter sind das?
Lösung: Zuerst werden die m^3 in dm^3 umgewandelt: 1,34 m^3 = 1340 dm^3

1340 dm^3 sind 1340 Liter → 1340 l = 13,4 Hektoliter

4.5 Gewichtseinheiten

Die Umrechnungszahl ist 1000.

1000 mg = 1 g	Veraltete Einheiten:	1 Zentner (Ztr.) = 50 kg
1000 g = 1 kg		1 Doppelzentner (dz) = 100 kg
1000 kg = 1 t		1 Pfund = 0,5 kg

Beispiele:

1. 34,5 kg = 34500 g = 34500000 mg
2. Gib 2t 23 g in kg an.
   Lösung: 2 t = 2000 kg   23 g = 0,023 kg → 2t 23 g = 2000,023 kg

4.6 Zeiteinheiten

Die Umrechnungszahl bei Zeiteinheiten ist unterschiedlich.

1 d = 24 h
1 h = 60 min
1 min = 60 s

Beispiel:
Wie viele Minuten sind 2 d 5 h 30 s?
Lösung: 2 d = 2 × 24 h = 48 h = 48 × 60 min = 2880 min
5 h = 5 × 60 min = 300 min
30 s = 0,5 min
2880 + 300 + 0,5 = 3180,5 → 3180,5 min

4.7 Datenmengen beim Computer und USB-Stick

Bit ist die Grundlage der Datenspeicherung und die kleinste Informationseinheit. Ein Bit kann nur die „Zustände" 0 oder 1 annehmen.
0 bedeutet „nein", „falsch" oder „aus", 1 bedeutet „ja", „richtig" oder „an".
1 Byte besteht aus 8 Bits und ermöglicht $2^8 = 256$ verschiedene Zustände.

1 Byte besteht aus 8 Bits und ermöglicht $2^8 = 256$ verschiedene Zustände.

Datenmengen in Byte:

1 Byte (B)	8 Bits	1 Petabyte (PB)	1024 TB
1 Kilobyte (KB)	1024 B[1)]	1 Exabyte (EB)	1024 PB
1 Megabyte (MB)	1024 KB	1 Zettabyte (ZB)	1024 EB
1 Gigabyte (GB)	1024 MB	1 Yottabyte (YB)	1024 ZB
1 Terrabyte (TB)	1024 GB	1 Brontobyte (BB)	1024 YB

[1)] ES SIND EIGENTLICH 1000 BYTE. DIE COMPUTERSPRACHE BERUHT ABER AUF DEM BINÄREN SYSTEM, DAS NUR AUS NULLEN UND EINSERN BESTEHT (2^{10} = 1024).
IM BINÄRSYSTEM SCHREIBT MAN DIE ZAHL 1024 SO: 10000000000

Dieses Speichervolumen wird beim Schreiben benötigt:
Ein Zeichen (Buchstabe): 8 Bits oder 1 B
Beim Schreiben eines Manuskriptes (Schrift „Times New Roman", Schriftgröße 12) nimmt eine Seite etwa 6 bis7 KB in Anspruch.
→ ein Buch mit 300 Seiten benötigt dann 300 × 6 KB = 1800 KB
→ zum Speichern dieses Buches müsste der Stick etwa 2 MB Speicherplatz haben.

PROZENTRECHNUNG

Der Wert „30 %" ohne eine weitere Angabe hat keine Aussagekraft.
Das können 45 Personen sein, oder 180 € oder 600 m² oder 27 PKWs oder ....
Prozent heißt „**vom Hundert**" (‚Hundertstel") und gibt immer einen Wert von einem „Ganzen" an.

Begriffe: **Grundwert GW:** Das Ganze (100 %)
Prozentsatz p: Anzahl der Hundertstel
Prozentwert PW: Wert der Hundertstel

$$p\,\% = \frac{p}{100}$$

Zwischen Grundwert GW, Prozentwert PW und Prozentsatz p bestehen folgende Zusammenhänge:

$$GW = \frac{PW \times 100}{p} \qquad PW = \frac{GW \times p}{100} \qquad p = \frac{PW \times 100}{GW}$$

Alle Aufgaben lassen sich mit diesen Formeln oder mit dem Dreisatz (→ **siehe Seite 172**) berechnen.
Gelegentlich kann man auch mit „bequemen" Teilern rechnen oder auch mit dem Bruch .

„Bequeme" Teiler von besonderen Prozentsätzen

%	1	$1\frac{1}{4}$	$1\frac{1}{3}$	$1\frac{2}{3}$	2	$2\frac{1}{2}$	$3\frac{1}{3}$	4	$4\frac{1}{6}$	5
n-ter Teil	100.	80.	75.	60.	50.	40.	30.	25.	24.	20.

%	$6\frac{1}{4}$	$6\frac{2}{3}$	$8\frac{1}{3}$	10	$12\frac{1}{2}$	$16\frac{2}{3}$	20	25	$33\frac{1}{3}$	50
n-ter Teil	16.	15.	12.	10.	8.	6.	5.	4.	3.	2.

Das bedeutet: Wenn man z. B. 2,5 % eines Wertes bestimmen soll, kann man den Wert auch durch 40 dividieren.

1. Berechnung des Grundwertes

Beispiel:
81,25 € sind 12,5 % eines Sparbuches. Welcher Geldbetrag ist auf dem Sparbuch?

Lösung 1 mit der Formel: $GW = \frac{81{,}25€ \times 100}{12.5} = \frac{8125€}{12.5} = 650\ €$

Lösung 2 mit dem Dreisatz: 12,5 % ≙ 81,25 €
1 % ≙ 81,25 € : 12,5 = 6,50 €
100 % ≙ 6,50 € × 100 = 650 €

Lösung 3 mit bequemen Teilern: 12,5 % ist der 8. Teil (siehe Tabelle)
→ der Wert 81,25 € muss also mit 8 multipliziert werden
→ 81,25 € × 8 = 650 €

→ Auf dem Sparbuch sind 650 €.

2. Berechnung des Prozentwertes

Beispiel:
Auf einem Parkplatz stehen 480 Autos, von denen 6,25 % eine weiße Farbe haben. Wie viele Autos sind das?

Lösung 1 mit der Formel: $PW = \frac{480\ \text{Autos} \times 6{,}25}{100} = \frac{3000\ \text{Autos}}{100} = 30\ \text{Autos}$

Lösung 2 mit dem Dreisatz 100 % ≙ 480 Autos
1 % ≙ 480:100 Autos = 4,8 Autos
6,25 % ≙ 4,8 Autos × 6,25 = 30 Autos

Lösung 3 mit bequemen Teilern: 6,25 ist der 16. Teil (siehe Tabelle)
→ 480 Autos müssen durch 16 dividiert werden
→ 480 Autos : 16 = 30 Autos

Lösung 4 mit dem Bruch $\frac{6,25}{100}$: 480 Autos × $\frac{6,25}{100}$ = 30 Autos

→ 30 Autos haben eine weiße Farbe.

3. Berechnung des Prozentsatzes

Beispiel:
Von den 600 Schülern eines Gymnasiums kommen 72 mit dem Fahrrad. Wie viel Prozent sind das?

Lösung 1 mit der Formel: $p = \frac{72 \text{ Schüler} \times 100}{600 \text{ Schüler}} = \frac{7200}{600} = 12$

Lösung 2 mit dem Dreisatz: 600 Schüler ≙ 100 %

1 Schüler ≙ $\frac{100}{600}$ %

72 Schüler ≙ $\frac{100}{600}$ % × 72 = 12 %

→ 12 % der Schüler kommen mit dem Fahrrad.

4. Begriffe aus dem Geschäftsbereich

Im Geschäftsbereich sind folgende Begriffe wichtig:
Gewinn: Der Verkaufspreis (Ertrag) ist höher als der Einkaufspreis plus Nebenkosten
Verlust: Der Verkaufspreis ist niedriger als der Einkaufspreis plus Nebenkosten
Brutto: Betrag einschließlich Steuer; insgesamt; mit Verpackung
Netto: rein; Betrag ohne Steuer; ohne Verpackung
Mehrwertsteuer (MwSt.): Betrag, der auf den Nettopreis aufgeschlagen wird
Rabatt: Preisnachlass auf den Listenpreis
Skonto: Preisnachlass bei Barzahlung

Rabatt und Skonto dürfen niemals gemeinsam von einer Summe abgezogen werden.

Beispiel:
Eine Ware kostet 2500 € plus 19 % MwSt. Auf den Listenpreis gewährt der Kaufmann 20 % Rabatt und zusätzlich bei Barzahlung 3 % Skonto.
Welchen Betrag muss der Käufer bezahlen?

Lösung:

		Nebenrechnungen:
Nettopreis:	2500,00 €	
+ 19 % MwSt.	475,00 €	$2500 \times \frac{19}{100} = 475$
→ Listenpreis:	2975,00 €	
- 20 % Rabatt	595,00 €	$2975 \times \frac{20}{100} = 595$
→ ermäßigter Preis	2380,00 €	
- 3 % Skonto	71,40 €	$2380 \times \frac{3}{100} = 71{,}40$
→ Verkaufspreis	2308,60 €	

Der Käufer muss 2308,60 € bezahlen.

ZINSRECHNUNG

1. Begriffe

Bei der Zinsrechnung gelten ähnliche Rechenregeln wie bei der Prozentrechnung.

Begriffe der Prozentrechnung		Begriffe der **Zinsrechnung**
Grundwert GW	↔	**Kapital K**
Prozentwert PW	↔	**Zinsen z**
Prozentsatz p	↔	**Zinsfuß (Zinssatz)**

Im kaufmännischen Rechnen hat ein Jahr (a) 360 Tage (d) und jeder Monat (m) 30 Tage (d). Wenn der Zeitraum im Februar endet, werden 28 bzw. 29 Tage berechnet.

2. Zinsformeln

Jahreszinsformel

$$z = \frac{K \times p \times a}{100}$$

Monatszinsformel

$$z = \frac{K \times p \times m}{100 \times 12}$$

Tageszinsformel

$$z = \frac{K \times p \times d}{100 \times 360}$$

Beispiel:

Herr Reich zahlt 2800 € bei einer jährlichen Verzinsung von 3,2 % auf sein Sparbuch ein. Er hebt aber den Betrag schon früher wieder ab und erhält 60,98 € Zinsen.
Wie viele Tage war das Geld auf dem Sparbuch?

Lösung:
Zuerst muss die Tageszinsformel nach d aufgelöst werden und dann kann man die Zahlenwerte einsetzen.
$d = \frac{z \times 100 \times 360}{K \times p}$ → $d = \frac{60{,}98€ \times 100 \times 360}{2800€ \times 3{,}2} = 245$
→ Das Geld war 245 Tage auf dem Sparbuch.

3. Zinseszins

Lässt man das Geld länger auf dem Konto liegen, werden die Zinsen am Jahresende dem Konto gutgeschrieben und mit verzinst.
Das Kapital (nach n Jahren) kann man mit folgender Formel berechnen:

$K_n = K_0 \times (1 + \frac{p}{100})^n$

K_0 = Anfangskapital K_n = Kapital nach n Jahren
n = Anzahl der Jahre p = Zinssatz
$1 + \frac{p}{100}$ nennt man **Zinsfaktor**

Beispiel:
Stefan (14 Jahre alt) erhält zu seiner Konfirmation von seinem Onkel 2000 €, die er auf ein Sparbuch einzahlen soll und erst im Alter von 20 Jahren wieder abheben darf. Der jährliche Zinssatz beträgt 2,8 %. Über welchen Betrag kann er dann verfügen?
Lösung:
n = 6 → $K_6 = 2000 € \times (1 + \frac{2{,}8}{100})^6$
$K_6 = 2360{,}42 €$
→ Er kann über 2360,42 € verfügen.

Prozent (, Promille (‰), parts per million (ppm)

Prozent () steht für die Zahl 10^{-2} und bedeutet $\frac{1}{100}$ (ein Hundertstel) oder 0,01. Aufgaben zur Prozentrechnung wurden in den Kapitel 7 und 8 behandelt.
Promille (‰) steht für die Zahl 10^{-3} und bedeutet $\frac{1}{1000}$ (ein Tausendstel) oder 0,001.
parts per million (ppm) steht für die Zahl 10^{-6} und bedeutet $\frac{1}{1000000}$ (ein Millionstel) oder 0,000001. Der Begriff stammt aus dem Englischen und bedeutet: „Anteile pro Million".

1. Promillerechnung

Zusammenhang zwischen Prozent und Promille: **10 ‰ = 1%**

Bei der Promillerechnung gelten die gleichen Regeln und Formeln wie bei der Prozentrechnung.

Bei der Prozentrechnung ist der Grundwert (das „Ganze") 100 %.
Bei der Promillerechnung ist der Grundwert (das „Ganze") 1000 ‰.
Mit Promilllen wird bei Versicherungsverträgen oder beim Alkoholanteil im Blut gerechnet.

Beispiel:
Ein Gast hat nach einigen Gläsern Wein insgesamt 8,5 ml reinen Alkohol in seinem Blut. Berechne Blutalkoholgehalt, wenn seine Körperblutmenge 7 Liter beträgt.
Lösung:
$8{,}5 \text{ ml} = \frac{8{,}5}{1000} \text{ l} = 0{,}0085 \text{ l}$

a) Mit dem Dreisatz:

$7 \text{ l} \triangleq 1000 ‰$

$1 \text{ l} \triangleq \frac{1000}{7} ‰$

$0{,}0085 \text{ l} \triangleq 0{,}0085 \times \frac{1000}{7} ‰ \rightarrow 1{,}21 ‰$

b) Mit der Formel → **siehe Seite 180)**:

GW = 7 l, PW = 0,0085 l

$\rightarrow p = \frac{0{,}0085 \times 1000}{7} = 1{,}21$

Der Gast hat 1,21 Promille Alkohol im Blut.

2. „parts per million"

1ppm = 1 ‰ von 1 ‰

Neben der Bezeichnung ppm (parts per million) gibt es zum Beispiel auch die Bezeichnungen ppb (parts per billion), und ppt (parts per trillion).

Im amerikanischen Sprachgebrauch bedeutet 10^9 billion, in Deutschland Milliarde.
Im amerikanischen Sprachgebrauch bedeutet 10^{12} trillion, in Deutschland Billion.

Um Missverständnissen vorzubeugen, empfiehlt die internationale Norm ISO 31-0 auf den Gebrauch dieser Bezeichnungen zu verzichten.

Im amerikanischen Sprachgebrauch bedeutet 10^9 billion, in Deutschland Milliarde.

GEOMETRIE

1. Wichtige Begriffe und Bezeichnungen

1.1 Winkel

Die Winkel werden mit kleinen griechischen Buchstaben bezeichnet: $\alpha, \beta, \gamma, \delta, \ldots$
Nullwinkel: $\alpha = 0°$
Spitzer Winkel: $0° < \alpha < 90°$
Rechter Winkel: $\alpha = 90°$
Stumpfer Winkel: $90° < \alpha < 180°$
Gestreckter Winkel: $\alpha = 180°$
Überstumpfer Winkel: $180° < \alpha < 360°$
Vollwinkel: $\alpha = 360°$

1.2 Kreis

Sekante: Gerade durch einen Kreis
Tangente: Gerade, die den Kreis in einem Punkt berührt
Passante: Gerade, die mit dem Kreis keinen gemeinsamen Punkt hat
Radius: Strecke vom Kreismittelpunt zur Kreislinie
Sehne: Strecke der Sekante innerhalb des Kreises
Durchmesser: Längste Sehne des Kreises

2. Geometrische Flächen

2.1 Dreiecke

In **allen** Dreiecken beträgt die Winkelsumme 180°.

$$\alpha + \beta + \gamma = 180°$$

Das **allgemeine Dreieck** hat keine weiteren besonderen Eigenschaften.

Im **gleichschenkligen Dreieck** haben die beiden **Basiswinkel** das gleiche Maß und die beiden Schenkel sind gleich lang.

Im **gleichseitigen Dreieck** sind alle Seiten gleich lang und jeder Winkel hat das Maß 60°.

Im **rechtwinkligen Dreieck** hat ein Winkel das Maß 90°. Die beiden Seiten, die diesen Winkel einschließen, nennt man **Katheten**, die dritte (längste) Seite nennt man **Hypotenuse**.

2.2 Vierecke

In **allen** Vierecken beträgt die Winkelsumme 360°.

$$\alpha + \beta + \gamma + \delta = 360°$$

Das **allgemeine Viereck** hat keine weiteren besonderen Eigenschaften.

Im **Trapez** sind zwei Seiten (sie haben verschiedene Länge) zueinander parallel.

Das **gleichschenklige Trapez** hat zwei Paar gleich große Winkel und zwei gleich lange (nicht parallele) Seiten. Das gleichschenklige Trapez hat eine Symmetrieachse.

Das **Parallelogramm** hat zwei Paar gleich lange und parallele Seiten und zwei Paar gleich große Winkel. Die Diagonalen halbieren sich gegenseitig.

Das **Drachenviereck** hat zwei Paar gleich lange Seiten und ein paar gleich große Winkel. Die Diagonalen stehen aufeinander senkrecht und eine Diagonale wird halbiert. Die andere Diagonale halbiert die beiden Winkel an den gegenüber liegenden Eckpunkten.

Die **Raute** ist ein Parallelogramm mit den zusätzlichen Eigenschaften: Alle Seiten sind gleich lang und die Diagonalen stehen aufeinander senkrecht. Die Raute hat zwei Symmetrieachsen.

Das **Rechteck** hat zwei Paar gleich lange und parallele Seiten und alle vier Winkel haben das Maß 90°. Die Diagonalen sind gleich lang und halbieren sich gegenseitig. Das Rechteck hat zwei Symmetrieachsen.

Das **Quadrat** hat die meisten geometrischen Eigenschaften. Alle Seiten sind gleich lang, die gegenüber liegenden Seiten sind parallel, alle Winkel haben das Maß 90°. Die beiden Diagonalen sind gleich lang, stehen aufeinander senkrecht, halbieren sich gegenseitig und halbieren die Winkel an den vier Eckpunkten. Das Quadrat hat vier Symmetrieachsen.

3. Geometrische Körper

3.1 Prisma, Pyramide, Zylinder, Kegel, Kugel

Ein **Prisma** ist ein dreidimensionaler Körper, bei dem die Grund- und die Deckfläche kongruente (deckungsgleiche) n-Ecke sind. Die Kanten zwischen diesen beiden Flächen sind gleich lang und zueinander parallel. Man kann ein Prisma auch als „Säule" bezeichnen.

Die bekanntesten Prismen sind der **Quader** und der **Würfel.** Man könnte eigentlich den **Zylinder** auch als Prisma bezeichnen, wenn man die Grund- und Deckfläche (Kreis) als ein n-Eck mit unendlich vielen kleinen Seiten betrachtet.

Die **Pyramide** ist ein dreidimensionaler Körper mit einem n-Eck als Grundfläche, die Seitenflächen sind Dreiecke.

Der **Kegel** ist ein dreidimensionaler Körper mit einer kreisförmigen Grundfläche. Die Fläche zwischen der Grundfläche und der Spitze wird Mantel genannt.

Bei der **Kugel** sind alle Punkte der Oberfläche vom Mittelpunkt gleich weit entfernt. Die Kugel besteht nur aus einer einzigen Fläche.

3.2 Reguläre Vielflächner (Polyeder)

Wenn alle Begrenzungen eines Polyeders zueinander kongruente regelmäßige Vielecke sind, dann nennt man diesen Körper regulär oder platonisch.

Körper	f	e	k	Oberflächenteile
Vierflächner (Tetraeder)	4	4	6	Gleichseitige Dreiecke
Sechsflächner = Würfel (Hexaeder)	6	8	12	Quadrate
Achtflächner (Oktaeder)	8	6	12	Gleichseitige Dreiecke
Zwölfflächner (Dodekaeder)	12	20	30	Regelmäßige Fünfecke
Zwanzigflächner (Ikosaeder)	20	12	30	Gleichseitige Dreiecke

F: ANZAHL DER FLÄCHEN E: ANZAHL DER ECKEN K: ANZAHL DER KANTEN

Es gilt folgender Zusammenhang: $e + f - k = 2$ **Eulerscher Polyedersatz**

DER „GOLDENE SCHNITT"

Den Begriff „Goldener Schnitt" gibt es schon seit der Antike und er bezeichnet das Teilungsverhältnis zweier Größen zueinander. Diese Teilung wird vom Menschen als besonders harmonisch empfunden.

Besteht eine Strecke aus den beiden Teilstrecken a und b, so besteht beim Goldenen Schnitt zwischen den beiden Streckenlängen folgendes Teilungsverhältnis:

$$\frac{a+b}{a} = \frac{a}{b}$$

Die Summe der beiden Strecken verhält sich zur größeren Strecke wie die größere Strecke zur kleineren Strecke.
Die Strecke (a + b) ist im Goldenen Schnitt geteilt, wenn die längere Strecke a etwa 61,8 % und die kürzere Strecke b etwa 38,2 % der Gesamtstrecke (a + b) beträgt.

Beispiel:
Jemand möchte einen Bilderrahmen basteln, der in der längeren Seite 32 cm sein soll. Wie lang muss die andere (kürzere) Seite sein, wenn für Länge und Breite der Goldene Schnitt gelten soll?
Lösung 1:
61,8 % ≙ 32 cm
1 % ≙ 32 cm : 61,8 = 0,5178 cm
38,2 % ≙ 0,5178 cm × 38,2 = 19,78 cm
→ Die kürzere Seite des Rahmens muss 19,78 cm lang sein.

Lösung 2:
Bei dieser Lösung muss man wissen, wie quadratische Gleichungen gelöst werden.
Die gesuchte Streckenlänge ist x, dann gilt folgende Gleichung:

$$\frac{32+x}{32} = \frac{32}{x}$$
$$(32 + x) \times x = 32 \times 32$$
$$32x + x^2 = 1024$$
$$x^2 + 32x - 1024 = 0$$

Lösungsformel: $x_{1/2} = \frac{-b \pm \sqrt{b^2 - 4ac}}{2a}$

a = 1, b = 32, c = -1024

$$= \frac{-32 \pm \sqrt{1024 - 4 \times 1 \times (1024)}}{2 \times 1}$$

$$= \frac{-32 \pm \sqrt{5120}}{2}$$

→ $x_1 = 19{,}78$ $(x_2 = -51{,}78)$

Die zweite Lösung ist nicht möglich, weil eine Strecke keine negative Länge haben kann!
→ Die kürzere Seite des Rahmens muss 19,78 cm lang sein.

BASISEINHEITEN

Die 7 Basiseinheiten im internationalem Einheitssystem **SI** (**S**ystème **I**nternational d'unités) sind folgendermaßen definiert:
Diese Basiseinheiten sind Meter (Länge), Kilogramm (Masse), Sekunde (Zeit) und Kelvin (Temperatur), Mol (Stoffmenge), Ampère (Stromstärke), Candela (Lichtstärke).
Die folgenden Definitionen muss man sich wirklich nicht merken. Sie sollen nur veranschaulichen, wie exakt diese Basiseinheiten definiert sind.

Länge

Das **Meter** (m) ist die Länge der Strecke, die Licht im Vakuum während der Dauer von $\frac{1}{299\,792\,458}$ Sekunden durchläuft.

Masse

Das **Kilogramm** (kg) ist gleich der Masse des internationalen Kilogrammprototyps.

Zeit

Die **Sekunde** (s) ist das 9 192 631 770-fache der Periodendauer der dem Übergang zwischen den beiden Hyperfeinstrukturniveaus des Grundzustandes von Atomen des Nuklids Cs-133 (Caesium) entsprechenden Strahlung.

Temperatur

Ein **Kelvin** (K) ist 273,16-te Teil der thermodynamischen Temperatur des Tripelpunktes des Wassers.

Stoffmenge

Ein **Mol** (mol) ist die Stoffmenge eines Systems, das aus ebenso vielen Teilchen besteht, wie Atome in 12 g des Kohlenstoffisotops C 12 enthalten sind (das sind $6{,}022 \times 10^{23}$ Teilchen).

Elektrische Stromstärke

Ein **Ampère** (A) ist die Stärke eines konstanten elektrischen Stromes durch zwei geradlinige, parallele Leiter, die einen Abstand von 1 Meter haben und zwischen denen die durch den Strom hervorgerufene Kraft 2×10^{-7} Newton (N) je Meter Leiterlänge beträgt.

Lichtstärke

Die **Candela** (cd) ist die Lichtstärke in einer bestimmten Richtung einer Strahlungsquelle, die eine monochromatische Strahlung der Frequenz 540×10^{12} Hertz aussendet und deren Strahlenstärke in dieser Richtung $\frac{1}{683}$ Watt pro Steradiant beträgt.

PHYSIK

MECHANIK

1. Das Hebelgesetz

Man verwendet im Alltag eine Hebelstange, um mit geringerer Kraft eine sehr schwere Last anzuheben. Das gleiche Prinzip gilt zum Beispiel beim Nussknacker; nur mit der Hand könnten wir eine Nuss nicht in Stücke brechen.

Ein Hebel befindet sich im Gleichgewicht, wenn gilt:

Kraft 1 × Kraftarm 1 = Kraft 2 × Kraftarm 2

Als Formel: $F_1 \times a_1 = F_2 \times a_2$

Beispiel:
Wenn sich der Vater mit seiner kleinen Tochter am Kinderspielplatz auf eine Wippe setzt, dann muss er sich näher an den Drehpunkt setzen, weil er schwerer als seine Tochter ist.

2. Der Flaschenzug

Mit einem Flaschenzug kann man die Kraft verringern, die man zum Bewegen einer Last benötigt. Ein Flaschenzug besteht aus Seilen und festen und losen Rollen.

$$F_{(H)} = \frac{1}{n} \times F_{(G)}$$

$F_{(H)}$ = Hebekraft $F_{(G)}$ = Gewichtskraft n = Anzahl der tragenden Seile

Das bedeutet: Wenn eine Last an 5 Seilstücken (5 Rollen) hängt, dann benötigt man als Zugkraft nur der Gewichtskraft.

3. Die Geschwindigkeit

Geschwindigkeit $v = \frac{\text{Weg } s}{\text{Zeit } t}$

Formeln: $v = \frac{s}{t}$ → $s = v \times t$ → $t = \frac{s}{v}$

In der Physik werden die Wege in Meter (m) und die Zeit in Sekunden (s) gemessen.
Im täglichen Leben gibt man aber die Geschwindigkeit in Kilometer pro Stunde an.

Es gilt folgender Zusammenhang: $3{,}6\,\frac{km}{h} = \frac{3600\,m}{3600\,s} = 1\frac{m}{s}$

Regel zum Umrechnen: $\frac{km}{h}$ in $\frac{m}{s}$ → **: 3,6** $\frac{m}{s}$ in $\frac{km}{h}$ → **× 3,6**

Beispiele:

1. Gib 120 $\frac{km}{h}$ in $\frac{m}{s}$ an.
2. Ein PKW legt eine Strecke von 412 km in 3 Stunden 12 Minuten zurück. Berechne die Durchschnittsgeschwindigkeit.
3. Ein PKW fährt 45 Minuten mit einer Geschwindigkeit von 110 $\frac{km}{h}$. Wie viele Kilometer ist er gefahren?
4. Gib 24 $\frac{m}{s}$ in $\frac{km}{h}$ in an.

Lösung:

1. $120 : 3{,}6 = 33{,}33\ldots$ → $33{,}33\,\frac{m}{s}$
2. $12\,min = \frac{12}{60}\,h = \frac{1}{5}\,h = 0{,}2\,h$ → $3\,h\;12\,min = 3{,}2\,h$
   → $v = \frac{412km}{3{,}2h} = 128{,}75\,\frac{km}{h}$
   Die Durchschnittsgeschwindigkeit beträgt 128,75 $\frac{km}{h}$.
3. $45\,min = 0{,}75\,h$
   $s = 110\,\frac{km}{h} \times 0{,}75\,h = 82{,}5\,km$
   Die Fahrstrecke beträgt 82,5 Kilometer.
4. $24 \times 3{,}6 = 86{,}4$ → $86{,}4\,\frac{km}{h}$

Alle Autofahrer sollten sich die folgenden Kapitel gut einprägen!

3.1 Der Bremsweg

Der Bremsweg s_B wird mit der folgenden Formel berechnet:

s_B = Geschwindigkeit:10 × Geschwindigkeit:10 → $s_B = \frac{v}{10} \times \frac{v}{10}$ **Bremsweg**

Bei einer Geschwindigkeit von 60 km/h wäre also der Bremsweg 6 × 6 m = 36 m.
Bei der doppelten Geschwindigkeit von 120 km/h wäre der Bremsweg 12 × 12 m = 144 m.

Das bedeutet:
Bei **doppelter** Geschwindigkeit **vervierfacht** sich der Bremsweg.
Diese Formel gilt bei einer sogenannten „normalen" Bremsung. Jeder Autofahrer muss aber in der Lage sein, bei einer plötzlichen Gefahr (z. B. ein Kind rennt über die Straße) mit aller Kraft das Bremspedal niederzudrücken (Vollbremsung).
Diesen Bremsvorgang nennt man dann Gefahrenbremsung. In diesem Fall würde sich der oben berechnete Bremsweg halbieren.
→ Der **Bremsweg** ist der Weg vom Betätigen der Bremse bis zum Stillstand des Fahrzeugs.

3.2 Der Reaktionsweg

Wenn bei einer Autofahrt ein plötzliches Hindernis (Radfahrer, Person oder Tier kreuzt plötzlich die Straße) auftritt, dann dauert es eine bestimmte Zeit, bis man als Autofahrer diese Situation wahrnimmt. Diese Zeit nennt man **Reaktionszeit** und in dieser Zeit fährt das Auto natürlich in seiner augenblicklichen Geschwindigkeit weiter.

Der Weg, den das Auto in der Reaktionszeit zurücklegt, ist der Reaktionsweg.
Der Reaktionsweg wird mit der folgenden Formel berechnet:

s_R = Geschwingkeit:10 × 3 → $s_R = \frac{v}{10} \times 3$ **Reaktionsweg**

Bei einer Geschwindigkeit von 60 km/h wäre also der Reaktionsweg 6 × 3 m = 18 m.
Bei der doppelten Geschwindigkeit von 120 km/h wäre der Reaktionsweg 12 × 3 m = 36 m.

Das bedeutet:
Bei **doppelter** Geschwindigkeit **verdoppelt** sich auch der Reaktionsweg.

→ Der **Reaktionsweg** ist der Weg vom Erkennen der Gefahr bis zum Betätigen der Bremse.

3.3 Der Anhalteweg

Anhalteweg = Reaktionsweg + Bremsweg

→ Der **Anhalteweg** ist der Weg vom Erkennen der Gefahr bis zum Stillstand des Fahrzeuges.

Berechnung für eine sogenannte „Normalbremsung":
Bei einer Geschwindigkeit von 60 km/h beträgt der Anhalteweg 18 m + 36 m = 54 m.
Bei einer Geschwindigkeit von 120 km/h beträgt der Anhalteweg 36 m + 144 m = 180 m.
Selbst bei einer sogenannten „Vollbremsung" beträgt bei einer Geschwindigkeit von 120 km/h der Anhalteweg 36 m + 72 m = 108 m.

Man muss sich diese Strecke einmal so veranschaulichen:
Auf internationaler Ebene (FIFA, UEFA) dürfen die Spielplätze bei Fußballspielen der Champions- und Europa Leage eine Länge zwischen 100 und 105 m haben. Bei einer Geschwindigkeit von 120 km/h würde der Anhalteweg von einer Torlinie bis zur Torlinie der gegnerischen Mannschaft reichen.
Wie schaut es bei einem rücksichtslosen Raser auf der Autobahn aus, der mit einer Geschwindigkeit von 190 km/h und Betätigung seiner Lichthupe die vor ihm fahrenden Autos bedrängt und nötigt?
Bei einem unerwarteten Ereignis hat er keine Chance und riskiert nicht nur sein eigenes Leben, sondern auch das Leben mehrerer anderer Verkehrsteilnehmer. Er hätte selbst bei einer Vollbremsung einen Anhalteweg von (19 × 19) : 2 + 19 × 3 m = 237,5 m !!

4. Naturkonstanten der Geschwindigkeit

Schallgeschwindigkeit c in der Luft:
bei - 20°C: $c = 320 \frac{m}{s}$
bei 0°C: $c = 332 \frac{m}{s}$
bei + 20°C: $c = 340 \frac{m}{s}$

Lichtgeschwindigkeit c im Vakuum:
$c = 2{,}998 \times 10^8 \frac{m}{s} = 299800000 \frac{m}{s}$ (das sind etwa 300 Millionen Meter in der Sekunde oder 300000 Kilometer in der Sekunde)

Das bedeutet: Das Licht hat etwa die millionenfache Geschwindigkeit des Schalls!

5. Die Dichte

Der Quotient $\frac{\text{Masse m}}{\text{Volumen V}}$ ist für einen bestimmten Stoff konstant und charakteristisch. Diesen Quotienten nennt man **Dichte**. Es gilt folgende Formel:

$$\text{Dichte } \varrho = \frac{m}{V}$$

Abgeleitete Formeln: $m = \varrho \times V$ $V = \frac{m}{\varrho}$

In der Physik wird die Masse in Kilogramm (kg) und das Volumen in Kubikmeter (m^3) angegeben.
Dichte von fünf ausgewählten Beispielen (jeweils in $\frac{kg}{m^3}$):

Gold:	$19{,}3 \times 10^3$	= 19300
Beton:	$2{,}5 \times 10^3$	= 2500
Wasser	$0{,}9997 \times 10^3$	= 1000
Kork:	$0{,}24 \times 10^3$	= 240
Styropor:	$0{,}03 \times 10^3$	= 30

Manchmal werden die Dichte-Werte nicht in $\frac{kg}{m^3}$, sondern in $\frac{g}{cm^3}$ angegeben.
Dabei gilt folgender Zusammenhang:

$$1 \frac{kg}{m^3} = \frac{1}{1000} \frac{g}{cm^3} \qquad 1 \frac{g}{cm^3} = 1000 \frac{kg}{m^3}$$

Zusätzlich gilt: $1 \frac{g}{cm^3} = 1 \frac{kg}{dm^3} = 1 \frac{t}{m^3}$

Beispiel: Welches Volumen hat ein Betonklotz mit der Masse 1,5 Tonnen?

Lösung: $1{,}5\,t = 1500\,kg \rightarrow V = \frac{m}{\varrho} = \frac{1500 kg}{2500 \frac{kg}{m^3}} = \frac{15}{25} m^3 = \frac{3}{5} m^3 = 0{,}6\, m^3$

Der Betonklotz hat ein Volumen von 0,6 Kubikmeter.

WÄRMELEHRE

Der wichtigste Wärmespender der Erde ist die Sonne. Weitere wichtige Wärmequellen entstehen bei der Verbrennung von Heizstoffen (Kohle, Holz, Gas, Öl, ...). Auch mit elektrischem Strom und Atomkraftenergie kann Wärme erzeugt werden.

1. Temperaturmessung

Die Temperatur wird mit dem Thermometer gemessen.
Man kann mit vier verschiedenen Einheiten die Temperatur messen:
Kelvin (K), Grad Celsius (°C), Grad Fahrenheit (°F), Grad Réaumur (°R). Die Messung in Réaumurgraden ist veraltet.
Zwischen diesen Einheiten bestehen folgende Beziehungen:

0°C = 273,15 K
100 K = - 173,15 K

100°C = 212°F

100°C = 80°R

In den meisten Fällen werden die Temperaturen in Celsius-Graden oder in Kelvin angegeben.
Die Celsius-Skala ist so definiert, dass die Temperatur in °C gegenüber der Temperatur in Kelvin um 273,15 verschoben ist.

Umrechnungsformeln:

Celsius in Kelvin	K = °C + 273,15	Kelvin in Celsius	°C = K - 273,15
Celsius in Fahrenheit	°F = °C × 1,8 + 32	Fahrenheit in Celsius	°C = (°F -32):1,8
Fahrenheit in Kelvin	K = (°F + 459,67):1,8	Kelvin in Fahrenheit	°F = K × 1,8 - 459,67

Beispiele:
1. Die Körpertemperatur eines Mannes beträgt 37,2 °C. Wie viele Kelvingrade sind das?
2. Eine Flüssigkeit 1 hat die Temperatur 312 K, eine Flüssigkeit 2 hat die Temperatur 11,5 °C.
   Welche Flüssigkeit ist wärmer?
   Geben Sie den Temperaturunterschied in °F an.

Lösung:
1. 37,5 + 273,15 = 310,35
   Die Körpertemperatur beträgt 310,35 Kelvin.

2. Temperatur der Flüssigkeit 1: 38,85 °C   312 – 273,15 = 38,85
   Temperatur der Flüssigkeit 2: 11,5 °C   38,5 – 11,5 = 27,35
   Der Temperaturunterschied beträgt 27,35 °C.
   Umrechnung in Fahrenheit: $27{,}35 \times 1{,}8 + 32 = 81{,}23$
   Der Temperaturunterschied beträgt 81,23 °F.

2. Besondere Temperaturen

Tiefste mögliche Temperatur: – 273,16 °C
Fiebertemperatur: 38 °C bis 42 °C
Mittlere Körpertemperatur des Menschen: 37 °C
Weißglut des Eisens: 1300 °C
Glühfaden der Glühbirne: 2500 °C
Oberfläche der Sonne: 6000 °C

AKUSTIK

Akustik ist die Lehre vom **Schall** und seiner Ausbreitung.
Die **Schallgeschwindigkeit** beträgt
in der Luft (15 °C): 340 $\frac{m}{s}$ **(→ siehe Seite 192)**
im Wasser (15 °C): 1440 $\frac{m}{s}$
in Eisen: 5100 $\frac{m}{s}$
im Diamanten: 18000 $\frac{m}{s}$

Der Schall wird durch Schwingungen weitergetragen. Die Zeit, die eine ganze Schwingung benötigt, nennt man Schwingungsdauer oder Periodendauer T.

Den Quotienten $\frac{1}{T}$ nennt man **Frequenz f**. Die Frequenz gibt an, wie schnell bei einem periodischen Vorgang die Wiederholungen aufeinander folgen.

$$f = \frac{\text{Anzahl der Perioden } n}{\text{benötigte Zeit } t} = \frac{1}{T}$$

Die Einheit der Frequenz ist $1 \frac{1}{s}$ oder $1 s^{-1}$ Sie heißt auch **1 Hertz** (1 Hz) zu Ehren des deutschen Physikers Heinrich Hertz (1857 – 1894), der die elektromagnetischen Wellen am 11.11.1886 entdeckte. Sie breiten sich mit Lichtgeschwindigkeit aus und sind die Grundlage jedes Handys und jeder Rundfunkübertragung.

Das menschliche Ohr kann Töne von etwa 16 Hz (tiefe Töne) bis maximal 20000 Hz (sehr hohe Töne) wahrnehmen. Frequenzen mit über 20000 Hz nennt man „Überschall". Manche Tiere (Fledermäuse, Hunde, Katzen, Wale, Bienen) können diese Töne noch hören.
Fliegt ein Flugzeug mit **Überschallgeschwindigkeit** (über 340 $\frac{m}{s}$), dann bildet sich vor der Spitze eine starke Luftverdichtung (Luftdruckerhöhung), die sich in einer kegelförmigen Wellenfront ausbreitet. Auf dem Erdboden kann man diese Welle als lauten Knall („Überschallknall") hören. Bei diesem Phänomen sagt man: das Flugzeug hat die „Schallmauer" durchbrochen.
Zur Stimmung von Instrumenten wird der sogenannte „Kammerton" a (440 Hz) verwendet.

Beispiel:
Welche Frequenz hat ein Ton mit der der Periodendauer 0,01 Sekunden?
Lösung:
$f = \frac{1}{0{,}01s} = 1 : 0{,}01s^{-1} = 100s^{-1} = 100\ Hz$

OPTIK

Optik ist die Lehre vom **Licht**.
Körper, die selbständig Licht aussenden, heißen Selbstleuchter oder Lichtquellen (Sonne, Fixsterne, Flamme). Körper, die vom Licht beleuchtet werden müssen, um sichtbar zu sein, sind dunkle Körper (Mond, fast alle Gegenstände auf der Erde).
Das Licht breitet sich mit Lichtgeschwindigkeit aus: 300000 $\frac{km}{s}$ (**→ siehe Seite 192**)

Reflexion („Zurückwerfen") des Lichtes
Bei der Reflexion gilt folgendes Gesetz: **Einfallswinkel = Reflexionswinkel**
Glatte Oberflächen reflektieren das Licht gerichtet oder regelmäßig.
Rauhe Oberflächen reflektieren das Licht gestreut oder diffus.

Absorption („Aufsaugen") des Lichtes
Eine weiße oder helle Fläche reflektiert das einstrahlende Licht stärker als eine graue oder dunkle Fläche. Eine schwarze Fläche strahlt fast kein Licht zurück.
Diese Eigenschaft machen wir uns im Sommer zunutze. Wir ziehen meistens helle Kleidung an, denn dunkle Kleidung würde das Licht „aufsaugen" und unser Körper würde sich sehr stark aufwärmen.

ELEKTRIZITÄT

1. Der elektrische Strom

Der elektrische Strom liefert Wärme (elektrischer Ofen), Licht (Glühlampe), mechanische Arbeit (Elektromotor).

In Verbindung mit dem elektrischen Strom stehen viele Begriffe:
Volt (Spannung),
Ampère (Stromstärke),
Gleichstrom (wenn die Bewegungsrichtung des Stromflusses konstant bleibt),
Wechselstrom (wenn sich die Bewegungsrichtung des Stromflusses beständig ändert. Über unsere Steckdose erhalten wir Wechselstrom),
Widerstand (gibt an, welche elektrische Spannung erforderlich ist, um eine bestimmte elektrische Stromstärke durch einen elektrischen Leiter fließen zu lassen),
Watt (Leistung),
Kilowattstunde (Leistung pro 1000 Watt in einer Stunde).

2. Der Stromkreis

Wenn man das Licht „anschaltet", schließen wir einen Stromkreis. Zu einem Stromkreis gehören Elektrizitätsquelle (Erzeuger), Verbraucher und Leitungen (Verbindungsdrähte).
Ein Strom kann nur fließen, wenn der Stromkreis geschlossen ist. Wenn der Stromkreis ohne Verbraucher geschlossen ist, gibt es einen „Kurzschluss".
Die Leitungsdrähte sind aus Atomen aufgebaute Metalldrähte. Zwischen den Atomen können sich winzig kleine Elektrizitätsteilchen (Elektronen) bewegen. Wird der Stromkreis geschlossen, setzen sich die Elektronen in Bewegung.

3. Zusammenhang Spannung U – Widerstand R – Stromstärke I

Wenn ein Strom in einem elektrischen Leiter fließt, dann sind die Spannung U und die Stromstärke I zueinander proportional. Das bedeutet, je höher die Spannung ist, desto mehr Strom kann fließen.
Jeder „Leiter" hat einen Widerstand. Vom elektrischen Widerstand R hängt es ab, welche Spannung erforderlich ist, um eine bestimmte Stromstärke durch diesen Leiter fließen zu lassen.

Zwischen diesen drei physikalischen Größen gilt folgender Zusammenhang:

$$U = R \times I$$

Dieses wichtige Gesetz hat der deutsche Physiker Georg Simon Ohm (1787 – 1854) im Jahr 1827 entdeckt. Ihm zu Ehren wird es das **Ohmsche Gesetz** genannt.
Die Einheit des elektrischen Widerstands ist 1 Ohm (Ω).

$$\text{Widerstand} = \frac{\text{Spannung}}{\text{Stromstärke}}$$

abgeleitete Formeln:

$$I = \frac{U}{R} \qquad R = \frac{U}{I}$$

Beispiel:
Wie groß ist der Widerstand, wenn bei einer Stromstärke von 10 mA die Spannung 8 V beträgt?
Lösung:
10 mA → Vorsilbe m heißt „milli" und bedeutet $10^{-3} = \frac{1}{1000}$ (→ **siehe Seite 165**)
→ $10 \times \frac{1}{1000}\,A = 10 \times 0{,}001\,A = 0{,}01\,A$

$$R = \frac{U}{I}$$

$$R = \frac{8}{0{,}01}\frac{V}{A} \qquad \frac{V}{A} = \Omega \quad \text{(Volt : Ampere = Ohm)}$$

$$R = 800\,\Omega$$

Der Widerstand beträgt 800 Ohm.

4. „Natürliche" Elektrizität

Wenn sich bodennahe, sehr feuchte Luftschichten stark überhitzen, wird die feuchtwarme Luft zum Aufsteigen gezwungen. Das geschieht vor allem, wenn die Temperatur mit der Höhe sehr stark abnimmt. Das sind die Voraussetzungen für ein **Gewitter**. Dabei entstehen mächtige Quellwolken (Gewitterwolken; Kumulonimbus) mit entgegengesetzter elektrischer Aufladung und es kommt zwischen ihnen oder der Erdoberfläche zu Funkentladungen sehr großen Ausmaßes.

Diese Funkentladungen (starke Potenzialdifferenzen: Spannung bis zu 300 Millionen Volt, Stromstärke mehrere 10000 Ampère) erscheinen als **Blitze,** die von **Donner** begleitet werden. Der Blitz erzeugt einen extrem hohen Temperaturanstieg, wobei die Luft mit über Schallgeschwindigkeit ausgedehnt wird und die Schallmauer durchbricht. Die entstehende Luftbewegung ist als Knall zu hören.

Wenn man feststellen will, wie weit ein Gewitter entfernt ist, gibt es eine einfache Regel:
(→ siehe Seite 192)
Der Blitz ist zu sehen, der Donner ist zu hören. Wegen der sehr hohen Lichtgeschwindigkeit ist der Blitz bereits im Augenblick seines Entstehens zu sehen, der Donner legt wegen der viel niedrigeren Schallgeschwindigkeit nur 330 Meter pro Sekunde zurück. Zählt man bis 3 (etwa 3 Sekunden), dann ist das Gewitter einen Kilometer (3 × 330 m = etwa 1 km) entfernt. Muss man zum Beispiel bis 18 zählen, ist das Gewitter sechs Kilometer entfernt.

ATOMPHYSIK

1. Das Atom

Alle festen, flüssigen und gasförmigen Stoffe bestehen aus **Atomen**. Ein Atom ist ein Baustein der Natur. Das Wort „Atom" stammt aus dem Griechischen und bedeutet „unteilbar".

Atome bestehen aus einem **Kern** und einer **Hülle**. Der Kern setzt sich aus positiv geladenen **Protonen** und elektrisch neutralen **Neutronen** zusammen.

Die kleinste Einheit eines Elements ist das Atom. Der Durchmesser eines Atoms liegt etwa im Bereich 10^{-8}. Würde man 100 Millionen Atome nebeneinander legen, so ergäbe sich eine Strecke von 1 cm Länge. Die Masse eines Atoms liegt im Bereich von 10^{-26} kg. Mehrere Atome können sich zu einem Molekül oder zu festen Körpern verbinden. Von den 118 zurzeit bekannten Elementen kommen etwa 90 auf der Erde natürlich vor.

2. Die Kernspaltung

Die Protonen und Neutronen können getrennt werden, weshalb die Bezeichnung „unteilbar" eigentlich falsch ist. Am 17. Dezember 1938 gelang dem deutschen Chemiker Otto Hahn (1879 – 1968) mit seinem Mitarbeiter Fritz Straßmann die erste Kernspaltung. Durch Beschießen des Urans U 235 mit Neutronen entstand das Spaltprodukt Barium. Das Element Barium ist nur halb so schwer wie Uran, es war also die erste Kernspaltung gelungen.

Im Jahr 1944 erhielt Otto Hahn für diese bahnbrechende Entdeckung den Nobelpreis für Chemie **(→ siehe Seite 231)**. Diese Entdeckung erschloss eine bisher unbekannte neue Energiequelle, die **Kernenergie.** Für die Forschung galt damals die Atomenergie als Lösung des Energieproblems der Menschheit.

Nach Hahns Entdeckung entstand bereits 1942 der erste Atomreaktor in den USA und am 16. 5 Juli 1945 detonierte auf dem Testgelände „Trinity" die erste Nuklearwaffe der Menschheit. Der Physiker Robert Oppenheimer, der Leiter dieses Projekts, sagte damals die bekannten Worte: „Jetzt bin ich zum Tod geworden, der Zerstörer der Welten".
Nur wenige Wochen später detonierten am 6. August über Hiroshima die Atombombe „Little Boy" und am 9. August über Nagasaki die Atombombe „Fat Man". Etwa 100000 Menschen wurden sofort getötet, bis Jahresende 1945 kamen weitere 130000 dazu.
Kaiser Hirohito gab daraufhin das Ende des „Großostasiatischen Krieges" bekannt und mit der Kapitulation am 2. September 1945 war der Zweite Weltkrieg beendet.
Hahn bezeichnete die Nutzung der Kernspaltung für militärische Zwecke als eine „Schweinerei", mit der er nichts zu tun habe.

CHEMIE

DAS ATOM

Atome sind die kleinsten Bausteine, aus denen alle festigen, flüssigen und gasförmigen Stoffe bestehen.

Isotope sind Atomarten mit gleicher Kernladungszahl (Ordnungszahl), gleichen chemischen Eigenschaften aber verschiedenen Massen. Sie haben im Atomkern gleich viele Protonen, aber unterschiedlich viele Neutronen.

DAS CHEMISCHE ELEMENT

Das Atom ist die kleinste Menge eines chemischen Elements. Alle Atome eines Elements haben im Atomkern die gleiche Anzahl von Protonen (positiv geladene Kernteilchen). Ein Element ist ein „Reinstoff", der nur aus einer Teilchensorte besteht und sich mit chemischen Mitteln nicht weiter zerlegen lässt.
Bis jetzt sind 118 chemische Elemente nachgewiesen worden, von denen 94 auf der Erde natürlich vorkommen. Im **Periodensystem** sind alle Elemente eingetragen.

Wie im folgenden Beispiel „Chrom" gibt es bei allen Elementen folgende Angaben (falls diese bekannt sind): Der Name des Elements mit dem Symbolzeichen, die Anzahl der Protonen, die Atommasse in u ($1\ u = 1{,}661 \times 10^{-27}$kg), die Elektronennegativität (Maß für die Fähigkeit des Atoms, in einer chemischen Bindung Elektronenpaare an sich zu ziehen) und die Dichte (in $\frac{g}{cm^3}$ bzw. $\frac{g}{l}$).
Beispiel Chrom:

Anzahl der Protonen	→	24	**Cr** 51,996	←	Atommasse
Elektronennegativität	→	1,66	Chrom 7,14	←	Dichte

DAS PERIODENSYSTEM DER ELEMENTE

Das erste Periodensystem stellte der Russe Dmitri Mendelejew am 6. März 1869 vor.
Damals waren 63 Elemente bekannt. Das System ist auch bis heute noch nicht komplett.

Anzahl der entdeckten Elemente:
bis 1800: 38 natürliche Elemente
1800 – 1849: 24 natürliche Elemente
1850 – 1899: 23 natürliche Elemente
1900 – 1949: 9 natürliche Elemente, 2 künstliche Elemente
1950 – 1999: 17 künstliche Elemente
seit 2000: 5 künstliche Elemente → insgesamt 118 Elemente
In diesem Periodensystem sind die chemischen Elemente mit steigender Ordnungszahl (Kernladung,

Anzahl der Protonen im Atomkern) in 7 Zeilen (Perioden) und 18 Spalten (Gruppen) eingetragen. Die Elemente in der gleichen Spalte haben ähnliche chemische Eigenschaften.

Die Elemente Technetium Tc (Ordnungszahl 43), Promethium Pm (Ordnungszahl 61) und alle Elemente ab der Ordnungszahl 84 sind instabile (radioaktive) Elemente. Bei ihrem Zerfall senden sie energiereiche Strahlung aus. Von den 118 Elementen gibt es etwa 2500 Isotope. Man kann z. B. durch Bestrahlung mit Neutronen aus dem stabilen Element Cobalt 59 das radioaktive (instabile) Cobalt 60 herstellen.

Liste aller chemischen Elemente mit Symbolzeichen mit Ordnungszahl (OZ):

OZ	Element	OZ	Element	OZ	Element	OZ	Element
1	Wasserstoff H	2	Helium He	3	Lithium Li	4	Beryllium Be
5	Bor B	6	Kohlenstoff C	7	Stickstoff N	8	Sauerstoff O
9	Fluor F	10	Neon Ne	11	Natrium Na	12	Magnesium Mg
13	Aluminium Al	14	Silicium Si	15	Phosphor P	16	Schwefel S
17	Chlor Cl	18	Argon Ar	19	Kalium K	20	Calcium Ca
21	Scandium Sc	22	Titan Ti	23	Vanadium V	24	Chrom Cr
25	Mangan Mn	26	Eisen Fe	27	Cobalt Co	28	Nickel Ni
29	Kupfer Cu	30	Zink Zn	31	Gallium Ga	32	Germanium Ge
33	Arsen As	34	Selen Se	35	Brom Br	36	Krypton Kr
37	Rubidium Rb	38	Strontium Sr	39	Yttrium Y	40	Zirkonium Zr

41	Niob Nb	42	Molybdän Mo	43	Technetium Tc	44	Ruthenium Ru
45	Rhodium Rh	46	Palladium Pd	47	Silber Ag	48	Cadmium Cd
49	Indium In	50	Zinn Sn	51	Antimon Sb	52	Tellur Te
53	Jod I	54	Xenon Xe	55	Cäsium Cs	56	Barium Ba
57	Lanthan La	58	Cer Ce	59	Praseodym Pr	60	Neodym Nd
61	Promethium Pm	62	Samarium Sm	63	Europium Eu	64	Gadolinium Gd
65	Terbium Tb	66	Dysprosium Dy	67	Holmium Ho	68	Erbium Er
69	Thulium Tm	70	Ytterbium Yb	71	Lutetium Lu	72	Hafnium Hf
73	Tantal Ta	74	Wolfram W	75	Rhenium Re	76	Osmium Os
77	Iridium Ir	78	Platin Pt	79	Gold Au	80	Quecksilber Hg
81	Thallium Tl	82	Blei Pb	83	Wismut Bi	84	Polonium Po
85	Astat At	86	Radon FRn	87	Francium Fr	88	Radium Ra
89	Actinium Ac	90	Thorium Th	91	Protactinium Pa	92	Uran U
93	Neptunium Np	94	Plutonium Pu	95	Americium Am	96	Curium Cm
97	Berkelium Bk	98	Californium Cf	99	Einsteinium Es	100	Fermium Fm

OZ	Element	OZ	Element	OZ	Element	OZ	Element
101	Mendelevi-um Md	102	Nobelium No	103	Lawrencium Lr	104	Rutherfordium Rf
105	Dubnium Db	106	Seaborgium Sg	107	Bohrium Bh	108	Hassium Hs
109	Meitnerium Mt	110	Darmstadtium Ds	111	Roentgenium Rg	112	Copernicum Cn
113	Nihonium Nh	114	Flerovium Fl	115	Moscovium Mc	116	Livermorium Lv
117	Tenness Ts	118	Organesson Og				

HALBWERTSZEITEN

Die Halbwertszeit (HWZ) verläuft exponentiell. Sie ist die Zeitspanne, in der die Menge eines radioaktiven Elements auf die Hälfte des Ausgangswertes gesunken ist. In dieser Zeit wird auch die Aktivität halbiert.

Zum Beispiel kommt Uran (Ordnungszahl 92) als Isotop U 235 (kann auch so geschrieben werden: ^{235}U), U 238 (^{238}U) und U 234 (^{234}U) vor. Das Uran 238 ist mit 99,3 % das am häufigsten in der Natur vorkommende Uranisotop. Es ist schwer spaltbar und deshalb für den Einsatz in Kernreaktoren ungeeignet. Uran 235 kommt in der Natur zu 0,7 % vor. Es ist leicht spaltbar und deshalb für Kernreaktoren geeignet. U 234 kommt in der Natur nur zu 0,005 % vor.

Die Halbwertszeit eines radioaktiven Elements kann wenige Sekunden oder auch viele Millionen Jahre betragen.

Halbwertszeiten einiger ausgewählter Elemente:

Beryllium	^{8}B:	9×10^{-17} Sekunden
Francium	^{223}Fr:	22 Minuten
Jod	^{131}I:	8 Tage
Schwefel	^{35}S:	87,5 Tage
Cobalt	^{60}Co:	5,3 Jahre
Thorium	^{223}Th:	0,6 Sekunden
	^{232}Th:	14,05 Mrd. Jahre
Uran	^{234}U:	$2,46 \times 10^{5}$ Jahre
	^{235}U:	7×10^{8} Jahre
	^{238}U:	$4,47 \times 10^{9}$ Jahre

CHEMIE

SYMBOLSCHREIBWEISE WICHTIGER VERBINDUNGEN

Wasser H_2O
Kohlendioxid CO_2
Schwefelsäure H_2SO_4
Salzsäure HCl
Methan CH_4
Ammoniak NH_3
Kalk CaC

Kohlenmonoxid CO
Natriumchlorid $NaCl$ (Kochsalz)
Salpetersäure HNO_3
Äthanol C_2H_5OH (Alkohol)
Saccharose $C_{12}H_{22}O_{11}$ (Haushaltszucker)
Fruktose $C_6H_{12}O_6$ (Traubenzucker)
Cyanwasserstoff HCN (Blausäure; sehr giftig!)

WAS KANN MAN IM BERUF, IM ALLTAG UND AUS DEN MEDIEN ERFAHREN

STAAT UND REGIERUNG

1. Erklärung einiger Begriffe

Deutscher Bundestag
Der Deutsche Bundestag (Parlament) ist das gesetzgebende Organ der Bundesrepublik Deutschland.
Die erste Sitzung war am 7.9.1949.
Legislaturperiode: 4 Jahre
Die Mitglieder (Abgeordneten) werden vom Volk gewählt.

Parlament
Politische Volksvertretung.

Mandat
Amt eines gewählten Abgeordneten mit Sitz und Stimme im Parlament.

Überhangmandat
Wenn eine Partei in den Wahlkreisen mehr Mandate erringt, als ihr entsprechend dem Ergebnis der Verhältniswahl zustehen würde, so erhält sie so viele Überhangmandate, wie sie Direktmandate mehr hat, als ihr Sitze nach der Verhältniswahl zustehen.

Fraktion
Freiwilliger Zusammenschluss von gewählten Mandatsträgern in einem Parlament.

Bundesversammlung
Sie besteht aus den Mitgliedern des Deutschen Bundestages und der gleichen Anzahl von Mitgliedern, die von den Volksvertretungen der Länder gewählt werden.

Bundestagspräsident
Er hat den Vorsitz im Deutschen Bundestag und ist auch Präsident der Bundesversammlung.
Er begleitet nach dem Bundespräsidenten das zweithöchste Staatsamt.

Alterspräsident
Der Alterspräsident ist das dienstälteste Mitglied des Bundestages. Er leitet stets die erste Sitzung eines neu gewählten Deutschen Bundestages.

Bundesrat
Der Bundesrat ist ein Parlament der Länderregierungen mit insgesamt 69 Mitgliedern und 69 Stimmen. Die Anzahl der Mitglieder richtet sich nach der Einwohnerzahl des Bundeslandes. Jedes Bundesland hat drei Stimmen. Länder mit mehr als zwei Millionen Einwohnern haben vier Stimmen, mit mehr als sechs Millionen Einwohner fünf Stimmen und mit mehr als sieben Millionen Einwohnern sechs Stimmen.

Bundesratspräsident
Der Bundesratspräsident ist vereinbarungsgemäß immer der Regierungschef eines Bundeslandes. Er wird für ein Jahr gewählt. Das Amt rotiert zwischen den Regierungschefs der 16 Bundesländer.
Der Präsident des Bundesrates ist der Stellvertreter des Bundespräsidenten.

Bundespräsident
Der Bundespräsident ist das Staatoberhaupt der Bundesrepublik Deutschland. Er repräsentiert den Staat und hat nach dem Grundgesetz nur geringe politische Kompetenzen. Er wird von der Bundesversammlung gewählt.
Die Amtszeit des Bundespräsidenten beträgt 5 Jahre. Amtssitz ist das Schloss Bellevue in Berlin. Sein Stellvertreter ist der Präsident des Bundesrates.

Bundeskanzler
Der Bundeskanzler ist der Regierungschef der Bundesrepublik Deutschland. Er bildet zusammen mit den Bundesministern die Bundesregierung. Die Bundesrepublik Deutschland hat eine demokratisch-parlamentarische Regierung.
Die Amtszeit beträgt 4 Jahre.

Verfassung
Die Verfassung ist das zentrale Rechtsdokument oder der zentrale Rechtsbestand eines Staates.

Bundesverfassungsgericht
Das Bundesverfassungsgericht (BVerfG) ist in der Bundesrepublik Deutschland sowohl das höchste Verfassungsorgan der Justiz als auch der oberste Gerichtshof auf Bundesebene. Es kontrolliert das politische Leben (ist also ein Hüter der deutschen Verfassung) und nimmt als höchstes Gericht eine Sonderstellung ein, denn es kann Gerichtsentscheidungen anderer Gerichte aufheben.

2. Das Grundgesetz für die Bundesrepublik Deutschland

Am 8. Mai 1949 hat der Parlamentarische Rat das Grundgesetz für die Bundesrepublik Deutschland beschlossen. Es enthält 146 Artikel.
Das Grundgesetz ist die Verfassung Deutschlands.

Präambel
„Im Bewusstsein seiner Verantwortung vor Gott und den Menschen, von dem Willen beseelt, als gleichberechtigtes Glied in einem vereinten Europa dem Frieden der Welt zu dienen, hat sich das Deutsche Volk kraft seiner verfassungsgebenden Gewalt dieses Grundgesetz gegeben."

Artikel 1
(1) Die Würde des Menschen ist unantastbar. Sie zu achten und zu schützen ist Verpflichtung aller staatlichen Gewalt.
(2) Das Deutsche Volk bekennt sich darum zu unverletzlichen und unveräußerlichen Menschenrechten als Grundlage jeder menschlichen Gemeinschaft, des Friedens und der Gerechtigkeit in der Welt.
(3) Die nachfolgenden Grundrechte binden Gesetzgebung, vollziehende Gewalt und Rechtsprechung als unmittelbar geltendes Recht.

Artikel 146
Dieses Grundgesetz, das nach Vollendung der Einheit und Freiheit Deutschlands für das gesamter deutsche Volk gilt, verliert seine Gültigkeit an dem Tage, an dem eine Verfassung in Kraft tritt, die von dem deutschen Volke in freier Entscheidung beschlossen worden ist.

3. Die Nationalhymne der Bundesrepublik Deutschland

Komponist: Joseph Haydn (1732 – 1809)
Textdichter: August Heinrich Hoffman von Fallersleben (1798 – 1874)
Die Nationalhymne ist die dritte Strophe des Deutschlandliedes:

„Einigkeit und Recht und Freiheit
für das deutsche Vaterland!
Danach lasst uns alle streben,
brüderlich mit Herz und Hand!
Einigkeit und Recht und Freiheit
sind des Glückes Unterpfand:
Blüh im Glanze dieses Glückes,
blühe, deutsches Vaterland!
Blüh im Glanze dieses Glückes,
blühe, deutsches Vaterland!"

4. Die Ministerien der Bundesregierung

Die Bezeichnung der Ministerien war in den vergangenen Legislaturperioden nicht immer gleich. Die hier genannten Ministerien beziehen sich auf die Legislaturperiode 2021/2025. In der sogenannten „Ampelkoalition" (rot = SPD, gelb = FDP, grün = Bündnis 90/ Die Grünen) sind die Ministerien wie folgt verteilt:

Ministerien für die SPD:
- Innen und Heimat
- Arbeit und Soziales
- Verteidigung
- Gesundheit
- Bauen und Wohnen
- Wirtschaftliche Zusammenarbeit und Entwicklung

Zum Kabinett gehört auch der Leiter des Kanzleramtes, der auch Minister für besondere Aufgaben ist.

Ministerien für Bündnis 90/Die Grünen:
- Wirtschaft und Klimaschutz
- Auswärtiges Amt
- Familie, Senioren, Frauen und Jugend
- Ernährung und Landwirtschaft
- Umwelt, Naturschutz, nukleare Sicherheit und Verbraucherschutz

Ministerien für die FDP:
- Finanzen
- Justiz
- BIldung und Forschung
- Verkehr und Digitales

5. Die bisherigen Bundespräsidenten der Bundesrepublik Deutschland

Bundespräsidenten	Amtszeit	lebte von ... bis ...
Theodor Heus (FDP)	1949 - 1959	31.1.1884 - 12.12.1963
Heinrich Lübke (CDU)	1959 - 1969	14.10.1894 - 6.4.1972
Gustav Heinemann (SPD)	1969 - 1974	23.7.1899 - 7.7.1976
Walter Scheel (FDP)	1974 - 1979	8.7.1919 - 24.2.2016
Karl Carstens (CDU)	1979 - 1984	14.12.1914 - 30.5.1992
Richard von Weizäcker (CDU)	1984 - 1994	15.4.1920 - 31.1.2015
Roman Herzog (CDU)	1994 - 1999	5.4.1934 - 10.1.2017

Johannes Rau (SPD)	1999 - 2004	16.1.1931 - 27.1.2006
Horst Köhler (CDU)	2004 - 2010	22.2.1943
Christian Wulf (CDU)	2010 - 2012	19.6.1959
Joachim Gauck (parteilos)	2012 - 2017	24.1.1940
Frank-Walter Steinmeier (SPD)	seit 2017	5.1.1956

6. Eine denkwürdige Rede des Bundespräsidenten Richard von Weizsäcker

Der Bundespräsident Richard von Weizsäcker hielt am 8. Mai 1985 während einer Feierstunde zum Ende des Zweiten Weltkrieges am 8. Mai 1945 im Plenarsaal des Deutschen Bundestages in Bonn eine historische, vielbeachtete Rede. Er bezeichnete diesen Tag als einen „Tag der Befreiung". Diese Rede hat bis heute große Bedeutung, sie gilt als Meilenstein in der Aufarbeitung der deutschen NS-Vergangenheit. Die damalige israelische Botschaft in Bonn bezeichnete diese Rede als eine „Sternstunde der deutschen Nachkriegsgeschichte". Auch vom Staat Israel wurde die Rede mit Wohlwollen wahrgenommen. Im Oktober 1985 besuchte von Weizsäcker als erster amtierender deutscher Bundespräsident Israel. Er wurde von der Bevölkerung und den israelischen Politikern mit Anerkennung und Sympathie empfangen.
Die Rede ist in neun Abschnitte gegliedert. Hier im originalen Wortlaut:

I.

Viele Völker gedenken heute des Tages, an dem der Zweite Weltkrieg in Europa zu Ende ging. Seinem Schicksal gemäß hat jedes Volk dabei seine eigenen Gefühle. Sieg oder Niederlage, Befreiung von Unrecht und Fremdherrschaft oder Übergang zu einer Abhängigkeit, Teilung, neue Bündnisse, gewaltige Machtverschiebungen - der 8. Mai 1945 ist ein Datum von entscheidender historischer Bedeutung für Europa.

Wir Deutsche begehen den Tag unter uns, und das ist notwendig. Wir müssen die Maßstäbe allein finden. Schonung unserer Gefühle durch uns selbst oder durch andere hilft nicht weiter. Wir brauchen und wir haben die Kraft, der Wahrheit so gut wir es können ins Auge zu sehen, ohne Beschönigung und ohne Einseitigkeit.

Der 8. Mai ist für uns vor allem ein Tag der Erinnerung an das, was Menschen erleiden mussten. Er ist zugleich ein Tag des Nachdenkens über den Gang unserer Geschichte. Je ehrlicher wir ihn begehen, desto freier sind wir, uns seinen Folgen verantwortlich zu stellen.

Der 8. Mai ist für uns Deutsche kein Tag zum Feiern. Die Menschen, die ihn bewusst erlebt haben, denken an ganz persönliche und damit ganz unterschiedliche Erfahrungen zurück. Der eine kehrte heim, der andere wurde heimatlos. Dieser wurde befreit, für jenen begann die Gefangenschaft. Viele waren nur einfach dafür dankbar, dass Bombennächte und Angst vorüber und sie mit dem Leben davongekommen waren. Andere empfanden Schmerz über die vollständige Niederlage des eigenen Vaterlandes. Verbittert standen Deutsche vor zerrissenen Illusionen, dankbar andere Deutsche vor dem geschenkten neuen Anfang.

Es war schwer, sich alsbald klar zu orientieren. Ungewissheit erfüllte das Land. Die militärische Kapitulation war bedingungslos. Unser Schicksal lag in der Hand der Feinde. Würden sie uns nun nicht vielfach vergelten lassen, was wir ihnen angetan hatten?

Die meisten Deutschen hatten geglaubt, für die gute Sache des eigenen Landes zu kämpfen und zu leiden. Und nun sollte sich herausstellen: Das alles war nicht nur vergeblich und sinnlos, sondern es hatte den unmenschlichen Zielen einer verbrecherischen Führung gedient. Erschöpfung, Ratlosigkeit und neue Sorgen kennzeichneten die Gefühle der meisten. Würde man noch eigene Angehörige finden? Hatte ein Neuaufbau in diesen Ruinen überhaupt Sinn?

Der Blick ging zurück in einen dunklen Abgrund der Vergangenheit und nach vorn in eine ungewisse dunkle Zukunft.

Und dennoch wurde von Tag zu Tag klarer, was es heute für uns alle gemeinsam zu sagen gilt: Der 8. Mai war ein Tag der Befreiung. Er hat uns alle befreit von dem menschenverachtenden System der nationalsozialistischen Gewaltherrschaft.

Niemand wird um dieser Befreiung willen vergessen, welche schweren Leiden für viele Menschen mit dem 8. Mai erst begannen und danach folgten. Aber wir dürfen nicht im Ende des Krieges die Ursache für Flucht, Vertreibung und Unfreiheit sehen. Sie liegt vielmehr in seinem Anfang und im Beginn jener Gewaltherrschaft, die zum Krieg führte.

Wir dürfen den 8. Mai 1945 nicht vom 30. Januar 1933 trennen.

Wir haben wahrlich keinen Grund, uns am heutigen Tag an Siegesfesten zu beteiligen. Aber wir haben allen Grund, den 8. Mai 1945 als das Ende eines Irrweges deutscher Geschichte zu erkennen, das den Keim der Hoffnung auf eine bessere Zukunft barg.

II.

Der 8. Mai ist ein Tag der Erinnerung. Erinnern heißt, eines Geschehens so ehrlich und rein zu gedenken, dass es zu einem Teil des eigenen Innern wird. Das stellt große Anforderungen an unsere Wahrhaftigkeit.

DEUTSCHLAND

Wir gedenken heute in Trauer aller Toten des Krieges und der Gewaltherrschaft.

Wir gedenken insbesondere an sechs Millionen Juden, die in deutschen Konzentrationslagern ermordet wurden.

Wir gedenken aller Völker, die im Krieg gelitten haben, vor allem der unsäglich vielen Bürger der Sowjetunion und der Polen, die ihr Leben verloren haben.

Als Deutsche gedenken wir in Trauer der eigenen Landsleute, die als Soldaten, bei den Fliegerangriffen in der Heimat, in Gefangenschaft und bei der Vertreibung ums Leben gekommen sind.

Wir gedenken der ermordeten Sinti und Roma, der getöteten Homosexuellen, der umgebrachten Geisteskranken, der Menschen, die um ihrer religiösen oder politischen Überzeugung willen sterben mussten.

Wir gedenken der erschossenen Geiseln.

Wir denken an die Opfer des Widerstandes in allen von uns besetzten Staaten.

Als Deutsche ehren wir das Andenken der Opfer des deutschen Widerstandes, des bürgerlichen, des militärischen und glaubensbegründeten, des Widerstandes in der Arbeiterschaft und bei Gewerkschaften, des Widerstandes der Kommunisten.

Wir gedenken derer, die nicht aktiv Widerstand leisteten, aber eher den Tod hinnahmen, als ihr Gewissen zu beugen.

Neben dem unübersehbar großen Heer der Toten erhebt sich ein Gebirge menschlichen Leids, Leid um die Toten,
Leid durch Verwundung und Verkrüppelung,
Leid durch unmenschliche Zwangssterilisierung,
Leid in Bombennächten,
Leid durch Flucht und Vertreibung, durch Vergewaltigung und Plünderung, durch Zwangsarbeit, durch Unrecht und Folter, durch Hunger und Not,
Leid durch Angst vor Verhaftung und Tod,
Leid durch Verlust all dessen, woran man irrend geglaubt und wofür man gearbeitet hatte.

Heute erinnern wir uns dieses menschlichen Leids und gedenken seiner in Trauer.

Den vielleicht größten Teil dessen, was den Menschen aufgeladen war, haben die Frauen der Völker getragen.

Ihr Leiden, ihre Entsagung und ihre stille Kraft vergisst die Weltgeschichte nur allzu leicht. Sie haben gebangt und gearbeitet, menschliches Leben getragen und beschützt. Sie haben getrauert um gefallene Väter und Söhne, Männer, Brüder und Freunde.

Sie haben in den dunkelsten Jahren das Licht der Humanität vor dem Erlöschen bewahrt.

Am Ende des Krieges haben sie als erste und ohne Aussicht auf eine gesicherte Zukunft Hand angelegt, um wieder einen Stein auf den anderen zu setzen, die Trümmerfrauen in Berlin und überall.

Als die überlebenden Männer heimkehrten, mussten Frauen oft wieder zurückstehen. Viele Frauen blieben aufgrund des Krieges allein und verbrachten ihr Leben in Einsamkeit.

Wenn aber die Völker an den Zerstörungen, den Verwüstungen, den Grausamkeiten und Unmenschlichkeiten innerlich nicht zerbrachen, wenn sie nach dem Krieg langsam wieder zu sich selbst kamen, dann verdanken wir es zuerst unseren Frauen.

III.

Am Anfanq der Gewaltherrschaft hatte der abgrundtiefe Hass Hitlers gegen unsere jüdischen Mitmenschen gestanden. Hitler hatte ihn nie vor der Offentlichkeit verschwiegen, sondern das ganze Volk zum Werkzeug dieses Hasses gemacht. Noch am Tag vor seinem Ende am 30. April 1945 hatte er sein sogenanntes Testament mit den Worten abgeschlossen: „Vor allem verpflichte ich die Führung der Nation und die Gefolgschaft zur peinlichen Einhaltung der Rassengesetze und zum unbarmherzigen Widerstand gegen den Weltvergifter aller Völker, das internationale Judentum."

Gewiss, es gibt kaum einen Staat, der in seiner Geschichte immer frei blieb von schuldhafter Verstrickung in Krieg und Gewalt. Der Völkermord an den Juden jedoch ist beispiellos in der Geschichte.

Die Ausführung des Verbrechens lag in der Hand weniger. Vor den Augen der Öffentlichkeit wurde es abgeschirmt. Aber jeder Deutsche konnte miterleben, was jüdische Bürger erleiden mussten, von kalter Gleichgültigkeit über versteckte Intoleranz bis zum offenen Hass.

Wer konnte arglos bleiben nach den Bränden der Synagogen, den Plünderungen, der Stigmatisierung mit dem Judenstern, dem Rechtsentzug, der unaufhörlichen Schändung der menschlichen Würde?

Wer seine Ohren und Augen aufmachte, wer sich informieren wollte, dem konnte nicht entgehen, dass Deportationszüge rollten. Die Phantasie der Menschen mochte für Art und Ausmaß der Vernichtung nicht ausreichen. Aber in Wirklichkeit trat zu den Verbrechen selbst der Versuch allzu vieler, auch in meiner Generation, die wir jung und an der Planung und Ausführung der Ereignisse unbeteiligt waren, nicht zur Kenntnis zu nehmen, was geschah.

Es gab viele Formen, das Gewissen ablenken zu lassen, nicht zuständig zu sein, wegzuschauen, zu schweigen. Als dann am Ende des Krieges die ganze unsagbare Wahrheit des Holocaust herauskam, beriefen sich allzu viele von uns darauf, nichts gewusst oder gar nur geahnt zu haben.

Schuld und Unschuld eines ganzen Volkes gibt es nicht. Schuld ist, wie Unschuld, nicht kollektiv, sondern persönlich.

Es gibt entdeckte und verborgen gebliebene Schuld von Menschen. Es gibt Schuld, die sich Menschen eingestanden oder abgeleugnet haben. Jeder, der die Zeit mit vollem Bewusstsein erlebt hat, frage sich heute im Stillen selbst nach seiner Verstrickung.

Der ganz überwiegende Teil unserer heutigen Bevölkerung war zur damaligen Zeit entweder im Kindesalter oder noch gar nicht geboren. Sie können nicht eine eigene Schuld bekennen für Taten, die sie gar nicht begangen haben.

Kein fühlender Mensch erwartet von ihnen, ein Büßerhemd zu tragen, nur weil sie Deutsche sind. Aber die Vorfahren haben ihnen eine schwere Erbschaft hinterlassen.

Wir alle, ob schuldig oder nicht, ob alt oder jung, müssen die Vergangenheit annehmen. Wir alle sind von den Folgen betroffen und für sie in Haftung genommen.

Jüngere und Ältere müssen und können sich gegenseitig helfen zu verstehen, warum es lebenswichtig ist, die Erinnerung wachzuhalten.

Es geht nicht darum, Vergangenheit zu bewältigen. Das kann man gar nicht. Sie lässt sich ja nicht nachträglich ändern oder ungeschehen machen. Wer aber vor der Vergangenheit die Augen verschließt, wird blind für die Gegenwart. Wer sich der Unmenschlichkeit nicht erinnern will, der wird wieder anfällig für neue Ansteckungsgefahren.

Das jüdische Volk erinnert sich und wird sich immer erinnern. Wir suchen als Menschen Versöhnung.

Gerade deshalb müssen wir verstehen, dass es Versöhnung ohne Erinnerung gar nicht geben kann. Die Erfahrung millionenfachen Todes ist ein Teil des Innern jedes Juden in der Welt, nicht nur deshalb, weil Menschen ein solches Grauen nicht vergessen können. Sondern die Erinnerung gehört zum jüdischen Glauben.

„Das Vergessenwollen verlängert das Exil,
und das Geheimnis der Erlösung heißt Erinnerung."

Diese oft zitierte Weisheit will wohl besagen, dass der Glaube an Gott ein Glaube an sein Wirken in der Geschichte ist.

Die Erinnerung ist die Erfahrung vom Wirken Gottes in der Geschichte. Sie ist die Quelle des Glaubens an die Erlösung. Diese Erfahrung schafft Hoffnung, sie schafft Glauben an Erlösung, an Wiedervereinigung des Getrennten, an Versöhnung. Wer sie vergisst, verliert den Glauben.

Würden wir unsererseits vergessen wollen, was geschehen ist, anstatt uns zu erinnern, dann wäre dies nicht nur unmenschlich. Sondern wir würden damit dem Glauben der überlebenden Juden zu nahe treten, und wir würden den Ansatz zur Versöhnung zerstören.

Für uns kommt es auf ein Mahnmal des Denkens und Fühlens in unserem eigenen Inneren an.

IV.

Der 8. Mai ist ein tiefer historischer Einschnitt, nicht nur in der deutschen, sondern auch in der europäischen Geschichte.

Der europäische Bürgerkrieg war an sein Ende gelangt, die alte europäische Welt zu Bruch gegangen. „Europa hatte sich ausgekämpft" (M. Stürmer). Die Begegnung amerikanischer und sowjetrussischer Soldaten an der Elbe wurde zu einem Symbol für das vorläufige Ende einer europäischen Ära.

Gewiss, das alles hatte seine alten geschichtlichen Wurzeln. Großen, ja bestimmenden Einfluss hatten die Europäer in der Welt, aber ihr Zusammenleben auf dem eigenen Kontinent zu ordnen, das vermochten sie immer schlechter. Über hundert Jahre lang hatte Europa unter dem Zusammenprall nationalistischer Übersteigerungen gelitten. Am Ende des Ersten Weltkrieges war es zu Friedensverträgen gekommen. Aber ihnen hatte die Kraft gefehlt, Frieden zu stiften. Erneut waren nationalistische Leidenschaften aufgeflammt und hatten sich mit sozialen Notlagen verknüpft.

Auf dem Weg ins Unheil wurde Hitler die treibende Kraft. Er erzeugte und er nutzte Massenwahn. Eine schwache Demokratie war unfähig, ihm Einhalt zu gebieten. Und auch die europäischen Westmächte, nach Churchills Urteil „arglos, nicht schuldlos", trugen durch Schwäche zur verhängnisvollen Entwicklung bei. Amerika hatte sich nach dem Ersten Weltkrieg wieder zurückgezogen und war in den dreißiger Jahren ohne Einfluss auf Europa.

Hitler wollte die Herrschaft über Europa, und zwar durch Krieg. Den Anlass dafür suchte und fand er in Polen.

Am 23. Mai 1939 – wenige Monate vor Kriegsausbruch – erklärte er vor der deutschen Generalität: „Weitere Erfolge können ohne Blutvergießen nicht mehr errungen werden ... Danzig ist nicht das Objekt, um das es geht. Es handelt sich für uns um die Erweiterung des Lebensraumes im Osten und Sicherstellung der Ernährung ... Es entfällt also die Frage, Polen zu schonen, und bleibt der Entschluss, bei erster passender Gelegenheit Polen anzugreifen ... Hierbei spielen Recht oder Unrecht oder Verträge keine Rolle."

Am 23. August 1939 wurde der deutsch-sowjetische Nichtangriffspakt geschlossen. Das geheime Zusatzprotokoll regelte die bevorstehende Aufteilung Polens.

Der Vertrag wurde geschlossen, um Hitler den Einmarsch in Polen zu ermöglichen. Das war der damaligen Führung der Sowjetunion voll bewusst. Allen politisch denkenden Menschen jener Zeit war klar, dass der deutsch-sowjetische Pakt Hitlers Einmarsch in Polen und damit den Zweiten Weltkrieg bedeutete.

Dadurch wird die deutsche Schuld am Ausbruch des Zweiten Weltkrieges nicht verringert. Die Sowjetunion nahm den Krieg anderer Völker in Kauf, um sich am Ertrag zu beteiligen. Die Initiative zum Krieg ging aber von Deutschland aus, nicht von der Sowjetunion.

Es war Hitler, der zur Gewalt griff. Der Ausbruch des Zweiten Weltkrieges bleibt mit dem deutschen Namen verbunden.

Während dieses Krieges hat das nationalsozialistische Regime viele Völker gequält und geschändet.

Am Ende blieb nur noch ein Volk übrig, um gequält, geknechtet und geschändet zu werden: das eigene, das deutsche Volk. Immer wieder hat Hitler ausgesprochen: wenn das deutsche Volk schon nicht fähig sei, in diesem Krieg zu siegen, dann möge es eben untergehen. Die anderen Völker wurden zunächst Opfer eines von Deutschland ausgehenden Krieges, bevor wir selbst zu Opfern unseres eigenen Krieges wurden.

Es folgte die von den Supermächten verabredete Aufteilung Deutschlands in verschiedene Zonen. Inzwischen war die Sowjetunion in alle Staaten Ost- und Südosteuropas, die während des Krieges von Deutschland besetzt worden waren, einmarschiert. Mit Ausnahme Griechenlands wurden alle diese Staaten sozialistische Staaten.

Die Spaltung Europas in zwei verschiedene politische Systeme nahm ihren Lauf. Es war erst die Nachkriegsentwicklung, die sie befestigte. Aber ohne den von Hitler begonnenen Krieg wäre sie nicht gekommen. Daran denken die betroffenen Völker zuerst, wenn sie sich des von der deutschen Führung begonnenen Krieges erinnern.

Im Blick auf die Teilung unseres eigenen Landes und auf den Verlust großer Teile des deutschen Staatsgebietes denken wir auch daran. In seiner Predigt zum 8. Mai sagte Kardinal Meißner in Ostberlin: „Das trostlose Ergebnis der Sünde ist immer die Trennung."

V.

Die Willkür der Zerstörung wirkte in der willkürlichen Verteilung des Landes nach. Es gab Unschuldige, die verfolgt wurden, und Schuldige, die entkamen. Die einen hatten das Glück, zu Hause in vertrauter Umgebung ein neues Leben aufbauen zu können. Andere wurden aus der angestammten Heimat vertrieben.

Wir in der späteren Bundesrepublik Deutschland erhielten die kostbare Chance der Freiheit. Vielen Millionen Landsleuten bleibt sie bis heute versagt.

Die Willkür der Zuteilung unterschiedlicher Schicksale ertragen zu lernen, war die erste Aufgabe im Geistigen, die sich neben die Aufgabe des materiellen Wiederaufbaus stellte. An ihr musste sich die menschliche Kraft erproben, die Lasten anderer zu erkennen, an ihnen dauerhaft mitzutragen, sie nicht zu vergessen. In ihr musste die Fähigkeit zum Frieden und die Bereitschaft zur Versöhnung nach innen und außen wachsen, die nicht nur andere von uns forderten, sondern nach denen es uns selbst am allermeisten verlangte.

Wir können den 8. Mai nicht gedenken, ohne uns bewusstzumachen, welche Überwindung die Bereitschaft zur Aussöhnung den ehemaligen Feinden abverlangte. Können wir uns wirklich in die Lage von Angehörigen der Opfer des Warschauer Ghettos oder des Massakers von Lidice versetzen?

Wie schwer musste es aber auch einem Bürger in Rotterdam oder London fallen, den Wiederaufbau unseres Landes zu unterstützen, aus dem die Bomben stammten, die erst kurze Zeit zuvor auf seine Stadt gefallen waren! Dazu musste allmählich eine Gewissheit wachsen, dass Deutsche nicht noch einmal versuchen würden, eine Niederlage mit Gewalt zu korrigieren.

Bei uns selbst wurde das Schwerste den Heimatvertriebenen abverlangt. Ihnen ist noch lange nach dem 8. Mai bitteres Leid und schweres Unrecht widerfahren. Um ihrem schweren Schicksal mit Verständnis zu begegnen, fehlt uns Einheimischen oft die Phantasie und auch das offene Herz.

Aber es gab alsbald auch große Zeichen der Hilfsbereitschaft. Viele Millionen Flüchtlinge und Vertriebene wurden aufgenommen. Im Laufe der Jahre konnten sie neue Wurzeln schlagen. Ihre Kinder und Enkel blieben auf vielfache Weise der Kultur und der Liebe zur Heimat ihrer Vorfahren verbunden. Das ist gut so, denn das ist ein wertvoller Schatz in ihrem Leben.

Sie haben aber selbst eine neue Heimat gefunden, in der sie mit den gleichaltrigen Einheimischen aufwachsen und zusammenwachsen, ihre Mundart sprechen und ihre Gewohnheiten teilen. Ihr junges Leben ist ein Beweis für die Fähigkeit zum inneren Frieden. Ihre Großeltern oder Eltern wurden einst vertrieben, sie jedoch sind jetzt zu Hause.

Früh und beispielhaft haben sich die Heimatvertriebenen zum Gewaltverzicht bekannt. Das war keine vergängliche Erklärung im anfänglichen Stadium der Machtlosigkeit, sondern ein Bekenntnis, das seine

Gültigkeit behält. Gewaltverzicht bedeutet, allseits das Vertrauen wachsen zu lassen, dass auch ein wieder zu Kräften gekommenes Deutschland daran gebunden bleibt.

Die eigene Heimat ist mittlerweile anderen zur Heimat geworden. Auf vielen alten Friedhöfen im Osten finden sich heute schon mehr polnische als deutsche Gräber.

Der erzwungenen Wanderschaft von Millionen Deutschen nach Westen folgten Millionen Polen und ihnen wiederum Millionen Russen. Es sind alles Menschen, die nicht gefragt wurden, Menschen, die Unrecht erlitten haben, Menschen, die wehrlose Objekte der politischen Ereignisse wurden und denen keine Aufrechnung von Unrecht und keine Konfrontation von Ansprüchen wiedergutmachen kann, was ihnen angetan worden ist.

Gewaltverzicht heute heißt, den Menschen dort, wo sie das Schicksal nach dem 8. Mai hingetrieben hat und wo sie nun seit Jahrzehnten leben, eine dauerhafte, politisch unangefochtene Sicherheit für ihre Zukunft zu geben. Es heißt, den widerstreitenden Rechtsansprüchen das Verständigungsgebot überzuordnen.

Darin liegt der eigentliche, der menschliche Beitrag zu einer europäischen Friedensordnung, der von uns ausgehen kann.

Der Neuanfang in Europa nach 1945 hat dem Gedanken der Freiheit und Selbstbestimmung Siege und Niederlagen gebracht. Für uns gilt es, die Chance des Schlussstrichs unter eine lange Periode europäischer Geschichte zu nutzen, in der jedem Staat Frieden nur denkbar und sicher schien als Ergebnis eigener Überlegenheit und in der Frieden eine Zeit der Vorbereitung des nächsten Krieges bedeutete.

Die Völker Europas lieben ihre Heimat. Den Deutschen geht es nicht anders. Wer könnte der Friedensliebe eines Volkes vertrauen, das imstande wäre, seine Heimat zu vergessen?

Nein, Friedensliebe zeigt sich gerade darin, dass man seine Heimat nicht vergisst und ebenso deshalb entschlossen ist, alles zu tun, um immer in Frieden miteinander zu leben. Heimatliebe eines Vertriebenen ist kein Revanchismus.

VI.

Stärker als früher hat der letzte Krieg die Friedenssehnsucht im Herzen der Menschen geweckt. Die Versöhnungsarbeit von Kirchen fand eine tiefe Resonanz. Für die Verständigungsarbeit von jungen Menschen gibt es viele Beispiele. Ich denke an die „Aktion Sühnezeichen" mit ihrer Tätigkeit in Auschwitz und Israel. Eine Gemeinde der niederrheinischen Stadt Kleve erhielt neulich Brote aus polnischen Gemeinden als Zeichen der Aussöhnung und Gemeinschaft. Eines dieser Brote hat sie an einen Lehrer nach England geschickt. Denn dieser Lehrer aus England war aus der Anonymität herausgetreten und hatte geschrieben, er habe damals im Krieg als Bombenflieger Kirchen und Wohnhäuser in Kleve zerstört und wünsche sich ein Zeichen der Aussöhnung.

Es hilft unendlich viel zum Frieden, nicht auf den anderen zu warten, bis er kommt, sondern auf ihn zuzugehen, wie dieser Mann es getan hat.

VII.

In seiner Folge hat der Krieg alte Gegner menschlich und auch politisch nähergebracht. Schon 1946 rief der amerikanische Außenminister Byrnes in seiner denkwürdigen Stuttgarter Rede zur Verständigung in Europa und dazu auf, dem deutschen Volk auf seinem Weg in eine freie und friedliebende Zukunft zu helfen.

Unzählige amerikanische Bürger haben damals mit ihren privaten Mitteln uns Deutsche, die Besiegten, unterstützt, um die Wunden des Krieges zu heilen.

Dank der Weitsicht von Franzosen wie Jean Monnet und Robert Schuman und von Deutschen wie Konrad Adenauer endete eine alte Feindschaft zwischen Franzosen und Deutschen für immer.

Ein neuer Strom von Aufbauwillen und Energie ging durch das eigene Land. Manche alte Gräben wurden zugeschüttet, konfessionelle Gegensätze und soziale Spannungen verloren an Schärfe. Partnerschaftlich ging man ans Werk.

Es gab keine „Stunde Null", aber wir hatten die Chance zu einem Neubeginn. Wir haben sie genutzt so gut wir konnten. An die Stelle der Unfreiheit haben wir die demokratische Freiheit gesetzt.

Vier Jahre nach Kriegsende, 1949, am 8. Mai, beschloss der Parlamentarische Rat unser Grundgesetz. Über Parteigrenzen hinweg gaben seine Demokraten die Antwort auf Krieg und Gewaltherrschaft im Artikel 1 unserer Verfassung:

„Das Deutsche Volk bekennt sich darum zu unverletzlichen und unveräußerlichen Menschenrechten als Grundlage jeder menschlichen Gemeinschaft, des Friedens und der Gerechtigkeit in der Welt."

Auch an diese Bedeutung des 8. Mai gilt es heute zu erinnern.

Die Bundesrepublik Deutschland ist ein weltweit geachteter Staat geworden. Sie gehört zu den hochentwickelten Industrieländern der Welt. Mit ihrer wirtschaftlichen Kraft weiß sie sich mitverantwortlich dafür, Hunger und Not in der Welt zu bekämpfen und zu einem sozialen Ausgleich unter den Völkern beizutragen.

Wir leben seit vierzig Jahren in Frieden und Freiheit, und wir haben durch unsere Politik unter den freien Völkern des Atlantischen Bündnisses und der Europäischen Gemeinschaft dazu selbst einen großen

Beitrag geleistet.

Nie gab es auf deutschem Boden einen besseren Schutz der Freiheitsrechte des Bürgers als heute. Ein dichtes soziales Netz, das den Vergleich mit keiner anderen Gesellschaft zu scheuen braucht, sichert die Lebensgrundlage der Menschen.

Hatten sich bei Kriegsende viele Deutsche noch darum bemüht, ihren Pass zu verbergen oder gegen einen anderen einzutauschen, so ist heute unsere Staatsbürgerschaft ein angesehenes Recht.

Wir haben wahrlich keinen Grund zur Überheblichkeit und Selbstgerechtigkeit. Aber wir dürfen uns der Entwicklung dieser vierzig Jahre dankbar erinnern, wenn wir das eigene historische Gedächtnis als Leitlinie für unser Verhalten in der Gegenwart und für die ungelösten Aufgaben, die auf uns warten, nutzen.

- Wenn wir uns daran erinnern, dass Geisteskranke im Dritten Reich getötet wurden, werden wir die Zuwendung zu psychisch kranken Bürgern als unsere eigene Aufgabe verstehen.
- Wenn wir uns erinnern, wie rassisch, religiös und politisch Verfolgte, die vom sicheren Tod bedroht waren, oft vor geschlossenen Grenzen anderer Staaten standen, werden wir vor denen, die heute wirklich verfolgt sind und bei uns Schutz suchen, die Tür nicht verschließen.
- Wenn wir uns der Verfolgung des freien Geistes während der Diktatur besinnen, werden wir die Freiheit jedes Gedankens und jeder Kritik schützen, so sehr sie sich auch gegen uns selbst richten mag.
- Wer über die Verhältnisse im Nahen Osten urteilt, möge an das Schicksal denken, das Deutsche den jüdischen Mitmenschen bereiteten und das die Gründung des Staates Israel unter Bedingungen auslöste, die noch heute die Menschen in dieser Region belasten und gefährden.
- Wenn wir daran denken, was unsere östlichen Nachbarn im Kriege erleiden mussten, werden wir besser verstehen, dass der Ausgleich, die Entspannung und die friedliche Nachbarschaft mit diesen Ländern zentrale Aufgaben der deutschen Außenpolitik bleiben. Es gilt, dass beide Seiten sich erinnern und beide Seiten einander achten. Sie haben menschlich, sie haben kulturell, sie haben letzten Endes auch geschichtlich allen Grund dazu.

Der Generalsekretär der Kommunistischen Partei der Sowjetunion Michail Gorbatschow hat verlautbart, es ginge der sowjetischen Führung beim 40. Jahrestag des Kriegsendes nicht darum, antideutsche Gefühle zu schüren. Die Sowjetunion trete für Freundschaft zwischen den Völkern ein.

Gerade wenn wir Fragen auch an sowjetische Beiträge zur Verständigung zwischen Ost und West und zur Achtung von Menschenrechten in allen Teilen Europas haben, gerade dann sollten wir dieses Zeichen aus Moskau nicht überhören. Wir wollen Freundschaft mit den Völkern der Sowjetunion.

VIII.

Vierzig Jahre nach dem Ende des Krieges ist das deutsche Volk nach wie vor geteilt.

Beim Gedenkgottesdienst in der Kreuzkirche zu Dresden sagte Bischof Hempel im Februar dieses Jahres: „Es lastet, es blutet, dass zwei deutsche Staaten entstanden sind mit ihrer schweren Grenze. Es lastet und blutet die Fülle der Grenzen überhaupt. Es lasten die Waffen."

Vor kurzem wurde in Baltimore in den Vereinigten Staaten eine Ausstellung „Juden in Deutschland" eröffnet. Die Botschafter beider deutscher Staaten waren der Einladung gefolgt. Der gastgebende Präsident der Johns-Hopkins-Universität begrüßte sie zusammen. Er verwies darauf, dass alle Deutschen auf dem Boden derselben historischen Entwicklung stehen. Eine gemeinsame Vergangenheit verknüpfte sie mit einem Band. Ein solches Band könne eine Freude oder ein Problem sein – es sei immer eine Quelle der Hoffnung.

Wir Deutschen sind ein Volk und eine Nation. Wir fühlen uns zusammengehörig, weil wir dieselbe Geschichte durchlebt haben.
Auch den 8. Mai 1945 haben wir als gemeinsames Schicksal unseres Volkes erlebt, das uns eint. Wir fühlen uns zusammengehörig in unserem Willen zum Frieden. Von deutschem Boden in beiden Staaten sollen Frieden und gute Nachbarschaft mit allen Ländern ausgehen. Auch andere sollen ihn nicht zur Gefahr für den Frieden werden lassen.

Die Menschen in Deutschland wollen gemeinsam einen Frieden, der Gerechtigkeit und Menschenrecht für alle Völker einschließt, auch für das unsrige.

Nicht ein Europa der Mauern kann über die Grenzen hinweg versöhnen, sondern ein Kontinent, der seinen Grenzen das Trennende nimmt. Gerade daran mahnt uns das Ende des Zweiten Weltkrieges.

Wir haben die Zuversicht, dass der 8. Mai nicht das letzte Datum unserer Geschichte bleibt, das für alle Deutschen verbindlich ist.

IX.

Manche junge Menschen haben sich und uns in den letzten Monaten gefragt, warum es vierzig Jahre nach Ende des Krieges zu so lebhaften Auseinandersetzungen über die Vergangenheit gekommen ist. Warum lebhafter als nach fünfundzwanzig oder dreißig Jahren? Worin liegt die innere Notwendigkeit dafür?

Es ist nicht leicht, solche Fragen zu beantworten. Aber wir sollten die Gründe dafür nicht vornehmlich in äußeren Einflüssen suchen, obwohl es diese zweifelslos auch gegeben hat.

Vierzig Jahre spielen in der Zeitspanne von Menschenleben und Völkerschicksalen eine große Rolle.

Auch hier erlauben Sie mir noch einmal einen Blick auf das Alte Testament, das für jeden Menschen unabhängig von seinem Glauben tiefe Einsichten aufbewahrt. Dort spielen vierzig Jahre eine häufig wiederkehrende, eine wesentliche Rolle.

Vierzig Jahre sollte Israel in der Wüste bleiben, bevor der neue Abschnitt in der Geschichte mit dem Einzug ins verheißene Land begann.

Vierzig Jahren waren notwendig für einen vollständigen Wechsel der damals verantwortlichen Vätergeneration.

An anderer Stelle aber (Buch der Richter) wird aufgezeichnet, wie oft die Erinnerung an erfahrene Hilfe und Rettung nur vierzig Jahre dauerte. Wenn die Erinnerung abriss, war die Ruhe zu Ende.

So bedeuten vierzig Jahre stets einen großen Einschnitt. Sie wirken sich aus im Bewusstsein der Menschen, sei es als Ende einer dunklen Zeit mit der Zuversicht auf eine neue und gute Zukunft, sei es als Gefahr des Vergessens und als Warnung vor den Folgen. Über beides lohnt es sich naschzudenken.

Bei uns ist eine neue Generation in die politische Verantwortung hereingewachsen. Die Jungen sind nicht verantwortlich für das, was damals geschah. Aber sie sind verantwortlich für das, was in der Geschichte daraus wird.

Wir Älteren schulden der Jugend nicht die Erfüllung von Träumen, sondern Aufrichtigkeit. Wir müssen den Jüngeren helfen zu verstehen, warum es lebensnotwendig ist, die Erinnerung wachzuhalten. Wir wollen Ihnen helfen, sich auf die geschichtliche Wahrheit nüchtern und ohne Einseitigkeit einzulassen, ohne Flucht in utopische Heilslehren, aber auch ohne moralische Überheblichkeit.

Wir lernen aus unserer eigenen Geschichte, wozu der Mensch fähig ist. Deshalb dürfen wir uns nicht einbilden, wir seien nun als Menschen anders und besser geworden.

Es gibt keine endgültig errungene moralische Vollkommenheit – für niemanden und kein Land! Wir haben als Menschen gelernt, wir bleiben als Menschen gefährdet. Aber wir haben die Kraft, Gefährdungen immer von neuem zu überwinden.

Hitler hat stets damit gearbeitet, Vorurteile, Feindschaften und Hass zu schüren.

Die Bitte an die jungen Menschen lautet:

Lassen Sie sich nicht hineintreiben in Feindschaft und Hass
gegen andere Menschen,
gegen Russen oder Amerikaner,

gegen Juden oder Türken,
gegen Alternative oder Konservative,
gegen Schwarz oder Weiß.

Lernen Sie, miteinander zu leben, nicht gegeneinander.

Lassen Sie auch uns als demokratische gewählte Politiker dies immer wieder beherzigen und ein Beispiel geben.

Ehren wir die Freiheit.
Arbeiten wir für den Frieden.

Dienen wir unseren inneren Maßstäben der Gerechtigkeit.
Schauen wir am heutigen 8. Mai, so gut wir es können, der Wahrheit ins Auge.

7. Die bisherigen Bundeskanzler der Bundesrepublik Deutschland

Nach sieben Bundeskanzlern von 1948 bis 2005 regierte von 2005 bis 2921 erstmals eine Bundeskanzlerin.

Bundeskanzler	Amtszeit	lebte von ... bis ...
Konrad Adenauer (CDU)	1949 - 1963	5.1.1876 - 19.4.1967
Ludwig Erhard (CDU)	1963 - 1966	4.2.1897 - 5.5.1977
Kurt Georg Kiesinger (CDU)	1966 - 1969	6.4.1904 - 9.3.1988
Willy Brandt (SPD)	1969 - 1974	18.12.1913 - 8.10.1992
Helmut Schmidt (SPD)	1974 - 1982	23.12.1918 - 10.11.2015
Helmut Kohl (CDU)	1982 - 1998	3.4.1930 - 16.6.2017
Gerhard Schröder (SPD)	1998 - 2005	7.4.1944
Angela Merkel (CDU)	2005 - 2021	17.7.1954
Olaf Scholz (SPD)	seit 2021	14.6.1958

8. Die Staatsratsvorsitzenden der ehemaligen DDR

Staatsratsvorsitzende	Amtszeit	lebte von ... bis ...
Wilhelm Pieck (SED)	1949 - 1960	3.1.1876 - 7.9.1960
Walter Ulbricht (SED)	1960 - 1973	30.6.1893 - 1.8.1973
Willi Stoph (SED)	1973 - 1976	9.7.1914 - 13.4.1999
Erich Honecker (SED)	1976 - 1989	25.8.1912 - 29.5.1994
Egon Krenz (SED)	1989	19.3.1937 -
Manfred Gerlach (SED)	1989 - 1990	8.5.1928 - 17.10.2011
Sabine Bergmann-Pohl (CDU)	1990	20.4.1946 -

Pieck war kein Staatsratsvorsitzender, sondern Präsident der DDR. Erst nach 1960 wurde in der DDR ein Staatsrat eingerichtet.
Sabine Bergmann-Pohl wurde am 9.4.1990 Präsidentin der Volkskammer. Ab 3.10.1990 wurde sie Abgeordnete des Deutschen Bundestages.

9. Die Bundesländer der Bundesrepublik Deutschland

Bundesland	Hauptstadt	Fläche in km^2	Einwohnerzahl in Mio.	Einwohner pro km^2
Baden-Württemberg	Stuttgart	35748	11,1	310
Bayern	München	70542	13,1	185
Berlin	Berlin	891	3,6	4090
Brandenburg	Potsdam	29654	2,5	85
Bremen	Bremen	419	0,68	1629
Hamburg	Hamburg	755	1,8	2438
Hessen	Wiesbaden	21116	6,3	297

Mecklenburg-Vorpommern	Schwerin	23295	1,6	69
Niedersachsen	Hannover	47710	8,0	167
Nordrhein-Westfalen	Düsseldorf	34112	17,9	526
Rheinland-Pfalz	Mainz	19858	4,1	206
Saarland	Saarbrücken	2571	0,99	385
Sachsen	Dresden	18450	4,1	221
Sachsen-Anhalt	Magdeburg	20454	2,2	108
Schleswig-Holstein	Kiel	15804	2,9	183
Thüringen	Erfurt	16202	2,1	132

In Quizsendungen wurde schon die Frage gestellt, an wie viele Bundesländer ein bestimmtes Bundesland grenzt.
An **ein** anderes Bundesland grenzen:
- **Berlin** hat eine Grenze zu Brandenburg.
- **Bremen** hat eine Grenze zu Niedersachsen.
- **Saarland** hat eine Grenze zu Rheinland-Pfalz.

An **zwei** andere Bundesländer grenzen:
- **Hamburg** hat eine Grenze zu Schleswig-Holstein, Niedersachsen.

An **drei** andere Bundesländer grenzen:
- **Baden-Württemberg** hat eine Grenze zu Rheinland-Pfalz, Hessen, Bayern.
- **Mecklenburg-Vorpommern** hat eine Grenze zu Schleswig-Holstein, Niedersachsen, Brandenburg.
- **Nordrhein-Westfalen** hat eine Grenze zu Niedersachsen, Hessen, Rheinland-Pfalz.
- **Schleswig-Holstein** hat eine Grenze zu Hamburg, Niedersachsen, Mecklenburg-Vorpommern.

An **vier** andere Bundesländer grenzen:
- **Bayern** hat eine Grenze zu Sachsen, Thüringen, Hessen, Baden-Württemberg.
- **Rheinland-Pfalz** hat eine Grenze zu Nordrhein-Westfalen, Hessen, Saarland, Baden-Württemberg.
- **Sachsen** hat eine Grenze zu Brandenburg, Sachsen-Anhalt, Thüringen, Bayern.
- **Sachsen-Anhalt** hat eine Grenze zu Sachsen, Brandenburg, Niedersachsen, Thüringen.

An **fünf** andere Bundesländer grenzen:

- **Brandenburg** hat eine Grenze zu Berlin, Mecklenburg-Vorpommern, Sachsen-Anhalt, Sachsen, Niedersachsen (die nur etwa 25 Kilometer lange Grenze verläuft entlang der Elbe zwischen Schnackenburg und Dömitz).
- **Thüringen** hat eine Grenze zu Sachsen, Sachsen-Anhalt, Niedersachen, Hessen, Bayern.

An **sechs** andere Bundesländer grenzt:

- **Hessen** hat eine Grenze zu Thüringen, Niedersachsen, Nordrhein-Westfalen, Rheinland-Pfalz, Baden-Württemberg, Bayern.

An **neun** andere Bundesländer grenzt:

- **Niedersachsen** hat eine Grenze zu Mecklenburg-Vorpommern, Schleswig-Holstein, Hamburg, Bremen, Nordrhein-Westfalen, Hessen, Thüringen, Sachsen-Anhalt, Brandenburg.

Grenzen zu europäischen Ländern:

- Schleswig-Holstein grenzt an Dänemark.
- Mecklenburg-Vorpommern grenzt an Polen.
- Brandenburg grenzt an Polen.
- Sachsen grenzt an Polen und an die Tschechische Republik.
- Bayern grenzt an die Tschechische Republik, an Österreich und an die Schweiz.
- Baden-Württemberg grenzt an die Schweiz und an Frankreich.
- Rheinland-Pfalz grenzt an Frankreich, an Luxemburg und an Belgien.
- Saarland grenzt an Frankreich und an Luxemburg.
- Nordrhein-Westfalen grenzt an Belgien und an die Niederlande.

STÄDTE UND GEMEINDEN

1. Der Begriff „Stadt“

Stadt:
Eine geschlossene Siedlung als verwaltungstechnischer, wirtschaftlicher und kultureller Mittelpunkt eines größeren Gebietes. In Deutschland wird der Titel „Stadt“ vom Innenminister des zuständigen Bundeslandes verliehen.

Hauptstadt:
Eine Stadt mit dem Sitz der Regierung.

2. Größenordnung der Städte

Die Bezeichnung hängt von der Einwohnerzahl und der Bedeutung für die Region ab.
Landgemeinde (früher auch Landstadt)
Städte und Gemeinden unter 5000 Einwohner.

Kleinstadt
Kleine Kleinstadt: ab 5000 Einwohner oder Orte mit grundzentraler Funktion
Große Kleinstadt: ab 10000 Einwohner

Mittelstadt
Kleine Mittelstadt: ab 20000 Einwohner
Große Mittelstadt: ab 50000 Einwohner

Großstadt
Kleinere Großstadt: ab 100000 Einwohner
Große Großstadt: ab 500000 Einwohner
Eine Großstadt ist in der Regel ein Oberzentrum, auf jeden Fall aber ein Mittelzentrum.

Weltstadt (Metropole)
Eine Stadt mit mindestens 1 Million bis 5 Millionen Einwohner.

Megacity
Eine Stadt mit über 10 Millionen Einwohner.

Megalopolis
Eine Stadt mit über 25 Millionen Einwohner.

In der Literatur findet man leider sehr oft unterschiedliche Zahlenangaben. Aus diesem Grund ist auch die Rangordnung nicht immer gleich. Bitte berücksichtigen Sie diese Tatsache, wenn Sie irgendwo andere Zahlenwerte finden. Die Zahlenangaben (bezüglich der Bevölkerung) sind immer mit Vorsicht zu betrachten. Manchmal werden nur die Einwohner der Stadt angegeben, ein anderes Mal sind es die Zahlenwerte des gesamten Ballungsraumes.
Die hier angegebenen Zahlenangaben beziehen sich auf das Jahr 2020.

3. „Zentrale" Orte

In der Raumordnung und Wirtschaftsgeographie werden Orte nach ihren Funktionen für das Umland eingeteilt.

Unterzentrum
Ein Unterzentrum dient der Grundversorgung der Einwohner aus dem Umland. Es sollten folgende Einrichtungen des Grundbedarfs vorhanden sein:
Bücherei, Grundschule, Schule Sekundarstufe I, Angebote zur Erwachsenenbildung, Kindergarten, Sportanlagen, Arzt, Zahnarzt, Apotheke, Post, Bank, Polizei, Feuerwehr, Friedhof, Gaststätten, Altersheim, verkehrsmäßiger Anschluss (Bahn, Straße) an ein Mittel- bzw. Oberzentrum, Einzelhandel mit Waren für den täglichen Bedarf.

Mittelzentrum
Über die Ausstattung des Unterzentrums hinaus: Fachärzte, Krankenhaus, weiterführende Schulen und Berufsschulen, Schwimmbäder, Rechtsanwälte, Notare, Steuerberater.

Oberzentrum
Über die Ausstattung des Mittelzentrum hinaus:
Fachhochschulen und Hochschulen, Fachkliniken, Regionalbehörden, Theater, Museen, besondere Warenhäuser und Spezialgeschäfte.

Nur im Bundesland Bayern gibt es seit 2018 noch zwei höhere Stufen:
Regionalzentren (Ingolstadt, Regensburg, Würzburg) und **Metropolen** (Augsburg, München, Nürnberg/Fürth/Erlangen/Schwabach).

4. Die Regierenden Bürgermeister von Berlin

Von 1949 bis 1990 war Bonn die Bundeshauptstadt. Ab 1990 wurde Berlin die Bundeshauptstadt, der Regierungssitz blieb aber bis 1999 in Bonn. Ab 1999 war Berlin Bundeshauptstadt und erster Regierungssitz und Bonn zweiter Regierungssitz.
In der folgenden Tabelle sind die Regierenden Bürgermeister von Berlin seit Gründung der Bundesrepublik Deutschland aufgelistet.
Nach 15 Bürgermeistern von 1948 bis 2021 regiert seit 2021 erstmals eine Bürgermeisterin.

Bürgermeister	Partei	Amtszeit
Ernst Reuter	SPD	7.12-1948 - 29.9.1953
Walther Schreiber	CDU	22.10.1953 - 11.1.1955
Otto Suhr	SPD	11.1.1955 - 30.8.1957
Franz Amrehn (kommissarisch)	CDU	30.8.1957 - 3.10.1957
Willy Brandt	SPD	3.10.1957 - 1.12.1966
Heinrich Albertz	SPD	1.12.1966 - 19.10.1967
Klaus Schütz	SPD	19.10.1967 - 2.5.1977
Dietrich Stobbe	SPD	2.5.1977 - 23.1.1981
Hans-Jochen Vogel	SPD	23.1.1981 - 11.6.1981
Richard von Weizsäcker	CDU	11.6.1981 - 9.2.1984
Eberhard Diepgen	CDU	9.2.1984 - 16.3.1989
Walter Momper*	SPD	16.3.1989 - 24.1.1991
Eberhard Diepgen	CDU	24.1.1991 - 16.6.2001
Klaus Wowereit	SPD	16.6.2001 - 11.12.2014
Michael Müller	SPD	11.12.2014 - 21.12.2021
Franziska Giffey	SPD	21.12.2021

*WALTER MOMPER REGIERTE AB 3.10.1990 GEMÄSS ARTIKEL 16 DES EINIGUNGSVERTRAGES VOM 3.10.1990 BIS 11.1.1991 ZUSAMMEN MIT TINO SCHWIERZINA, DEM LETZTEN OBERBÜRGERMEISTER VON OST-BERLIN UND VOM 11.1.1991 BIS 24.1.1991 ZUSAMMEN MIT THOMAS KRÜGER, DEM KOMMISSARISCHEN OBERBÜRGERMEISTER VON OST-BERLIN.

5. Die zehn größten Städte der Bundesrepublik Deutschland
(Jahr 2019)

	Stadt	Einwohner
1	Berlin	3,70 Mio.
2	Hamburg	1,85 Mio.
3	München	1,48 Mio.
4	Köln	1,09 Mio.
5	Frankfurt/Main	764000
6	Stuttgart	636000
7	Düsseldorf	622000
8	Leipzig	594000
9	Dortmund	589000
10	Essen	583000

Weitere zehn große Städte sind:
Bremen (568000), Dresden (557000), Hannover (537000), Nürnberg (519000), Duisburg (499000), Bochum (366000), Wuppertal (355000), Bielefeld (334000), Bonn (330000), Münster (315000).

Es kann sich in den folgenden Jahren die Reihenfolge ändern.
Fast 40% der größten Städte Deutschlands liegen in Nordrhein-Westfalen.

Deutsche Nobelpreisträger

Viele der hier genannten Personen haben in verschiedenen Ländern wissenschaftlich, politisch oder gesellschaftlich gearbeitet, deshalb ist die Zuordnung zu einem Land nicht immer eindeutig möglich.
Zum Beispiel wird Henry Kissinger vom Nobelpreiskomitee als Amerikaner geführt. Der Deutsch-Amerikaner wurde aber in Fürth geboren, hat also eine deutsche Biographie und erscheint deshalb in dieser Liste als Deutscher. Solche Preisträger werden hier in dieser Liste mit * gekennzeichnet.
In der folgenden Liste sind nur die Namen der Preisträger genannt. Ihre gewürdigten Leistungen kann man im Internet nachlesen. In Klammern steht jeweils das Jahr der Verleihung.

Literatur

Theo Mommsen (1902), Rudolf Eucken (1908), Paul Heyse (1910), Gerhart Hauptmann (1912), Thomas Mann (1929), Hermann Hesse * (1946), Nelly Sachs (1966), Heinrich Böll (1972), Günter Grass (1999), Herta Müller (2009).

Chemie

Emil Fischer (1902), Adolf von Baeyer (1905), Eduard Buchner (1907), Wilhelm Ostwald (1909), Otto Wallach (1910), Richard Willstätter (1915), Fritz Haber (1918), Walther Hermann Nernst (1920), Richard Adolf Zsigmondy * (1925), Heinrich Otto Wieland (1927), Adolf Windaus (1928), Hans von Euler-Chelpin (1929), Hans Fischer (1930), Friedrich Bergius (1931) zusammen mit Carl Bosch (1931), Richard Kuhn * (1938), Adolf F. J. Butenandt (1939), Otto Hahn (1944), Otto P. H. Diels (1950) zusammen mit Kurt Adler (1950), Hermann Staudinger (1953), Karl Ziegler (1963), Manfred Eigen (1967), Gerhard Herzberg * (1971), Ernst Otto Fischer (1973), Georg Wittig (1979), Johann Deisenhofer (1988) zusammen mit Robert Huber (1988) und Hartmut Michel (1988), Gerhard Ertel (2007), Stefan Hell (2014), Joachim Frank * (2017), Benjamin List (2021)

Physik

Wilhelm Conrad Röntgen (1901), Philipp Lenard * (1905), Ferdinand Braun (1909), Wilhelm Wien (1911), Max von Laue (1914), Max Plank (1918), Johannes Stark (1919), Albert Einstein (1921), James Franck (1925) zusammen mit Gustav Hertz (1925), Werner Heisenberg (1932), Max Born * (1954) zusammen mit Walther Bothe (1954), Rudolf Mößbauer (1961), J. Hans D. Jensen (1963) zusammen mit Maria Goebbert-Mayer * (1963), Klaus von Klitzing (1985), Gerd Binnig (1986) zusammen mit Ernst Ruska (1986), Johannes Georg Bednorz (1987), Jack Steinberger * (1988), Wolfgang Paul (1989) zusammen mit Hans-Georg Dehmelt * (1989), Horst L. Störmer (1998), Herbert Krömer (2000), Wolfgang Ketterle (2001), Theodor W. Hänsch (2005), Peter Grünberg (2007), Reinhard Genzel (2020), Klaus Hasselmann (2021)

Physiologie oder Medizin

Emil von Behring (1901), Robert Koch (1905), Paul Ehrlich (1908), Albrecht Kossel (1910), Otto F. Meyerhof (1922), Otto Warburg (1931), Hans Spemann (1935), Otto Loewi * (1936), Gerhard Domagk (1939), Ernst Boris Chain * (1945), Hans Adolf Krebs * (1953), Werner Forßmann (1956), Feodor Lynen (1964) zusammen mit Konrad Bloch * (1964), Max Delbrück * (1969), Bernhard Katz * (1970), Georg J. F. Köhler (1984), Erwin Neher (1991) zusammen mit Bert Sakmann (1991), Christiane Nüsslein-Volhard (1995), Günter Blobel * (1999), Harald zur Hausen (2008), Thomas Südhof * (2013).

Frieden

Gustav Stresemann (1926), Ludwig Quidde (1927), Carl von Ossietzky (1935), Albert Schweitzer * (1952), Willy Brandt (1971), Henry Kissinger * (1973).

Wirtschaftswissenschaften

Den Alfred-Nobel-Gedächtnispreis für Wirtschaftswissenschaften erhielt Reinhard Selten im Jahr 1994.

DIE STAATEN EUROPAS

Zu Europa gehören 48 Staaten. Von den drei Staaten Russland, Türkei und Kasachstan gehört nur ein Teil ihrer Landesfläche zu Europa. Bei Russland sind es 23,2 %, bei der Türkei 3 % und bei Kasachstan 5,4 %. Die Werte in der Tabelle entsprechen diesen Prozentangaben.
Die Einwohnerzahl ist auf 1000 gerundet.

Erklärung der Abkürzung **BNP** (Bruttonationaleinkommen):
Wert aller Güter und Dienstleistungen, die von inländischen Unternehmen, Haushalten und vom Staat in einer bestimmten Zeit (hier in einem Jahr) erwirtschaftet werden.

Die folgenden Zahlenwerte (und auch weitere an anderen Stellen) sind entnommen „Der Neue Kosmos Weltalmanach 2021" Franck-Kosmos Verlag, Stuttgart 2020.

Die europäischen Staaten

Land	EU	Hauptstadt	Fläche in km²	Einwohner	Bev.dichte E./km²	BNP in US $/je Kopf
Albanien		Tirana	28750	2900000	101	5373
Andorra		Andorra la Vella	470	77000	164	42035
Belgien	x	Brüssel	30530	11500000	377	45176
Bosnien und Herzegowina		Sarajevo	51210	3300000	64	5742
Bulgarien	x	Sofia	111000	7000000	63	9518
Dänemark	x	Kopenhagen	42920	5800000	135	59795
Deutschland	x	Berlin	357580	83100000	232	46564
Estland	x	Tallinn	45340	1300000	29	23524
Finnland	x	Helsinki	338750	5500000	16	48869
Frankreich	x	Paris	549087	67100000	122	41761
Griechenland	x	Athen	131960	10700000	81	19974

Land	EU	Hauptstadt	Fläche in km²	Einwohner	Bev.dichte E./km²	BNP in US $/je Kopf
Großbritannien und Nordirland [1)]		London	243610	66800000	274	41030
Irland	x	Dublin	70280	4900000	70	77771
Island		Reykjavik	103000	361000	4	67037
Italien	x	Rom	301340	60300000	200	32947
Kasachstan		Nur-Sultan	146000	480000	3	9139
Kosovo		Pristina	10890	1800000	165	4442
Kroatien	x	Zagreb	54590	4100000	75	14950
Lettland	x	Riga	64490	1900000	29	18172
Liechtenstein		Vaduz	160	38000	238	165028
Litauen	x	Vilnius	65286	2800000	43	19267
Luxemburg	x	Luxemburg	2590	620000	239	113196
Malta	x	Valletta	320	503000	1572	30650
Republik Moldau		Chişinău	33850	2700000	80	3300
Monaco		Monaco	2	39000	19500	185741
Montenegro		Podgorica	13810	622000	45	8704
Niederlande	x	Amsterdam	41540	17300000	416	52368
Nord-mazedonien		Skopje	25710	2100000	82	6096
Norwegen		Oslo	625217	5300000	8	77975
Österreich	x	Wien	83879	8900000	106	50023

Polen	x	Warschau	312680	38000000	121	14902
Portugal	x	Lissabon	92226	10300000	112	23031
Rumänien	x	Bukarest	238400	19400000	81	12483
Russland		Moskau	3956000	104000000	26	11163
San Marino		San Marino	60	33860	564	47280
Schweden	x	Stockholm	447430	10300000	23	51242
Schweiz		Bern	41290	8600000	208	83717
Serbien		Belgrad	88360	6900000	78	7398
Slowakei	x	Bratislava	49030	5500000	112	19584
Slowenien	x	Ljubljana	20675	2100000	102	26170
Spanien	x	Madrid	505935	47100000	93	29961
Tschechische Republik	x	Prag	78870	10700000	136	23214
Türkei		Ankara	23380	9800000	419	8958
Ukraine		Kiew	603550	44000000	73	3592
Ungarn	x	Budapest	93030	9800000	105	17463
Vatikanstadt		(Stadtstaat)	0,44	620	1409	k. A.
Weißrussland		Minsk	207600	9500000	46	6604
Zypern	x	Nikosia	9250	1200000	130	27720

1) ZU GROSSBRITANNIEN GEHÖREN DIE LANDESTEILE ENGLAND, WALES UND SCHOTTLAND. ZUSAMMEN MIT DEM LANDESTEIL NORDIRLAND WIRD DIE BEZEICHNUNG „VEREINIGTES KÖNIGREICH" VERWENDET.

DIE STAATEN DER EUROPÄISCHEN UNION (EU)

Die Länder Belgien, Deutschland, Frankreich, Italien, Luxemburg und die Niederlande entschlossen sich zu einer wirtschaftlichen Zusammenarbeit und gründeten am 25. März 1957 die „**E**uropäische **W**irtschafts**g**emeinschaft (**EWG**). Aus dieser Gemeinschaft entwickelte sich die heutige Europäische Union (**EU**).

Beitritt 1.1.1958:
Belgien, Deutschland, Frankreich, Italien, Luxemburg, Niederlande → 6 Staaten

Beitritt 1.1.1973:
Dänemark, Irland, Großbritannien → 9 Staaten

Beitritt 1.1.1981:
Griechenland → 10 Staaten

Beitritt 12.1.1986:
Portugal, Spanien → 12 Staaten

Beitritt 1.1.1995:
Finnland, Österreich, Schweden → 15 Staaten

Beitritt 1.5.2004:
Estland, Lettland, Litauen, Malta, Polen, Slowakei, Slowenien, Tschechien, Ungarn, Zypern → 25 Staaten

Beitritt 1.1.2007:
Bulgarien, Rumänien → 27 Staaten

Beitritt 1.7.2013
Kroatien → 28 Staaten

Austritt 31.1.2020:
Vereinigtes Königreich → 27 Staaten

Nach dem Austritt des Vereinigten Königreiches wurde ein Acker bei Gadheim (9 Grad, 54 Minuten, 7 Sekunden östliche Länge; 49 Grad, 50 Minuten, 35 Sekunden nördliche Breite), ein Ortsteil der Gemeinde Veitshöchheim in Unterfranken, der geographische Mittelpunkt der EU. Gadheim löste damit die Ortschaft Westerngrund bei Aschaffenburg ab.

Länder, die Mitglied der EU werden möchten, müssen die „Kopenhagener Kriterien" erfüllen:

- Freie Marktwirtschaft
- Stabile Demokratie
- Rechtsstaatliche Ordnung
- Anerkennung aller EU-Rechtsvorschriften
- Akzeptanz des Euro

Folgende Kandidatenländer befinden sich im Prozess der „Umsetzung" (Integration):
Albanien, Montenegro, Nordmazedonien, Serbien, Türkei.
Am 23.6.2022 wurde der Ukraine offiziell der Kanidatenstatus zum EU-Beitritt zugesprochen.

Folgende Kandidatenländer erfüllen im Augenblick noch nicht die Voraussetzungen für eine Mitgliedschaft:
Bosnien und erzegowina,
Herzegowina, Kosovo.

DER GRENZFREIE SCHENGEN-RAUM

Das erste Schengener Abkommen (Schengen ist eine Gemeinde im Großherzogtum Luxemburg) wurde am 14.6.1985 unterzeichnet.
Der Schengenraum ist heute ein Gebiet ohne Binnengrenzen. In diesem Raum können sich alle Privatpersonen, Touristen und Geschäftsleute ohne Grenzkontrollen frei bewegen.
Um die innere Sicherheit zu gewährleisten, werden an den Außengrenzen des Schengenraums die Kontrollen verschärft.

Zum Schengenraum gehören folgende EU-Länder:
Belgien, Dänemark, Deutschland, Estland, Finnland, Frankreich, Griechenland, Italien, Lettland, Litauen, Luxemburg, Malta, Niederlande, Österreich, Polen, Portugal, Schweden, Slowakei, Slowenien, Spanien, Tschechien, Ungarn und auch einige assoziierte Nicht-EU-Länder: Island, Liechtenstein, Norwegen, Schweiz

DER EURO

Bei der sogenannten „Währungsreform" am 20. Juni 1948 wurde die Reichsmark (RM) durch die Deutsche Mark (DM) abgelöst. Am 1. Januar 2002 löste der Euro (€) die DM ab mit dem Umrechnungskurs 1 € = 1,95583 DM. Bereits ab 17. Dezember 2001 konnte man bei Banken und Sparkassen ein „Starterkit" erhalten: Für 20 DM bekam man 20 Euro-Münzen im Wert von 10,23 €.

Der Euro ist die offizielle Währung in 19 von den 27 Mitgliedstaaten:
Belgien, Deutschland, Estland, Finnland, Frankreich, Griechenland, Irland, Italien, Lettland, Litauen, Luxemburg, Malta, Niederlande, Österreich, Portugal, Slowakei, Slowenien, Spanien, Zypern.

DIE ZEHN GRÖSSTEN STÄDTE EUROPAS

Die folgenden Zahlen beziehen sich nur auf die verwaltungsmäßigen Grenzen der Stadt, also ohne Vororte (Stand: 2019).

	Stadt	Einwohner in Mio.
1	Moskau	12,43
2	Istanbul	9,70
3	London	8,91
4	Sankt Petersburg	5,38
5	Berlin	3,67
6	Madrid	3,27
7	Kiew	2,95
8	Rom	2,84
9	Paris	2,14
10	Minsk	1,99

Weitere zehn große Städte sind:
Wien (1,91 Mio.), Hamburg (1,85 Mio.), Bukarest (1,83 Mio.), Warschau (1,78 Mio.), Budapest (1,75 Mio.), Barcelona (1,64 Mio.), München (1,48 Mio.), Charkow (1,45 Mio.), Mailand (1,40 Mio.), Prag (1,32 Mio.).

ALLE STAATEN DER ERDE

Im Jahr 2020 gab es insgesamt 196 Staaten: Europa 48, Asien 49, Amerika 35, Afrika 53, Australien 1, Ozeanien 14.

Die Summe dieser Zahlen ergibt aber den Wert 200. Vier Staaten wurden doppelt gezählt:
Russland liegt in Europa und Asien.
Kasachstan liegt in Asien, aber ein kleiner Landesteil auch in Europa.
Türkei liegt in Vorderasien, ein kleiner Landesteil auch in Europa.
Zypern ist zweigeteilt, gehört zu Europa (griechischer Südteil) und zu Asien (türkischer Nordteil).

1. Staat, Hauptstadt, Kontinent

Staat	Hauptstadt	Lage
Afghanistan	Kabul	Zentralasien
Ägypten	Kairo	Nordostafrika
Albanien	Tirana	Südosteuropa
Algerien	Algier	Nordafrika
Andorra	Andorra la Vella	Südwesteuropa
Angola	Luanda	Südwestafrika
Antigua und Barbuda	St. John's	Mittelamerika, Karibik
Äquatorialguinea	Malabo	Zentralafrika
Argentinien	Buenos Aires	Südamerika
Armenien	Eriwan	Vorderasien
Aserbaidschan	Baku	Vorderasien
Äthiopien	Addis Abeba	Nordostafrika
Australien	Canberra	Ozeanien
Bahamas	Nassau	Mittelamerika, Karibik

AUS ALLER WELT

Staat	Hauptstadt	Lage
Bahrain	Manama	Vorderasien
Bangladesch	Dhaka	Südasien
Barbados	Bridgetown	Mittelamerika, Karibik
Belgien	Brüssel	Westeuropa
Belize	Belmopan	Mittelamerika
Benin	Porto Novo	Westafrika
Bhutan	Thimphu	Südasien
Bolivien	Sucre	Südamerika
Bosnien und Herzegowina	Sarajevo	Südosteuropa
Botsuana	Gaborone	Südafrika
Brasilien	Brasilia	Südamerika
Brunei Darussalam	Bandar Seri Begawan	Südostasien
Bulgarien	Sofia	Südosteuropa
Burkina Faso	Ouagadougou	Westafrika
Burundi	Gitega	Ostafrika
Chile	Santiago de Chile	Südamerika
China	Peking	Ostasien
Costa Rica	San José	Mittelamerika
Dänemark	Kopenhagen	Nordeuropa
Deutschland	Berlin	Mitteleuropa
Dominica	Roseau	Mittelamerika, Karibik
Dominikanische Republik	Santo Domingo	Mittelamerika, Karibik

Dschibuti	Dschibuti	Nordostafrika
Ecuador	Quito	Südamerika
El Salvador	San Salvador	Mittelamerika
Elfenbeinküste (Côte d'Ivoire)	Yamoussoukro	Westafrika
Eritrea	Asmara	Nordostafrika
Estland	Tallinn	Nordosteuropa
Fidschi	Suva	Ozeanien
Finnland	Helsinki	Nordeuropa
Frankreich	Paris	Westeuropa
Gabun	Libreville	Zentralafrika
Gambia	Banjul	Westafrika
Georgien	Tiflis	Vorderasien
Ghana	Accra	Westafrika
Grenada	St. George's	Mittelamerika, Karibik
Griechenland	Athen	Südosteuropa
Großbritannien und Nordirland	London	Westeuropa
Guatemala	Guatemala-Stadt	Mittelamerika
Guinea	Conakry	Westafrika
Guinea-Bissau	Bissau	Westafrika
Guyana	Georgetown	Südamerika
Haiti	Port-au-Prince	Mittelamerika, Karibik
Honduras	Tegucigalpa	Mittelamerika

Staat	Hauptstadt	Lage
Indien	Neu-Delhi	Südasien
Indonesien	Jakarta	Südostasien, Ozeanien
Irak	Bagdad	Vorderasien
Iran	Teheran	Vorderasien
Irland	Dublin	Westeuropa
Island	Reykjavik	Nordeuropa
Israel Palästinensische Gebiete	Jerusalem Ramallah	Vorderasien Vorderasien
Italien	Rom	Südeuropa
Jamaica	Kingston	Mittelamerika, Karibik
Japan	Tokio	Ostasien
Jemen	Sanaa	Vorderasien
Jordanien	Amman	Vorderasien
Kambodscha	Phnom Penh	Südostasien
Kamerun	Yaoundé	Zentralafrika
Kanada	Ottawa	Nordamerika
Kap Verde	Praia	Westafrika
Kasachstan	Nursultan	Zentralasien, Osteuropa
Katar	Doha	Vorderasien
Kenia	Nairobi	Ostafrika
Kirgisistan	Bischkek	Zentralasien
Kiribati	Tarawa	Ozeanien

Kolumbien	Bogota	Südamerika
Komoren	Moroni	Ostafrika
Kongo, Demokrat. Republik	Kinshasa	Zentralafrika
Kongo, Republik	Brazzaville	Zentralafrika
Korea (Nord)	Pjöngjang	Ostasien
Korea (Süd)	Seoul	Ostasien
Kosovo	Pristina	Südosteuropa
Kroatien	Zagreb	Südosteuropa; Mitteleuropa
Kuba	Havanna	Mittelamerika, Karibik
Kuwait	Kuwait	Vorderasien
Laos	Vientiane	Südostasien
Lesotho	Maseru	Südafrika
Lettland	Riga	Nordosteuropa
Libanon	Beirut	Vorderasien
Liberia	Monrovia	Westafrika
Libyen	Tripolis	Nordafrika
Liechtenstein	Vaduz	Mitteleuropa
Litauen	Vilnius	Nordosteuropa
Luxemburg	Luxemburg	Westeuropa
Madagaskar	Antananarivo	Südostafrika
Malawi	Lilongwe	Südostafrika
Malaysia	Kuala Lumpur	Südostasien
Malediven	Male	Südasien

Staat	Hauptstadt	Lage
Mali	Bamako	Westafrika
Malta	Valletta	Südeuropa
Marokko	Rabat	Nordwestafrika
Marshallinseln	Majuro	Ozeanien
Mauretanien	Nouakchott	Nordwestafrika
Mauritius	Port Louis	Südostafrika
Mexiko	Mexiko-Stadt	Nordamerika, Mittelamerika
Mikronesien	Palikir	Ozeanien
Moldau	Chisinau	Südosteuropa
Monaco	Monaco	Westeuropa
Mongolei	Ulan-Bator	Zentralasien
Montenegro	Podgorica	Südosteuropa
Mosambik	Maputo	Südostafrika
Myanmar	Naypyidaw	Südostasien
Namibia	Windhuk	Südwestafrika
Nauru	Yaren	Ozeanien
Nepal	Kathmandu	Südasien
Neuseeland	Wellington	Ozeanien
Nicaragua	Managua	Mittelamerika
Niederlande	Amsterdam	Westeuropa
Niger	Niamey	Westafrika
Nigeria	Abuja	Westafrika

Nordmazedonien	Skopje	Südosteuropa
Norwegen	Oslo	Nordeuropa
Oman	Maskat	Vorderasien
Österreich	Wien	Mitteleuropa
Osttimor	Dili	Südosatasien
Pakistan	Islamabad	Südasien
Palau	Melekeok	Ozeanien
Panama	Panama-Stadt	Mittelamerika
Papua-Neuguinea	Port Moresby	Ozeanien
Paraguay	Asunción	Südamerika
Peru	Lima	Südamerika
Philippinen	Manila	Südostasien
Polen	Warschau	Mitteleuropa
Portugal	Lissabon	Südwesteuropa
Ruanda	Kigali	Ostafrika
Rumänien	Bukarest	Südosteuropa
Russland	Moskau	Osteuropa, Nordasien
Salomonen	Honiara	Ozeanien
Sambia	Lusaka	Südafrika
Samoa	Apia	Ozeanien
San Marino	San Marino	Südeuropa
São Tomé und Princípe	São Tomé	Zentralafrika
Saudi-Arabien	Riad	Vorderasien

Staat	Hauptstadt	Lage
Schweden	Stockholm	Nordeuropa
Schweiz	Bern	Mitteleuropa
Senegal	Dakar	Westafrika
Serbien	Belgrad	Südosteuropa
Seychellen	Victoria	Ostafrika
Sierra Leone	Freetown	Westafrika
Simbabwe	Harare	Südafrika
Singapur	Singapur	Südostasien
Slowakei	Bratislava	Mitteleuropa
Slowenien	Ljubljana	Mitteleuropa
Somalia	Mogadischu	Nordostafrika
Spanien	Madrid	Südwesteuropa
Sri Lanka	Colombo	Südasien
St. Kitts und Nevis	Basseterre	Mittelamerika, Karibik
St. Lucia	Castries	Mittelamerika, Karibik
St. Vincent und die Grenadinen	Kingstown	Mittelamerika, Karibik
Südafrika	Pretoria	Südafrika
Sudan	Khartoum	Nordostafrika
Südsudan	Juba	Nordostafrika
Suriname	Paramaribo	Südamerika
Swasiland	Mbabane	Südostafrika
Syrien	Damaskus	Vorderasien

Tadschikistan	Duschanbe	Zentralasien
Taiwan	Taipeh	Ostasien
Tansania	Dodoma	Ostafrika
Thailand	Bangkok	Südostasien
Togo	Lomé	Westafrika
Tonga	Nuku'alofa	Ozeanien
Trinidad und Tobago	Port of Spain	Mittelamerika, Karibik
Tschad	N'Djamena	Zentralafrika
Tschechische Republik	Prag	Mitteleuropa
Tunesien	Tunis	Nordafrika
Türkei	Ankara	Südosteuropa, Vorderasien
Turkmenistan	Aschgabat	Zentralasien
Tuvalu	Funafuti	Ozeanien
Uganda	Kampala	Ostafrika
Ukraine	Kiew	Osteuropa
Ungarn	Budapest	Mitteleuropa
Uruguay	Montevideo	Südamerika
Usbekistan	Taschkent	Zentralasien
Vanuatu	Port Vila	Ozeanien
Vatikanstadt	Vatikanstadt	Südeuropa
Venezuela	Caracas	Südamerika
Vereinigte Arabische Emirate	Abu Dhabi	Vorderasien

Staat	Hauptstadt	Lage
Vereinigte Staaten von Amerika	Washington, D. C.	Nordamerika
Vietnam	Hanoi	Südostasien
Weißrussland	Minsk	Osteuropa
Zentralafrikanische Republik	Bangui	Zentralafrika
Zypern	Nikosia	Vorderasien

2. Flaggenbestimmung nach formalen Gesichtspunkten

Bestimmte Farbkombinationen bzw. Symbole geben Auskunft über gemeinsame Kultur, gleiche politische Ziele oder sie drücken ein Gefühl der Verbundenheit und Solidarität aus
(z. B. Weiß-Blau für viele lateinamerikanische Länder, Grün und Halbmond für die islamischen Länder und das Kreuz für die skandinavischen Länder).

Würde man sich alle Flaggen ohne Farbe vorstellen, so sind nur Strukturen oder Zeichnungen zu erkennen: Querstreifen, Längsstreifen, Diagonalen, geometrische Figuren, symmetrische Anordnung usw. Eine Zuordnung zu einem bestimmten Kulturkreis ist jetzt nicht mehr möglich: Die Flaggen von Irland und Guinea besitzen drei senkrechte Streifen, die von Polen und San Marino haben zwei waagrechte Streifen und die Flaggen von den Bahamas und dem Sudan haben ohne Farbe die gleiche Struktur.
Alle Flaggen lassen sich nach diesen formalen Gesichtspunkten in acht verschiedene Hauptgruppen und vier Untergruppen einteilen (nach J. Louda und G. Rennau).

Hauptgruppen:
1. ohne waagrechte und senkrechte Streifen
2. mit zwei Streifen (waagrecht oder senkrecht)
3. mit drei Streifen (waagrecht oder senkrecht)
4. mit vier oder mehr Streifen
5. mit schräger Einteilung
6. mit großen und kleinen Kreuzen
7. mit Mondsichel oder Mondsichel mit einem oder mehreren Sternen
8. mit einem großen Stern und mehreren kleinen Sternen

Untergruppen:

a. ohne Emblem
b. mit Emblem (Bild, Schriftzug, ...)
c. mit einem Rechteck, Trapez oder Dreieck entlang der Maststange einer Flagge mit waagrechten Streifen
d. mit ungleichmäßiger Aufteilung oder einem schmalen Zwischenstreifen

Einige ausgewählte Länder sollen als Beispiele in diesen Bestimmungsschlüssel eingeordnet werden:
Libyen (1a), Albanien (1b), Indonesien (2a), Singapur (2b, 7), Panama (2b, 8), Madagaskar (2c), Bahrain (2d), Gabun (3a), Barbados (3b), Kuwait (3c), Ecuador (3d), Kanada (3b, 3d), Mauritius (4a), Togo (4b), Vereinigte Staaten von Amerika (4b, 8), Simbabwe (4c), Thailand (4d), Tansania (5), Burundi (5, 8), Finnland (6), Tonga (6, 1b), Tuvalu (6, 1b, 8), Türkei
(7, 1b), Irak (8, 3b), Australien (8, 6, 1b).

INTERNATIONALE ORGANISATIONEN, BÜNDNISSE UND GEMEINSCHAFTEN

Es gibt sehr viele internationale Organisationen und Bündnisse, hier sind nur einige Beispiele genannt.

1. UNO

Die UNO (Organisation der Vereinten Nationen) wurde am 24.10.1945 von 51 Staaten gegründet. In der Gründungsurkunde lautet das Hauptziel: „Künftige Geschlechter von der Geißel des Krieges zu befreien". Derzeit sind 193 Staaten Mitglieder. Keine Mitglieder sind: Kosovo, Nordzypern, Palästina, Taiwan, (West-)Sahara, Vatikanstadt und einige Pazifikinseln.

2. NATO

Die NATO (**N**orth **A**tlantik **T**reaty **O**rganization) wurde am 4. April 1949 gegründet. Ziel der militärisch-politischen Organisation mit derzeit 30 Mitgliedstaaten ist die eigene Sicherheit und weltweite Stabilität.
Gründungsmitglieder: Belgien, Dänemark, Frankreich, Island, Italien, Kanada, Luxemburg, Niederlande, Norwegen, Portugal, Vereinigtes Königreich, Vereinigte Staaten.
Seit 18.2.1962: Griechenland, Türkei, seit 6.5.1965: Bundesrepublik Deutschland, seit 30.5.1982: Spanien, seit 12.3.1999: Polen, Tschechien, Ungarn, seit 29.3.2004: Bulgarien, Estland, Lettland, Litauen, Rumänien, Slowakei, Slowenien, seit 1.4.2009: Albanien, Kroatien, seit 5.6.2017: Montenegro, seit 27.3.2020: Nordmazedonien.

Im März 2018 erkennt die NATO offiziell an, dass die Ukraine eine NATO-Mitgliedschaft anstrebt.
Nach dem im Februar begonnenen Angriffskrieg Russlands gegen die Ukraine haben Finnland und Schweden die NATO-Mitgliedschaft beantragt. 23 von 30 Mitgliedsstaaten haben der Aufnahme zugestimmt.

3. WHO

Die WHO (**W**orld **H**ealth **O**rganization) wurde am 22.7.1946 gegründet mit dem Hauptziel der Verbesserung der Gesundheitsversorgung. Derzeit sind 194 Staaten Mitglieder der WHO.

4. OPEC

Die OPEC (**O**rganization oft he **P**etroleum **E**xporting **C**ountries) wurde im September 1960 von den Staaten Saudi-Arabien, Venezuela, Irak, Iran und Kuweit gegründet.

Derzeit gehören 13 Staaten zu diesem Bündnis: Algerien, Angola, Äquatorialguinea, Gabun, Iran, Irak, Republik Kongo, Kuweit, Libyen, Nigeria, Saudi-Arabien, Vereinigte Arabische Emirate (VAR), Saudi-Arabien.

5. OECD

Die OECD (**O**rganisation for **E**conomic **C**o-operation and **E**velopment) ist eine Organisation für wirtschaftliche Zusammenarbeit und Entwicklung, die am 30.9.1961 gegründet wurde.
Derzeit gibt es 38 Mitglieder.

Gründungsmitglieder:
Belgien, Dänemark, Deutschland, Frankreich, Griechenland, Irland, Island, Italien, Kanada, Luxemburg, Niederlande, Norwegen, Österreich, Portugal, Schweden, Schweiz, Spanien, Türkei, Vereinigte Staaten, Vereinigtes Königreich.

Im Lauf der Jahre kamen hinzu:
1964: Japan, 1969: Finnland, 1971 Australien, 1973: Neuseeland, 1994: Mexiko, 1995: Tschechien, 1996: Polen, Südkorea, Ungarn, 2000: Slowakei, 2010: Chile, Estland, Israel, Slowenien, 2016: Lettland, 2018: Litauen, 2020: Kolumbien, 2021: Costa Rica.

6. G-7-Staaten

Der Buchstabe G steht für „Gemeinschaft".
Die G-7-Staaten sind ein Zusammenschluss der sieben wichtigsten Industriestaaten: USA, Italien, Japan, Großbritannien, Kanada, Frankreich, Deutschland.
Gründung im Jahr 1975, um Fragen der Weltwirtschaft zu erörtern.

7. G-8-Staaten

Neben den G-7-Staaten gehört noch Russland dazu. Die Mitglieder der G-7-Staaten beschlossen aber im Jahr 2014 Russland bis auf Weiteres von den Treffen auszuschließen. Grund war die Annexion der Halbinsel Krim am 18.3.2014 in die russische Föderation.

8. G-20-Staaten

Zu dieser Gemeinschaft gehören die wichtigsten Industriestaaten und die Schwellenländer.
Es sind 19 Staaten und die EU: Argentinien, Australien, Brasilien, Deutschland, Europäische Union, Frankreich, Indien, Indonesien, Italien, Japan, Kanada, Mexiko, Russland, Saudi-Arabien, Südafrika, Südkorea, Türkei, Vereinigtes Königreich, Vereinigte Staaten, Volksrepublik China.
Die Gemeinschaft wurde 1999 gegründet.

DAS WACHSTUM DER WELTBEVÖLKERUNG

Im Jahr 0 lebten etwa 188 Millionen Menschen auf der Erde.
1650: 500 Mio. 1800: 1 Mrd. 1900: 1,65 Mrd. 1950: 2,5 Mrd. 1965: 3,3 Mrd.
2000: 6 Mrd. 2010: 7 Mrd. 2020: 7,8 Mrd. Prognose für 2100: 10,9 Mrd.

Nach UN DESA (The **U**nited **N**ations **D**epartment of **E**conomic and **S**ocial **A**ffairs = Hauptabteilung Wirtschaftliche Soziale Angelegenheiten der Vereinten Nationen) lebten im Jahr 1950 750 Millionen Menschen in Städten, 2020 waren es 4,2 Milliarden, das sind etwa 54% der Weltbevölkerung. Bis zum Jahr 2050 sollen es sogar 68% sein.

Heute gibt es mehr als 30 Metropolregionen mit über zehn Millionen Einwohnern.

DIE ZEHN GRÖSSTEN STÄDTE DER WELT (METROPOLREGIONEN*)

	Stadt	Einwohner in Mio.	Land und Kontinent
1	Tokio-Yokohama	37,98	Japan/Asien
2	Jakarta	34,54	Indonesien/Asien
3	Delhi	29,62	Indien/Asien
4	Mumbai	23,36	Indien/Asien
5	Manila	23,09	Philippinen/Asien
6	Shanghai	22,12	China/Asien
7	São Paulo	22,05	Brasilien/Südamerika
8	Seoul	21,79	Südkorea/Asien
9	Mexiko-Stadt	21,00	Mexiko/Mittelamerika
10	Guangzhou	20,90	China/Asien

* STAND 2020

Weitere zehn Metropolregionen sind:
New York (20,87 Mio.; USA/Nordamerika), Peking (19,43 Mio.; China/Asien), Kairo (19,37 Mio.; Ägypten/Afrika), Kalkutta (17,56 Mio.; Indien/Asien), Moskau (17,13 Mio.; Russland/Europa), Bangkok (17,07 Mio.; Thailand/Asien), Buenos Aires (16,18 Mio.; Argentinien/Südamerika), Shenzhen (15,93 Mio.; China/Asien), Dhaka (15,44 Mio.; Bangladesch/Asien), Los Angeles (15,40 Mio.; USA/Nordamerika)

DIE VEREINIGTEN STAATEN VON AMERIKA (USA)

Die Vereinigten Staaten von Amerika sind mit einer Fläche von 9831510 km² nach Russland und Kanada **(→siehe Seite 354)** das drittgrößte Land der Erde.

1. Verwaltungsgliederung (Bundesstaaten) der USA

Die USA hat 50 Bundesstaaten und 1 Bundesdistrikt (District of Columbia)

Verwaltungseinheit	Fläche in km²	Hauptstadt
Alabama	135767	Montgomery
Alaska	1723337	Juneau
Arizona	295234	Phönix
Arkansas	137732	Little Rock
Colorado	269601	Denver
Connecticut	14357	Hartford
Delaware	6446	Dover
District of Columbia	177	Washington D. C.
Florida	170312	Tallahassee
Georgia	153910	Atlanta
Hawaii	28313	Honolulu
Idaho	216443	Boise
Illinois	149995	Springfield
Indiana	94326	Indianapolis
Iowa	145746	Des Moines
Kalifornien	423967	Sacramento
Kansas	213100	Topeka
Kentucky	104656	Frankfort
Louisiana	135659	Baton Rouge
Maine	91633	Augusta

Verwaltungseinheit	Fläche in km²	Hauptstadt
Maryland	32131	Annapolis
Massachusetts	27336	Boston
Michigan	250487	Lansing
Minnesota	225136	St. Paul
Mississippi	125438	Jackson
Missouri	180540	Jefferson City
Montana	380831	Helena
Nebraska	200330	Lincoln
Nevada	286380	Carson City
New Hampshire	24214	Concord
New Jersey	22591	Trenton
New Mexiko	314917	Santa Fe
New York	141297	Albany
North Carolina	139391	Raleigh
North Dakota	183108	Bismarck
Ohio	116098	Columbus
Oklahoma	181037	Oklahomas City
Oregon	254799	Salem
Pennsylvania	119280	Harrisburg
Rhode Island	4001	Providence
South Carolina	82933	Columbia
South Dakota	199729	Pierre

Tennessee	109153	Nashville
Texas	695662	Austin
Utah	219882	Salt Lake City
Vermont	24906	Montpelier
Virginia	110787	Richmond
Washington	184661	Olympia
West Virginia	62756	Charleston
Wisconsin	169653	Madison
Wyoming	253335	Cheyenne

Zum Vergleich:
40 Bundesstaaten der USA sind größer als das größte Bundesland Bayern (70542 km^2).

2. Die Präsidenten der USA

	Präsident	Amtszeit
1	George Washington	1789-1797
2	John Adams	1797-1801
3	Thomas Jefferson	1801-1809
4	James Madison	1809-1817
5	James Monroe	1817-1825
6	John Quincy Adams	1825-1829
7	Andrew Jackson	1829-1837
8	Martin van Buren	1837-1841

	Präsident	Amtszeit
9	William Harrison	1841-1841
10	John Tyler	1841-1845
11	James Knox Polk	1845-1849
12	Zachary Taylor	1849-1850
13	Millard Fillmore	1850-1853
14	Franklin Pierce	1853-1857
15	James Buchanan	1857-1861
16	Abraham Lincoln	1861-1865

Präsident		Amtszeit
17	Andrew Johnson	1865-1869
18	Ulysses Grant	1869-1877
19	Rutherford Hayes	1877-1881
20	James Garfield	1881-1881
21	Chester A. Arthur	1881-1885
22	Grover Cleveland	1898-1889
23	Benjamin Harrison	1889-1893
24	Grover Cleveland	1893-1897
25	William McKinley	1897-1901
26	Theodor Roosevelt	1901-1909
27	William H. Taft	1989-1913
28	Woodrow T. Wilson	1913-1921
29	Warren G. Harding	1921-1923
30	John Calvin Coolidge	1923-1929
31	Herbert Clark Hoover	1929-1933

Präsident		Amtszeit
32	Franklin D. Roosevelt	1933-1945
33	Harry S. Truman	1945-1953
34	Dwight D. Eisenhower	1953-1961
35	John F. Kennedy	1961-1963
36	Lyndon B. Johnson	1963-1969
37	Richard Nixon	1969-1974
38	Gerald Ford	1974-1977
39	James Earl Carter	1977-1981
40	Ronald Reagan	1981-1989
41	George H. W. Bush	1989-1993
42	Bill Clinton	1993-2001
43	George W. Bush	2001-2008
44	Barack Hussein Obama	2008-2017
45	Donald Trump	2017-2021
46	Joe Biden	2021

Von den bisherigen 46 Präsidenten waren

- 22 Republikaner (3,4,5,16,18,19,20,21,23,25,26,27,29,30,31,34,37,38,40,41,43,45)
- 17 Demokraten (7,8,11,14,15,17,22,24,28,32,33,35,36,39,42,44,46)
- 4 Whig (9,10,12,13)
- 2 Föderalisten (2,6)
- 1 parteilos (1)

Vier Präsidenten spendeten ihre Einkünfte aus dem Staatsdienst: George Washington, Herbert Hoover, John F. Kennedy und Donald Trump.

Nur zwei Präsidenten sind im Weißen Haus gestorben: William Harrison 1841 und Zachary Taylor 1850. Vier Präsidenten wurden in ihrer Amtszeit ermordet: Abraham Lincoln 1865, James Garfield 1881, William McKinley 1901, John F. Kennedy 1963.

Das „Mount Rushmore National Memorial" ist ein in Granit gemeißeltes Denkmal in einen 1745 m hohen Berg in Süd-Dakota und wurde 1941 fertiggestellt. Es sind die vier Köpfe der bis zur damaligen Zeit bedeutendsten und symbolträchtigsten Präsidenten der Vereinigten Staaten dar: Washington, Jefferson, Roosevelt, Lincoln

500 BEDEUTENDE PERSÖNLICHKEITEN DER WELTGESCHICHTE

Der Begriff „bedeutend" kann natürlich nur subjektiv sein. Mag sein, dass jemand einige der hier genannten Personen einerseits nicht kennt oder ihnen keine Bedeutung zuschreibt und andererseits andere bedeutende Personen vermisst.

Name	lebte von ... bis...	Beruf, Tätigkeit
Abbe, Ernst	23.1.1840 - 14.1.1905	Deutscher Optiker und Physiker
Abel, Niels Hendric	5.8.1802 - 6.4.1829	Norwegischer Mathematiker
Abraham a Santa Clara (eigentl. Ulrich Megerle)	2.7.1644 - 11.12.1709	Deutscher Augustiner Mönch
Adenauer, Konrad	5.1.1876 - 19.4.1967	Deutscher Politiker
Aischa Bint Abi Bakr	um 613 - 13.7.678	Ehefrau Mohammeds
Aischylos	525 v.Chr. - 456 v.Chr.	Attischer Tragiker
Albertus Magnus	um 1193 - 15.11.1280	Deutscher Theologe, Gelehrter
Alexander der Große	356 v.Chr. - 13.6.323 v.Chr.	Griechischer König
Alexander II. Nilolajewitsch	29.4.1818 - 13.3.1881	Russischer Zar
Alexander III. Alexandrowitsch	10.3.1845 - 1.11.1894	Russischer Zar

Name	lebte von ... bis...	Beruf, Tätigkeit
Amalasuntha	um 495 - 30.4.535	Ostgotische Königin, Tochter von Theoderich dem Großen
Ampère, André Marie	20.1.1775 - 10.6.1836	Französischer Mathematiker und Physiker
Amundsen, Roald	16.7.1872 - Juni 1928	Norwegischer Polarforscher
Anchesen pa Aton	um 1350 - 1323 v.Ch.	Tochter von Echnaton und Nofretete, Gemahlin von Tutanchamun
Andersen, Hans Christian	2.4.1805 - 4.8.1875	Dänischer Dichter
Anna Boleyn	1507 - 15.5.1536	Englische Königin
Anouilh, Jean	23.6.1910 - 3.10.1987	Französischer Dramatiker
Arafat, Jassir	24.8.1928 - 11.11.2004	Palästinensischer Politiker
Archimedes	285 v.Chr. - 212 v.Chr.	Griechischer Mathematiker und Mechaniker
Aristophanes	um 465 - 385 v.Chr.	Griechischer Dichter
Aristoteles	384 v.Chr. - 322 v.Chr.	Griechischer Philosoph
Arminius	um 17 v.Chr. - 21 n.Chr.	Germanischer Feldherr
Attila	? - 453 n.Chr.	König der Hunnen
Augusta	30.9.1811 - 7.1.1890	Deutsche Kaiserin, Königin von Preußen
Auguste Victoria	22.10.1858 - 11.4.1921	Deutsche Kaiserin, Königin von Preußen
Augustinus	15.11.354 - 28.8.430	Lateinischer Kirchenlehrer
Augustus	23.9.63 v.Chr. - 15.8.14 n.Chr.	Erster römischer Kaiser

Aurel, Marc	121 - 17.3.180	Römischer Kaiser
Baader, Andreas	6.5.1943 - 18.10.1977	Deutscher Terrorist
Bach, Johann Sebastian	21.3.1685 - 28.7.1750	Deutscher Organist und Komponist
Baker, Josefine	3.6.1906 - 12.4.1975	Amerikanisch-französische Tänzerin, engagierte Kämpferin gegen Rassismus
Balboa, Vasco Nunez de	um 1475 - Januar 1519	Spanischer Eroberer
Balzac, Honoré	20.5.1799 - 18.8.1850	Französischer Schriftsteller
Barlach, Ernst	2.1.1870 - 24.10.1938	Deutscher Bildhauer, Grafiker und Dichter
Barth, Heinrich	16.2.1821 - 25.11.1865	Deutscher Afrikaforscher
Bartók, Béla	25.3.1881 - 26.9.1945	Ungarischer Komponist
Baudelaire, Charles	9.4.1821 - 31.8.1867	Französischer Dichter
Beauvoir, Simone de	9.1.1908 - 14.4.1986	Französische Schriftstellerin
Bebel, August	22.2.1840 - 13.8.1913	Deutscher sozialdemokratischer Parteiführer
Beethoven, Ludwig van	16.12.1770 - 26.3.1827	Deutscher Komponist
Behring, Emil Adolf von	15.3.1854 - 31.3.1917	Deutscher Bakteriologe
Benz, Carl Friedrich	25.11.1844 -. 4.4.1929	Deutscher Ingenieur, Unternehmer
Bequerel, Henri Antoine	15.12.1852 - 28.8.1908	Französischer Physiker
Bergius, Friedrich	11.10.1884 - 31.3.1949	Deutscher Chemiker
Bering, Vitus	1680 - 8.12.1741	Dänisch-russischer Seefahrer
Berlichingen, Götz von	1480 - 23.7.1562	Fränkischer Reichsritter

Name	lebte von … bis…	Beruf, Tätigkeit
Bernauer, Agnes	1410 - 12.10.1435	Nicht standesmäßige Ehefrau des bayer. Herzogs Albrecht III.
Bernoulli, Jakob	27.12.1654 - 16.8.1705	Schweizer Mathematiker
Berzelius, Jöns Jacob	20.8.1779 - 7.8.1848	Schwedischer Chemiker
Bircher-Benner, Maximilian	22.8.1867 - 24.1.1939	Schweizer Arzt
Bismarck, Otto Fürst von	1.4.1815 - 30.7.1898	Deutscher Jurist und Politiker
Bizet, Georges	25.10.1838 - 3.6.1875	Französischer Komponist
Blücher von Wahlstatt, Gebhard Fürst	16.12.1742 - 19.9.1819	Preußischer Heerführer
Blum, Robert	10.11.1804 - 9.11.1848	Deutscher demokratischer Abgeordneter
Boccaccio, Giovanni	1313 - 21.12.1375	Italienischer Dichter und Humanist
Bodelschwingh, Friedrich von	6.3.1831 - 2.4.1910	Deutscher evangelischer Theologe
Bohr, Niels	7.1.1885 - 18.11.1962	Dänischer Physiker
Boleyn, Anna	1507 - 19.5.1536	Von 1533-1536 englische Königin
Bolivar, Simon de	24.7.1783 - 17.12.1830	Lateinamerikanischer Freiheitskämpfer
Böll, Heinrich	21.12.1917 - 16.7.1985	Deutscher Schriftsteller
Bonhoeffer, Dietrich	4.2.1906 - 9.4.1945	Deutscher evangelischer Theologe
Bonifatius	673 - 5.6.754	Missionar, „Apostel der Deutschen"

Borgia, Cesare	1475 - 12.3.1507	Italienischer Fürst, Feldherr, Erzbischof
Borgia, Lucrezia	18.4.1480 - 24.6.1519	Uneheliche Tochter von Papst Alexander VI.
Bormann, Martin	17.6.1900 - 2.5.1945	Deutscher nationalsozialistischer Politiker
Born, Max	11.12.1882 - 5.1.1970	Deutscher Physiker
Bosch, Carl	27.8.1874 - 26.4.1940	Deutscher Chemiker
Bosch, Robert August	23.9.1861 - 12.3.1942	Deutscher Techniker, Unternehmer
Botticelli, Sandro	1465 - 17.5.1510	Italienischer Maler
Boyle, Robert	26.1.1627 - 30.12.1691	Britischer Chemiker und Physiker
Brahms, Johannes	7.5.1833 - 3.4.1897	Deutscher Komponist
Brändström, Elsa	26.3.1888 - 4.3.1948	Schwedische Philanthropin
Brandt, Willi	18.12.1913 - 8.10.1992	Deutscher Politiker
Braun, Wernher Freiherr von	23.3.1912 - 16.6.1977	Deutscher Raketenkonstrukteur
Braun, Karl Ferdinand	6.6.1850 - 20.4.1918	Deutscher Physiker
Brecht, Bertolt	10.2.1898 - 14.8.1956	Deutscher Dramatiker, Lyriker
Brehm, Alfred Edmund	2.2.1829 - 11.11.1884	Deutscher Zoologe
Brentano, Clemens	8.9.1778 - 28.7.1842	Deutscher Dichter
Bruckner, Anton	4.9.1824 - 11.10.1896	Österreichischer Komponist
Bruegel, Jan der Ältere	1568 - 13.1.1625	Niederländischer Maler
Bruegel, Pieter der Ältere	1525/1530 - 9.9.1569	Niederländischer Maler
Brutus, Marcus Junius	Juni 85 - 22.10.42 v.Chr.	Römischer Volkstribun

Name	lebte von ... bis...	Beruf, Tätigkeit
Büchner, Georg	17.10.1813 - 19.2.1837	Deutscher Arzt und Schriftsteller
Buck, Pearl S.	26.6.1892 - 6.3.1973	Amerikanische Schriftstellerin
Buddha	um 560 - um 480 v.Chr.	Indischer Religionsstifter
Busch, Wilhelm	15.4.1832 - 9.1.1908	Deutscher Maler, Zeichner, Dichter
Caesar, Gaius Julius	100 - 15.3.44 v.Chr.	Römischer Feldherr, Staatsmann
Calderón de la Barca, Pedro	17.1.1600 - 25.5.1681	Spanischer Dramatiker
Caligula, Gaius	31.8.12 - 24.1.48	Römischer Kaiser
Callas, Maria	3.9.1923 - 16.9.1977	Italienische Sängerin
Calvin, Johann	10.7.1509 - 27.5.1564	Schweizer Reformator
Camus, Albert	7.11.1913 - 4.1.1960	Französischer Schriftsteller
Canaris, Wilhelm	1.1.1887 - 9.4.1945	Deutscher Admiral
Caruso, Enrico	25.2.1872 - 2.8.1921	Italienischer Opernsänger
Casanova, Giacomo	2.4.1725 - 4.6.1798	Venezianischer Schriftsteller, Abenteurer, Frauenheld
Celsius, Anders	27.11.1701 - 25.4.1744	Schwedischer Astronom
Cervantes Saavedra, Miguel de	9.10.1547 - 23.4.1616	Spanischer Dichter
Cézanne, Paul	19.1.1839 - 22.10.1906	Französischer Maler
Chaplin, Charlie	16.4.1889 - 25.12.1977	Englischer Schauspieler
Chateaubriand, François René Vicomte de	4.9.1768 - 4.7.1848	Französischer Schriftsteller, Politiker, Diplomat
Chopin, Frédéric	1.3.1809 - 17.10.1849	Polnischer Pianist und Komponist

Christie, Agatha	15.9.1891 - 12.1.1976	Englische Erzählerin
Chruschtschow, Nikita	17.4.1894 - 11.9.1971	Sowjetischer Politiker
Churchill, Sir Winston	30.11.1874 - 24.1.1965	Britischer Politiker, Schriftsteller
Cicero, Marcus Tullius	106 v.Chr. - 43 v.Chr.	Römischer Politiker und Redner, Anwalt
Comenius, Johann Amos	28.3.1592 - 15.11.1670	Tschechischer Geistlicher, Pädagoge
Cook, James	27.10.1728 - 14.2.1779	Englischer Weltumsegler
Cortez, Hernando	1485 - 2.12.1547	Spanischer Eroberer
Cranach, Lucas d. Ältere	1472 - 16.10.1553	Deutscher Maler, Zeichner, Kupferstecher
Cromwell, Oliver	25.4.1599 - 3.9.1658	Englischer Staatsmann
Curie, Marie	7.11.1867 - 4.7.1934	Französische Chemikerin
Curie, Pierre	15.5.1859 - 19.4.1906	Französischer Physiker
Daimler, Gottlieb	17.3.1834 - 6.3.1900	Deutscher Maschinenbau-ingenieur, Unternehmer
Dalai Lama	6.6.1935	Tibetischer Priesterfürst
Dali, Salvador	11.5.1904 - 23.1.1989	Spanischer Maler, Bildhauer und Grafiker
Danton, Georges	28.10.1759 - 5.4.1794	Französischer Politiker, Revolutionär
Dareios III.	um 381 - 330 v.Chr.	Persischer König
Darwin, Charles Robert	12.2.1809 - 19.4.1882	Britischer Biologe, Naturforscher
Defoe, Daniel	1660 - 26.4.1731	Englischer Schriftsteller
Demokrit	um 460 - um 370 v.Chr.	Griechischer Philosoph
Demosthenes	384 v.Chr. - 322 v.Chr.	Griechischer Redner

Name	lebte von ... bis...	Beruf, Tätigkeit
Descartes, René	31.3.1596 - 11.2.1650	Französischer Philosoph und Mathematiker
Diaz, Bartolomäus	um 1450 - 29.5.1500	Portugiesischer Seefahrer
Dickens, Charles	7.12.1812 - 8.6.1870	Englischer Erzähler
Diesel, Rudolf	18.3.1858 - 29.9.1913	Deutscher Maschinenbauingenieur
Diogenes	um 412 - um 323 v.Chr.	Griechischer Philosoph
Disney, Walt	5.12.1901 - 15.12.1966	Amerikanischer Trickfilmzeichner und Filmproduzent
Dix, Otto	2.12.1891 - 25.7.1969	Deutscher Maler
Donatello	1382 ? - 13.12.1466	Italienischer Bildhauer
Don Carlos	8.6.1545 - 24.7.1568	Schwerbehinderter Sohn des spanischen Königs Philipp II.
Donizetti, Gaetano	29.11.1797 - 8.4.1848	Italienischer Komponist
Dornier, Claude	14.5.1884 - 5.12.1969	Deutscher Flugzeugbauer
Dostojewskij, Fjodor	11.11.1821 - 9.2.1881	Russischer Dichter
Drake, Sir Francis	um 1540 - 28.1.1596	Englischer Seeheld, Freibeuter
Droste-Hülshoff, Anette Freiin von	10.1.1797 - 25.4.1848	Deutsche Dichterin
Dschingis Khan	um 1160 - 12.8.1227	Mongolischer Herrscher
Duden, Konrad	5.1.1829 - 1.8.1911	Deutscher Gymnasiallehrer
Dumas, Alexandre	24.7.1802 - 5.12.1870	Französischer Schriftsteller
Dunant, Henri	8.5.1828 - 30.10.1910	Schweizerischer Philanthrop
Dürer, Albrecht	21.5.1471 - 6.4.1528	Deutscher Maler, Graphiker, Kunstschriftsteller

Dürrenmatt, Friedrich	5.1.1921 - 14.12.1990	Schweizerischer Schriftsteller
Ebert, Friedrich	4.2.1871 - 28.2.1925	Deutscher Politiker
Eck, Johann	13.11.1496 - 10.2.1543	Deutscher Theologe
Edison, Thomas Alpha	11.2.1847 - 18.10.1931	Amerikanischer Elektrotechniker
Ehrlich, Paul	14.3.1854 - 20.8.1915	Deutscher Mediziner und Serologe
Eichendorff, Josef Freiherr von	10.3.1788 - 26.11.1857	Deutscher Dichter
Einstein, Albert	14.3.1879 - 18.4.1955	Deutscher Physiker
Eisenhower, Dwight D.	14.10.1890 - 28.3.1969	Amerikanischer General, Präsident der USA
Elcano, Juan Sebastian	um 1486 - 4.8.1526	Spanischer Seefahrer
Elisabeth I.	7.9.1533 - 24.3.1603	Englische Königin
Elisabeth II.	21.4.1926 - 8.9.2022	Königin des Vereinigten Königreiches
Elisabeth von Österreich	24.12.1837 - 10.9.1898	Kaiserin von Österreich und Königin von Ungarn
Engels, Friedrich	28.11.1820 - 5.8.1895	Deutscher Journalist, Historiker und Philosoph
Epikur	341 v.Chr. - 271 v.Chr.	Griechischer Philosoph
Erasmus, Desiderius	28.10.1466 - 12.7.1537	Niederländischer Humanist, Philologe, Kirchen- und Kulturkritiker
Eratosthenes	um 275 - um 195 v.Chr.	Vielseitiger griechischer Gelehrter
Erhard, Ludwig	4.2.1897 - 5.5.1977	Deutscher Politiker, Wirtschafts-wissenschaftler
Euklid	um 365 - um 300 v.Chr.	Griechischer Mathematiker

Name	lebte von ... bis...	Beruf, Tätigkeit
Euler, Leonard	15.4.1707 - 18.9.1783	Schweizer Mathematiker
Euripides	um 485 - um 406 v.Chr.	Athenischer Tragiker
Eyck, Jan van	um 1390 - 1441	Niederländischer Maler
Faraday, Michael	22.9.1791 - 25.8.1867	Englischer Chemiker und Physiker
Faulkner, William	25.9.1897 - 6.7.1962	Amerikanischer Erzähler
Fleming, Sir Alexander	6.8.1881 - 11.3.1955	Britischer Bakteriologe
Flick, Friedrich	10.7.1883 - 20.7.1972	Deutscher Unternehmer
Fontane, Theodor	30.12.1819 - 20.9.1898	Deutscher Schriftsteller
Ford, Henry	30.7.1863 - 7.4.1947	Amerikanischer Unternehmer
Franco y Bahamonde, Francisco	4.12.1892 - 20.11.1975	Spanischer General und Politiker
Frank, Anne	12.6.1929 - März 1945	Niederländisch-deutsches jüdisches Mädchen, Tagebuchschreiberin
Franklin, Benjamin	17.1.1706 - 17.4.1790	Amerikanischer Staatsmann, Erfinder, Naturwissenschaftler
Franz Josef I.	18.8.1830 - 21.11.1916	Kaiser von Österreich und König von Ungarn
Franz von Assisi, Franziskus	1181/1182 - 3.10.1226	Italienischer Ordensstifter, Wanderprediger
Freisler, Roland	30.10.1893 - 3.2.1945	Nationalsozialistischer Politiker, Jurist
Freud, Sigmund	6.5.1856 - 25.9.1939	Österreichischer Nervenarzt und Psychologe

Freytag, Gustav	13.7.1816 - 30.4.1895	Deutscher Schriftsteller und Kunsthistoriker
Friedrich, Caspar David	5.9.1774 - 7.5.1840	Deutscher Maler und Graphiker
Friedrich I. Barbarossa	um 1125 - 10.6.1190	Deutscher Kaiser
Friedrich II., der Große	24.1.1712 - 17.8.1786	Preußenkönig
Frisch, Max	15.5.1911 - 4.4.1991	Schweizerischer Schriftsteller
Fugger Jacob II.	6.3.1459 - 30.12.1525	Deutscher Kaufmann und Bankier
Galilei, Galileo	15.2.1564 - 8.1.1624	Italienischer Mathematiker und Physiker
Gama, Vasco da	um 1468 - 24.12.1524	Portugiesischer Seefahrer
Gandhi, Mahatma	2.6.1869 - 30.1.1948	Indischer Staatsmann, Jurist
Gauguin, Paul	7.6.1848 - 8.5.1903	Französischer Maler, Grafiker, Bildschnitzer
Gaulle, Charles de	22.11.1890 - 9.11.1970	Französischer General und Staatsmann
Gauß, Carl Friedrich	30.4.1777 - 23.2.1855	Deutscher Mathematiker, Astronom
Gay-Lussac, Joseph Louis	6.12.1778 - 9.5.1850	Französischer Physiker und Chemiker
Goebbels, Paul Joseph	29.10.1897 - 1.5.1945	Deutscher nationalsozialistischer Politiker
Goethe, Johann Wolfgang von	28.8.1749 - 22.3.1832	Deutscher Dichter und Dramatiker
Gogh, Vincent van	30.3.1853 - 29.7.1890	Niederländischer Maler
Gorbatschow, Michail S.	2.3.1931 - 30.8.2022	Russischer Politiker

Name	lebte von ... bis...	Beruf, Tätigkeit
Göring, Hermann	12.1.1893 - 15.10.1946	Deutscher nationalsozialistischer Politiker
Gorki, Maksim	28.3.1868 - 18.6.1936	Russischer Erzähler, Dramatiker
Grass, Günter	16.10.1927 - 13.4.2015	Deutscher Schriftsteller
Greco, El (eigentlich Domenico Theotocopuli)	1.10.1541 - 7.4.1614	Spanischer Maler, Graphiker, Bildhauer, Architekt griechischer Herkunft
Grillparzer, Franz	15.1.1791 - 21.1.1872	Österreichischer Dichter
Grimm, Jacob	4.1.1785 - 20.9.1863	Deutscher Germanist
Grimm, Wilhelm	24.2.1786 - 16.12.1859	Deutscher Germanist
Grock	10.1.1880 - 14.7.1959	Schweizer Artist und Musikclown
Gropius, Walter	18.5.1883 - 5.7.1969	Deutsch-amerikanischer Architekt
Grundig, Max	7.5.1908 - 8.12.1989	Deutscher Unternehmer
Grzimek, Bernhard	24.4.1909 - 13.3.1987	Deutscher Tierarzt und Zoologe
Guericke, Otto von	30.11.1602 - 21.5.1686	Deutscher Staatsmann, Physiker
Gustav II. Adolf	19.12.1594 - 6.11.1632	Schwedischer König, Feldherr im 30-jährigen Krieg
Gutenberg, Johannes	um 1400 - 3.2.1468	Deutscher Erfinder des Buch-druckes
Haber, Fritz	9.12.1868 - 29.1.1934	Deutscher Chemiker
Hagenbeck, Carl	10.6.1844 - 14.4.1930	Deutscher Zoodirektor
Hamsun, Knut	4.8.1859 - 19.2.1952	Norwegischer Dichter
Hahn, Otto	8.3.1879 - 28.7.1968	Deutscher Chemiker

Händel, Georg Friedrich	23.2.1685 - 14.4.1759	Deutscher Komponist
Hannibal	um 246 - 182 v.Chr.	Karthagischer Heerführer
Hatchepsut	um 1495 - 1457 v.Chr.	Erste Pharaonin
Hauff, Wilhelm	29.11.1802 - 18.11.1827	Deutscher Schriftsteller
Hauptmann, Gerhard	15.11.1862 - 6.6.1946	Deutscher Dichter
Haydn, Josef	31.3.1732 - 31.5.1809	Österreichischer Komponist
Hebbel, Friedrich	18.3.1813 - 13.12.1863	Deutscher Dramatiker, Lyriker
Hedin, Sven	19.12.1865 - 26.11.1952	Schwedischer Asienforscher
Heine, Heinrich	13.12.1797 - 17.2.1856	Deutscher Dichter, Schriftsteller, Journalist
Heinrich VIII.	28.6.1491 - 28.1.1547	Englischer König
Heisenberg, Werner Karl	5.12.1901 - 1.2.1976	Deutscher Physiker
Helmholtz, Hermann Ludwig Ferdinand von	31.8.1821 - 8.9.1894	Deutscher Physiker und Physiologe
Hemingway, Ernest	21.7.1897 - 2.7.1961	Amerikanischer Schriftsteller
Heraklit	um 520 - um 460 v.Chr.	Griechischer Philosoph
Herodes der Große	um 72 - 4 v.Chr.	Jüdischer Klientelkönig Roms
Herodot	um 490 - um 425 v.Chr.	Griechischer Geschichtsschreiber
Hertz, Gustav	22.7.1887 - 30.10.1975	Deutscher Physiker
Hertz, Heinrich Rudolf	22.2.1857 - 1.1.1894	Deutscher Physiker
Herzl, Theodor	2.5.1860 - 3.7.1904	Jüdischer Schriftsteller und Politiker
Hesse, Hermann	2.7.1877 - 9.8.1962	Deutscher Schriftsteller

Name	lebte von ... bis...	Beruf, Tätigkeit
Heuss, Theodor	31.1.1884 - 12.12.1963	Erster Bundespräsident der Bundesrepublik Deutschland
Heuss-Knapp, Elly	25.1-1881 - 19.7.1952	Deutsche Sozialreformerin
Heydrich, Reinhard	7.3.1904 - 4.6.1942	Nationalsozialistischer Politiker
Himmler Heinrich	7.10.1900 - 23.5.1945	Nationalsozialistischer Politiker
Hindemith, Paul	16.11.1895 - 28.12.1963	Deutscher Komponist und Dirigent
Hindenburg, Paul von	2.10.1847 - 2.8.1934	Deutscher Militär und Politiker
Hippokrates	um 460 - 375 v.Chr.	Griechischer Arzt
Hitchcock, Alfred	13.8.1899 - 29.4.1980	Britischer Filmregisseur
Hitler, Adolf	20.4.1889 - 30.4.1945	Deutscher Diktator
Hofer, Andreas	22.11.1767 - 20.2.1810	Tiroler Freiheitskämpfer
Homer	um 800 v.Chr.	Griechischer Epiker, frühester Dichter des Abendlandes
Honecker, Erich	25.8.1912 - 29.5.1994	Deutscher Politiker
Horaz	8.12.65 - 27.11.8 v.Chr.	Römischer Dichter
Huch, Ricarda	18.7.1864 - 17.11.1947	Deutsche Schriftstellerin
Hugo, Victor	26.2.1802 - 22.5.1885	Französischer Dichter
Humboldt, Alexander Freiherr von	14.9.1769 - 6.5.1859	Deutscher Naturforscher und Geograph
Hume, David	26.4.1711 - 25.8.1776	Schottischer Philosoph und Historiker
Hundertwasser, Friedensreich	15.12.1928 - 19.2.2000	Österreichischer Maler und Grafiker
Hus, Jan	1370 - 6.7.1414	Tschechischer Kirchenreformer

Hygens, Christian	14.4.1629 - 8.7.1695	Niederländischer Physiker und Mathematiker
Iffland, August Wilhelm	19.4.1759 - 22.9.1814	Deutscher Schauspieler, Dramatiker und Theaterdirektor
Ionesco, Eugène	26.11.1909 - 28.3.1994	Rumänisch-französischer Schriftsteller
Iwan IV. Wassiljewitsch	25.8.1530 - 28.3.1584	Russischer Zar
Jahn, Friedrich Ludwig	11.8.1778 - 15.10.1852	Deutscher Pädagoge und Publizist
Jaspers, Karl	23.2.1883 - 26.2.1969	Deutscher Psychiater, Philosoph
Jean Paul	21.3.1763 - 14.11.1825	Deutscher Schriftsteller
Jeanne d'Arc	1412 - 30.5.1431	Französische Nationalheldin
Jesus von Nazareth	um 4 v.Chr. - 30 n.Chr.	Jüdischer Wanderprediger, Begründer des christl. Glaubens
Kafka, Franz	3.7.1883 - 3.6.1924	Österreichisch-tschechischer Schriftsteller
Kandinsky, Wassily	4.12.1866 - 13.12.1944	Russisch-französischer Maler und Grafiker
Kant, Immanuel	22.4.1724 - 12.2.1804	Deutscher Philosoph
Karajan, Herbert von	5.4.1908 - 16.7.1989	Österreichischer Dirigent
Karl I. der Große	2.4.742 - 28.1.814	König der Franken, römischer Kaiser
Karl Martell	um 676 - Okt. 741	Fränkischer Hausmeier
Kästner, Erich	23.2.1899 - 29.7.1974	Deutscher Schriftsteller
Katharina II. die Große	2.5.1729 - 17.11.1796	Russische Zarin
Kekulé, August	7.9.1829 - 13.7.1896	Deutscher Chemiker und Naturwissenschaftler

Name	lebte von ... bis...	Beruf, Tätigkeit
Kennedy, John F.	29.5.1917 - 22.11.1963	Präsident der Vereinigten Staaten
Kepler, Johannes	27.12.1571 - 15.11.1630	Deutscher Astronom
Kierkegaard, Søren	5.5.1813 - 11.11.1855	Dänischer Philosoph, Theologe, Schriftsteller
King, Martin Luther	15.1.1929 - 4.4.1968	Amerikanischer Politiker und Geistlicher
Kipling, Rudyard	30.12.1865 - 18.1.1936	Britischer Schriftsteller
Kirchhoff, Robert Gustav	12.3.1824 - 17.10.1887	Deutscher Physiker
Klee, Paul	18.12.1879 - 29.6.1940	Deutsch-schweizerischer Maler und Grafiker
Kleist, Heinrich von	18.10.1777 - 21.11.1811	Deutscher Dichter
Kleopatra VII.	69 v.Chr.- 12.8.30 v.Chr.	Ägyptische Königin
Klopstock, Friedrich Gottlieb	2.7.1724 - 14.3.1803	Deutscher Schriftsteller
Kneipp, Sebastian	17.5.1821 - 17.6.1897	Deutscher Pfarrer
Koch, Robert	11.12.1843 - 27.5.1910	Deutscher Bakteriologe
Kolb, Annette	3.2.1870 - 3.12.1967	Deutsche Schriftstellerin
Kollwitz, Käthe	8.7.1867 - 22.4.1945	Deutsche Grafikerin, Malerin und Bildhauerin
Kolumbus, Christoph	25.8. 1451- 20.5 1506	Italienischer Seefahrer, Entdecker
Konfuzius	um 551 - um 479 v.Chr.	Chinesischer Philosoph und Sittenlehrer
Konstantin der Große	um 280 - 22.5.337	Römischer Kaiser
Kopernikus, Nikolaus	19.2.1473 - 24.5.1543	Deutscher Astronom

Krupp, Alfred	26.4.1812 - 14.7.1887	Deutscher Unternehmer
Krupp, Friedrich	17.7.1787 - 8.10.1826	Deutscher Unternehmer
Kruse, Käthe	19.9.1883 - 19.7.1968	Deutsche Puppenmacherin
Lagerlöf, Selma	20.11.1858 - 16.3.1940	Schwedische Schriftstellerin
Lao-Tse	6. Jahrhundert v.Chr.	Chinesischer Philosoph und religiöser Reformer
Lawrence, Thomas Edward	15.8.1888 - 19.5.1935	Englischer Diplomat, Archäologe und Schriftsteller
Le Corbusier	6.7.1887 - 27.8.1965	Französisch-schweizerischer Architekt
Lehár, Franz	30.4.1870 - 24.10.1948	Österreichischer Operettenkomponist
Leibniz, Gottfried Wilhelm	1.7.1646 - 14.11.1716	Deutscher Philosoph, Historiker, Mathematiker, Jurist
Lenin, Wladimir Iljiwitsch	22.4.1870 - 21.1.1924	Russischer Politiker
Leonardo da Vinci	15.4.1452 - 2.5.1519	Italienischer Maler, Bildhauer, Architekt, Naturforscher, Techniker
Lesseps, Ferdinand de	19.11.1805 - 7.12.1894	Französischer Diplomat und Unternehmer
Lessing, Gotthold Ephraim	22.1.1729 - 15.2.1781	Deutscher Kritiker, Dichter, Philosoph
Liebermann, Max	20.7.1847 - 8.2.1935	Deutscher Maler und Grafiker
Liebig, Justus von	12.5.1803 - 18.4.1873	Deutscher Chemiker
Liebknecht, Karl	13.8.1871 - 15.1.1919	Deutscher sozialistischer Politiker
Lilienthal, Otto	23.5.1848 - 10.8.1896	Deutscher Ingenieur

Name	lebte von ... bis...	Beruf, Tätigkeit
Lincoln, Abraham	12.2.1809 - 15.4.1865	16. Präsident der Vereinigten Staaten
Lindbergh, Charles	4.2.1902 - 26.8.1974	Amerikanischer Pilot
Lindgren, Astrid	14.11.1907 - 28.1.2002	Schwedische Schriftstellerin
Linné, Carl von	23.5.1707 - 10.1.1778	Schwedischer Naturforscher
Liszt, Franz	22.10.1811 - 31.7.1886	Österreichisch-ungarischer Komponist, Pianist und Dirigent
Livingstone, David	19.3.1813 - 1.5.1873	Britischer Forschungsreisender
Löns, Hermann	29.8.1866 - 26.9.1914	Deutscher Schriftsteller
Lorenz, Konrad	7.11.1903 - 27.2.1989	Österreichischer Verhaltens-forscher
Lortzing, Albert	23.10.1801 - 21.1.1851	Deutscher Komponist
Ludwig II.	25.8.1845 - 13.6.1886	Bayerischer König
Ludwig XIV.	5.9.1638 - 1.9.1715	Französischer König
Ludwig XVI.	23.8.1754 - 21.1.1793	Französischer König
Luther, Martin	10.11.1483 - 18.2.1546	Deutscher Reformator
Luxemburg, Rosa	5.3.1871 - 15.1.1919	Deutsche sozialistische Politikerin und Publizistin
Macke, August	3.1.1887 - 29.9.1914	Deutscher Maler
Madame de Pompadour	29.12.1721 - 15.4.1764	Mätresse des französischen Königs Ludwig XV.
Magellan, Fernao de	um 1480 - 27.5.1521	Portugiesischer Seefahrer
Mandela, Nelson	18.7.1918 - 5.12.2013	Südafrikanischer Politiker
Manet, Edouard	23.1.1832 - 30.4.1883	Französischer Maler

Mann, Thomas	6.6.1875 - 12.8.1955	Deutscher Schriftsteller
Mao Zedong	26.12.1893 - 9.9.1976	Revolutionärer chinesischer Politiker
Marc, Franz	8.2.1880 - 4.3.1916	Deutscher Grafiker und Bildhauer
Marco Polo	15.9.1254 - 8.1.1324	Venezianischer Asienreisender
Marcus Antonius	14.1.82 - 1.8.30 v.Chr.	Römischer Feldherr und Politiker
Maria Stuart	8.12.1542 - 8.2.1587	Schottische Königin
Maria Theresia	13.5.1717 - 29.11.1780	Königin von Ungarn und Böhmen, Erzherzogin von Österreich
Marie Antoinette	2.11-1755 - 16.10.1793	Französische Königin
Mariotte, Edme	um 1620 - 12.5.1684	Französischer Physiker
Mark Twain	30.11.1835 - 21.4.1910	Amerikanischer Schriftsteller
Marshall, George	31.12.1880 - 16.10.1959	Amerikanischer General und Staatsmann
Marx, Karl Heinrich	5.5.1818 - 14.3.1883	Deutscher Philosoph und Nationalökonom
Mata Hari	7.8.1876 - 15.10.1917	Niederländische Tänzerin
May, Karl	25.2.1842 - 30.3.1912	Deutscher Schriftsteller
Maybach, Wilhelm	9.2.1846 - 29.12.1929	Deutscher Ingenieur, Unternehmer
Meinhof, Ulrike	17.10.1934 - 9.5.1976	Deutsche Journalistin, Terroristin
Meir, Golda	3.5.1898 - 8.12.1978	Israelische Politikerin
Melanchton, Philipp	16.2.1497 - 19.4.1567	Deutscher Humanist und reformatorischer Theologe

Name	lebte von ... bis...	Beruf, Tätigkeit
Mercator, Gerhard	5.3.1512 - 2.12.1594	Geograph, Kartograph
Messerschmitt, Willi	26.6.1898 - 15.9.1978	Deutscher Flugzeugkonstrukteur
Michelangelo Buoanarrotti	6.3.1475 - 18.2.1564	Italienischer Bildhauer, Maler, Baumeister und Dichter
Miller, Oskar von	7.5.1855 - 9.4.1934	Deutscher Bauingenieur und Elektrotechniker
Moctezuma II.	1466 - 30.6.1520	Letzter Herrscher des Aztekenreiches
Mohammed	22.4.571 - 8.6.632	Prophet, Religionsstifter des Islam
Molière, Jean Baptiste	15.1.1622 - 17.2.1673	Französischer Komödiendichter
Montez, Lola	17.2.1821 - 17.1.1861	Irische Tänzerin
Montessori, Maria	31.8.1870 - 6.5.1952	Italienische Ärztin und Pädagogin
Mörike, Eduard	8.9.1804 - 4.6.1875	Deutscher Dichter
Mozart, Wolfgang Amadeus	27.1.1756 - 5.12.1791	Österreichischer Komponist
Münzer, Thomas	um 1489 - 27.5.1525	Deutscher Theologe und Revolutionär
Mussolini, Benito	29.7.1883 - 28.4.1945	Italienischer Politiker
Mutter Teresa	26.8.1910 - 3.9.1997	Indische Ordensschwester und Missionarin
Nachtigal, Gustav	23.2.1834 - 20.4.1885	Deutscher Afrikaforscher
Nansen, Fridtjof	10.10.1861 - 13.5.1930	Norwegischer Polarforscher und Ozeanograph
Napoleon I.	15.8.1769 - 5.5.1821	Kaiser der Franzosen

Nehru, Pandit	14.11.1889 - 27.5.1964	Indischer Staatsmann
Nero	15.12.37 - 9.6.68	Römischer Kaiser
Newton, Isaac	4.1.1643 - 31.3.1727	Englischer Physiker, Mathematiker
Ney, Elly	27.9.1882 - 31.3.1968	Deutsche Pianistin
Nietzsche, Friedrich Wilhelm	15.10.1844 - 25.8.1900	Deutscher Philosoph
Nikolaus II. Alexandrowitsch	18.5.1868 - 16.7.1918	Letzter russischer Zar
Nobel, Alfred	21.10.1833 - 10.12.1896	Schwedischer Chemiker, Industrieller, Erfinder des Dynamits
Nofretete	um 1370 – 1338 v.Chr.	Ägyptische Königin, Gemahlin von Pharao Echnaton
Nostradamus	14.12.1503 - 2.7.1566	Französischer Apotheker, Astrologe
Oberth, Hermann	25.6.1894 - 28.12.1989	Deutscher Raumfahrtpionier
Ohm, Georg Simon	16.3.1789 - 6.7.1854	Deutscher Physiker
Onassis, Aristoteles	15.1.1906 - 15.3.1975	Griechischer Reeder
Opel, Adam	9.5.1837 - 8.9.1895	Deutscher Ubnternehmer
Orff, Carl	10.7.1895 - 29.3.1982	Deutscher Komponist, Dramaturg, Dirigent, Regisseur
Otto, Werner	13.8.1909 - 21.12.2011	Deutscher Unternehmer
Ovid	20.3.43 v.Chr. - 17 n.Ch.	Römischer Dichter
Paganini, Niccolò	27.10.1782 - 27.5.1840	Italienischer Violinvirtuose und Komponist
Paracelsus	10.11.1493 - 24.9.1541	Schweizer Arzt, Naturphilosoph

Name	lebte von ... bis...	Beruf, Tätigkeit
Pascal, Blaise	19.6.1623 - 19.8.1662	Französischer Religionsphilosoph, Mathematiker und Physiker
Pasternak, Boris	10.2.1890 - 30.5.1960	Russischer Lyriker und Erzähler
Pasteur, Louis	27.12.1822 - 28.9.1895	Französischer Chemiker, Biologe
Paulus	um 10 - um 65	Zeltmacher, Heidenapostel
Perikles	500 v.Chr. - 429 v.Chr.	Athenischer Staatsmann
Perón, Eva	7.5.1919 - 26.7.1952	Argentinische Schauspielerin und Politikerin
Pestalozzi, Heinrich	12.1.1746 - 17.2.1827	Schweizer Erzieher, Sozialreformer
Pettenkofer, Max von	3.12.1818 - 10.2.1901	Deutscher Apotheker, Mediziner, Hygieniker
Phidias	um 480 - 430 v.Chr.	Griechischer Bildhauer
Picasso, Pablo	25.10.1881 - 8.4.1973	Spanischer Maler, Grafiker, Bildhauer
Piccard, Auguste	28.1.1884 - 25.3.1962	Schweizer Tiefseeforscher
Piccard, Jacques	28.7.1922 - 1.11.2008	Schweizer Ozeanograph
Pilatus, Pontius	12 v.Chr. - 39 n.Chr.	Römischer Präfekt
Pindar	518 v.Chr. - 445 v.Chr.	Griechischer Dichter
Pizarro, Francisco	um 1478 - 26.5.1541	Spanischer Eroberer
Plank, Max Karl Ernst	23.4.1858 - 4.10.1947	Deutscher Physiker
Platon	427 v.Chr. - 347 v.Chr.	Griechischer Philosoph
Plutarch	um 46 - 125	Griechischer Schriftsteller
Poe, Edgar Allen	19.1.1809 - 7.10.1849	Amerikanischer Schriftsteller

Porsche Ferdinand	3.9.1875 – 30.1.1951	Deutscher Automobilkonstrukteur
Praxiteles	um 400 – 330 v.Chr.	Griechischer Bildhauer
Ptolemäus, Claudius	um 100 – um 178	Griechischer Astronom, Geograph, Mathematiker, Naturforscher
Puccini, Giacomo	22.12.1858 – 29.11.1924	Italienischer Komponist
Puschkin, Alexander	6.6.1799 – 10.2.1837	Russischer Dichter
Pythagoras	um 570 – um 496 v.Chr.	Griechischer Philosoph und Mathematiker
Raabe, Wilhelm	6.9.1831 – 15.11.1910	Deutscher Schriftsteller
Radetzki, Joseph Graf	2.11.1766 – 5.1.1858	Österreichischer Heerführer
Raffael	6.4.1483 – 6.4.1520	Italienischer Maler und Architekt
Raiffeisen, Friedrich Wilhelm	30.3.1818 – 11.3.1888	Deutscher Kommunalbeamter, Sozialreformer
Raleigh, Sir Walter	um 1552 – 29.10.1618	Englischer Seefahrer und Schriftsteller
Rasmussen, Knud Johan Victor	7.6.1879 – 21.12.1933	Dänischer Polarforscher und Völkerkundler
Rasputin, Gregorij	1871 – 30.12.1916	Russischer Mönch, „Wunderheiler"
Réaumur, René-Antoine Ferchault de	28.2.1683 – 17.10.1757	Französischer Naturwissenschaftler, Technologe
Regiomontanus (eigentlich Johannes Müller)	6.6.1436 – 6.7.1476	Deutscher Astronom und Mathematiker
Reis, Johann Philipp	7.1.1834 – 14.1.1874	Deutscher Lehrer für Physik, Mathematik; Erfinder
Rembrandt	15.7.1606 – 4.10.1669	Holländischer Maler

Name	lebte von ... bis...	Beruf, Tätigkeit
Renoir, Pierre Auguste	25.2.1841 - 3.12.1919	Französischer Maler und Bildhauer
Richelieu, Armand Jean	9.9.1585 - 4.12.1642	Französischer Staatsmann und Kardinal
Richthofen, Ferdinand von	5.5.1833 - 6.10.1905	Deutscher Geograph
Ries(e), Adam	1492 - 30.3.1559	Deutscher Rechenmeister
Rilke, Rainer Maria	4.12.1875 - 29.12.1926	Österreichischer Lyriker
Rinser, Luise	30.4.1911 - 17.3.2002	Deutsche Schriftstellerin
Ritter, Karl	7.8.1779 - 28.9.1859	Deutscher Geograph
Robespierre, Maximilien de	6.5.1758 - 28.7.1794	Französischer Politiker
Rockefeller, John Davison	8.7.1839 - 23.5.1937	Amerikanischer Unternehmer
Rodin, Auguste	12.11.1840 - 17.11.1917	Französischer Bildhauer, Maler und Grafiker
Röntgen, Wilhelm Conrad	27.3.1845 - 10.2.1923	Deutscher Physiker
Rosegger, Peter	31.7.1843 - 26.6.1918	Österreichischer Schriftsteller
Rossini, Gioachino	29.2.1792 - 13.11.1868	Italienischer Komponist
Rubens, Peter Paul	28.6.1577 - 30.5.1640	Flämischer Maler
Rutherford, Lord Ernest	30.8.1871 - 19.10.1937	Englischer Physiker
Sachs, Hans	5.11.1494 - 19.1.1576	Deutscher Schumacher, Meister-singer, Dramatiker
Sachs, Nelly	10.12.1891 - 12.5.1970	Jüdische deutsch-schwedische Schriftstellerin
Sappho	um 630 - um 570 v.Chr.	Griechische Dichterin

Sartre, Jean-Paul	21.6.1905 – 15.4.1980	Französischer Schriftsteller und Philosoph
Sauerbruch, Ferdinand	3.7.1875 – 2.7.1951	Deutscher Chirurg
Schiller, Johann Christoph Friedrich	10.11.1759 – 9.5.1805	Deutscher Dichter
Schliemann, Heinrich	6.1.1822 – 26.12.1890	Deutscher Kaufmann, Archäologe
Scholl, Hans	22.9.1918 – 22.2.1943	Deutscher Widerstandskämpfer
Scholl, Sophie	9.5.1921 – 22.2.1943	Deutsche Widerstandskämpferin
Schopenhauer, Arthur	22.2.1788 – 21.9.1860	Deutscher Philosoph
Schubert, Franz	31.1.1797 – 19.11.1828	Österreichischer Komponist
Schultze-Delitzsch, Franz Hermann	29.8.1808 – 29.4.1883	Deutscher Jurist, Politiker, Sozialreformer
Schumann, Robert	8.6.1810 – 29.7.1856	Deutscher Komponist
Schweitzer, Albert	14.1.1875 – 4.9.1965	Deutscher Missionsarzt, Theologe
Scott, Robert	6.6.1868 – März 1912	Englischer Marineoffizier und Polarforscher
Semper, Gottfried	29.11.1803 – 15.5.1879	Deutscher Architekt
Seneca, Lucius Annaeus	um Chr. Geb. – 65 n.Chr.	Römischer Philosoph, Politiker, Dramatiker
Shakespeare, William	23.4.1564 – 23.4.1616	Englischer Dramatiker
Shaw, George Bernard	26.7.1856 – 2.11.1950	Irischer Dramatiker und Satiriker
Siemens, Werner von	13.12.1816 – 6.12.1892	Deutscher Unternehmer
Smetana, Betrich	2.3.1824 – 12.5.1884	Tschechischer Komponist
Sokrates	470 – 399 v.Chr.	Griechischer Philosoph

Name	lebte von ... bis...	Beruf, Tätigkeit
Solon	um 640 - 559 v.Chr.	Griechischer Staatsmann, Gesetzgeber, Lyriker
Sophokles	496 - 406 v.Chr.	Griechischer Tragiker
Stalin, Josef	21.12.1879 - 5.3.1953	Sowjetischer Staatsmann, Diktator
Staufenberg, Claus Graf Schenk von	15.11.1907 - 20.7.1944	Deutscher Generalstabsoffizier
Steinweg (Steinway), Heinrich	15.2.1797 - 7.2.1871	Deutscher Klavier- und Cembalobauer
Storm, Theodor	14.9.1817 - 4.7.1888	Deutscher Schriftsteller
Stoß, Veit	um 1447 - 20.9.1533	Deutscher Bildhauer und Bildschnitzer
Strauß, Johann	25.10.1825 - 3.6.1899	Österreichischer Komponist
Strawinski, Igor	18.6.1882 - 6.4.1971	Russischer Komponist mit amerikanischer Staatsbürgerschaft
Stresemann, Gustav	10.5.1878 - 3.10.1929	Deutscher Politiker
Strindberg, August	22.1.1849 - 14.5.1912	Schwedischer Schriftsteller
Sulla, Lucius Cornelius	um 138 - um 78 v.Chr.	Römischer Politiker, Feldherr
Sun-Yat-Sen	12.11.1866 - 12.3.1925	Chines. Politiker, Gründer der chinesischen Republik (Taiwan)
Tasso, Torquato	11.3.1544 - 25.4.1595	Italienischer Dichter
Thales von Milet	um 624 - um 547 v.Chr.	Griechischer Naturphilosoph und Mathematiker
Theoderich der Große	um 453 - 26.8.526	König des Ostgotenreiches
Thoma, Ludwig	21.1.1867 - 26.8.1921	Deutscher Schriftsteller
Thomas von Aquin	1225 - 7.3.1274	Italienischer Theologe

Tilly, Johann Tserclaes v.	1.2.1559 - 30.4.1632	Deutscher Reichsgraf, Feldherr
Tizian	um 1488 - 27.8.1576	Italienischer Maler
Tolstoi, Leo	9.9.1828 - 20.11.1910	Russischer Dichter
Toscanini, Arturo	25.3.1867 - 16.1.1957	Italienischer Dirigent
Toulouse-Lautrec, Henri de	24.11.1864 - 9.9.1901	Französischer Maler und Grafiker
Trotzki, Leo	7.11.1879 - 21.8.1940	Russischer Revolutionär
Tschaikowski, Peter	7.5.1840 - 6.11.1893	Russischer Komponist
Uhland, Ludwig	26.4.1787 - 13.11.1862	Deutscher Dichter und Politiker
Verdi, Guiseppe	10.10.1813 - 27.1.1901	Italienischer Komponist
Vergil	15.10.70 - 21.9.19 v.Chr.	Römischer Dichter
Verne, Jules	8.2.1828 - 24.3.1905	Französischer Schriftsteller
Vespucci, Amerigo	9.3.1451 - 22.2.1512	Italienischer Seefahrer
Vieta, Francois	1540 - 13.12.1603	Französischer Mathematiker
Virchow, Rudolf	13.10.1821 - 5.9.1902	Deutscher Arzt, pathologischer Anatom, Sozialhygieniker
Volta, Allesandro	18.2.1745 - 5.3.1827	Italienischer Physiker
Voltaire	21.11.1694 - 30.5.1778	Französischer Schriftsteller
Wagner, Richard	22.5.1813 - 13.2.1883	Deutscher Komponist
Wallenstein, Albrecht	24.9.1583 - 25.2.1634	Böhmischer Feldherr im 30-jährigen Krieg
Walther von der Vogelweide	um 1170 - um 1230	Mittelalterlicher Lyriker
Washington, George	22.2.1732 - 14.12.1799	Erster Präsident der USA
Watt, James	19.1.1736 - 19.8.1819	Schottischer Ingenieur

Name	lebte von ... bis...	Beruf, Tätigkeit
Wedekind, Frank	24.7.1864 - 9.3.1918	Deutscher Schriftsteller
Wegener, Alfred	1.11.1880 - Nov. 1930	Deutscher Geophysiker, Polarforscher und Meteorologe
Weizmann, Chaim	27.11.1874 - 9.11.1952	Erster israelischer Staatspräsident
Wilde, Oscar	15.10.1856 - 30.11.1900	Irischer Schriftsteller
Wilhelm II.	27.1.1859 - 4.6.1941	Letzter deutscher Kaiser und König von Preußen
Wolfram von Eschenbach	um 1170 - um 1220	Fränkischer Dichter
Wulfila	um 311 - um 388	Gotischer Bischof
Xanthippe	um 400 v.Chr.	Zanksüchtige Ehefrau von Sokrates
Xerxes	um 519 - 11.8.465 v.Chr.	Persischer Großkönig
Zeiss, Carl	11.9.1816 - 3.12.1888	Deutscher Mechaniker, Unternehmer
Zeppelin, Ferdinand Graf von	8.7.1838 - 8.3.1917	Deutscher Luftschifffahrtskonstrukteur
Zola, Emile	2.4.1840 - 29.9.1902	Französischer Schriftsteller
Zuckmayer, Carl	27.12.1896 - 18.1.1977	Deutscher Schriftsteller
Zweig, Stefan	28.11.1881 - 23.2.1942	Österreichischer Schriftsteller
Zwingli, Ulrich	1.1.1484 - 11.10.1531	Schweizer Theologe

DIE „SIEBEN WEISEN" VON GRIECHENLAND

Griechische Philosophen und Staatsmänner des 7. und 6. Jahrhunderts v. Chr., denen Kernsprüche von politisch-ethischem Inhalt zugeschrieben werden.

Kleobulos von Lindos	Mitte des 6. Jahrhunderts v. Chr.
Chilon aus Sparta	Mitte des 6. Jahrhunderts v. Chr.
Thales von Milet	um 624 bis um 547 v. Chr.
Solon von Athen	um 640 bis um 559 v. Chr.
Periander von Korinth	um 626 bis um 586 v. Chr.
Bias aus Priene	um 625 bis um 540 v. Chr.
Pittakos aus Mytilene	um 600 v. Chr.

Periander von Korinth wurde später von Platon durch Myson von Chenai (6./7. Jhrh. v. Chr.) ersetzt.

DIE OLYMPISCHEN SPIELE

1. Olympia

Olympia ist eine griechische Kultstätte des Zeus und der Hera in der griechischen Landschaft Elis. Der Ort war im Altertum Schauplatz der olympischen Spiele.

2. Die Olympischen Spiele im Altertum und in der Neuzeit

Die Olympischen Spiele des Altertums fanden alle vier Jahre (Olympiade) statt. Nur freie und unbescholtene Männer griechischer Herkunft durften im Wettkampf antreten. Frauen durften nicht teilnehmen, sie waren auch als Zuschauer ausgeschlossen. Die Sieger erhielten einen Siegeskranz aus Ölzweigen und ein Stirnband.

Der erste historisch belegte Sieger ist Koroibos im Jahr 776 v.Chr.
Im Jahr 426 wurden die Olympischen Spiele vom oströmischen Kaiser Theodosius II. endgültig verboten.
Die Olympischen Spiele der Neuzeit werden mir römischen Zahlen angegeben.
Die ersten Olympischen Spiele 1896 in Athen sind die I. Olympischen Sommerspiele. Die Spiele im Jahr 1906 (Jubiläumsspiel nach 10 Jahren) werden vom IOC nicht als Olympische Spiele anerkannt, sie gelten als inoffizielle Zwischenspiele. Die Spiele in Tokio sind somit die Olympischen Spiele XXXII.
1924 fanden die ersten Olympischen Winterspiele I. in Chamonix statt, die Olympischen Winterspiele XXIII. waren 2018 in Pyeongchang.

3. Der Begriff „Olympiade"

Bei den alten Griechen wiederholten sich die Olympischen Spiele alle vier Jahre. Diesen Zeitraum nennt man Olympiade.
Der Begriff „Olympiade" wird oft fälschlich für „Olympische Spiele" verwendet.

4. Die Anordnung der olympischen Ringe

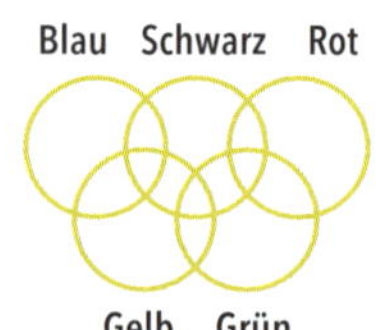

Der Franzose Pierre de Coubertin (1863 – 1937) erfand 1937 die olympischen Ringe. Die fünf oben genannten Farben mit dem weißen Hintergrund der Fahne standen für alle Farben, die damals auf allen Nationalflaggen vorkamen.

Die fünf verschlungenen farbigen Ringe sollen die Eintracht der fünf Kontinente und die weiße Farbe der Fahne den olympischen Frieden darstellen.
Die olympische Fahne wurde zum ersten Mal 1920 zu den Sommerspielen in Antwerpen gehisst.

5. Die Olympischen Sommerspiele

Jahr	Ort (Land)	Nationen	Teilnehmer (davon Frauen)	Wettbewerbe	Sportarten
1896	Athen (Griechenland)	14	241 (NICHT ZUGELASSEN)	43	9
1900	Paris (Frankreich)	24	997 (22)	89	19
1904	St. Louis (USA)	12	651 (6)	94	17
1906	Athen (Griechenland)	21	840 (6)	74	12
1908	London (Großbritannien)	23	2008 (37)	109	22
1912	Stockholm (Schweden)	28	2407 (48)	102	14
1916	Berlin (Deutsches Reich) * AUSGEFALLEN (ERSTER WELTKRIEG)				
1920	Antwerpen (Belgien)	29	2626 (65)	156	22
1924	Paris (Frankreich)	44	3089 (135)	126	17
1928	Amsterdam (Niederlande)	46	2883 (227)	109	14
1932	Los Angeles (USA)	37	1332 (126)	116	14
1936	Berlin (Deutsches Reich)	49	3961 (328)	129	19

Jahr	Ort (Land)	Nationen	Teilnehmer (davon Frauen)	Wettbewerbe	Sportarten
1940	Helsinki/Tokio (Finnland/Japan) * AUSGEFALLEN (ZWEITER WELTKRIEG)				
1944	London (Großbritannien) * AUSGEFALLEN (ZWEITER WELTKRIEG)				
1948	London (Großbritannien)	59	4104 (390)	136	17
1952	Helsinki (Finnland)	69	4955 (519)	149	17
1956	Melbourne (Australien)	72	3314 (376)	151	17
1960	Rom (Italien)	83	5352 (611)	150	17
1964	Tokio (Japan)	93	5151 (678)	163	19
1968	Mexiko-City (Mexiko)	112	5516 (781)	172	20
1972	München (Deutschland)	122	7170 (1095)	195	21
1976	Montreal (Kanada)	92	6084 (1260)	198	21
1980	Moskau (UdSSR)	80	5217 (1124)	203	21
1984	Los Angeles (USA)	140	6797 (1567)	221	21
1988	Seoul (Südkorea)	159	8391 (2194)	237	23
1992	Barcelona (Spanien)	169	9956 (2851)	257	25
1996	Atlanta (USA)	197	10320 (3523)	271	26
2000	Sydney (Australien)	199	10651 (4069)	300	28
2004	Athen (Griechenland)	202	11099 (4329)	301	28

2008	Peking (China)	204	11129 (4647)	302	28
2012	London (Großbritannien)	204	10500 (4656)	302	26
2016	Rio de Janeiro (Brasilien)	207	11303 (3067)	306	28
2020	Tokio (Japan) * WEGEN CORONA-PANDEMIE AUF 2021 VERSCHOBEN	206	11090	339	33
2024	Paris (Frankreich)				
2028	Los Angeles (USA)				
2032	Brisbane (Australien)				

I. Athen (1896)
II. Paris (1900)
III. St. Louis (1904)
IV. London (1908)
V. Stockholm (1912)
VI. Berlin (1916*)
VII. Antwerpen (1920)
VIII. Paris (1924)
IX. Amsterdam (1928)
X. Los Angeles (1932)
XI. Berlin (1936)
XII. Helsinki/Tokio (1940*)
XIII. London (1944*)
XIV. London (1948)
XV. Helsinki (1952)
XVI. Melbourne (1956)
XVII. Rom (1960)
XVIII. Tokio (1964)
IXX. Mexiko-City (1968)
XX. München (1972)
XXI. Montreal (1976)
XXII. Moskau (1980)
XXIII. Los Angeles (1984)
XXIV. Seoul (1988)
XXV. Barcelona (1992)
XXVI. Atlanta (1996)
XXVII. Sydney (2000)
XXVIII. Athen (2004)
XXIX. Peking (2008)
XXX. London (2012)
XXXI. Rio de Janeiro (2016)
XXXII. Tokio (2020*)

6. Die Olympischen Winterspiele

Jahr	Ort (Land)	Nationen	Teilnehmer (davon Frauen)	Wettbewerbe	Sportarten
1924	Chamonix (Frankreich)	16	294 (13)	16	7
1928	St. Moritz (Schweiz)	25	464 (27)	14	6
1932	Lake Placid (USA)	17	252 (21)	14	5
1936	Garmisch-Partenkirchen (Deutsches Reich)	28	646 (80)	17	6
1940	St. Moritz (Schweiz) und Sapporo (Japan) * AUSGEFALLEN (ZWEITER WELTKRIEG)				
1944	Cortina d'Ampezzo (Italien) * AUSGEFALLEN (ZWEITER WELTKRIEG)				
1948	St. Moritz (Schweiz)	28	669 (77)	22	6
1952	Oslo (Norwegen)	30	694 (109)	22	6
1956	Cortina d'Ampezzo (Italien)	32	821 (134)	24	6
1960	Squaw Valley (USA)	30	665 (144)	27	6
1964	Innsbruck (Österreich)	36	1091 (199)	34	8
1968	Grenoble (Frankreich)	37	1158 (211)	35	8
1972	Sapporo (Japan)	35	1006 (205)	35	8
1976	Innsbruck (Österreich)	37	1261 (248)	37	8
1980	Lake Placid (USA)	37	1072 (232)	38	8
1984	Sarajewo (Jugoslawien)	49	1272 (274)	39	8

1988	Calgary (Kanada)	57	1423 (313)	48	8
1992	Albertville (Frankreich)	64	1801 (488)	57	8
1994	Lillehammer (Norwegen)	67	1739 (522)	61	8
1998	Nagano (Japan)	72	2302 (814)	68	12
2002	Salt Lake City (USA)	77	2399 (886)	78	13
2006	Turin (Italien)	80	2633 (1006)	84	13
2010	Vancouver (Kanada)	82	2566	86	15
2014	Sotschi (Russland)	88	2861	98	15
2018	Pyeongchang (Südkorea)	92	3012 (43%)	102	15
2022	Peking (China)	91	2892	109	15
2026	Mailand und Cortina d'Ampezzo (Italien)				

I. Chamonix (1924)
II. St. Moritz (1928)
III. Lake Placid (1932)
IV. Garmisch-Partenkirchen (1936)
V. St. Moritz (1948)
VI. Oslo (1952)
VII. Cortina d'Ampezzo (1956)
VIII. Squaw Valley (1960)
IX. Innsbruck (1964)
X. Grenoble (1968)
XI. Sapporo (1972)
XII. Innsbruck (1976)
XIII. Lake Placid (1980)
XIV. Sarajevo (1984)
XV. Calgary (1988)
XVI. Albertville (1992)
XVII. Lillehammer (1994)
XVIII. Nagano (1998)
XIX. Salt Lake City (2002)
XX. Turin (2006)
XXI. Vancouver (2010)
XXII. Sotschi (2014)
XXIII. Pyeongchang (2018)
XXIV. Peking (2022)

Die wegen des Ersten Weltkrieges ausgefallenen Spiele (1940 und 1944) wurden – im Gegensatz zu den Sommerspielen – nicht mit römischen Zahlen gezählt.

Bis 1992 fanden die Olympischen Sommerspiele und Winterspiele immer im gleichen Jahr statt. Ab 1992 wechseln sich die Spiele immer im zweijährigen Rhythmus ab.

Die nächsten Winterspiele (nach 1992) waren also nicht erst nach vier Jahren im Jahr 1996, sondern bereits zwei Jahre früher im Jahr 1994. Ab 1994 dann wieder alle vier Jahre.

7. Die 10 erfolgreichsten Sommerolympioniken

	Sportler/-in	Land	Sportart	Zeitraum	G	S	B	Gesamt
1	Michael Phelps	Vereinigte Staaten	Schwimmen	2004 - 2016	23	3	2	28
2	Larissa Latynina	Sowjetunion	Turnen	1956 - 1964	9	5	4	18
3	Paavo Nurmi	Finnland	Leichtathletik	1920 - 1928	9	3		12
4	Mark Spitz	Vereinigte Staaten	Schwimmen	1968 - 1972	9	1	1	11
5	Carl Lewis	Vereinigte Staaten	Leichtathletik	1964 - 1996	9	1		10
6	Birgit Fischer	DDR/BRD	Kanu	1980 - 2004	8	4		12
7	Sawao Kato	Japan	Turnen	1968 - 1976	8	3	1	12
7	Jenny Thompson	Vereinigte Staaten	Schwimmen	1992 - 2004	8	3	1	12
8	Matt Biondi	Vereinigte Staaten	Schwimmen	1984 - 1992	8	2	1	11
9	Usain Bolt	Jamaika	Leichtathletik	2008 - 2016	8			8
9	Ray Ewry	Vereinigte Staaten	Leichtathletik	1900 - 1908	8			8
10	Nikolai Andrianow	Sowjetunion	Turnen	1972 - 1980	7	5	3	15

8. Die 10 erfolgreichsten Winterolympioniken

	Sportler/-in	Land	Sportart	Zeitraum	G	S	B	Gesamt
1	Marit Bjørgen	Norwegen	Skilanglauf	2002 - 2018	8	4	3	15
2	Ole Einar Bjørndalen	Norwegen	Biathlon	1998 - 2014	8	4	1	13
3	Bjørn Daehlie	Norwegen	Skilanglauf	1992 - 1998	8	4		12
4	Ljubow Jegorowa	Vereintes Team Russland	Skilanglauf	1992 - 1994	6	3		9
5	Wiktor Ahn	Südkorea Russland	Shorttrack	2006 - 2014	6		2	8
6	Lidija Skoblikowa	Sowjetunion	Eisschnelllauf	1960 - 1964	6			6
7	Ireen Wüst	Niederlande	Eisschnelllauf	2006 - 2018	5	5	1	11
8	Claudia Pechstein	Deutschland	Eisschnelllauf	1992 - 2006	5	2	2	9
9	Martin Fourcade	Frankreich	Biathlon	2010 - 2018	5	2		7
10	Larissa Lasutina	Vereintes Team Russland	Skilanglauf	1992 - 2002	5	1	1	7
10	Clas Thunberg	Finnland	Eisschnelllauf	1924 - 1928	5	1	1	7

9. Die 10 erfolgreichsten deutschen Olympioniken (BRD und DDR)

	Sportler/Sportlerin	Sportart	Zeitraum	G	S	B	Gesamt
1	Birgit Fischer DDR/BRD	Kanu	1980 - 2004	8	4		12
2	Isabel Werth BRD	Dressurreiten	1992 - 2016	6	4		10
3	Reiner Klimke BRD	Dressurreiten	1964 - 1988	6		2	8
4	Kristin Otte DDR	Schwimmen	1988	6			6
5	Claudia Pechstein BRD	Eisschnelllauf	1992 - 2006	5	2	2	9
6	Hans-Günter Winkler BRD	Springreiten	1956 - 1976	5	1	1	7
7	Kornelia Ender DDR	Schwimmen	1972 - 1976	4	4		8
8	Ricco Groß BRD	Biathlon	1992 - 2006	4	3	1	8
9	Roland Matthes DDR	Schwimmen	1968 - 1976	4	2	2	8
9	Sven Fischer BRD	Biathlon	1994 - 2006	4	2	2	8
10	Kevin Kuske BRD	Bob	2002 - 2018	4	2		6

DER ZEHNKAMPF DER MÄNNER

Die zehn Einzelwettkämpfe müssen innerhalb von zwei Tagen ausgetragen werden.
1. Tag: 100-Meter-Lauf, Weitsprung, Kugelstoßen, Hochsprung, 400-Meter-Lauf
2. Tag: 110-Meter-Hürdenlauf, Diskuswurf, Stabhochsprung, Speerwurf, 1500-Meter-Lauf

Bei den Olympischen Spielen 1964 gewann Willi Holdorf die Goldmedaille für die Bundesrepublik Deutschland.
Bei den Olympischen Spielen 1988 gewann Christian Schenk die Goldmedaille für die DDR.

DER SIEBENKAMPF DER FRAUEN

Die sieben Einzelwettkämpfe müssen innerhalb von zwei Tagen ausgetragen werden.
1. Tag: 100-Meter-Hürdenlauf, Hochsprung, Kugelstoßen, 200-Meter-Lauf
2. Tag: Weitsprung, Speerwurf, 800-Meter-Lauf

FUSSBALL UND HANDBALL

1. Spielfeldgrößen

Fußballfeld
Seitenlinie: mindestens 90 m, maximal 120 m.
Torlinie: mindestens 45 m, höchstens 90 m
Standardgröße des Spielfeldes: 105 m × 68 m = 7140 m^2 (z. B. Allianz-Arena in München, Signal-Iduna-Park in Dortmund, Olympiastadion in Berlin)
Größtmögliches Fußballfeld: 120 m × 90 m = 10800 m^2
Kleinstmöglichstes Fußballfeld: 90 m × 45 m = 4050 m^2

Handballfeld
Standardgröße: 40 m × 20 m

2. Torgrößen

Fußballtor
Von der FIFA (Fédération de Football Association), der UEFA (Union of European Football Associations) und dem DFB (Deutscher Fußball Bund) wird folgende Größe bei allen Spielen vorgeschrieben:
7,32 m × 2,44 m

Handball
Ein Handballtor hat die Maße 3 m × 2 m.

FUSSBALL UND HANDBALL – DEUTSCHE MEISTER

1. Deutsche Meister in der Fußball-Bundesliga der Männer

Die Bundesliga wurde am 28. Juli 1962 in Dortmund gegründet und zwar ab der Spielsaison 1963/64.

Spielsaison	Meister
63/64	1. FC Köln
64/65	SV Werder Bremen
65/66	TSV 1860 München
66/67	Eintracht Braunschweig
67/68	1. FC Nürnberg
68/69	FC Bayern München
69/70	Borussia Mönchengladbach
70/71	Borussia Mönchengladbach
71/72	FC Bayern München
72/73	FC Bayern München
73/74	FC Bayern München
74/75	Borussia Mönchengladbach
75/76	Borussia Mönchengladbach
76/77	Borussia Mönchengladbach
77/78	1. FC Köln
78/79	Hamburger SV

Spielsaison	Meister
79/80	FC Bayern München
80/81	FC Bayern München
81/82	Hamburger SV
82/83	Hamburger SV
83/84	VfB Stuttgart
84/85	FC Bayern München
85/86	FC Bayern München
86/87	FC Bayern München
87/88	SV Werder Bremen
88/89	FC Bayern München
89/90	FC Bayern München
90/91	1.FC Kaiserslautern
91/92	VfB Stuttgart
92/93	SV Werder Bremen
93/94	FC Bayern München
94/95	Borussia Dortmund

95/96	Borussia Dortmund
96/97	FC Bayern München
97/98	1. FC Kaiserslautern
98/99	FC Bayern München
99/00	FC Bayern München
00/01	FC Bayern München
01/02	Borussia Dortmund
02/03	FC Bayern München
03/04	Werder Bremen
04/05	FC Bayern München
05/06	FC Bayern München
06/07	VfB Stuttgart
07/08	FC Bayern München
08/09	VfL Wolfsburg
09/10	FC Bayern München
10/11	Borussia Dortmund
11/12	Borussia Dortmund
12/13	FC Bayern München
13/14	FC Bayern München
14/15	FC Bayern München
15/16	FC Bayern München
16/17	FC Bayern München
17/18	FC Bayern München
18/19	FC Bayern München
19/20	FC Bayern München
20/21	FC Bayern München
21/22	FC Bayern München

2. Deutsche Meister in der Fußball-Bundesliga der Frauen

Spielsaison	Deutscher Meister
1990/91	TSV Siegen
1991/92	TSV Siegen
1992/93	TuS Niederkirchen
1993/94	TSV Siegen
1994/95	FSV Frankfurt
1995/96	TSV Siegen
1996/97	Grün-Weiß Brauweiler
1997/98	FSV Frankfurt
1998/99	1. FFC Frankfurt
1999/00	FCR Duisburg
2000/01	1. FFC Frankfurt
2001/02	1. FFC Frankfurt

Spielsaison	Deutscher Meister
2002/03	1. FFC Frankfurt
2003/04	1. FFC Turbine Potsdam
2004/05	1. FFC Frankfurt
2005/06	1. FFC Turbine Potsdam
2006/07	1. FFC Frankfurt
2007/08	1. FFC Frankfurt
2015/16	FC Bayern München
2008/09	1. FFC Turbine Potsdam
2009/10	1. FFC Turbine Potsdam
2010/11	1. FFC Turbine Potsdam
2011/12	1. FFC Turbine Potsdam

Spielsaison	Deutscher Meister
2012/13	VfL Wolfsburg
2013/14	VfL Wolfsburg
2014/15	FC Bayern München
2015/16	FC Bayern München
2016/17	VfL Wolfsburg
2017/18	VfL Wolfsburg
2018/19	VfL Wolfsburg
2019/20	VfL Wolfsburg
2020/21	FC Bayern München
2021/22	VfL Wolfsburg

3. Deutsche Meister in der Handball-Bundesliga der Männer

Die Handball-Bundesliga der Männer ist seit 1966 die höchste Spielklasse.

Spielsaison	Meister
66/67	VfL Gummersbach
67/68	SG Leutershausen
68/69	VfL Gummersbach
69/70	Frisch Auf Göppingen
70/71	Grün-Weiß Dankersen
71/72	Frisch Auf Göppingen
72/73	VfL Gummersbach

Spielsaison	Meister
73/74	VfL Gummersbach
74/75	VfL Gummersbach
75/76	VfL Gummersbach
76/77	Grün- Weiß Dankersen
77/78	TV Großwallstadt
78/79	TV Großwallstadt
79/80	TV Großwallstadt

80/81	TV Großwallstadt
81/82	VfL Gummersbach
82/83	VfL Gummersbach
83/84	TV Großwallstadt
84/85	VfL Gummersbach
85/86	TUSEM Essen
86/87	TUSEM Essen
87/88	VfL Gummersbach
88/89	TUSEM Essen
89/90	TV Großwallstadt
90/91	VfL Gummersbach
91/92	SG Wallau/Massenheim
92/93	SG Wallau/Massenheim
93/94	THW Kiel
94/95	THW Kiel
95/96	THW Kiel
96/97	TBV Lemgo
97/98	THW Kiel
98/99	THW Kiel
99/00	THW Kiel
00/01	SC Magdeburg

01/02	THW Kiel
02/03	TBV Lemgo
03/04	SG Flensburg/Handewitt
04/05	THW Kiel
05/06	THW Kiel
06/07	THW Kiel
07/08	THW Kiel
08/09	THW Kiel
09/10	THW Kiel
10/11	HSV Hamburg
11/12	THW Kiel
12/13	THW Kiel
13/14	THW Kiel
14/15	THW Kiel
15/16	Rhein-Neckar Löwen
16/17	Rhein-Neckar Löwen
17/18	SG Flensburg/Handewitt
18/19	SG Flensburg/Handewitt
19/20	THW Kiel
20/21	THW Kiel
21/22	SC Magdeburg

4. Deutsche Meister in der Handball-Bundesliga der Frauen

Saison	Handballmeister
1991/92	TuS Walle Bremen
1992/93	TV Lützellinden
1993/94	TUS Walle Bremen
1994/95	TUS Walle Bremen
1995/96	TUS Walle Bremen
1996/97	TV Lützellinden
199798	VfB Leipzig
1998/99	VfB Leipzig
1999/00	TV Lützellinden
2000/01	TV Lützellinden
2001/02	HC Leipzig
2002/03	DJK/MJC Trier
2003/04	Frankfurter Handball Club
2004/05	1. FC Nürnberg
2005/06	HC Leipzig
2006/07	1. FC Nürnberg
2007/08	1. FC Nürnberg
2008/09	HC Leipzig
2009/10	HC Leipzig
2010/11	Thüringer HC
2011/12	Thüringer HC
2012/13	Thüringer HC
2013/14	Thüringer HC
2014/15	Thüringer HC
2015/16	Thüringer HC
2016/17	SG BBM Bietigheim
2017/18	Thüringer HC
2018/19	SG BBM Bietigheim
2019/20	Abbruch wegen Corona-Pandemie
2020/21	Borussia Dortmund
2021/22	SG BBM Bietigheim

FUSSBALL UND HANDBALL – EUROPAMEISTERSCHAFT

1. Fußball-Europameisterschaft der Männer

Jahr	EM-Gastgeber	Europameister	Jahr	EM-Gastgeber	Europameister
1960	Frankreich	Sowjetunion	1992	Schweden	Dänemark
1964	Spanien	Spanien	1996	England	Deutschland
1968	Italien	Italien	2000	Belgien/Holland	Frankreich
1972	Belgien	Deutschland	2004	Portugal	Griechenland
1976	Jugoslawien	Tschechoslowakei	2008	Österreich/Schweiz	Spanien
1980	Italien	Deutschland	2012	Polen/Ukraine	Spanien
1984	Frankreich	Frankreich	2016	Frankreich	Portugal
1988	Deutschland	Niederlande	2021	*)	Italien

*) WEGEN DER CORONA-PANDEMIE WURDE DIE MEISTERSCHAFT VON 2020 AUF 2021 VERSCHOBEN. DER UEFA-PRÄSIDENT MICHEL PLATINI MACHTE 2012 DEN VORSCHLAG, DIE EUROPAMEISTERSCHAFT IM JAHR 2020 ZU IHREM 60. GEBURTSTAG IN GANZ EUROPA AUSZUTRAGEN. DIESER VORSCHLAG WURDE FÜR 2021 ÜBERNOMMEN. DIE 51 SPIELE WERDEN IN 11 LÄNDERN AUSGETRAGEN: DÄNEMARK (TELIA PARKEN, KOPENHAGEN), DEUTSCHLAND (ALLIANZ ARENA, MÜNCHEN), ENGLAND (WEMBLEY STADION IN LONDON), ITALIEN (OLYMPIASTADION, ROM), NIEDERLANDE (JOHAN-CRUYFF-ARENA, AMSTERDAM), RUMÄNIEN (ARENA NATIONALA, BUKAREST), RUSSLAND (KRESTOWSKI-STADION, ST. PETERSBURG), SCHOTTLAND (HAMPTON PARK, GLASGOW), SPANIEN (OLYMPIASTADION, SEVILLA), UNGARN (NEUES NATIONALSTADION, BUDAPEST) UND ALS NICHT EUROPÄISCHES LAND ASERBAIDSCHAN (NATIONALSTADION, BAKU).

Die Europameisterschaft 2024 soll in Deutschland stattfinden.

2. Fußball-Europameisterschaft der Frauen

Jahr	EM-Gastgeberland	Europameister
1984	kein Gastgeber	Schweden
1987	Norwegen	Norwegen
1989	Deutschland	BR Deutschland
1991	Dänemark	Deutschland
1993	Italien	Norwegen
1995	kein Gastgeber	Deutschland
1997	Norwegen/ Schweden	Deutschland

Jahr	EM-Gastgeberland	Europameister
2001	Deutschland	Deutschland
2005	England	Deutschland
2009	Finnland	Deutschland
2013	Schweden	Deutschland
2017	Niederlande	Deutschland
2022	England	England

3. Handball-Europameisterschaft der Männer

Jahr	EM-Gastgeberland	Europameister
1994	Portugal	Schweden
1996	Spanien	Russland
1998	Italien	Schweden
2000	Kroatien	Schweden
2002	Schweden	Schweden
2004	Slowenien	Deutschland
2006	Schweiz	Frankreich
2008	Norwegen	Dänemark

Jahr	EM-Gastgeberland	Europameister
2010	Österreich	Frankreich
2012	Serbien	Dänemark
2014	Dänemark	Frankreich
2016	Polen	Deutschland
2018	Kroatien	Spanien
2020	Norwegen	Spanien
2022	Ungarn/ Slowakei	Schweden

4. Handball-Europameisterschaft der Frauen

Jahr	EM-Gastgeber	Europameister
1994	Deutschland	Dänemark
1996	Dänemark	Dänemark
1998	Niederlande	Norwegen
2000	Rumänien	Ungarn
2002	Dänemark	Dänemark
2004	Ungarn	Norwegen
2006	Schweden	Norwegen
2008	Nord-mazedonien	Norwegen
2010	Dänemark/ Norwegen	Norwegen
2012	Serbien	Montenegro
2014	Kroatien/ Ungarn	Norwegen
2016	Schweden	Norwegen
2018	Frankreich	Frankreich
2020	Dänemark	Norwegen

FUSSBALL UND HANDBALL - WELTMEISTERSCHAFT

1. Fußball-Weltmeisterschaft der Männer

Jahr	WM-Gastgeber	Weltmeister
1930	Uruguay	Uruguay
1934	Italien	Italien
1938	Frankreich	Italien
1950	Brasilien	Uruguay
1954	Schweiz	Deutschland
1958	Schweden	Brasilien
1962	Chile	Brasilien
1966	England	England
1970	Mexiko	Brasilien
1974	Deutschland	Deutschland
1978	Argentinien	Argentinien
1982	Spanien	Italien
1986	Mexiko	Argentinien
1990	Italien	Deutschland

Jahr	WM-Gastgeber	Weltmeister
1994	USA	Brasilien
1998	Frankreich	Frankreich
2002	Korea/Japan	Brasilien
2006	Deutschland	Italien

Jahr	WM-Gastgeber	Weltmeister
2010	Südafrika	Spanien
2014	Brasilien	Deutschland
2018	Russland	Frankreich

2.Fußball-Weltmeisterschaft der Frauen

Jahr	WM-Gastgeberland	Weltmeister
1994	China	USA
1995	Schweden	Norwegen
1999	USA	USA
2003	USA	Deutschland

Jahr	WM-Gastgeberland	Weltmeister
2007	China	Deutschland
2011	Deutschland	Japan
2015	Kanada	USA
2019	Frankreich	USA

3. Handball-Weltmeisterschaft der Männer

Jahr	WM-Gastgeberland	Weltmeister
1938	Deutsches Reich	Deutsches Reich
1954	Schweden	Schweden
1958	DDR	Schweden
1961	BR Deutschland	Rumänien
1964	Tschechoslowakei	Rumänien

Jahr	WM-Gastgeberland	Weltmeister
1967	Schweden	Tschechoslowakei
1970	Frankreich	Rumänien
1974	DDR	Rumänien
1978	Dänemark	BR Deutschland
1982	BR Deutschland	Sowjetunion

1986	Schweiz	Jugoslawien
1990	Tschechos-lowakei	Schweden
1993	Schweden	Russland
1995	Island	Frankreich
1997	Japan	Russland
1999	Ägypten	Schweden
2001	Frankreich	Frankreich
2003	Portugal	Kroatien
2005	Tunesien	Spanien
2007	Deutschland	Deutschland
2009	Kroatien	Frankreich
2011	Schweden	Frankreich
2013	Spanien	Spanien
2015	Katar	Frankreich
2017	Frankreich	Frankreich
2019	Dänemark/ Deutschland	Dänemark
2021	Ägypten	Dänemark

4. Handball-Weltmeisterschaft der Frauen

Jahr	WM-Gastgeberland	Weltmeister
1957	Jugoslawien	Tschecho-slowakei
1962	Rumänien	Rumänien
1965	BR Deutschland	Ungarn
1968	Ausgefallen	
1971	Niederlande	DDR
1973	Jugoslawien	Jugoslawien
1975	Sowjetunion	DDR
1982	Ungarn	Sowjetunion
1986	Niederlande	Sowjetunion
1990	Südkorea	Sowjetunion
1993	Norwegen	Deutschland
1995	Österreich/ Ungarn	Südkorea
1997	Deutschland	Dänemark
1999	Dänemark/ Norwegen	Norwegen

Jahr	WM-Gastgeberland	Weltmeister
2001	Italien	Russland
2003	Kroatien	Frankreich
2005	Russland	Russland
2007	Frankreich	Russland
2009	VR China	Russland
2011	Brasilien	Norwegen

Jahr	WM-Gastgeberland	Weltmeister
2013	Serbien	Brasilien
2015	Dänemark	Norwegen
2017	Deutschland	Frankreich
2019	Japan	Niederlande
2021	Spanien	Norwegen

TOUR DE FRANCE

Die Tour de France findet seit 1903 statt, nur in den Kriegsjahren 1915 – 1918 (Erster Weltkrieg) und 1940 – 1946 (Zweiter Weltkrieg) nicht.

Es gibt verschiedene Wertungen: Gesamtsieger (gelbes Trikot; „Maillot jaune"), Bergwertung (weißes Trikot mit roten Punkten; „Maillot à pois"), Punktewertung (grünes Trikot; „Maillot vert"), Nachwuchswertung (weißes Trikot; „Maillot blanc"), Kampfpreiswertung und Mannschaftswertung.

Im Jahr 2020 erhielt der Sieger ein Preisgeld von 500000 €, der Zweite 200000 € und der Dritte 100000 €. Ab Platz 20 bis 160 erhält jeder Fahrer, der in Paris ankommt, 1000 €.

Gesamtsieger der Punktewertung:	25000 €
Gesamtsieger der Bergwertung:	25000 €
Gesamtsieger der Nachwuchswertung:	20000 €
Kämpferischster Fahrer:	20000 €
Sieger einer Etappe:	11000 €
Gelbes Trikot pro Tag:	500 €

Im Jahr 2020 erhielt der Sieger ein Preisgeld von 500000 €

Zur Bergwertung werden die Berge je nach Länge und Steigung in fünf Schwierigkeitsgrade eingeteilt:

Kategorie	Schwierigkeitsgrad	Beispiel	Länge der Steigung	Steigungsgrad
HC*	sehr schwer	Col du Tourmalet	17,4 km	7,3 %
1	schwer	Col du Télégraph	12,0 km	6,7 %
2	mittelschwer	Côte de Boyne	9,2 km	5,3 %
3	leicht	Côte de Oneux	3,2 km	5,1 %
4	sehr leicht	Côte de Bellevue	1,0 km	4,2 %

HC*: HORS CATÉGORIE

Rekordsieger der Tour des France

Siege	Fahrer	Jahre
5	Jacques Anquetil (Frankreich)	1957, 1961 - 1964
5	Eddy Merckx (Belgien)	1969 - 1972, 1974
5	Bernard Hinault (Frankreich)	1978, 1979, 1981, 1982, 1985
5	Miguel Indurain (Spanien)	1991 - 1995
4	Chris Froome (Großbritannien)	2013, 2015 - 2017
3	Philippe Thys (Belgien)	1913, 1914, 1920
3	Louison Bobet (Frankreich)	1953 - 1955
3	Greg LeMond (USA)	1986, 1989, 1990

- Jüngster Tour de France-Sieger: Henri Cornet (20 Jahre) im Jahr 1904
- Ältester Tour de France-Sieger: Firmin Lambot (36 Jahre) im Jahr 1922
- Größter Abstand seit 1947 zwischen Platz 1 und Platz 2: Im Jahr 1952 kam Fausto Coppi (Italien) 28 Minuten vor Stan Ockers (Belgien) ins Ziel.
- Größter Abstand zwischen dem ersten und letzten Sieg eines Fahrers waren 10 Jahre: Der Italiener Gino Bartali wurde Sieger 1938 und 1948.

WELTMEISTER DER FORMEL 1

Die Weltmeisterschaft der Formel 1 wird seit 1950 ausgetragen.

Jahr	Fahrer	Fahrzeug
1950	Guiseppe Farina	Alfa Romeo
1951	Juan Manuel Fango	Alfa Romeo
1952	Alberto Ascan	Ferrari
1953	Alberto Ascan	Ferrari
1954	Juan Manuel Fangio	Maserati/ Mercedes
1955	Juan Manuel Fangio	Mercedes
1956	Juan Manuel Fangio	Ferrari
1957	Juan Manuel Fangio	Maserati
1958	Mike Hawthorn	Ferrari
1959	Jack Brabham	Cooper-Climax
1960	Jack Brabham	Cooper-Climax
1961	Phil Hill	Ferrari
1962	Graham Hill	B.R.M. *
1963	Jim Clark	Lotus-Climax
1964	John Surtees	Ferrari
1965	Jim Clark	Lotus-Climax
1966	Jack Brabham	Brabham-Repco
1967	Denis Hulme	Brabham-Repco
1968	Graham Hill	Lotus-Ford
1969	Jackie Stewart	Matra-Ford
1970	Jochen Rind	Lotus-Ford
1971	Jackie Stewart	Tyrrell-Ford
1972	Emerson Fittipaldi	Lotus-Ford
1973	Jackie Stewart	Tyrrell-Ford
1974	Emerson Fittipaldi	McLaren-Ford
1975	Niki Lauda	Ferrari

1976	James Hunt	McLaren-Ford	1992	Nigel Mansell	Williams-Renault
1977	Niki Lauda	Ferrari	1993	Alain Prost	Williams-Renault
1978	Mario Andretti	Lotus-Ford	1994	Michael Schumacher	Benetton-Ford
1979	Jody Scheckter	Ferrari	1995	Michael Schumacher	Benetton-Renault
1980	Alan Jonas	Williams-Ford	1996	Damon Hill	Williams-Renault
1981	Nelson Piquet	Brabham-Ford	1997	Jacques Villeneuve	Williams-Renault
1982	Keke Rosberg	Williams-Ford	1998	Mika Häkkinen	McLaren-Mercedes
1983	Nelson Piquet	Babham-BMW	1999	Mika Häkkinen	McLaren-Mercedes
1984	Niki Lauda	McLaren-TAG-Porsche	2000	Michael Schumacher	Ferrari
1985	Alain Prost	McLaren-TAG-Porsche	2001	Michael Schumacher	Ferrari
1986	Alain Prost	McLaren-TAG-Porsche	2002	Michael Schumacher	Ferrari
1987	Nelson Piquet	Williams-Honda	2003	Michael Schumacher	Ferrari
1988	Ayrton Senna	McLaren-Honda	2004	Michael Schumacher	Ferrari
1989	Alain Prost	McLaren-Honda	2005	Fernando Alonso	Renault
1990	Ayrton Senna	McLaren Honda	2006	Fernando Alonso	Renault

Jahr	Fahrer	Fahrzeug
2007	Kimi Räikkönen	Ferrari
2008	Lewis Hamilton	McLaren-Mercedes
2009	Jenson Button	Brawn-Mercedes
2010	Sebastian Vettel	Red Bull-Renault
2011	Sebastian Vettel	Red Bull-Renault
2012	Sebastian Vettel	Red Bull-Renault
2013	Sebastian Vettel	Red Bull-Renault
2014	Lewis Hamilton	Mercedes

Jahr	Fahrer	Fahrzeug
2015	Lewis Hamilton	Mercedes
2016	Nico Rosberg	Mercedes
2017	Lewis Hamilton	Mercedes
2018	Lewis Hamilton	Mercedes
2019	Lewis Hamilton	Mercedes
2020	Lewis Hamilton	Mercedes
2021	Max Verstappen	Red Bull

* B.R.M. = BRITISH RACING MOTORS

WIMBLEDON CHAMPIONSHIPS

Das 1877 gegründete Wimbledon Championships ist das älteste Tennisturnier der Welt. Das Turnier findet jährlich Anfang Juli statt.

In den Jahren 1915–1918 (Erster Weltkrieg), 1940–1945 (Zweiter Weltkrieg) und 2020 (Covid-19-Pandemie) fielen die Wettkämpfe aus.

Bis 1967 durften an den Wettkämpfen nur Amateure teilnehmen. Am 22.4.1968 begann die sogenannte **Open Era**, es wurden auch professionelle Spieler zugelassen („French Open", „US Open", „Australien Open").
In den folgenden vier Tabellen sind nur die Wettkämpfe in der „Wimbledon" notiert.

1. Sieger Herreneinzel

Jahr	Sieger	Land
1968	Rod Laver	Australien
1969	Rod Laver	Australien
1970	John Newcombe	Australien
1971	John Newcombe	Australien
1972	Stan Smith	USA
1973	Jan Kodes	Tschecho-slowakei
1974	Jimmy Conners	USA
1975	Arthur Ashe	USA
1976	Björn Borg	Schweden
1977	Björn Borg	Schweden
1978	Björn Borg	Schweden
1979	Björn Borg	Schweden
1980	Björn Borg	Schweden
1981	John McEnroe	USA
1982	Jimmy Connors	USA
1983	John McEnroe	USA
1984	John McEnroe	USA
1985	Boris Becker	Deutschland
1986	Boris Becker	Deutschland

Jahr	Sieger	Land
1987	Pat Cash	Australien
1988	Stefan Edberg	Schweden
1989	Boris Becker	Deutschland
1990	Stefan Edberg	Schweden
1991	Michael Stich	Deutschland
1992	Andre Agassi	USA
1993	Pete Sampras	USA
1994	Pete Sampras	USA
1995	Pete Sampras	USA
1996	Richard Kraijcek	Niederlande
1997	Pete Sampras	USA
1998	Pete Sampras	USA
1999	Pete Sampras	USA
2000	Pete Sampras	USA
2001	Goran Ivanisevic	Jugoslawien
2002	Lleyton Hewitt	Australien
2003	Roger Federer	Schweiz
2004	Roger Federer	Schweiz
2005	Roger Federer	Schweiz

Jahr	Sieger	Land
2006	Roger Federer	Schweiz
2007	Roger Federer	Schweiz
2008	Rafael Nadal	Spanien
2009	Roger Federer	Schweiz
2010	Rafael Nadal	Spanien
2011	Novak Djokovic	Serbien
2012	Roger Federer	Schweiz
2013	Andy Murray	Großbritannien
2014	Novak Djokovic	Serbien

Jahr	Sieger	Land
2015	Novak Djokovic	Serbien
2016	Andy Murray	Großbrit.
2017	Roger Federer	Schweiz
2018	Novak Djokovic	Serbien
2019	Novak Djokovic	Serbien
2020	AUSGEFALLEN WEGEN CORONA	
2021	Novak Djokovic	Serbien
2022	Novak Djokovic	Serbien

2. Siegerin Dameneinzel

Jahr	Siegerin	Land
1968	Billie Jean King	USA
1969	Ann Haydon-Jones	Großbritannien
1970	Margaret Smith Court	Australien
1971	Evonne Goolalong Cawley	Australien
1972	Billie Jean King	USA
1973	Billie Jean King	USA

Jahr	Siegerin	Land
1974	Chris Evert	USA
1975	Billie Jan King	USA
1976	Chris Evert	USA
1977	Virginia Wade	Großbritannien
1978	Martina Navratilova	USA
1979	Martina Navratilova	USA

1980	Evonne Goolalong Cawley	Australien
1981	Chris Evert-Lloyd	USA
1982	Martina Navratilova	USA
1983	Martina Navratilova	USA
1984	Martina Navratilova	USA
1985	Martina Navratilova	USA
1986	Martina Navratilova	USA
1987	Martina Navratilova	USA
1988	Steffi Graf	Deutschland
1989	Steffi Graf	Deutschland
1990	Martina Navratilova	USA
1991	Steffi Graf	Deutschland
1992	Steffi Graf	Deutsch-land
1993	Steffi Graf	Deutschland
1994	Conchita Martinez	Spanien
1995	Steffi Graf	Deutschland

1996	Steffi Graf	Deutschland
1997	Martina Hingis	Schweiz
1998	Jana Novotna	Tschechien
1999	Lindsay Davenport	USA
2000	Venus Williams	USA
2001	Venus Williams	USA
2002	Serena Williams	USA
2003	Serena Williams	USA
2004	Marija Scharapova	Russland
2005	Venus Williams	USA
2006	Amélie Mauresmo	Frankreich
2007	Venus Williams	USA
2008	Venus Williams	USA
2009	Serena Williams	USA
2010	Serena Williams	USA
2011	Petra Kvitová	Tschechien

2012	Serena Williams	USA
2013	Marion Bartoli	Frankreich
2014	Petra Kvitová	Tschechien
2015	Serena Williams	USA
2016	Serena Williams	USA
2017	Garbine Muguruza	Spanien
2018	Angelique Kerber	Deutschland
2019	Simona Halep	Rumänien
2020	AUSGEFALLEN WEGEN CORONA	
2021	Ashleigh Barty	Australien
2022	Jelena Rybakina	Kasachstan

3. Mehrfache Sieger/Siegerinnen in der Wimbledon

Sieger	Siege	Jahre
Roger Federer	8	2003-2007, 2009, 2012, 2017
Pete Sampras	7	1993-1995, 1997-2000
Novak Djokovic	7	2011, 2014, 2015, 2018, 2019, 2021, 2022
Björn Borg	5	1976-1980
Boris Becker	3	1985, 1986, 1989
John McEnroe	3	1981, 1983, 1984

Siegerin	Siege	Jahre
Martina Navra-tilova	9	1978, 1979, 1982-1987, 1990
Steffi Graf	7	1988, 1989, 1991-1993, 1995, 1996
Serena Williams	7	2002, 2003, 2009, 2010, 2012, 2015, 2016
Venus Williams	5	2000, 2001, 2005, 2007, 2008
Billie Jean King	4	1968, 1972, 1973, 1975
Chris Evert	3	1974, 1976, 1981

Jimmy Connors	2	1974, 1982	Evonne Goolagong Cawley	2	1971, 1980
Stefan Edberg	2	1988, 1990	Petra Kvitová	2	2011, 2014
Rod Laver	2	1968, 1969	Rafael Nadal	2	2008, 2010
Andy Murray	2	2013, 2016	John New-combe	2	1970, 1971

4. Siege nach Nationen in der Wimbledon

Herreneinzel Land	Anzahl der Siege	Dameneinzel Land	Anzahl der Siege
USA	15	USA	29
Schweiz	8	Deutschland	8
Schweden	7	Australien	4
Serbien	7	Tschechien	3
Australien	6	Großbritannien	2
Deutschland	4	Spanien	2
Spanien	2	Frankreich	2
Großbritannien	2	Schweiz	1
Niederlande	1	Russland	1
Tschechien	1	Rumänien	1
Jugoslawien	1	Kasachstan	1

DEUTSCHE SPORTLER/SPORTLERIN/MANNSCHAFT DES JAHRES

Seit 1947 wählen die deutschen Sportjournalisten den Sportler und die Sportlerin des Jahres. Seit 1957 wird auch die Mannschaft des Jahres gewählt.

Jahr	Sportler/Sportart	Sportlerin/Sportart	Mannschaft/Sportart
1947	Gottfried von Cramm Tennis	Marga Petersen Leichtathletik	
1948	Gottfried von Cramm Tennis	Mirl Buchner-Fischer Ski Alpin	
1949	Georg Meier Motorrad	Lena Stumpf Leichtathletik	
1950	Herbert Klein Schwimmen	Ria Baran-Falk Eiskunstlauf	
1951	Paul Falk Eiskunstlauf	Ria Baran-Falk Eiskunstlauf	
1952	Karl Kling Motorsport	Ria Baran-Falk Eiskunstlauf	
1953	Werner Haas Motorrad	Christa Seliger Leichtathletik	
1954	Heinz Fütterer Leichtathletik	Ursula Happe Schwimmen	
1955	Hans Günter Winkler Reiten	Helene Kienzle Rollkunstlauf	
1956	Hans Günter Winkler Reiten	Ursula Happe Schwimmen	
1957	Manfred Germar Leichtathletik	Wiltrud Urselmann Schwimmen	Borussia Dortmund Fußball
1958	Fritz Tiedemann Reiten	Marianne Werner Leichtathletik	Nationalmannschaft Leichtathletik

1959	Martin Lauer Leichtathletik	Marika Kilius Eiskunstlauf	Deutschland-Achter Rudern
1960	Georg Thoma Nordische Kombination	Ingrid Krämer Kunst- und Turmspringen	Deutschland-Achter Rudern
1961	Wolfgang Graph Berge von Trips Motorsport	Heidi Schmid Fechten	1. FC Nürnberg Fußball
1962	Gerhard Hetz Schwimmen	Jutta Heine Leichtathletik	Ratzeburger Ruder-Achter Rudern
1963	Gerhard Hetz Schwimmen	Ursel Brunner Schwimmen	Nationalmannschaft der Männer (Hockey)
1964	Willi Holdorf Leichtathletik	Roswitha Esser/ Annemarie Zimmermann Kanurennsport	Berliner Ruder-Vierer Rudern
1965	Hans-Joachim Klein Schwimmen	Helga Hoffmann Leichtathletik	Nationalmannschaft Leichtathletik
1966	Rudi Altig Radsport	Helga Hoffmann und Karin Frisch Leichtathletik	Nationalmannschaft der Männer (Fußball)
1967	Kurt Bendlin Zehnkampf	Liesel Westermann Diskuswurf	FC Bayern München Fußball
1968	Franz Keller Nordische Kombination	Ingrid Becker Leichtathletik	Deutschland-Achter Rudern
1969	Hans Fassnacht Schwimmen	Liesel Westermann Diskuswurf	Springreiter-Equipe Reiten
1970	Hans Fassnacht Schwimmen	Heide Rosendahl Weitsprung	Nationalmannschaft der Männer (Fußball)
1971	Hans Fassnacht Schwimmen	Ingrid Mickler-Becker Weitsprung/Sprint	Borussia Mönchengladbach Fußball
1972	Klaus Wolfermann Speerwurf	Heide Rosendahl Weitsprung	Nationalmannschaft der Männer (Hockey)

Jahr	Sportler/Sportart	Sportlerin/Sportart	Mannschaft/Sportart
1973	Klaus Wolfermann Speerwurf	Uta Schorn Turnen	Bahnrad-Vierer Radsport
1974	Eberhard Gienger Turnen	Christel Justen Schwimmen	Nationalmannschaft der Männer (Fußball)
1975	Peter-Michael Kolbe Rudern	Ellen Wellmann Mittelstreckenlauf	Borussia Mönchengladbach Fußball
1976	Gregor Braun Radsport	Rosi Mittermeier Ski Alpin	Bahnrad-Vierer Radsport
1977	Dietrich Thurau Radsport	Eva Wilms Kugelstoßen	Florett-Fechter Fechten
1978	Eberhard Gienger Turnen	Maria Epple Ski Alpin	Nationalmannschaft der Männer (Handball)
1979	Harald Schmid 400-Meter-Hürdenlauf	Christa Kinshofer Ski Alpin	TV Großwallstadt Handball
1980	Guido Gratschmer Zehnkampf	Irene Epple Ski Alpin	Nationalmannschaft der Männer (Fußball)
1981	Toni Mang Motorrad	Ulrike Meyfarth Hochsprung	Nationalmannschaft der Männer (Wasserball)
1982	Michael Groß Schwimmen	Ulrike Meyfarth Hochsprung	4×400-m-Staffel 400-Meter-Lauf
1983	Michael Groß Schwimmen	Ulrike Meyfarth Hochsprung	VfL Gummersbach Handball
1984	Michael Groß Schwimmen	Ulrike Meyfahrt Hochsprung	Degenfechter Fechten
1985	Boris Becker Tennis	Cornelia Hanisch Fechten	David-Cup-Team Tennis
1986	Boris Becker Tennis	Steffi Graf Tennis	Degenfechter Fechten

SPORT

1987	Harald Schmid 400-Meter-Hürdenlauf	Steffi Graf Tennis	Fed-Cup-Team Tennis
1988	Michael Groß Schwimmen	Steffi Graf Tennis	Deutschland-Achter Rudern
1989	Boris Becker Tennis	Steffi Graf Tennis	Deutschland-Achter Rudern
1990	Boris Becker Tennis	Katrin Krabbe Sprint	Nationalmannschaft der Männer (Fußball)
1991	Michael Stich Tennis	Katrin Krabbe Sprint	1. FC Kaiserslautern Fußball
1992	Dieter Baumann Langstreckenlauf	Heike Henkel Hochsprung	Nationalmannschaft der Männer (Hockey)
1993	Henry Maske Boxen	Franziska van Almsick Schwimmen	Nationalmannschaft der Männer (Basketball)
1994	Markus Wasmeier Ski Alpin	Katja Seizinger Ski Alpin	Nationalmannschaft Skispringen
1995	Michael Schumacher Motorsport	Franziska van Almsick Schwimmen	Borussia Dortmund Fußball
1996	Frank Busemann Zehnkampf	Katja Seizinger Ski Alpin	Nationalmannschaft der Männer (Fußball)
1997	Jan Ullrich Radsport	Astrid Kumbernuss Kugelstoßen	Team Telekom Radsport
1998	Georg Hackl Rennrodeln	Katja Seizinger Ski Alpin	1. FC Kaiserslautern Fußball
1999	Martin Schmitt Skispringen	Steffi Graf Tennis	Nationalmannschaft Skispringen
2000	Nils Schumann Mittelstreckenlauf	Heike Drechsler Weitsprung	Bahnrad-Vierer Radsport
2001	Erik Zabel Radsport	Hannah Stockbauer Schwimmen	FC Bayern München Fußball

Jahr	Sportler/Sportart	Sportlerin/Sportart	Mannschaft/Sportart
2002	Sven Hannawald Skispringen	Franziska van Almsick Schwimmen	Nationalmannschaft der Männer (Fußball)
2003	Jan Ullrich Radsport	Hannah Stockbauer Schwimmen	Nationalmannschaft der Frauen (Fußball)
2004	Michael Schumacher Motorsport	Birgit Fischer Kanurennsport	Nationalmannschaft der Frauen (Hockey)
2005	Ronny Ackermann Nordische Kombination	Uschi Disl Biathlon	Nationalmannschaft der Männer (Basketball)
2006	Michael Greis Biathlon	Kati Wilhelm Biathlon	Nationalmannschaft der Männer (Fußball)
2007	Fabian Hambüchen Turnen	Magdalena Neuner Biathlon	Nationalmannschaft der Männer (Handball)
2008	Matthias Steiner Gewichtheben	Britta Steffen Schwimmen	Nationalmannschaft der Männer (Hockey)
2009	Paul Biedermann Schwimmen	Steffi Nerius Speerwurf	Nationalmannschaft der Frauen (Fußball)
2010	Sebastian Vettel Motorsport	Maria Riesch Ski Alpin	Nationalmannschaft der Männer (Fußball)
2011	Dirk Nowitzki Basketball	Magdalena Neuner Biathlon	Borussia Dortmund Fußball
2012	Robert Harting Diskuswurf	Magdalena Neuner Biathlon	Deutschland-Achter Rudern
2013	Robert Harting Diskuswurf	Christina Obergföll Speerwurf	FC Bayern München Fußball
2014	Robert Harting Diskuswurf	Maria Höfl-Riesch Ski Alpin	Nationalmannschaft der Männer (Fußball)
2015	Jan Frodeno Triathlon	Christina Schwanitz Kugelstoßen	Nationalmannschaft Nordische Kombination

2016	Fabian Hambüchen Turnen	Angelique Kerber Tennis	Laura Ludwig u. Kira Wal- kenhorst (Beachvolleyball)
2017	Johannes Rydzek Nordische Kombination	Laura Dahlmeier Biathlon	Laura Ludwig u. Kira Wal- kenhorst (Beachvolleyball)
2018	Patrick Lange Triathlon	Angelique Kerber Tennis	Nationalmannschaft der Männer (Eishockey)
2019	Niklas Kaul Zehnkampf	Malaika Mihambo Weitsprung	Nationalmannschaft der Männer (Skispringen)
2020	Leon Draisaitl Eishockey	Malaika Mihambo Weitsprung	FC Bayern München Fußball
2021	Alexander Zverev Tennis	Malaika Mihambo Weitsprung	Bahnrad-Vierer der Frauen Radsport

DEUTSCHE BEHINDERTEN-SPORTLER/SPORTLERIN/MANNSCHAFT DES JAHRES

Die Behindertensportler und Behindertensportlerinnen werden von den deutschen Sportjournalisten seit 2004 gewählt.

Jahr	Behindertensportler Sportart	Behindertensportlerin Sportart	Behindertenmannschaft Sportart
2004	Wojtek Czyz Sprint/Weitsprung	Kirsten Bruhn Schwimmen	
2005	Michael Teuber Paracycling	Kirsten Bruhn Schwimmen	Nationalmannschaft der Männer (Sitzvolleyball)
2006	Gerd Schönfelder Ski Alpin	Verena Bentele Biathlon/Skilanglauf	Nationalmannschaft der Frauen (Rollstuhlbasketball)
2007	Mathias Mester Diskuswurf/Kugel- stoßen/Speerwurf	Natalie Simanowski Paracycling	Nationalmannschaft der Frauen (Rollstuhlbasketball)

Jahr	Behindertensportler Sportart	Behindertensportlerin Sportart	Behindertenmannschaft Sportart
2008	Wolfgang Sacher Paracycling	Kirsten Bruhn Schwimmen	Nationalmannschaft der Frauen (Rollstuhlbasketball)
2009	Michael Teuber Paracycling	Andrea Rothfuss Ski Alpin	Nationalmannschaft Rollstuhlcurling
2010	Gerd Schönfelder Ski Alpin	Verena Bentele Biathlon/Skilanglauf	Nationalmannschaft Paracycling
2011	Gerd Schönfelder Ski Alpin	Anna Schaffelhuber Ski Alpin	Nationalmannschaft der Frauen (Rollstuhlbasketball)
2012	Jochen Wollmert Tischtennis	Birgit Kober Speerwurf/Kugelstoßen	Nationalmannschaft der Frauen (Rollstuhlbasketball)
2013	Thomas Schmidberger Tischtennis	Anna Schaffelhuber Ski Alpin	Nationalmannschaft der Junioren Rollstuhlbasketball
2014	Markus Rehm Weitsprung	Anna Schaffelhuber Ski Alpin	Nationalmannschaft der Frauen (Rollstuhlbasketball)
2015	Georg Kreiter Ski Alpin	Anna Schaffelhuber Ski Alpin	Nationalmannschaft der Frauen (Rollstuhlbasketball)
2016	Niko Kappel Kugelstoßen	Vanessa Low Weitsprung/Sprint	4-mal-100-Meter-Staffel Leichtathletik; Männer
2017	Niko Kappel Kugelstoßen	Anna Schaffelhuber Ski Alpin	4-mal-100-Meter-Staffel Leichtathletik; Männer
2018	Martin Fleig Ski Nordisch	Andrea Eskau Radsport/Skisport	Nordische Para-Ski-Staffel Skisport; Frauen

2019	Johannes Floors Sprint	Irmgard Bensusan Sprint	Nationalmannschaft der Männer (Goalball)
2020	Wegen Corona-Pandemie abgesagt		
2021	Valentin Baus Tischtennis	Elena Semechin Schwimmen	Nationalmannschaft der Frauen (Rollstuhlbasketball)

WELTSPORTLER/WELTSPORTLERIN/WELTMANNSCHAFT DES JAHRES

Jahr	Sportler/Land/Sportart	Sportlerin/Land/Sportart	Mannschaft/Land/Sportart
2000	Tiger Woods USA; Golf	Marion Jones USA; Leichtathletik	Manchester United Großbritannien; Fußball
2001	Tiger Woods USA; Golf	Cathy Freeman Australien; Leichtathletik	Französische Fußballnationalmannschaft
2002	Michael Schumacher Deutschland; Motorsport	Jennifer Capriati USA; Tennis	Australische Cricket-Nationalmannschaft
2003	Lance Armstrong USA; Radsport	Serena Williams USA; Tennis	Brasilianische Fußballnationalmannschaft
2004	Michael Schumacher Deutschland; Motorsport	Annika Sörenstam Schweden; Golf	Englische-Rugby-Union-Nationalmannschaft
2005	Roger Federer Schweiz; Tennis	Kelly Holmes Großbritannien; Leichtathletik	Griechische Fußballnationalmannschaft
2006	Roger Federer Schweiz; Tennis	Janica Kostelić Kroatien; Ski alpin	Renault-F1-Team; Motorsport
2007	Roger Federer Schweiz; Tennis	Jelena Issinbajewa Russland; Leichtathletik	Italienische Fußballnationalmannschaft

Jahr	Sportler/Land/Sportart	Sportlerin/Land/Sportart	Mannschaft/Land/ Sportart
2008	Roger Federer Schweiz; Tennis	Justine Henin Belgien; Tennis	Südafrikanische Rugby-Union-Nationalmannschaft
2009	Usain Bolt Jamaika; Leichtathletik	Jelena Issinbajewa Russland; Leichtathletik	Chinesische Olympiamannschaft
2010	Usain Bolt Jamaika; Leichtathletik	Serena Williams USA; Tennis	Brawn GP Großbritannien; Formel 1
2011	Raffael Nadal Spanien; Tennis	Lindsey Vonn USA; Ski alpin	Spanische Fußballnationalmannschaft
2012	Novak Doković Serbien; Tennis	Vivian Jepkemoi Cheruiyot Kenia; Leichtathletik	FC Barcelona Spanien; Fußball
2013	Usain Bolt Jamaika; Leichtathletik	Jessica Ennis Großbritannien; Leichtathletik	Europäisches Ryder-Cup-Team; Golf
2014	Sebastian Vettel Deutschland; Motorsport	Missy Franklin USA; Schwimmen	FC Bayern München Deutschland; Fußball
2015	Novak Doković Serbien; Tennis	Genzebe Dibnaba Äthiopien; Leichtathletik	Deutsche Fußballnationalmannschaft
2016	Novak Doković Serbien; Tennis	Serena Williams USA; Tennis	All Blacks Neuseeland; Rugby Union
2017	Usain Bolt Jamaika; Leichtathletik	Simone Biles USA; Geräteturnen	Chicago Cubs USA; Baseball
2018	Roger Federer Schweiz; Tennis	Serena Williams USA; Tennis	Mercedes AMG Petronas F1 Team; Motorsport
2019	Novak Doković Serbien; Tennis	Simone Biles USA; Geräteturnen	Französische Fußballnationalmannschaft

2020	Lionel Messi Argentinien; Fußball Lewis Hamilton Großbritannien; Motorsport	Simone Biles USA; Geräteturnen	Südafrikanische-Rugby-Union-Nationalmannschaft
2021	Rafael Nadal Spanien; Tennis	Naomi Osaka Japan; Tennis	FC Bayern München Deutschland; Fußball
2022	Max Verstappen Belgien; Motorsport	Elaine Thompson-Herah Jamaika; Leichtathletik	Italienische Fußballnationalmannschaft

WELTBEHINDERTENSPORTLER/WELTBEHINDERTENSPORTLERIN DES JAHRES

Jahr	Sportler/Sportlerin	Land/Sportart
2000	Louise Sauvage	Australien; Leichtathletik
2001	Vinny Lauwers	Australien; Segeln
2002	Eshter Vergeer	Niederlande; Rollstuhl-Tennis
2003	Michael Milton	Australien; Ski alpin
2004	Earle Connor	Kanada, Leichtathletik
2005	Chantal Petitclerc	Kanada; Leichtathletik
2006	Ernst van Dyk	Südafrika; Leichtathletik
2007	Martin Braxenthaler	Deutschland; Ski alpin
2008	Esther Vergeer	Niederlande; Rollstuhl-Tennis
2009	Daniel Dias	Brasilien; Schwimmen
2010	Nathalie du Toit	Südafrika; Schwimmen
2011	Verena Bentele	Deutschland; Ski, Biathlon

Jahr	Sportler/Sportlerin	Land/Sportart
2012	Oscar Pistorius	Südafrika; Leichtathletik
2013	Daniel Dias	Brasilien; Schwimmen
2014	Marie Bochet	Frankreich; Ski alpin
2015	Tatyana McFadden	USA; Leichtathletik
2016	Daniel Dias	Brasilien; Schwimmen
2017	Beatrice Vio	Italien; Fechten
2018	Marcel Hug	Schweiz; Leichtathletik
2019	Henrieta Farkasova	Slowakei; Ski alpin
2020	Oksana Masters	Ukraine; Radsport, Rudern, Biathlon, Skilanglauf
2021	Marcel Hug	Schweiz; Leichtathletik

BEDEUTENDE BAUWERKE

Die Bauwerke, die in den folgenden drei Tabellen genannt werden, sind natürlich nur Beispiele. Es gibt auch noch viele andere.

1. Frühzeit und Altertum

(bis etwa 800)

Bauwerk	Stadt/Land	Erbauung (BAUZEITBZW. *ERÖFFNUNG)
Cheops Pyramide (139 m)	Gizeh (Ägypten)	etwa 2500 v.Chr.
Sphinx	Gizeh (Ägypten)	etwa 2500 v.Chr.
Tal der Könige (Grabstätten)	Bei Luxor (Ägypten)	1500 – 1000 v.Chr.
Abu Simbel	Oberägypten	um 1200 v.Chr.
Shwedagon-Pagode	Rangun (Myanmar)	1000 – 600 v.Chr.
Chinesische Mauer	China	722 v.Chr. – 1644
Kapitol	Rom	509 v.Chr.*
Petra (Felsenstadt)	Jordanien	ab etwa 300 v.Chr.
Terrakotta Krieger	Xian (China)	um 200 v.Chr.
Masada (Festung)	Israel	40 – 20 v.Chr.
Klagemauer	Jerusalem	20 v.Chr. – 70 n.Chr.
Kolosseum (48 m)	Rom	72 – 80
Pantheon (126 m)	Rom	114 – 128
Hagia Sophia	Istanbul	532 – 537
Felsendom (35 m)	Jerusalem	690 – 710
Kukulan Pyramide (30 m)	Chichen Itza, Mexiko	etwa 600 – 800
Al-Aksa-Moschee	Jerusalem	um 700

2. Mittelalter
(ab 800 – 1500)

Bauwerk	Stadt/Land	Erbauung (BAUZEIT BZW. *ERÖFFNUNG)
Alhambra	Granada	9. – 15. Jhrh.
Windsor Castle	Windsor (England)	1086 – 1374
Westminster Abbey (69)	London	1090*
Notre Dame (71 m)	Paris	1163 – 1345
Kathedrale von Chartres (113 m)	Frankreich	1194 – 1260
Angkor Wat	Kambodscha	um 1200
Kathedrale in Florenz (114 m)	Italien	1229 – 1436
Kölner Dom (157 m)	Köln	1248 – 1880
Cusco	Peru	12. Jhrh.
Dogenpalast	Venedig	1340 – 1424
Alhambra	Granada (Spanien)	13. – 14. Jhrh.
Große Moschee von Djenné	Mali	etwa 1180 – 1230
Mailänder Dom (108 m)	Mailand	1386 – 1830
Kaiserpalast (Verbotene Stadt)	Peking	1406 – 1420
Machu Picchu	Peru	15. Jhrh.
Moai (Steinfiguren max. 9,8 m)	Osterinsel/Rapa Nui	etwa 1400 – 1600
Kreml	Moskau	1485 – 1500

3. Neuzeit
(ab 1500)

Bauwerk	Stadt/Land	Erbauung (BAUZEITBZW. *ERÖFFNUNG)
Petersdom (137 m)	Rom	1506 - 1626
Basilius Kathedrale (115 m)	Moskau	1552 - 1561
Kaaba	Mekka	etwa 1630
Taj Mahal	Agra (Indien)	1630 - 1648
Schloss Versailles	Versailles	1631 - 1634
Rotes Fort (Palast)	Delhi (Indien)	1639 - 1648
Potala Palast	Lhasa (Tibet)	1694 - 1922
Zwinger	Dresden	1710 - 1728
Residenz	Würzburg	1720 - 1744
Frauenkirche (91 m)	Dresden	1726 - 1743
Wieskirche	Steingaden	1745 - 1754
Louvre	Paris	1793*
Weißes Haus	Washington	1792 - 1800
Kapitol	Washington	1793 - 1823
Altes Museum	Berlin	1825 - 1830
Suezkanal (193 km)	Port Said bis Suez	1859 - 1869
Schloss Neuschwanstein	Neuschwanstein	1869 - 1886
Brooklyn Bridge (1834 m)	New York	1869 - 1883
Basilika Sacré-Coeur	Paris	1875 - 1914
Panamakanal (82 km)	Panama bis Colon	1881 - 1914

Bauwerk	Stadt/Land	Erbauung (BAUZEITBZW. *ERÖFFNUNG)
Sagrada Familia	Barcelona	1882 – 2026 (geplant)
Tower Bridge	London	1886 - 1894
Freiheitsstatue (46m/93 m)	New York	1886*
Eiffelturm (324 m)	Paris	1887 - 1889
Einsteinturm	Potsdam	1920 - 1922
Harbour Bridge (1149 m)	Sydney	1923 - 1932
Empire State Building (381 m)	New York	1930 - 1931
Mount Rushmore	South Dakota	1930 - 1939
Christus Statue (30 m)	Rio de Janeiro	1931*
Golden Gate Bridge (2737 m)	San Francisco	1933 - 1937
Notre-Dame du Haut	Ronchamp	1850 - 1955
Brasilia (geplante Hauptstadt)	Brasilien	1956 - 1960
Solomon Guggenheim Museum	New York	1959*
Opernhaus in Sydney	Sydney	1957 - 1965
Philharmonie	Berlin	1960 - 1963
Olympiapark	München	1968 - 1972
CN Tower Toronto (553 m)	Kanada	1973 - 1976
Glaspyramide im Louvre (21m)	Paris	1985 - 1989
Hassan II. Moschee (210 m)	Casablanca	1987 - 1993
Eurotunnel	Frankreich - England	1987 - 1994
Flughafen Chek Lap Kok	Hongkong	1990 - 1998

Petronas Towers (452 m)	Kuala Lumpur	1992 - 1998
Burj al Arab (321 m)	Dubai	1994 - 1999
Burj Khalifa (830 m)	Dubai	2004 - 2010
One World Trade Center (541 m)	New York	2004 - 2015
Philharmonie	Hamburg	2010 - 2017

STILRICHTUNGEN DER ARCHITEKTUR

Seit etwa dem Jahr 1000 sind in Europa folgende Baustile zu erkennen:

Zeitraum etwa	**Baustil**
1000 - 1250	Romanik
1140 - 1530	Gotik
1420 - 1610	Renaissance
1570 - 1770	Barock
1730 - 1780	Klassizismus
1780 - 1850	Klassizismus
1850 - 1900	Historismus
1890 - 1910	Jugendstil
ab 1900	Moderne

DIE ZEITLICHEN GRENZEN DER BAUSTILE KÖNNEN NICHT EXAKT ANGEGEBEN WERDEN, DA DIE ÜBERGÄNGE DER EINZELNEN STILRICHTUNGEN NATÜRLICH FLIESSEND WAREN UND ES ÜBER SCHNEIDUNGEN GAB (ZUM BEISPIEL ZEITLICHE UNTERSCHIEDE IN FRANKREICH UND DEUTSCHLAND).

Die Bauwerke, die bei den einzelnen Stilrichtungen genannt werden, sind natürlich nur Beispiele. Es gibt auch noch viele andere.

Die zeitlichen Grenzen der Baustile können nicht exakt angegeben werden, da die Übergänge der einzelnen Stilrichtungen fließend sind.

1. Romanik

Die Romanik ist die erste große gesamteuropäische Kunstepoche nach dem Untergang Roms im 5. Jahrhundert.

Kennzeichen der romanischen Architektur sind

- massive Bauwerke
- Rundbögen und Rundbogenfenster
- dicke, festungsartige Mauern und kleine Fenster
- schlichte Fassaden
- Grundrisse mit einfachen geometrischen Formen
- Säulen mit blockartigen Kapitellen (oberer Abschluss einer Säule)

Bekannte Bauwerke
Michaeliskirche in Hildesheim (Weltkulturerbe der UNESCO), Dome in Bamberg, Limburg, Mainz, Naumburg, Magdeburg, Speyer und Worms, Kaiserpfalz in Goslar, die Pfalzkapelle in Aachen, das Benediktinerkloster in Maria Laach in der Eifel und das Schloss in Heidelberg,
Windsor Castle in England.

2. Gotik

Die erste gotische Architektur entstand um 1150 in der Gegend von Paris, der sogenannten „Ile de France".

Kennzeichen der gotischen Architektur sind

- hochstrebende Bauwerke
- Betonung der Vertikalen
- Strebepfeiler und Strebebögen
- Spitzbögen
- durchbrochene Außenwände mit strukturierten Fenstern
- filigrane Muster im durchbrochenen Stein
- farbige Glasfenster
- Wasserspeier

Bekannte Bauwerke
Kölner Dom, Regensburger Dom, Magdeburger Dom, Frauenkirche in München, Frauenkirche in Nürnberg, Münster in Freiburg, Ulmer Münster, Marienkirche in Lübeck,
Kathedrale Notre-Dame in Paris, Kathedrale in Reims, Westminster Abbey in London, Kathedrale in Florenz, Mailänder Dom, Domkirche St. Stephan in Wien, Straßburger Münster.

3. Renaissance

Renaissance bedeutet „Wiedergeburt", es ist der Umbruch vom Mittelalter zur Neuzeit. Vorbild war die römische Baukunst.

Kennzeichen der Architektur sind
- klare geometrische Strukturen
- symmetrische Grundformen und harmonische Proportionen
- Bauwerke nach der Proportionsregel des „Goldenen Schnitts" **(→ siehe Seite 186)**
- antike (dorische, ionische, korinthische) Säulen
- Tonnengewölbe

Bekannte Bauwerke
Kirche St. Michael und Residenz in München, Residenzschloss und Semperoper Dresden, Berliner Stadtschloss, Augsburger Rathaus, Stadtresidenz in Landshut, Rathaus in Bremen, Schloss Heidelberg, Trevibrunnen und Spanische Treppe in Rom, im Petersdom in Rom findet man Bauelemente der Renaissance und des Barocks, Kuppel der Kathedrale Santa Maria del Fiore in Florenz, Schloss Fontainebleau in Fontainebleau, Basilika San Giorgio Maggiore in Venedig, Südwestflügel des Louvre in Paris.

4. Barock

Der Baustil des Barocks hatte seinen Ursprung in Italien. Es gibt drei bis vier zeitlich abgegrenzte Untergruppen: Frühbarock (bis etwa 1650), Hochbarock (etwa 1650 bis 1700), Spätbarock (etwa 1700 bis 1730) und Rokoko (etwa 1730 bis 1770). Rokoko wird auch als selbständige Bauepoche angesehen **(→ siehe anschließendes Kapitel)**. Die Architektur des Barocks sollte den herrschaftlichen Lebensstil von Klerus und Fürsten repräsentieren.

Kennzeichen der Architektur sind
- Prachtbauten
- konkav-konvex geschwungene Bauelemente
- großzügige Parkanlagen in streng gegliederten Bereichen mit Blumenbeeten, Rasenflächen, Hecken und Wasserspielen
- zentraler Kuppelbau
- Doppelsäulen
- Üppige Verzierungen

Bekannte Bauwerke
Theatinerkirche St. Kajetan in München, die Landschlösser Nymphenburg und Schleißheim, Kloster Banz und die Basilika Vierzehnheiligen, Wieskirche bei Steingaden, Kloster Ottobeuren, Zwinger und Frauenkirche in Dresden, Kirche Sankt Michaelis in Hamburg, Schloss Pommersfelden, Neues Palais in

Potsdam, Stift Melk und Schloss Schönbrunn in Österreich, Karlskirche in Wien, Palais du Luxembourg und Kuppel des Invalidendoms in Paris, Schloss Versailles (Spätbarock und Rokoko), Kirche Santa Maria della Salute in Turin.

5. Rokoko

Das Rokoko entwickelte sich aus dem späten Barock und wird gelegentlich mit dem Spätbarock gleichgesetzt. Der Begriff Rokoko kommt vom französischen Wort „rocaille" und bedeutet „Grotten- und Muschelwerk".

Bedeutende Baumeister des Rokoko waren Johann Balthasar Neumann und Dominikus Zimmermann.

Kennzeichen der Architektur sind
- eher ein Dekorationsstil als ein Baustil
- Ornamente sind vorrangige Gestaltungselemente
- keine monumentale Pracht, sondern Verspieltheit im Detail
- heitere und leichte Architektur
- großer Wert wurde auf die Innenausstattung gelegt

Bekannte Bauwerke
Wieskirche bei Steingaden (UNESCO Weltkulturerbe), Residenz in Würzburg, Markgräfliches Opernhaus in Bayreuth, Schloss Sanssouci in Potsdam, Domkirche in Freising, Amalienburg im Park von Schloss Nymphenburg, Residenz in Ansbach, Schloss Solitude in Stuttgart, Klosterkirche in Rott am Inn, Rokokosaal im Alten Rathaus in Bamberg, Schloss Versailles (siehe auch bei Barock), Schloss Queluz bei Sintra (Portugal).

6. Klassizismus

Zum Klassizismus gehören die Stile Louis-seize (Ludwig XVI.), Empire und Biedermeier. Der Klassizismus orientiert sich an den Formen des griechischen Tempelbaus.

Kennzeichen der Architektur sind
- antike Vorbilder, aber schlichter
- Säulen haben tragende Funktion
- geradlinige Klarheit
- klare, nicht monumentale, bescheidene Einfachheit
- harmonische Proportionen
- regelmäßige Fensterreihung
- heller Gebäudeanstrich

Bekannte Bauwerke
Brandenburger Tor, Neue Wache, Altes Museum in Berlin, Nikolaikirche in Potsdam, Glyptothek in München, Walhalla bei Regensburg, Befreiungshalle bei Kelheim, Weißes Haus in Washington

7. Historismus

Der Historismus ist ein Stil, der auf mehrere Architekturformen vergangener Epochen zurückgreift. Er hat keinen einheitlichen Stil erschaffen.

Kennzeichen der Architektur:
Kirchen und sakrale Bauten wurden im Stil der Neoromanik oder Neugotik gebaut, Theater und Museen im Stil der Neorenaissance, staatliche Bauten im Neobarock oder Rokokostil (in Deutschland auch als Wilhelminischer Stil bekannt), Banken und Bürgerhäuser im Stil der Neorenaissance.
Es wurde viel Wert auf Repräsentation gelegt. Im privaten Sektor bauten wohlhabende Bürger ganze Straßenzüge mit villenähnlichen Gebäuden.
Die Nationalsozialisten verkörperten mit der neoklassizistischen Architektur ihre Macht und ihr Geltungsbewusstsein.

Bekannte Bauwerke
Nauener Tor in Potsdam (erster Bau des Historismus auf dem europäischen Kontinent im neugotischen Stil; 1869), neoromanische Pauluskirche in Basel, Reichstagsgebäude in Berlin (Neorenaissance, erbaut 1884 – 1894), Neue Synagoge Berlin (maurischer Stil); Prora (4,5 km lange Häuserfront geplant als Ferienanlage mit 20000 Betten; bis 1939 war nur der Rohbau fertig) auf Rügen und das ehemalige Reichstagsgelände in Nürnberg (beides monumentale Bauten der Nazis im neoklassischen Stil), Maximilianeum in München (gebaut von 1857 bis 1874; neugotischer Baustil geplant, aber viele Einflüsse der Neorenaissance), Schloss Neuschwanstein (Neoromanik), Schloss Herrenchiemsee (Neobarock; Vorbild war das Schloss in Versailles), Schloss Linderhof (Neorokoko).

8. Jugendstil

Mit dem Jugendstil beginnt die Zeit des modernen Designs. Ziel war die Einheit von Malerei, Plastik und Architektur.

Kennzeichen der Architektur sind
- Abkehr von historischen Bauformen
- geschwungene Linien und Ornamente (Gräser, Ranken)
- dekorative Schönheit steht im Vordergrund
- Architektur, Inneneinrichtung und Dekor sollen eine Einheit bilden

Bekannte Bauwerke
Hackesche Höfe in Berlin, Elisabethhalle in Aachen, Stadttheater in Bielefeld, Sonnenhaus in Coburg, Staatstheater in Cottbus, Alte Synagoge und Nikolauskirche in Essen, Theresienstein in Hof, Synagoge und Stadtbad in Augsburg, Riquethaus in Leipzig, Ernst-Abbe-Denkmal in Jena, Kammerspiele in München, Fürstenhof in Bad Wildungen, Villa Esche in Chemnitz, Großherzoglich-Sächsische Kunstschule Weimar (UNESCO Weltkulturerbe), Hotel Savoy in Brüssel (UNESCO Weltkulturerbe).

9. Moderne

Die eigentliche Moderne beginnt nach dem Ersten Weltkrieg 1918. In ihr vereinigen sich verschiedene Strömungen: Funktionalismus, Expressionismus, Neues Bauen, Neue Sachlichkeit.

Kennzeichen der Moderne sind
- Spannbeton, Stahl und Glas als Baumaterialien
- Zusammenhang zwischen Gestaltung und Funktion
- Versorgungsleitungen teilweise sichtbar
- Gleichförmige Gebäudegruppen
- Sachlichkeit
- strenge Formgebung und schlichte Ausstattung

Bekannte Bauwerke
UNO-Hauptquartier und Guggenheim Museum in New York, Opernhaus in Sydney, Pirelli-Hochhaus in Mailand, Kapelle „Notre-Dame-du-Haut" in Ronchamp (1950 – 1955 erbaut von Le Corbusier), Hauptstadt Brasilia, Weiße Stadt in Tel Aviv, Friedensmuseum in Hiroshima, Grindelhochhäuser in Hamburg, Weißenhofsiedlung in Stuttgart, Berliner Philharmonie, internationale Bauausstellung im Hansaviertel Berlin, Einsteinturm in Potsdam.

BERÜHMTE LITERARISCHE UND MUSIKALISCHE WERKE

Romane, Erzählungen
Anna Karenina (Tolstoi), Auferstehung (Tolstoi), Bahnwärter Thiel (Hauptmann), Bilder der deutschen Vergangenheit (Freytag), Buddenbrooks (Mann), Das Glasperlenspiel (Hesse), Decamerone (Boccaccio), Der alte Mann und das Meer (Hemingway). Der Biberpelz (Hauptmann), Der Steppenwolf (Hesse), Die Ahnen (Freytag), Die Bekenntnisse des Hochstablers Felix Krull (Mann), Die Blechtrommel (Grass), Die Brüder Karamasow (Dostojewski), Die Dämonen (Dostojewski), Die drei Musketiere (Dumas), Die Forsyte-Saga (Galsworthy), Die gute Erde (Buck), Die Judenbuche (Droste-Hülshoff), Die Leiden des jungen Werther (Goethe), Die Mutter (Gorkij), Die Physiker (Dürrenmatt), Doktor Faustus (Mann), Doktor Schiwago (Pasternak), Don Quijote (Cervantes), Dschungelbuch (Kipling), Homo Faber (Frisch), Kreutzersonate (Tolstoi), Krieg und Frieden (Tolstoi), Mein Name sei Gantenbein (Frisch), Michael Kohlhaas (Kleist), Oliver

Twist (Dickens), Schuld und Sühne (Dostojewski), Sewastopol (Tolstoi), Soll und Haben (Freytag), Stiller (Frisch), Tod in Venedig (Mann), Tom Sawyer (Twain), Tonio Kröger (Mann), Wem die Stunde schlägt (Hemingway), Zauberberg (Mann).

Dramen, Tragödien
Andorra (Frisch), Biedermann und die Brandstifter (Frisch), Boris Godunow (Puschkin), Der Besuch der alten Dame (Tragikomödie; Dürrenmatt), Der Hauptmann von Köpenick (Zuckmayer), Des Teufels General (Zuckmayer), Die Physiker (Dürrenmatt), Die Räuber (Schiller), Die Weber (Hauptmann), Don Carlos (Schiller), Egmont (Goethe), Emilia Galotti (Lessing), Faust (Goethe), Götz von Berlichingen (Goethe), Hamlet (Shakespeare), Iphigenie (Goethe), Jungfrau von Orleans (Schiller), Kabale und Liebe (Schiller), König Lear (Shakespeare), Leben des Galilei (Brecht), Macbeth (Shakespeare), Maria Stuart (Schiller), Mutter Courage und ihre Kinder (Brecht), Nathan der Weise (Lessing), Odysee (Homer), Otello (Shakespeare), Romeo und Julia (Shakespeare), Torquato Tasso (Goethe), Warten auf Godot (Beckett), Wilhelm Tell (Schiller), Woyzeck (Büchner).

Komödien
Der eigebildete Kranke (Molière), Der Geizige (Molière), Der Kaufmann von Venedig (Shakespeare), Der Widerspenstigen Zähmung (Shakespeare), Der zerbrochene Krug (Kleist), Die lustigen Weiber von Windsor (Shakespeare), Ein Sommernachtstraum (Shakespeare), Leonce und Lena (Büchner), Pygmalion (Shaw; Vorbild zum Musical „My Fair Lady"), Viel Lärm um nichts (Shakespeare), Was ihr wollt (Shakespeare), Wie es euch gefällt (Shakespeare).

Gedichte
Abendlied (Claudius), Andenken (Hölderlin), Das ästhetische Wiesel (Morgenstern), Das Fräulein stand am Meere (Heine), Das Karussell (Rilke), Das Lied von der Glocke (Schiller), Der Handschuh (Schiller), Der Mond ist aufgegangen (Claudius), Der Panther (Rilke), Der römische Brunnen (C. F. Meyer), Der Zauberlehrling (Goethe), Die Bürgschaft (Schiller), Die Stadt (Storm), Die Wasserfäden (Droste-Hülshoff), Eine feste Burg ist unser Gott (Luther), Er ist's (Mörike), Erlkönig (Goethe), Hälfte des Lebens (Hölderlin), Herr von Ribbeck auf Ribbeck im Havelland (Fontane), Ich weiß nicht was soll es bedeuten (Heine), John Maynard (Fontane), Kleine Aster (Benn), Latrine (Eich), Mein blaues Klavier (Lasker-Schüler), Mondnacht (Eichendorff), Nachtgedanken (Heine), Nun, da die Frühlingsblumen wieder blühen (Busch), Ode an die Freude (Schiller), Romanze (Busch), Sie saßen und tranken am Teetisch (Heine), Sie war ein Blümlein (Busch), Tristan (von Platen), Wanderers Nachtlied (Goethe), Wenn nicht mehr Zahlen und Figuren (Novalis), Willkommen und Abschied (Goethe), Wünschelrute (Eichendorff), Zu Bacharach am Rheine (Brentano).

Opern
Aida (Verdi), Carmen (Bizet), Cosi van tutte (Mozart), Der Barbier von Sevilla (komische Oper; Rossini), Der fliegende Holländer (Wagner), Der Ring der Nibelungen, dazu gehören Rheingold, Walküre, Siegfried, Götterdämmerung (Wagner), Der Wildschütz (Lortzing), Die diebische Elster (Rossini), Die Entführung aus dem Serail (Mozart), Die Meistersinger von Nürnberg (Wagner), Die Zauberflöte (Mozart), Don Carlos (Verdi), Don Giovanni (Mozart), Elektra (R. Strauß), Fidelio (Beethoven), Figaros Hochzeit (Mozart),

Fledermaus (Strauß), Hänsel und Gretel (Humperdinck), Hoffmanns Erzählungen (Offenbach), Idomeneo (Mozart), La Bohème (Puccini), La Traviata (Verdi), Lohengrin (Wagner), Madame Butterfly (Puccini), Nabucco (Verdi), Otello (Verdi), Rigoletto (Verdi), Rosenkavalier (R. Strauß), Tannhäuser (Wagner), Tosca (Puccini), Tristan und Isolde (Wagner), Troubadour (Verdi), Turandot (Puccini), Zar und Zimmermann (Lortzing).

Operetten

Das Land des Lächelns (Lehar), Das Pariser Leben (Offenbach), Der Bettelstudent (Millöcker), Der Graf von Luxemburg (Lehar), Der Vetter aus Dingsda (Künneke), Der Vogelhändler (Zeller), Der Zarewitsch (Lehar), Die Czardasfürstin (Kalman), Die lustige Witwe (Lehar), Die schöne Helena (Offenbach), Eine Nacht in Venedig (Johann Strauß Sohn), Fledermaus (Johann Strauß, Sohn), Frau Luna (Lincke), Gräfin Maritza (Kalman), Giuditta (Lehar), Im Weißen Rößl (Benatzki), Maske in Blau (Lehar), Orpheus in der Unterwelt (Offenbach), Schwarzwaldmädel (Jessel), Zigeunerbaron (Johann Strauß Sohn).

Musicals

Cabaret (John Kander), Cats (Andrew Lloyd Webber), Chicago (John Kander), Das Phantom der Oper (Andrew Lloyd Webber), Der König der Löwen (Elton John, Tim Rice), Hair (Galt MacDermot), Ich war noch niemals in New York (Udo Jürgens), Kiss me Kate (Cole Porter), Mamma Mia (Björn Ulvaeus, Benny Andersson), My Fair Lady (Frederic Loewe), The Rocky Horror Picture Show (Richard O'Brien), Starlight Express (Andrew Lloyd Webber), Tanz der Vampire (Jim Steinmann), Tarzan (Phil Collins), West Side Story (Leonard Bernstein).

EXTREME

In diesem Kapitel werden die sogenannten „Weltwunder" und extreme Werte (die höchsten, größten, kleinsten, längsten, tiefsten, schnellsten, schönsten, …) in Ranglisten vorgestellt: Naturschönheiten und vom Menschen geschaffene Werke.
Viele Zahlenwerte, die man an verschiedenen Stellen in der Literatur (im Internet) findet, stimmen leider nicht immer überein.
Beispiel 1: Die Fläche des Kaspischen Meeres wird in einer Liste mit 82100 km², in einer anderen Liste mit 82414 km² angegeben.
Beispiel 2: Man möchte eine Rangliste der höchsten Berge aufstellen. Da fallen einem vielleicht ein: Mount Everest, Nanga Parbat, Mont Blanc, Aconcagua, Kilimanjaro, Zugspitze, Elbrus, und wahrscheinlich noch einige andere. Dass der Mount Everest der höchste Berg ist, ist allgemein bekannt. Er ist fast 9000 m hoch (8850 m oder 8846 m; je nachdem, in welcher Liste oder in welchem Atlas man nachschaut). Es kommt natürlich nicht auf zwei bis drei Meter an, er ist der höchste Berg! Aber wie geht es nach unten weiter? Denken wir an den Aconcagua (6974 m), dem höchsten Berg der Anden in Südamerika. Und jetzt kommt das Erstaunliche: Der Aconcagua ist in der Rangliste der höchsten Berge der Welt nur auf Rang 69! Es gibt also 68 Berge, die höher sind, und die liegen alle im Bereich Himalaja/Karakorum/Pamir. Fast alle dieser 68 Berge sind uns unbekannt, wir haben deren Namen noch nie gehört.
Also bitte beachten: Zahlenwerte nicht immer wörtlich nehmen!

DIE „WELTWUNDER"

1. Die sieben Weltwunder der Antike

1. Die hängenden Gärten der Semiramis zu Babylon
2. Der Koloss von Rhodos
3. Das Grab des Königs Mausolos II. zu Halikarnassos
4. Der Leuchtturm auf der Insel Pharos vor Alexandria
5. Die Pyramiden von Gizeh in Ägypten
6. Der Tempel der Artemis in Ephesos
7. Die Zeusstatue des Phidias von Olympia

→ siehe Seite 110

Heute existieren von diesen Weltwundern nur noch die Pyramiden von Gizeh.

Es gibt aber auch noch viele andere bewundernswerte und schöne Bauwerke aus früherer Zeit, die man heute noch besuchen kann. Um diese „New seven Wonders oft the World" auszuwählen, fand von Januar 2006 bis Juni 2007 eine Abstimmung per Telefon, SMS oder Internet statt, bei der 100 Millionen Stimmen abgegeben wurden. Am 7. Juli 2007 wurde das Ergebnis dieser Umfrage in einer Fernsehshow bekannt gegeben. Seit dieser Zeit gibt es nun auch „Die sieben neuen Weltwunder".

2. Die sieben neuen Weltwunder

1. Chichén Itzá, Maya-Ruinen auf der Halbinsel Yukatan (Mexiko)
2. Chinesische Mauer, Grenzbefestigungsanlage (China)
3. Cristo Redentor, Christusstatue in Rio de Janeiro (Brasilien)
4. Kolosseum, antikes Amphitheater in Rom (Italien)
5. Machu Picchu, Inkaruinenstadt in den Anden (Peru)
6. Petra, Felsenstadt (Jordanien)
7. Taj Mahal, Mausoleum (Indien)

Auf Platz 8 wurde Schloss Neuschwanstein gewählt.

3. Sieben außergewöhnliche Bauwerke der Neuzeit

1. **Eiffelturm in Paris**
   Er wurde anlässlich der Weltausstellung 1889 von Gustav Eiffel gebaut. Er sollte nach der Ausstellung wieder abgebaut werden, blieb aber aufgrund heftiger Proteste aus der Bevölkerung stehen.

2. **La Sagrada Familia in Barcelona**
   Der Architekt Antonio Gaudi begann mit dem Sakralbau im Jahr 1882. Der Bau ist aber bis heute noch nicht fertiggestellt, erst acht der geplanten 18 Türme sind fertig. Im Jahr 2026 zum 100. Todestag des Architekten sollen die Bauarbeiten beendet sein.

3. **Opernhaus in Sydney**
   Das imposante Dach besteht aus über eine Million weißen Keramikfliesen und ist 67 m hoch. Das Theater besitzt 5532 Sitzplätze. Im Opernhaus befinden sich noch ein Kino und zehn Restaurants. Bauzeit war von 1959 bis 1973.

4. **Burj al Arab in Dubai**
   Das Hotel steht auf einer künstlichen Insel. 40 Meter lange Stützpfeiler im Meeresgrund sichern die Stabilität. Die meisten der über 200 Wohneinheiten sind Suiten zwischen 170 m^2 und 780 m^2.

5. **Golden Gate Bridge in San Franzisco**
   Die Hängebrücke ist 2,7 km lang und wurde von 1933 bis 1937 gebaut. Besondere Herausforderung beim Bau war die starke Meeresströmung in der Bucht.

6. **Kreml und Roter Platz in Moskau**
   Der Bau begann 1845 unter Zar Iwan III. Nach Zerstörungen einzelner Bereiche wurde das Gebäude immer wieder restauriert. Der Kreml ist das historische und politische Zentrum von Moskau und Russland. Der Rote Platz vor dem Kreml besitzt eine Fläche von 500 m × 150 m.

7. **CN-Tower in Toronto**
   Er ist der höchste Fernsehturm der Welt (553 m). In einer Höhe von 350 m befindet sich ein Café und ein Drehrestaurant, das sich in 90 Minuten einmal um seine Achse dreht. Bauzeit des Turms war von 1973 bis 1976.

Neben diesen vom Menschen geschaffenen „Weltwundern" gibt es auch „Weltwunder", die von der Natur geschaffen wurden. Manche von ihnen gehören zum Weltnaturerbe. Bei der Umfrage in Lissabon wurden folgende Weltwunder gewählt.

4. Die sieben Weltwunder der Natur

1. Amazonas in Südamerika
2. Halong-Bucht in Vietnam
3. Iguazú-Wasserfälle im Grenzgebiet Brasilien/Argentinien
4. Jejudo, eine Vulkaninsel in Südkorea
5. Komodo, eine Insel in Indonesien
6. Tafelberg in Südafrika
7. Puerto-Princesa-Subterranean-River-Nationalpark auf den Philippinen

5. Zehn auserwählte UNESCO Weltnaturerbestätten in Europa

Insgesamt gibt es derzeit 1121 UNESCO Weltnatur- und Weltkulturerbestätten in 167 Ländern.

1. Bucht von Kotor in Montenegro (seit 1979)
2. Naturpark Plitvicer Seen in Kroatien (seit 1979)
3. Nationalpark Pirin in Bulgarien (seit 1983)
4. Höhlen von Skocjan in Slowenien (seit 1986)
5. Klöster von Meteora in Griechenland (seit 1988)
6. Insel Ibiza Spanien (seit 1999)
7. Alpen Jungfrau-Aletschgletscher in der Schweiz (seit 2001)
8. Geiranger Fjord in Norwegen (seit 2005)
9. Insel Surtsey Island (seit 2008)
10. Dolomiten in Italien (seit 2009)

6. UNESCO-Welterbestätten in Deutschland

In Klammern ist das Jahr der Ernennung angegeben.

- Aachener Dom (1978)
- Speyerer Dom (1981)
- Residenz Würzburg mit Hofgarten und Residenzplatz (1981)
- Wallfahrtskirche „Die Wies" (1983)
- Schlösser Augustusburg und Falkenlust in Brühl (1984)
- Dom und Michaeliskirche in Hildesheim (1985)
- Römische Baudenkmäler, Dom und Liebfrauenkirche in Trier (1986)
- Hansestadt Lübeck (1987)
- Schlösser und Parks von Potsdam und Berlin (1990, 1992, 1999)
- Kloster Lorsch (1991)
- Bergwerk Rammelsberg, Altstadt von Goslar und Wasserwirtschaft (1992, 2010)
- Altstadt von Bamberg (1993)
- Klosteranlage Maulbronn (1993)
- Stiftskirche, Schloss und Altstadt von Quedlinburg (1994)
- Völklinger Hütte (1994)
- Fossilienlagerstätte Grube Messel (1995)
- Kölner Dom (1996)
- Das Bauhaus und seine Stätten in Weimar, Dessau und Bernau (1996, 2017)
- Luther Gedenkstätten in Eisleben und Wittenberg (1996)
- Das klassische Weimar (1998)
- Wartburg (1999)
- Museumsinsel Berlin (1999)
- Gartenreich Dessau-Wörlitz (2000)
- Klosterinsel Reichenau (2000)
- Industriekomplex Zeche Zollverein in Essen (2001)
- Altstädte von Stralsund und Wismar (2002)
- Oberes Mittelrheintal (2002)
- Rathaus und Rolandstatue in Bremen (2004)
- Muskauer Park (2004)
- Obergermanisch-rätischer Limes (2005, 2008)
- Altstadt von Regensburg und Stadtamhof (2006)
- Siedlungen der Berliner Moderne (2008)
- Naturlandschaft Wattenmeer (2009, 2011, 2014)
- Alte Buchenwälder (Jasmund- Nationalpark, Müritz-Nationalpark, Grumsiner Forst, Kellerwald-Edersee, Hainich-Nationalpark) (2011, 2017)
- Fagus-Werk in Alfeld (2011)
- Prähistorische Pfahlbauten in Bayern und Baden-Württemberg (2011)
- Markgräfliches Opernhaus in Bayreuth (2012)

- Bergpark Wilhelmshöhe (2013)
- Karolingisches Westwerk und Civitas Corvey (2014)
- Speicherstadt und Kontorhausviertel mit Chilehaus in Hamburg (2015)
- Höhlen und Eiszeitkunst der Schwäbischen Alb (2017)
- Archäologischer Gesamtkomplex Haithabu und Danewerk (2018)
- Naumburger Dom (2018)
- Montanregion Erzgebirge/Krušnohoři (2019)
- Augsburger Wassermanagement-System (2019)
- Kurstädte Baden-Baden, Bad Ems und Bad Kissingen (2021)
- Mathildenhöhe Darmstadt (2021)
- Niedergermanischer Limes (2021)
- SchUM-Stätten[1)] (2021)
- Donaulimes (2021)
- Geopark Ries (2022)

1) ALS SCHUM WIRD DER VERBUND DER STÄDTE BEZEICHNET, DEN DIE JÜDISCHEN GEMEINDEN DER STÄDTE WORMS, SPEYER UND MAINZ IM MITTELALTER BILDETEN.

Die „Kulturlandschaft Dresdner Elbtal" hatte von 2004 bis 2009 die Auszeichnung Weltkulturerbe. Wegen des Baus der Waldschlößchenbrücke über die Elbe verlor die Stadt den Welterbestatus, weil die Brücke das Erscheinungsbild der Landschaft beeinträchtigt.

7. Naturwunder in Deutschland

1. Wattenmeer (UNESCO Welterbe), ist mit 9000 km² das größte Wattenmeer der Welt
2. Kreidefelsen auf Rügen
3. Elbsandsteingebirge in Sachsen
4. Blautopf in der Schwäbischen Alb bei Blaubeuren
   Der hohe Kalkgehalt des Wassers lässt den See bei starker Sonneneinstrahlung blau erscheinen.
5. Andernach Geysir in Rheinland-Pfalz
   Er ist der höchste Kaltwassergeysir der Welt. Etwa alle zwei Stunden kann man seine 60 m hohe Wasserfontäne beobachten.
6. Externsteine im Teutoburger Wald.
   Die 40 m hohen Felsen sind mindestens 80 Millionen Jahre alt.
7. Felsenmeer im Odenwald
8. Uracher Wasserfall in der Schwäbischen Alb
9. Breitachklamm bei Oberstdorf
   Tiefste Felsenschlucht Mitteleuropas.
10. Feengrotten bei Saalfeld in Thüringen
    Stillgelegtes Bergwerk, berühmt durch seine farbigen Tropfsteine

DIE HÖCHSTEN ....

1. Die 14 „Achttausender"

Im Himalaja und Karakorum gibt es 14 Berge, die höher als 8000 m sind.

	Berggipfel	Gebirge	Höhe	Land
1.	Mount Everest	Himalaja	8848 m	Nepal/Tibet
2.	K2 (Godwin Austen)	Karakorum	8611 m	Pakistan/China
3.	Kanchenjunga	Himalaja	8586 m	Indien/Nepal
4.	Lhotse I	Himalaja	8516 m	Nepal/Tibet
5.	Makalu I	Himalaja	8463 m	Nepal/Tibet
6.	Cho Oyu	Himalaja	8201 m	Nepal/Tibet
7.	Dhaulagiri	Himalaja	8167 m	Nepal
8.	Manaslu I	Himalaja	8163 m	Nepal
9.	Nanga Parbat	Himalaja	8125 m	Pakistan
10.	Annapurna	Himalaja	8091 m	Nepal
11.	Gasherbrum I	Karakorum	8068 m	Pakistan/China
12.	Broad Peak	Karakorum	8047 m	Pakistan/China
13.	Gasherbrum II	Karakorum	8035 m	Pakistan/China
14.	Shishma Panga (Gosainthan)	Himalaja	8013 m	Tibet

Eine interessante Information:
Der **Mauna Loa** („Weißer Berg" 4205 m) auf der größten Hawaii-Insel begann vor über 1000000 Jahren vom Meeresboden an zu wachsen. Vor etwa 400000 Jahren erreichte er die Meeresoberfläche. Wenn man seine Höhe vom Meeresboden berechnet, ist er etwa 9200 m hoch, also höher als der Mount Everest.

2. Die höchsten Berge der Kontinente

Europa
Mont Blanc (4810 m) in den Alpen. Er liegt auf der Grenze zwischen Frankreich und Italien. In anderen Statistiken wird auch der **Elbrus** (5642 m) im Kaukasus als höchster Berg Europas genannt. Da die „gedachte" Grenze zwischen Europa und Asien durch den Kaukasus verläuft, ist umstritten, ob der Elbrus zu Europa oder zu Asien gehört.

Asien
Mount Everest (8848 m) auf der Grenze zwischen Nepal und Tibet. Er ist auch der höchste Berg der Erde.

Afrika
Kilimandscharo (5895 m) in Tansania. Die höchste Erhebung ist sein Gipfel Kibo.

Nordamerika (Angloamerika)
Mount McKinley oder **Mount Denali** (6194 m) in der Alaskakette im Bundesstaat Alaska der USA.

Südamerika (Lateinamerika)
Aconcagua (6960 m) in den Anden im Staat Argentinien.

Australien
Mount Kosciusko (2230 m) in den Snowy Mountains im Bundesstaat New South Wales.

Antarktis
Mount Vinson (4892 m) im westarktischen Ellsworthland.

Ozeanien
Ozeanien ist die pazifische Inselwelt nördlich und östlich von Australien. Dazu gehören die Inseln von Polynesien, Mikronesien und Melanesien mit insgesamt über 7500 Inseln.
Bezeichnet man diese Inselwelt als einen weiteren „Kontinent" (8500000 km²; zum Vergleich: Australien 7700000 km², Europa 10200000 km²), so wäre der höchste Berg der **Punkak Yaya** (4884 m) auf der Insel Guinea. Er ist auf jeden Fall der höchste Berg auf einer Insel.

3. Die 10 höchsten Gebirge der Erde

In Klammern sind der höchste Berg und das Land angegeben.
1. **Himalaya** (Mount Everest 8848 m; Nepal/China)
2. **Karakorum** (Godwin Austen oder K 2 8611 m; Pakistan/China)
3. **Kunlun Shan** (Ulugh Muztagh 7723 m; China)
4. **Hindukusch** (Tirich Mir 7690 m; Pakistan)
5. **Pamir** (Ismael Samani 7495 m; Tadschikistan)
6. **Tian Shan** (Pik Pobedy 7439 m; Kirgisistan)
7. **Anden** (Aconcagua 6690 m; Argentinien)
8. **Alaskakette** (Denali, früher Mount McKinley 6194 m; USA)
9. **Kilimandscharo-Massiv** (Kibo 5895 m; Tansania)
10. **Kaukasus** (Elbrus; 5642 m; Russland)

4. Die höchsten Berge der Bundesländer

1. Baden-Württemberg (Feldberg 1493 m)
2. Bayern (Zugspitze 2962 m)
3. Berlin (Müggelberg 115 m)
4. Brandenburg (Kutschenberg 201 m, Heidehöhe 201 m)
5. Bremen (Keinberg im Friedehorstpark 32,5 m)
6. Hamburg (Hassselbrack 116 m)
7. Hessen (Wasserkuppe 950 m)
8. Mecklenburg-Vorpommern (Helpter Berge 179 m)
9. Niedersachsen (Wurmberg 971 m)
10. Nordrhein-Westfalen (Langenberg 843 m)
11. Rheinland-Pfalz (Erbeskopf 816 m)
12. Saarland (Dollberg 695 m)
13. Sachsen (Fichtelberg 1214 m)
14. Sachsen-Anhalt (Brocken 1141 m)
15. Schleswig-Holstein (Bungsberg 167 m)
16. Thüringen (Großer Beerberg 982 m)

5. Die 10 höchsten Wasserfälle der Welt

1.	Salto Angel (Venezuela)	2 Stufen	979 m (höchste Einzelstufe 805 m)
2.	Tugela Fall (Südafrika)	5 Stufen	948 m
3.	Cataratas las Tres Hermanas (Peru)	3 Stufen	914 m
4.	Olo'upena Falls (Hawaii)		900 m
5.	Yumbilla (Peru)	4 Stufen	896 m
6.	Vinnufossen (Norwegen)	4 Stufen	865 m
7.	Balaifossen (Norwegen)	3 Stufen	850 m
8.	Pu'uka'oku Falls (Hawaii)		840 m
9.	James Bruce Falls (Kanada)		840 m
10.	Browne Falls (Neuseeland)	6 Stufen	836 m (höchste Einzelstufe 619 m)

6. Die 10 höchst gelegenen Hauptstädte der Welt

1. La Paz (Bolivien)	3640 m
2. Quito (Ecuador)	2850 m
3.Thimphu (Bhutan)	2648 m
4. Bogota (Kolumbien)	2625 m
5. Addis Abeba (Äthiopien)	2355 m
6. Sanaa (Jemen)	2325 m

7. Mexiko City (Mexiko)	2240 m
8. Nairobi (Kenia)	1795 m
9. Kabul (Afghanistan)	1790 m
10. Windhoek (Namibia)	1721 m

7. Die 10 Staaten mit der höchsten Bevölkerungszahl

(2020: gerundet auf Tausend)

1.	China	1397715000
2.	Indien	1366418000
3.	Vereinigte Staaten	328224000
4.	Indonesien	270626000
5.	Pakistan	216565000
6.	Brasilien	211050000
7.	Nigeria	200964000
8.	Bangladesch	163046000
9.	Russland	144374000
10.	Mexiko	127576000

8. Die 10 Staaten Europas mit der höchsten Bevölkerungszahl

(2020: gerundet auf Tausend)

Bei den Staaten Russland, Türkei und Kasachstan gehören nur Anteile ihrer Gesamtfläche zu Europa. Bei Russland sind es 23,16 % der Gesamtfläche des Landes, bei der Türkei sind es 3 % und bei Kasachstan sind es 5,4 % der Gesamtfläche. Die Bevölkerungszahl in der folgenden Aufstellung bezieht sich nur auf den europäischen Teil.

1.	Russland	104000000
2.	Deutschland	83134000
3.	Frankreich	67060000
4.	Großbritannien u. Nordirland	66834000
5.	Italien	60297000
6.	Spanien	47078000
7.	Ukraine	44385000
8.	Polen	37971000
9.	Rumänien	19357000
10.	Belgien	11484000

9. Die 10 Staaten mit der höchsten Bevölkerungsdichte

(2020: Einwohner/km^2)

1.	Monaco	19482
2.	Singapur	7933
3.	Bahrein	2109
4.	Malediven	1770
5.	Malta	1571
6.	Vatikanstadt	1261
7.	Bangladesch	1104
8.	Barbados	668
9.	Libanon	656
10.	Taiwan	652

Die nächsten drei Staaten sind: Nauru (629), San Marino (564), Südkorea (515).

Zum Vergleich: Bundesrepublik Deutschland (232)
Weltdurchschnitt (45)

10. Die 10 Städte mit der weltweit höchsten Bevölkerungsdichte

(2020: Einwohner/km^2)

1.	Dhaka (Bangladesch)	33878
2.	Kinshasa (Demokratische Republik Kongo)	28542
3.	Mbuji-Mayi (Demokratische Republik Kongo)	27639
4.	Moradabad (Indien)	27259
5.	Tschikapa (Demokratische Republik Kongo)	26849
6.	Hongkong (China)	25327
7.	Al-Raqqa (Syrien)	25258
8.	Allahabad (Indien)	25179
9.	Macau (China)	24826
10.	Mumbai[1)] (Indien)	24737

[1)] BIS 1996 HIESS DIESE STADT BOMBAY.

11. Die 10 deutschen Städte mit der höchsten Bevölkerungsdichte

(2020: Einwohner/km²)

1. Herne 3043
2. Düsseldorf 2860
3. Essen 2771
4. Oberhausen 2734
5. Köln 2686
6. Bochum 2510
7. Gelsenkirchen 2474
8. Bonn 2337
9. Hilden 2144
10. Duisburg 2142

12. Die 10 Staaten mit dem höchsten Bruttoinlandsprodukt (BIP)

(Jahr 2020)

Bruttoinlandsprodukt (BIP): Wert aller Waren und Dienstleistungen, die in einem Jahr innerhalb der Landesgrenzen einer Volkswirtschaft produziert werden.

	Staat	BIP (in Mio. US-$)	Erdteil
1	USA	21433225	Nordamerika
2	Volksrepublik China	14731806	Asien
3	Japan	5079916	Asien
4	Deutschland	3861550	Europa
5	Indien	2868930	Asien
6	Vereinigtes Königreich	2830764	Europa
7	Frankreich	2715818	Europa
8	Italien	2001466	Europa
9	Brasilien	1839077	Südamerika
10	Kanada	1736426	Nordamerika

Die folgenden drei Staaten sind Russland (1702496; Europa/Asien), Südkorea (1646739; Asien), Spanien (1394270; Europa).

Zur Veranschaulichung dieser großen Zahlen am Beispiel Deutschland:
3861550 Mio. US-$ = 3.861.550.000.000 US-$ = 3,86 Billionen US-$
(1 Billion = 1 Million × 1 Million)

13. Die 10 höchsten Gebäude der Welt

	Gebäude	Stadt	Land	Höhe in m	nutzbare Etagen	Baujahr
1	Burj Kalifa	Dubai	VAR	828	163	2010
2	Shanghai Tower	Shanghai	VR China	632	128	2015
3	Makkan Royal Clock Tower	Mekka	Saudi-Arabien	601	120	2012
4	Ping An Finanz Center	Shenzen	VR China	599	115	2017
5	Goldin Finanz 117	Tianjin	VR China	597	128	im Bau
6	Lotte World Tower	Seoul	Südkorea	555	123	2017
7	One World Trade Center	New York	USA	541	94	2016
8	Guangzhou Finance Center	Guang-zhou	VR China	530	111	2016
8	Tianjin Finance Center	Tianjin	VR China	530	97	2020
9	China Zun Tower	Peking	VR China	528	109	2019
10	Taipei 101	Taipei	Taiwan	508	101	2004

14. Die 10 höchsten Kirchtürme der Welt

1.	Ulmer Münster (Westturm)	Ulm	162 m
2.	Basilika Unserer Lieben Frau des Friedens (Kuppel)	Yamoussoukro (Elfenbeinküste)	158 m
3.	Hohe Domkirche St. Petrus (Westtürme)	Köln	157 m
4.	Mariä-Himmelfahrt- Kathedrale	Rouen (Frankreich)	151 m
5.	Liebfauenmünster (Nordturm)	Straßburg (Frankreich)	142 m
6.	Muttergottesbasilika Westturm	Lichen Stary (Polen)	141 m
7.	Stephansdom (Südturm)	Wien (Österreich)	136 m
8.	Maria-Empfängnis-Dom Nordturm	Linz (Österreich)	134 m
9.	St. Peter im Vatikan Kuppel	Rom (Vatikanstadt)	132 m
10.	Hauptkirche Sankt Petri Westturm	Hamburg	132 m

15. Die 10 höchsten je gemessenen Temperaturen auf der Erde

	Temperatur in °C	gemessen am	Ort	Land
1	70,71[1)]	2016	Dasht-e Lut	Iran
2	58,0	1922	Aziziyah	Libyen
3	56,7	1913	Death Valley (Kalifornien)	USA
4	55,0	1933	Kebili	Tunesien
5	54,0	1942	Tirat Zivi	Israel
6	53,9	2016	Mitribah	Kuwait
7	53,7	2017	Turbat	Pakistan
8	53,0	1967	Wadi Halfa	Sudan
9	51,0		Bandar-e Mahshahr	Iran
10	49,5	2021	Lytton	Kanada

[1)] VON EINEM SATELLITEN GEMESSEN.

16. Die 10 höchsten je gemessenen Temperaturen in Deutschland

	Temperatur in °C	gemessen am	Ort	Bundesland
1	41,2	25.7.2019	Duisburg	Nordrhein-Westfalen
2	40,5	24.7.2019	Geilenkirchen	Nordrhein-Westfalen
3	40,3	August 2015	Kitzingen	Bayern
4	40,2 40,2 40,2	August 2003 August 2003 Juli 1883	Freiburg Karlsruhe Gärmersdorf	Baden-Württemberg Baden-Württemberg Bayern
5	39,6	August 1994	Gera	Thüringen
6	39,2	Juli 1983	Rheinstetten	Baden-Württemberg
7	39,0 39,0 39,0	August 2003 August 2003 Juli 1983	Mannheim Trier Regensburg	Baden-Württemberg Rheinland-Pfalz Bayern
8	38.9	Juli 1921	Cottbus	Brandenburg
9	38,8	August 2003	Köln/Bonn	Nordrhein-Westfalen
10	38,7	August 2003	Frankfurt/Main	Hessen

17. Die 10 höchsten jährlichen Durchschnittstemperaturen in Deutschland

(Zeitraum 1881 bis 2020)

	Jährliche Durchschnittstemperatur (in °C)	Jahr
1	10,45	2018
2	10,43	2020
3	10,33	2014
4	10,28	2019
5	9,94	2015

	Jährliche Durchschnittstemperatur (in °C)	Jahr
6	9,87	2000
7	9,85	2007
8	9,70	1994
9	9,64	2011
10	9,58	2017

Wenn man diese Temperaturwerte mit den Werten aus der Tabelle 6 Seite 377 vergleicht, dann ist deutlich zu erkennen, dass seit 1881 die Durchschnittswerte in Deutschland – und natürlich auch weltweit – ansteigen.

Seit 1881 steigen die Durchschnittstemperaturen in Deutschland – und natürlich auch weltweit – stetig an.

DIE GRÖSSTEN ...

1. Die 10 größten Länder der Erde

	Land	Fläche (in km²)	Erdteil
1	Russland	17098250	Asien
2	Kanada	9984670	Nord-amerika
3	Vereinigte Staaten	9831510	Nord-amerika
4	China	9562910	Asien
5	Brasilien	8515770	Süd-amerika

	Land	Fläche (in km²)	Erdteil
6	Australien	7741220	Aus-tralien
7	Indien	3287260	Asien
8	Argentinien	2780400	Süd-amerika
9	Kasachstan	2724900	Asien
10	Algerien	2381740	Afrika

Die nächst größeren Länder sind Demokratische Republik Kongo (2344860 km^2), Saudi-Arabien (2149690 km^2), Mexiko (1964380 km^2).

2. Die 10 größten Länder Europas

Bei den Ländern Russland, Kasachstan und Türkei gehört nur ein kleiner Teil der Fläche zu Europa, der größere Teil liegt in Asien. In dieser Liste ist nur der Teil berücksichtigt, der in Europa liegt

Bei Dänemark ist Grönland mit einer Fläche von 2130800 nicht berücksichtigt.

In Klammern ist der Weltrang (WR) angegeben.

	Land	Fläche (in km²)
1	Russland (1)	3956000
2	Norwegen (42)	625217
3	Ukraine (45)	603550
4	Frankreich (49)	549087
5	Spanien (52)	505935

	Land	Fläche (in km²)
6	Schweden (56)	447430
7	Deutschland (63)	357580
8	Finnland (65)	338750
9	Polen (69)	312680
10	Italien (71)	301340

Die nächst größeren Länder sind Vereinigtes Königreich (WR 78, 243610), Rumänien (WR 81, 238400), Weißrussland (WR 84, 207600).

3. Die 10 größten Länder Asiens

In Klammern ist der Weltrang (WR) angegeben.

	Land	Fläche (in km²)
1	Russland (1)	17098250
2	China (4)	9562910
3	Indien (7)	3287260
4	Kasachstan (9)	2724900
5	Saudi-Arabien (12)	2149690

	Land	Fläche (in km²)
6	Indonesien (14)	1913580
7	Iran (17)	1745150
8	Mongolei (18)	1564120
9	Pakistan (34)	796100
10	Türkei (36)	785350

Die nächst größeren Länder sind Myanmar (WR 39, 676590 km²), Afghanistan (WR 40, 652860 km²), Jemen (WR 50, 527970 km²)

4. Die 10 größten Länder Amerikas

In Klammern ist der Weltrang (WR) angegeben.

	Land	Fläche (in km²)
1	Kanada (2)	9984670
2	Vereinigte Staaten (3)	9831510
3	Brasilien (5)	8515770
4	Argentinien (8)	2780400
5	Mexiko (13)	1964380

	Land	Fläche (in km²)
6	Peru (19)	1285220
7	Kolumbien (25)	1141750
8	Bolivien (27)	1098580
9	Venezuela (32)	912050
10	Chile (37)	756700

Die nächst größeren Länder sind Paraguay (WR 60), 406750 km²), Ecuador (WR 76, 256370 km²), Guyana (WR 83, 214970 km²).

5. Die 10 größten Länder Afrikas

In Klammern ist der Weltrang (WR) angegeben.

	Land	Fläche (in km²)
1	Algerien (10)	2381740
2	Demokratische Republik Kongo (11)	2344860
3	Sudan (15)	1886070
4	Libyen (16)	1759540
5	Tschad (20)	1284000

	Land	Fläche (in km²)
6	Niger (21)	1267000
7	Angola (22)	1246700
8	Mali (23)	1240190
9	Südafrika (24)	1210090
10	Äthiopien (26)	1104300

Die nächst größeren Länder sind Mauretanien (WR 28, 1030700 km²), Ägypten (WR 29, 1001450 km²), Tansania (WR 30, 947300 km²).

6. Die 10 größten Seen der Erde

Rang	See	Staat(en)	Fläche (km²)	max. Tiefe (m)	Volumen (km³)	Höhe über NN (m)	Abfluss
1	Kaspisches Meer	Aserbaidschan, Russland, Iran, Turkmenistan, Kasachstan	386400	995	78200	- 28	abflusslos
2	Oberer See	USA, Kanada	82414	405	12100	184	Saint Marys River
3	Victoriasee	Uganda, Kenia, Tansania	68894	84	2750	1135	Victoria-Nil
4	Huronsee	USA, Kanada	59596	229	3540	176	St. Clair River
5	Michigan-see	USA	58016	282	4918	176	Huronsee
6	Tanganjik-asee	Demokratische Republik Kongo, Tansania, Sambia, Burundi	32893	1470	18900	782	Lukuga
7	Baikalsee	Russland	31722	1642	23615	455	Angara
8	Großer Bärensee	Kanada	31328	446	2236	156	Großer Bärenfluss
9	Malawisee	Malawi, Mosam-bik, Tansania	29600	706	8400	474	Shire
10	Großer Sklavensee	Kanada	28568	614	2090	156	Mackenzie River

7. Die 10 größten Seen Europas

	See	Staate(en)	Fläche (km^2)	Volumen (km^3)	max. Tiefe (m)
1	Ladogasee	Russland	17700	908	230
2	Onegasee	Russland	9720	292	120
3	Kuibyschewer Stausee[1)]	Russland	6450	57	34
4	Vänersee	Schweden	5519	153	106
5	Rybinsker Stausee[2)]	Russland	4580	25	28
6	Saimaasee	Finnland	4370	36	82
7	Peipussee	Estland, Russland	3555	25	15
8	Zimljansker Stausee[3)]	Russland	2700	23,9	35
9	Krementschuker Stausee[4)]	Ukraine	2252	14	28
10	Kachowkaer Stausee[5)]	Ukraine	2155	18	26

1) STAU DER WOLGA
2) STAU DER WOLGA
3) STAU DES DON
4) STAU DES DNJEPR
5) STAU DES DNJEPR

8. Die 10 größten Seen Deutschlands

	See	Bundesland	Fläche (km²)	Volumen (km³)	max. Tiefe (m)
1	Bodensee	Baden-Württemberg, Bayern (auch Österreich, Schweiz)	536	251	48
2	Müritz	Mecklenburg-Vorpommern	112,6	31	0,74
3	Chiemsee	Bayern	79,9	73	2
4	Schweriner See	Mecklenburg-Vorpommern	61,5	52	0,79
5	Starnberger See	Bayern	56,4	128	3
6	Ammersee	Bayern	46,6	81	1,75
7	Plauer See	Mecklenburg-Vorpommern	38,4	25	0,30
8	Kummerower See	Mecklenburg-Vorpommern	32,6	23	0,26
9	Steinhuder Meer	Niedersachsen	29,1	3	0,04
10	Großer Plöner See	Schleswig-Holstein	28,4	56	0,38

9. Die 10 größten Inseln der Erde

	Insel	Gewässer	Fläche (in km²)	Staat(en)
1	Grönland	Nordatlantik/ Nordpolarmeer	2130800	Dänemark
2	Neuguinea	Südwestpazifik	785753	Indonesien, Papua-Neuguinea

	Insel	Gewässer	Fläche (in km²)	Staat(en)
3	Borneo	Westpazifik	743330	Indonesien, Malaysia, Brunei
4	Madagaskar	Indischer Ozean	586427	Madagaskar
5	Baffin Island	Nordatlantik/ Nordpolarmeer	507451	Kanada
6	Sumatra	Indischer Ozean	443066	Indonesien
7	Honshu	Pazifischer Ozean	227962	Japan
8	Victoria Island	Nordpolarmeer	217291	Kanada
9	Großbritannien	Nordatlantik	216777	Vereinigtes Königreich
10	Ellesmere Island	Nordpolarmeer	196236	Kanada

10. Die 10 größten Inseln Europas

	Insel	Weltrang	Gewässer	Fläche (in km²)	Staat(en)
1	Grönland	1	Nordatlantik/ Nordpolarmeer	2130800	Dänemark
2	Großbritannien	9	Nordatlantik	216777	Vereinigtes Königreich
3	Island	18	Nordatlantik	102819	Island
4	Irland	20	Nordatlantik	84421	Irland/ Vereinigtes Königreich (Nordirland)
5	Spitzbergen	34	Nordpolarmeer	37673	Norwegen
6	Sizilien	43	Mittelmeer	25426	Italien

7	Sardinien	45	Mittelmeer	23813	Italien
8	Spitzbergen (Nordostland)[1)]	55	Nordpolarmeer	14443	Norwegen
9	Zypern	75	Mittelmeer	9251	Zypern
10	Korsika	80	Mittelmeer	8681	Frankreich

1) ZU SPITZBERGEN GEHÖREN ÜBER 400 INSELN, DIE BEIDEN GRÖSSTEN SIND HIER ANGEGEBEN. DIE LANDFLÄCHE DER INSELGRUPPE BETRÄGT 60000 KM². SIE GEHÖRT ZU EINEM DER NÖRDLICHSTEN BEWOHNTEN GEBIETE DER ERDE.

Die nächst größeren Inseln sind Kreta (8261 km²; zu Griechenland) und Seeland (7031 km²; zu Dänemark).

11. Die 10 größten Inseln Asiens

	Insel	Weltrang	Gewässer	Fläche (in km²)	Staat(en)
1	Neuguinea	2	Pazifik	785753	Indonesien; Papua-Neuguinea
2	Borneo	3	Pazifik	743330	Indonesien, Malaysia, Brunei
3	Sumatra	6	Pazifik	443066	Indonesien
4	Honshu	7	Pazifik	227962	Japan
5	Sulawesi (Celebes)	11	Pazifik	174600	Indonesien
6	Neuseeland (Südinsel)	12	Südpazifik	151215	Neuseeland
7	Java	13	Indischer Ozean	126650	Indonesien
8	Luzon	16	Pazifik	104688	Philippinen
9	Mindanao	19	Pazifik	94630	Philippinen
10	Hokkaido	21	Pazifik	77981	Japan

Die nächst größeren Inseln sind Sachalin (72493 km^2; zu Russland), Sri Lanka (65258 km^2; Sri Lanka) und Tasmanien (64519 km^2; zu Australien).

12. Die 10 größten Inseln Amerikas

	Insel	Weltrang	Gewässer	Fläche (in km^2)	Staat(en)
1	Baffin Island	3	Nordatlantik	507451	Kanada
2	Victoria Island	8	Nordpolarmeer	217291	Kanada
3	Ellesmere Island[1)]	10	Nordpolarmeer	196236	Kanada
4	Neufundland	15	Nordatlantik	108860	Kanada
5	Kuba	17	Karibik	104556	Kuba
6	Hispaniola	22	Karibik	73929	Haiti; Dominikanische Republik
7	Banks Island	24	Nordpolarmeer	70028	Kanada
8	Devon Island[1)]	27	Nordpolarmeer	55247	Kanada
9	Feuerland	30	Südatlantik	47992	Argentinien
10	Axel Heiberg Island[1)]	31	Nordpolarmeer	43178	Kanada

[1)] DIE INSELN GEHÖREN ZU DEN KÖNIGIN-ELISABETH-INSELN (30 GRÖSSERE UND ÜBER 2000 KLEINERE INSELN MIT EINER GESAMTFLÄCHE VON 415000 KM^2.

Die fünf nächst größeren Inseln Amerikas liegen alle im Nordpolarmeer.

13 Die größten jährlichen Temperaturdifferenzen an einem Ort

Temperatur-differenz in °C	Maximale Temperatur in °C	Minimale Temperatur in °C	Ort	Land
105,1	+ 37,3	- 67,8	Werchojansk	Russland
91,6	+ 39,3	- 52,3	Heilongjiang	China
87,7	+ 49,1	- 38,6	Turkestan	Kasachstan
87,6	+ 38,6	- 49,0	Ulan-Bator	Mongolei
85,8	+ 46,0	- 39,8	Karakalpakistan (autonom. Rep.)	Usbekistan
81,4	+ 47,8	- 33,8	Serhetabat	Turkmenistan
77	- 12,2	- 89,2	Wostok-Station	Antarktis

14. Die 10 größten Höhenunterschiede innerhalb eines Landes

	Land	Erdteil	Höchster Punkt (in m über NN)	Tiefster Punkt (in m über NN)	Höhendifferenz (in m)
1	China	Asien	8848	- 154	9002
2	Nepal	Asien	8848	70	8778
3	Pakistan	Asien	8611	0	8611
4	Indien	Asien	8598	0	8598
5	Bhutan	Asien	7553	97	7456
6	Afghanistan	Asien	7485	258	7227
7	Tadschikistan	Asien	7495	300	7195
8	Kasachstan	Asien	6995	- 132	7125

	Land	Erdteil	Höchster Punkt (in m über NN)	Tiefster Punkt (in m über NN)	Höhendifferenz (in m)
9	Argentinien	Südamerika	6960	- 40	7000
10	Chile	Südamerika	6880	0	6880

15. Die drei größten Männer der Welt

Robert Wadlow (2,72 m)
Der Amerikaner lebte von 1918 bis 1940. Sein Geburtsgewicht betrug 3,79 kg.
Mit vier Jahren war er bereits 1,63 m groß, mit 10 Jahren 2 m und mit 13 Jahren 2,24 m.
Seine Armspannweite betrug 288 cm. Er hatte auch die größten Hände (vom Handgelenk bis zur Spitze des Mittelfingers 32,3 cm) und die größten Füße (47 cm; Schuhgröße 76).
An seinem 21. Geburtstag wog er 223 kg.

Er starb im Alter von 22 Jahren an einer Infektion und wurde in einem 3,28 m langen Sarg begraben, der von zwölf Männern betragen wurde.

Eine lebensgroße Statue in seinem Geburtsort Alton in Illinois erinnert an ihn.

John William Rogan (2,67 m)
Der Amerikaner lebte von 1865 bis 1905. Sein Wachstum begann im Alter von 13 Jahren. Dabei entwickelte sich eine Ankylose (vollständige Gelenksteife), so dass er ab 1882 nicht mehr stehen und gehen konnte. 1899 war er 2,59 m groß und wog 140 kg.

Bei seinem Tod im Alter von 40 Jahren und wog nur noch 79 kg. Seine Hände waren 28 cm lang, seine Füße 33 cm.

Weil er nicht arbeiten konnte, verdiente er seinen Lebensunterhalt mit dem Verkauf von Postkarten und Portraits von sich selbst. In vielen Zeitungen wurde er als „Negro Giant" betitelt.

John F. Carroll (2,64)
Der Amerikaner lebte von 1932 bis 1969. Sein Wachstum begann mit dem 16. Lebensjahr.
Er litt unter einer sehr starken Wirbelsäulenverkrümmung und hatte kurz vor seinem Tod eine Stehhöhe von nur 2,34 m.

Er wurde auch als „Buffalo-Riese" bezeichnet.

Der zurzeit noch lebende größte Mann ist
Sultan Kösen (2,51 m).
In der Weltrangliste steht er mit zwei anderen gleichgroßen (bereits verstorbenen) Männern auf Platz 6. Der Kurde wurde 1982 in der Türkei geboren. Sein Wachstum begann nach dem 10. Lebensjahr. Er wohnt in Ankara und kann ohne Gehhilfen nicht auskommen.

Seine Hände sind vom Handgelenk bis zur Spitze des Mittelfingers 28,5 cm lang, seine Füße 44,5 cm (Schuhgröße 62).

16. Die drei größten Frauen der Welt

Trijntje Keever (2,54 m)
Die Niederländerin lebte von 1616 bis 1632.
Mit neun Jahren war sie bereits 2 m groß. Sie trug den Spitznamen „Das große Mädchen". Ihre Eltern führten sie regelmäßig auf Jahrmärkten vor, um etwas Geld dazu zuverdienen.

Zeng Jinlian (2,48 m)
Die Chinesin lebte von 1964 bis 1982.
Ihr außergewöhnliches Wachstum begann bereits im Alter von vier Monaten. Mit 13 war sie bereits 2,13 m groß. Wegen einer Rückgratverkrümmung konnte sie nicht aufrecht stehen.

Anna Haining Bates (2,43 m)
Die Kanadierin lebte von 1846 bis 1888.
Mit vier Jahren war sie bereits 1,37 m groß, mit 11 Jahren 1,88 m und mit 15 Jahren 2,10 m. Mit 18 Jahren hatte sie ihre endgültige Körpergröße erreicht. Ihr Fuß war 36 cm lang.

Sie war mit dem 2,41 m großen Martin van Buren Bates verheiratet und sie galten als das größte Ehepaar der Welt.

Laut Guinness Buch der Rekorde ist die 24-jährige Türkin **Rumeysa Gelgi** (2,15 m) seit Oktober 2021 die zurzeit noch lebende größte Frau der Welt. Sie galt vorher schon als größter weiblicher noch lebender Teenager der Welt.
An anderer Stelle – nicht im Guinness Buch der Rekorde – wird die 1987 geborene Chinesin
Sun Fang (2,21 m) als größte noch lebende Frau genannt.

DIE KLEINSTEN ...

1. Die 10 kleinsten Länder der Erde

In Klammern ist der Weltrang (WR) angegeben.

	Land	Fläche (km²)	Erdteil
1	Vatikanstadt (196)	0,44	Europa
2	Monaco (195)	2	Europa
3	Nauru (194)	20	Ozeanien
4	Tuvalu (193)	30	Ozeanien
5	San Marino (192)	60	Europa

	Land	Fläche (km²)	Erdteil
6	Liechtenstein (191)	160	Europa
7	Marshallinseln (190)	180	Ozeanien
8	St. Kitts und Nevis (189)	260	Mittel-amerika
9	Malediven (188)	300	Südasien
10	Malta (187)	320	Europa

Die folgenden Länder sind Grenada (WR 186, 340 km², Mittelamerika), St. Vincent und die Grenadinen (WR 185, 390 km², Mittelamerika), Barbados (WR 184, 430 km², Mittelamerika).

2. Die 10 kleinsten Länder Europas

In Klammern ist der Weltrang (WR) angegeben.

	Land	Fläche (in km²)
1	Vatikanstadt (196)	0,44
2	Monaco (195)	2
3	San Marino (192)	60

	Land	Fläche (in km²)
6	Andorra (180)	470
7	Luxemburg (169)	2590
8	Zypern (164)	9250

4	Liechtenstein (191)	160
5	Malta (187)	320

9	Kosovo (162)	10890
10	Montenegro (157)	13810

3. Die 10 kleinsten Städte Deutschlands

(Jahr 2019)

Alle hier genannten Orte sind selbständige Gemeinden mit Stadtrecht.

	Stadt	Einwohner	Bundesland
1	Arnis	281	Schleswig-Holstein
2	Ummerstadt	463	Thüringen
3	Neumark	478	Thüringen
4	Schnackenburg	544	Niedersachsen
5	Ziegenrück	657	Thüringen
6	Märkisch Buchholz	830	Brandenburg
7	Kaub	834	Rheinland-Pfalz
8	Sandau	838	Sachsen-Anhalt
9	Stößen	916	Sachsen-Anhalt
10	Kyllburg	920	Rheinland-Pfalz

Die folgenden drei Orte sind: Rothenfels (1022 Einw.; Bayern), Lichtenberg (1037 Einw.; Bayern), Werben (1042 Einw.; Sachsen-Anhalt)

4. Die 3 kleinsten Männer der Welt

Chandra Bahandur Dangi (54,6 cm)
Der Nepalese lebte von 1939 bis 2015.
Er verdiente seinen Lebensunterhalt mit der Herstellung und dem Verkauf von Mützen aus Jute.

Junrey Balawing (59,9 cm)
Der Philippiner lebte von 1993 bis 2020.

Khagendra Thapa Magar (67,08 cm)
Der Nepalese lebte von 1992 bis 2020.
Er konnte erst mit acht Jahren laufen. Bei seiner Geburt wog er 600 g, mit 14 Jahren 4,5 kg und an seinem 18. Geburtstag 5,5 kg. Im Alter von 27 Jahren starb er an einer Lungenentzündung.

Der zurzeit noch lebende kleinste Mann ist
Edward Niño Hernández (72 cm).
Der Kolumbianer wurde 1986 in Bogota geboren.
Bei seiner Geburt wog er 1300 g, zurzeit wiegt er 11 kg.
Bei Tanzauftritten in Diskotheken und Einkaufszentren verdient er etwas Geld.

5. Die kleinste Frau der Welt

Jyoti Amge (62,8 cm)
Die indische Schauspielerin wurde 1993 in Nagpur geboren.
Im Jahr 2014 spielte sie in der US-amerikanischen Fernsehserie „American Horror Story" die Mahadevi Patel („Ma Petite").

DIE LÄNGSTEN ...

1. Die 10 längsten Flüsse der Erde

	Fluss	Länge (in km)	Kontinent	Mündung
1	Nil	6671	Afrika	Mittelmeer
2	Amazonas	6400	Südamerika	Atlantischer Ozean
3	Jangtsekiang	6380	Asien	Ostchinesisches Meer
4	Mississippi (mit Missouri)	6051[1)]	Nordamerika	Golf von Mexiko
5	Huang He (Gelber Fluss)	5464	Asien	Ostchinesisches Meer

6	Kongo	4700	Afrika	Atlantischer Ozean
7	Mekong	4350	Asien	Südchinesisches Meer
8	Lena	4294	Asien	Nordpolarmeer
9	Irtysch[2)]	4248	Asien	Ob
10	Brahmaputra[3)]	3848	Asien	Indischer Ozean

[1)] VON DER QUELLE DES MISSOURI IN DEN ROCKY MOUNTAINS BIS ZUR MÜNDUNG DES MISSISSIPPI IN DEN GOLF VON MEXIKO. DER MISSOURI IST EIN NEBENFLUSS ZUM MISSISSIPPI UND ETWA 300 KM LÄNGER ALS DIESER.
[2)] DER IRTYSCH IST DER LÄNGSTE NEBENFLUSS DER ERDE.
[3)] DER BRAHMAPUTRA MÜNDET ZUSAMMEN MIT DEM GANGES ALS MEGHNA MIT EINEM GROSSEN DELTA IN DEN GOLF VON BENGALEN (INDISCHER OZEAN).

2. Die 10 längsten Flüsse Asiens

Die 6 längsten Flüsse kann man der vorhergehenden Tabelle entnehmen.

	Fluss	Länge (in km)	Mündung
7	Ob	3650	Nordpolarmeer
8	Jenissej	3487	Nordpolarmeer
9	Euphrat1[)]	3380	Persischer Golf
10	Indus	3180	Arabisches Meer

[1)] NACH DEM ZUSAMMENFLUSS VON EUPHRAT UND TIGRIS HEISST DER FLUSS SCHATT AL-ARAB. NACH ETWA 200 KM MÜNDET ER IN DEN PERSISCHEN GOLF.

3. Die 10 längsten Flüsse Amerikas

In der Literatur findet man stets das Flusssystem Mississippi/Missouri mit einer Gesamtlänge von 6051 km und der Mississippi gilt damit als viertlängster Fluss der Erde.

In der folgenden Aufstellung werden diese beiden Flüsse nicht in ihrer Gesamtheit, sondern einzeln genannt. Bis zur Mündung in den Mississippi ist der Missouri länger als der Mississippi von der Quelle bis zur Mündung.

	Fluss	Weltrang	Länge (km)	Mündung
1	Amazonas	2	6400	Atlantischer Ozean
2	Missouri	(4)	4075	Mississippi
3	Mackenzie	12	4260	Beaufortsee
4	Paraná	14	3998	Atlantischer Ozean
5	Mississippi	(4)	3730	Golf von Mexiko
6	Rio Madeira	18	3380	Amazonas
7	Rio Jurura	19	3283	Amazonas
8	Rio Purus	20	3210	Amazonas
9	São Francisco	21	3199	Atlantischer Ozan
10	Yukon	22	3185	Beringmeer

4. Die 10 längsten Flüsse Afrikas

	Fluss	Weltrang	Länge (km)	Mündung
1	Nil	1	6671	Mittelmeer
2	Kongo[1)]	6	4700	Atlantischer Ozean
3	Niger	13	4160	Atlantischer Ozean
4	Sambesi	30	2660	Indischer Ozean

5	Ubangi	35	2280	Kongo
6	Oranje	41	2160	Atlantischer Ozean
7	Kasai	42	2150	Kongo
8	Shebele	46	1820	Juba
9	Okavango	50	1800	versiegt im Okavango-Becken
10	Limpopo	52	1750	Indischer Ozean

[1] EINSCHLIESSLICH QUELLFLUSS LUALABA

5. Die 10 längsten Flüsse Europas

	Fluss	Weltrang	Länge (km)	Mündung
1	Wolga	17	3530	Kaspisches Meer
2	Donau	27	2857	Schwarzes Meer
3	Dnjepr (Dnepr)	37	2201	Schwarzes Meer
4	Don	45	1904	Schwarzes Meer
5	Petschora	48	1809	Nordpolarmeer (Barentssee)
6	Dnjestr	70	1352	Schwarzes Meer
7	Rhein	79	1233	Nordsee
8	Elbe	80	1094	Nordsee
9	Donez	101	1053	Don
10	Weichsel	102	1047	Ostsee

6. Die 10 längsten Flüsse Deutschlands

Die Flusslänge wird gelegentlich unterschiedlich angegeben. So beginnt zum Beispiel der Fluss Weser erst nach dem Zusammenfluss von Fulda und Werra (→ **siehe Seite 77**).
Ab diesem Zusammenfluss ist die Weser 452 km lang. Oft wird aber als Länge das gesamte Flusssystem Weser einschließlich des Flusses Werra genannt. Ähnlich ist es bei dem Flusssystem Mississippi-Missouri in USA.

Manchmal ist auch ein Nebenfluss länger als der Fluss, in den er mündet (zum Beispiel mündet die längere Spree in die kürzere Havel).

	Fluss	Gesamtlänge (in km)	Länge in Deutschland (in km)	Bundesländer	Mündung
1	Donau	2857	647	Baden-Württemberg, Bayern	Schwarzes Meer
2	Rhein	1233	865	Bayern, Baden-Württemberg, Hessen, Rheinland-Pfalz, Nordrhein-Westfalen	Nordsee
3	Elbe	1094	727	Sachsen, Brandenburg, Sachsen-Anhalt, Mecklenburg-Vorpommern, Hamburg, Niedersachsen, Schleswig-Holstein	Nordsee
4	Oder	890	179	Brandenburg	Ostsee
5	Mosel	545	242	Saarland, Rheinland-Pfalz	Rhein
6	Main	524	524	Bayern, Hessen, Baden-Württemberg	Rhein
7	Inn	517	218	Bayern	Donau
8	Weser	452	452	Niedersachsen, Nordrhein-Westfalen, Hessen, Bremen	Nordsee

9	Saale	413	413	Bayern, Thüringen, Sachsen-Anhalt	Elbe
10	Spree	382	382	Sachsen, Brandenburg, Berlin	Havel

Die folgenden Flüsse sind Ems (371 km), Neckar (367 km) und Havel (327 km).

7. Die längsten … -Tunnel

Der längste Unterwassertunnel in Deutschland
Der 3300 Meter lange Elbtunnel bei Hamburg wurde im Jahr 1975 für den Verkehr freigegeben.

Der längste Unterwassertunnel der Welt
Der 1994 eröffnete Eurotunnel verbindet Frankreich mit Großbritannien. Er ist 50 Kilometer lang, davon verlaufen 37 Kilometer unter dem Ärmelkanal. An der tiefsten Stelle liegen die Eisenbahnröhren 75 Meter unter dem Meeresboden.

Der längste Autobahntunnel in Deutschland
Der fast 8 Kilometer lange Tunnel führt unter dem Kamm des Thüringer Waldes hindurch.
Er wurde 2003 für den Verkehr freigegeben.

Der längste Straßentunnel der Welt
Der 24,51 Kilometer lange Laerdalstunnel wurde im November 2000 für den Verkehr freigegeben. Er verkürzt die Strecke zwischen Oslo und Bergen. Er wurde bewusst kurvig angelegt, damit die Autofahrer nicht übermüden.
Im Jahr 2025 soll der etwa 27 Kilometer lange Boknafjordtunnel eröffnet werden.

Der längste Eisenbahntunnel der Welt
Der im Jahr 2016 eröffnete Gotthardt Basistunnel ist 57 km lang. Er verbindet die Orte Erstfeld (Kanton Uri) und Bodio (Kanton Tessin). Personenzüge fahren mit einer Geschwindigkeit bis zu 200 km/h.

Der längste Forschungstunnel der Welt
Die CERN-Forscher (CERN = Europäische Organisation für Kernforschung) planen einen neuen Teilchenbeschleuniger, um zusätzliche Erkenntnisse zum Urknall zu erhalten. Der bereits bestehende Tunnel hat eine Länge von 27 Kilometer.

Der neu geplante ellipsenförmige Tunnel im schweizerisch-französischen Grenzgebiet soll eine Länge von etwa 100 Kilometer haben und teilweise auch unter dem Genfer See verlaufen. Die Protonen, die sich dann in diesem Tunnel bewegen, schaffen mehr als 11000 Umrundungen pro Sekunde. Ob der

Tunnel wirklich gebaut wird, ist auch eine Kostenfrage. Die geschätzten Baukosten betragen etwa 24 Milliarden Euro.

DIE TIEFSTEN ...

1. Die 10 tiefsten Seen der Erde

	See	Tiefe (in m)	Land/Länder
1	Baikalsee	1642	Russland
2	Tanganjikasee	1470	Tansania, Demokratische Republik Kongo, Burundi, Sambia
3	Kaspisches Meer	1023	Iran, Russland, Turkmenistan, Kasachstan, Aserbaidschan
4	Wostoksee[1)]	1000	Antarktis
5	Lago O'Higgins/San Martin	836	Chile/Argentinien
6	Malawisee	704	Mosambik, Malawi, Tansania
7	Yssykköl	668	Kirgisistan
8	Großer Sklavensee	614	Kanada
9	Crater See	594	USA
10	Matanosee	590	Indonesien
10	Lago General Carrera (Lago Buenos Aires)	590	Chile, Argentinien

[1)] SUBGLAZIALER SEE (SEE UNTER DEM EISSCHILD DER ANTARKTIS)

2. Die 10 tiefsten Stellen an der Erdoberfläche

	Ort	Meter unter NN (in m)	Land/Länder
1	Totes Meer	- 428	Jordanien, Israel
2	See Genezareth	- 214	Syrien, Israel
3	Assalsee	- 155	Dschibuti
4	Aydinkol-See	- 154	China
5	Quattara-Senke	- 133	Ägypten
6	Karagije-Senke	- 132	Kasachstan
7	Danakil-Senke	- 125	Äthiopien
8	Laguna del Carbón	- 105	Argentinien
9	Bat Water Basin	- 85	Death Valley (USA)
10	Vpadina Akchanaya	- 81	Turkmenistan

3. Die tiefsten Stellen der Meere

Pazifischer Ozean	11034 m
Atlantischer Ozean	9219 m
Karibisches Meer	7680 m
Indischer Ozean	7450 m
Mittelmeer	5121 m

Die tiefste Stelle in Deutschland ist in der Wilstermarsch in Schleswig-Holstein mit - 3,50 m.

4. Die 10 tiefsten je gemessenen Temperaturen auf der Erde

	Temperatur (in °C)	Datum	Ort	Land
1	- 89,2	21.7.1983	Russische Wostok-Station	Antarktis
2	- 69,6	22.4.1991	Summit	Grönland
3	- 67,8 - 67,8	5. und 7.2.1892 6.2.1933	Werchojansk Oimjakon	Russland Russland
4	- 66,1	9.1.1954	Wetterstation North Ice	Grönland
5	- 63,0	3.2.1947	Snag, Yukon	Kanada
6	- 58,1	31.12.1978	Ust-Schtschuger	Russland
7	- 56,3	1.2.1985	„Peter Sinks" bei Logan	USA
8	- 53,0	13.12.1941	Malgovik (Lappland)	Schweden
9	- 52,6	19.2.1932	Grünloch (bei Lunz am See)	Österreich
10	- 51,5	28.1.1999	Kittilä (Lappland)	Finnland

5. Die 10 tiefsten je gemessenen Temperaturen in Deutschland

	Temperatur (in °C)	Datum	Ort	Bundesland
1	- 37,8	12.2.1929	Hüll (Wolnzach)	Bayern
2	- 35,6	14.2.1940	Zugspitze	Bayern
3	- 30,8	9.2.1956	Görlitz	Sachsen
4	- 30,7	10.2.1956	Feldberg (Schwarzwald)	Baden-Württemberg
5	- 30,5	21.1.1942	München (Flughafen)	Bayern
6	- 30,4	9.2.1956	Fichtelberg (Erzgebirge)	Sachsen

7	- 30,2	10.2.1956	Nürnberg (Flughafen)	Bayern
8	- 29,7	27.1.1942	Münster (Flughafen)	Nordrhein-Westfalen
9	- 29,3	10.2.1956	Garmisch-Partenkirchen	Bayern
10	- 28,4	1.2.1954	Brocken (Harz)	Sachsen-Anhalt

6. Die 10 tiefsten jährlichen Durchschnittstemperaturen in Deutschland

(Zeitraum 1881 – 2020)

	Jährliche Durchschnittstemperatur (in °C)	Jahr
1	6,63	1940
2	6,84	1956
3	6,85	1888
4	6,95	1987
5	7,10	1963

	Jährliche Durchschnittstemperatur (in °C)	Jahr
6	7,14	1962
7	7,16	1941
8	7,17	1902
9	7,19	1922
10	7,20	1996

Wenn man diese Temperaturwerte mit den Werten aus der Tabelle 17 Seite 353 vergleicht, dann ist deutlich zu erkennen, dass seit 1881 die Durchschnittswerte in Deutschland – und natürlich auch weltweit – ansteigen.

DIE GERINGSTEN ...

1. Die 10 Staaten mit der geringsten Bevölkerungsdichte

(2020: Einwohner/km²)

1. Mongolei	2,05	6. Guyana	3,64
2. Namibia	3,03	7. Kanada	3,77
3. Australien	3,28	8. Libyen	3,81
4. Island	3,51	9. Botsuana	3,95
5. Suriname	3,55	10. Mauretanien	4,37

Die folgenden drei Staaten sind Kasachstan (6,72), Zentralafrikanische Republik (7,54), Gabun (8,22).

Zum Vergleich: Bundrepublik Deutschland (232)
Weltdurchschnitt (45)
Grönland (0,14) Grönland ist kein Staat, sondern ein Landesteil von Dänemark!

2. Die 10 Staaten mit dem geringsten Bruttoinlandsprodukt (BIP)

(Jahr 2020)

Bruttoinlandsprodukt (BIP): Wert aller Waren und Dienstleistungen, die in einem Jahr innerhalb der Landesgrenzen einer Volkswirtschaft produziert werden.

	Staat	BIP (in Mio. US-$)	Erdteil
1	Tuvalu	47	Ozeanien
2	Nauru	119	Ozeanien
3	Kiribati	195	Ozeanien
4	Marshallinseln	237	Ozeanien
5	Palau	280	Ozeanien
6	Mikronesien	414	Ozeanien
7	São Tomé und Principe	422	Zentralafrika
8	Tonga	517	Ozeanien
9	Dominica	588	Mittelamerika
10	St. Vincent und die Grenadinen	824	Mittelamerika

Die drei folgenden Staaten: Samoa (851; Ozeanien), Vanuatu (933; Ozeanien), St. Kitts und Nevis (1066; Mittelamerika)

Zum Vergleich: Bundesrepublik Deutschland 3861550 Mio. US-$ = 3,86 Billionen US-$
Welt insgesamt: 87552453 Mio. US-$ = 87,55 Billionen US-$

3. Die 10 geringsten Höhenunterschiede innerhalb eines Landes

	Land	Erdteil	Höchster Punkt (in m über NN)	Tiefster Punkt (in m über NN)	Höhendifferenz (in m)
1	Tuvalu	Ozeanien	5	0	5
2	Marschallinseln	Ozeanien	10	0	10
3	Gambia	Afrika	53	0	53
4	Vatikanstadt	Europa	75	19	56
5	Nauru	Ozeanien	61	0	61
6	Kiribati	Ozeanien	81	0	81
7	Katar	Vorderasien	103	0	103
8	Bahrain	Vorderasien	122	0	122
9	Monaco	Europa	140	0	140
10	Singapur	Südostasien	166	0	166

EXTREME NATUREREIGNISSE UND IHRE KENNZEICHEN

Zu diesen Ereignissen zählen starke Winde, Lawinen, Erdbeben, Vulkanausbrüche.

1. Winde

Bewegte Luft wird als Wind bezeichnet und durch Geschwindigkeit und Richtung beschrieben. Als Richtung wird diejenige angegeben, aus der der Wind kommt.
Mithilfe der sogenannten Beaufort-Skala wird die Windstärke mit den Bereichen 0 bis 12 angegeben. 0 bedeutet „Windstille", 12 bedeutet „Orkan". Die Geschwindigkeit wird in km/h oder m/s angegeben. Eine erweiterte Skala mit den Stärken 13 bis 17 wird nur in den Gebieten verwendet, in denen diese extremen Geschwindigkeiten vorkommen (z. B. Taifune in Ostasien).

Orkan: Wind, dessen Geschwindigkeit über 32,5 m/s bzw. 117 km/h liegt
(Umrechnung: → siehe Kapitel „Physik" Seite 190)

Hurrikan: Tropischer Wirbelsturm im Bereich des Karibischen Meeres und des Golfs von Mexiko

Taifun: Tropischer Wirbelsturm im westlichen Pazifischen Ozean (er entspricht dem Hurrikan im karibischen Raum)

Tornado: Verheerender Wirbelsturm in den Staaten des Mittleren Westens der USA (meist in Verbindung mit starken Gewittern). Tornados entstehen auf dem Festland.

Windstärkenskala nach Beaufort[1)]

Windstärke	Bezeichnung	km/h	m/s	Auswirkungen
0	still (Flaute)	0 - 0,9	0 - 0,2	Rauch steigt senkrecht empor
1	leichter Zug	1 - 5	0,3 - 1,5	Windrichtung wird durch den Zug des Rauches angezeigt
2	leichte Brise	6 - 11	1,6 - 3,3	Blättersäuseln, Wind ist im Gesicht spürbar
3	schwache Brise	12 - 19	3,4 - 5,4	Blätter und dünne Zweige bewegen sich
4	mäßige Brise	20 - 28	5,5 - 7,9	Zweige und dünnere Äste bewegen sich; Wind hebt loses Papier und Staub
5	frische Brise	29 - 38	6,0 - 10,7	Kleine Laubbäume beginnen zu schwanken
6	starker Wind	39 - 49	10,8 - 13,8	Starke Äste bewegen sich; Probleme beim Benutzen des Regenschirms
7	steifer Wind	50 - 61	13,9 - 17,1	Hemmungen beim Gehen; große Bäume bewegen sich
8	stürmischer Wind	62 - 74	17,2 - 20,7	Große Probleme beim Gehen; Zweige brechen von den Bäumen

9	Sturm	75 - 88	20,8 - 24,4	Kleinere Beschädigungen an Häusern, Abheben von Dachziegeln
10	schwerer Sturm	89 - 102	24,5 - 28,4	Größere Beschädigungen an Häusern; Bäume werden entwurzelt
11	orkanartiger Sturm	103 -117	28,5 - 32,5	Erhebliche Schäden an Häusern und in Waldgebieten
12	Orkan	über 117	über 32,5	Schwerste Verwüstungen

[1] SIR FRANCIS BEAUFORT (1774 - 1854) WAR EIN ENGLISCHER ADMIRAL UND HYDROGRAF.

Diese Skala wurde 1838 eingeführt und 1935 auf fünf zusätzliche Stufen erweitert:
Windstärke 12: „über 117" km/h wurde präzisiert: 118 - 135 km/h
Windstärke 13: 134 - 149 km/h Taifun
Windstärke 14: 150 - 166 km/h Taifun
Windstärke 15: 167 - 183 km/h Taifun
Windstärke 16: 184 - 202 km/h Taifun
Windstärke 17: ≥ 203 km/h Taifun

Die höchste bisher gemessene Windgeschwindigkeit wurde am 10. April 1996 auf der kleinen Insel Barrow Island (vor der Nordwestküste Australiens) mit 408 km/h gemessen.
Die Geschwindigkeiten der Tornados in USA können auch sehr hohe Geschwindigkeiten erreichen.

2. Lawinen

Eine Lawine ist eine plötzlich abrutschende Schnee- oder Eismasse. Sie löst sich, wenn die Mächtigkeit der Schneedecke zu groß wird und sich auf dem Untergrund nicht mehr halten kann.
Lawinenwarndienste informieren die Bevölkerung über mögliche Gefahren.

Im „Lawinenwinter" 1951 starben in den Alpen 265 Menschen.

Europäische Gefahrenstufenskala für Lawinen

Gefahrenstufe	Stabilität der Schneedecke Empfehlungen (vor allem für Skifahrer)
1 gering	Lawinenauslösung nur an extremen Steilhängen möglich. Allgemein sichere Verhältnisse.
2 mäßig	Die Schneedecke ist allgemein gut verfestigt. Vorsichtige Routenwahl nur an besonders angegebenen Steilhängen.
3 erheblich	Die Schneedecke ist (besonders an angegebenen Steilhängen) nur mäßig bis schwach verfestigt. Auslösung ist bereits bei geringer Zusatzbelastung wahrscheinlich. Betroffene Steilhänge meiden.
4 groß	An vielen Steilhängen ist die Schneedecke nur schwach gefestigt. Mittlere (auch große) Lawinen möglich. Skifahren nur auf mäßig steilem Gelände. Viel Erfahrung wird vorausgesetzt.
5 sehr groß	Die Schneedecke ist sehr schwach verfestigt und sehr instabil. Große Lawinen auch im mäßig steilen Gelände möglich. **Auf Skitouren verzichten!**

3. Erdbeben

Erdbeben sind natürliche Erschütterungen der Erdkruste. Sie entstehen vorwiegend an den tektonischen Schwächezonen (→ **siehe Seite 72**).
Eine genaue Erdbebenvorhersage ist nicht möglich. Die Beben können aber sehr schnell erkannt werden, sodass mögliche Schutzmaßnahmen schnellstmöglich ergriffen werden können.
Auf der gesamten Erdoberfläche sind Messgeräte installiert, um die Stärke von Erdbeben möglichst genau zu bestimmen. Die Erdbebenstärke wird mit Seismographen gemessen, die die Stärke der Bodenbewegungen (Magnitude) aufzeichnen.
In der sogenannten Richterskala (1935 entwickelt; benannt nach dem Seismologen Charles Richter) werden die Erdbebenstärken dargestellt. Sie ist messtechnisch nach oben auf die Magnitude 6,5 begrenzt. Höhere Magnituden werden mit einer anderen Skala bestimmt. Jeder Punkt auf der Skala hat etwa die 10-fache Stärke des vorhergehenden Punktes.
So hat zum Beispiel ein Erdbeben der Stärke 5 die 10-fache Stärke eines Bebens der Stärke 4, ein Beben der Stärke 6 hat die 10-fache Stärke eines Bebens der Stärke 5 → ein Beben der Stärke 6 ist also 100-mal stärker als ein Beben der Stärke 4.
Eine verheerende Folge von Erdbeben sind **Tsunamis** (lange Wasserwellen), die sich über große Entfernungen ausbreiten können.

Internationale Richterskala

Stärke (Magnitude)	Bezeichnung	Auswirkungen	Weltweite Häufigkeit
0 - 1,9	Mikro	Nicht spürbar, nur durch Instrumente nachzuweisen.	etwa 8000-mal pro Tag
2 - 2,9	extrem leicht	Leicht spürbar; frei hängendes Pendel schwingt leicht.	etwa 1500-mal pro Tag
3 - 3,9	sehr leicht	Leichte Schwingungen werden wahrgenommen; selten Schäden.	etwa 50000-mal pro Jahr
4 - 4,9	leicht	Sichtbares Bewegen von Gegenständen im Zimmer; Erschütterungsgeräusche.	etwa 6000-mal pro Jahr
5 - 5,9	mittelstark	Von allen Menschen deutlich wahrge- nommen; Möbel bewegen sich, instabile Gebäude werden stark beschädigt.	etwa 500-mal pro Jahr
6 - 6,9	stark	Erhebliche Beschädigungen, Gebäude stürzen ein; Verletzte und Todesopfer.	etwa 120-mal pro Jahr
7 - 7,9	groß	Zahlreiche Verletzte und Tote; Spalten im Boden reißen auf; vernichtende Flutwellen.	etwa 18-mal pro Jahr
8 - 8,9	sehr groß	Sehr viele Tote; alle Gebäude zerstört und unbewohnbar; große Flächen zerstört; katastrophale Flutwellen.	etwa einmal pro Jahr
9 - 9,9[1)]	extrem groß	Kaum Überlebende; Zerstörung von vielen tausend Quadratkilometern.	etwa alle 20 Jahre

1) SEIT EINFÜHRUNG DER RICHTERSKALA (1935) EREIGNETE SICH DAS STÄRKSTE BISHER GEMESSENE ERDBEBEN MIT DER MAGNITUDE 9,5 AM 22. MAI 1960 UM 15.11 UHR ORTSZEIT IM PAZIFISCHEN OZEAN VOR DER KÜSTE CHILES. DAS BEBEN DAUERTE 4 MINUTEN. BETROFFEN WAR VOR ALLEM DAS GEBIET UM DIE PROVINZHAUPTSTADT VALDIVIA. ES GAB 1655 TOTE, ÜBER 3000 VERLETZTE UND ZWEI MILLIONEN OBDACHLOSE. DER ANSCHLIESSENDE TSUNAMI (FLUTWELLE) HATTE AN DER KÜSTE EINE HÖHE VON 25 METER. IM WEIT ENTFERNTEN HAWAII WAR DIE FLUTWELLE NOCH 10 M HOCH.

China ist ein erdbebenreiches Land. Weil das Land dicht bevölkert ist, ist dort die Zahl der Toten besonders hoch, auch wenn die Magnituden nicht den extremen Wert von Chile im Jahr 1960 erreichen. In der folgenden Tabelle sind nur die Erdbeben genannt, bei denen über 50000 Tote gezählt wurden.

Verheerende Erdbeben

Datum	Provinz	Tote	Magnitude	Beschreibung
27.9.1290	Hebei	100000	6,8	
25.9.1303	Shanxi	über 200000	8	100000 Gebäude zerstört; wesentliche Veränderungen der Erdoberfläche.
23.1.1556	Shanxi	830000	8,0	Absinken eines riesigen Gebietes; das opferreichste Erdbeben der Menschheitsgeschichte.
25.7.1688	Shandong	über 50000	8,5	Auswirkungen noch in 800 km Entfernung festzustellen.
19.6.1718	Gansu	73000	7,5	Verheerende Zerstörung auch in angrenzenden Provinzen.
3.1.1739	Ningxia	50000	8	Auswirkungen noch in 900 km Entfernung spürbar.
16.12.1920	Ningxia	über 200000	8,6	Große Oberflächenverformungen und tiefe Erdspalten.
22.5.1927	Quinghai	50000	8,3	Noch in 700 km Entfernung spürbar; 250000 Stück Vieh getötet.
27.7.1976	Hebei	265000	7,5	Inoffiziell etwa 650000 Tote
12.5.2008	Sichuan	70000	7,9	5 Millionen Gebäude beschädigt; über 5 Millionen Obdachlose

4. Vulkanausbrüche

Die Erdkruste besteht nicht aus einer einheitlichen festen Oberfläche, sondern aus mehreren großen kontinentalen und ozeanischen Platten, die sich bewegen. Diese Bewegung ist besonders im Grenzbereich dieser Platten spürbar, man nennt sie „Schwächezonen" der Erde (→ **siehe Kapitel „Geographie" Seite 72).** In diesen Schwächezonen liegen über 90 % aller Vulkane.
Fast 50 % der Vulkane liegen im Bereich des „pazifischen Feuerrings", in dem sich die pazifische Platte unter die leichteren kontinentalen Platten auf beiden Seiten des Ozeans schiebt.
Vulkane können verschiedene Formen haben, zum Beispiel Schichtvulkan, Schildvulkan, Tafelvulkan, Maar.
Bei einem Vulkanausbruch kann der Vulkan Asche, Gesteinsmaterial, Gase, Magma oder alles zusammen ausstoßen. Es können ganze Bergkuppen weggesprengt werden.
Für Wissenschaftler ist es schwer, Vulkanausbrüche vorherzusagen. Es gibt zwar gewisse Warnzeichen (z.B. Mikrobeben), aber eine zuverlässige Vorhersage ist nicht möglich.

Verheerende Vulkanausbrüche

Beispiele aus vielen weiteren Katastrophen:

Datum	Vulkan/Ort	Tote	Beschreibung
29.8.79	Vesuv (Pompeji)	2000	Der berühmteste Vulkanausbruch der Menschheitsgeschichte.
1169	Ätna (Sizilien)	15000	Der Ausbruch löste auch Erdbeben aus.
1362	Öraefaljökull (Island)	200	Gletscher schmolzen, die Menschen ertranken in den Wassermassen.
1591	Taal (Luzon, Philippinen)	>3000	Die Menschen erstickten an den giftigen Gasen.
1631	Vesuv (Pompeji)	18000	Die Menschen starben durch Schlamm (Lahar) und Lava.
1772	Papandajan (Java)	> 3000	Der über 2600 m hohe Berg war nach dem Ausbruch nur noch 1200 m hoch.

Datum	Vulkan/Ort	Tote	Beschreibung
1792	Unzen (Japan)	15000	Einer der heftigsten Ausbrüche in Japan.
1815	Tambora (Indonesien)	92000	Magma, Gestein, Asche und Gase töteten sofort 12000 Menschen. Die Aschewolken veränderten das Klima auf der ganzen Erde, im folgenden Jahr verhungerten weitere 80000 Menschen.
27.8.1883	Krakatau (Indonesien)	36000	Die Insel wurde vollkommen zerstört. Verheerend waren auch die anschließenden gewaltigen Tsunamis.
8.5.1902	Montagne Pelée (Martinique)	30000	Die Hafenstadt St. Pierre wurde völlig zerstört. Die Behörden verhinderten eine Evakuierung. Nur zwei Einwohner überlebten.
1919	Kelud (Java)	65000	Die Menschen wurden durch Schlammströme getötet.
1951	Lamington (Papua-Neuguinea)	6000	Die Bewohner starben durch den Ascheregen.
18.5.1980	Mount St.Helens (USA)	62	Es gab nur so wenige Tote, weil der Ausbruch vorhergesagt werden konnte.
13.11.1985	Nevado des Ruis (Kolumbien)	> 31000	Asche, Gase, Wasser und Schlammmassen töteten die Bewohner.
12.1.2020	Taal (Philippinen)	1	Besonders große Aschewolke über dem Vulkan. Vorsorglich wurden über 300000 Bewohner evakuiert. Nur ein Toter bei einem Verkehrsunfall.

DAS ALPHABET

Die Bezeichnung Alphabet bezieht sich auf die ersten beiden griechischen Buchstaben
(α = **Alpha** und β = **Bet**a).

Das Alphabet hat 26 Buchstaben plus ä, ö, ü und ß („scharfes" s).

Selbstlaute: a, e, i, o, u
Umlaute: ä, ö, ü (sie werden gelegentlich auch so geschrieben: ä = ae, ö = oe, ü = ue)
Mitlaute: alle anderen Buchstaben (um diese Buchstaben auszusprechen, benötigt man einen zusätzlichen Selbstlaut. Beispiele: Der Buchstabe h wird gesprochen „ha", der Buchstabe m wird gesprochen „em".

Eine Scherzaufgabe:
Bilde einen Satz, in dem alle 30 Buchstaben vorkommen!
„Zwölf süße Boxkämpfer jagen Eva quer über den Sylter Deich".

1. Häufigkeit der Buchstaben

Mit den Umlauten ae, oe, ue und dem ß hat unser Alphabet insgesamt 27 Buchstaben.
Wie oft kommen diese Buchstaben in einem Text oder in einer größeren Sammlung von Texten vor? Würde jeder Buchstabe gleich oft erscheinen, so ergäbe sich eine relative Häufigkeit von 3,704% je Buchstabe.

Nach Wahrscheinlichkeitsverteilungen und statistischen Berechnungen ergibt sich folgendes Ergebnis:

E	N	I	S	R	A	T	D	H
17,40%	9,78%	7,55%	7,27%	7,88%	6,51%	6,15%	5,08%	4,76%

U	L	C	G	M	O	B	W	F
4,35%	3,44%	3.06%	3,01%	2,53%	2,51%	1.89%	1,89%	1,66%

K	Z	P	V	ß	J	Y	X	Q
1,21%	1,13%	0,79%	0,67%	0,31%	0,27%	0,04%	0,03%	0,02%

2. Abkürzungen – wie sie der Duden empfiehlt

Die vorliegende Liste erhebt keinen Anspruch auf Vollständigkeit. Es sind nur die gebräuchlichsten Abkürzungen genannt.

Buchstabe A

Abk.	Bedeutung
a.	anno
Abf.	Abfahrt
Abt.	Abteilung
Adr.	Adresse
ahd.	althochdeutsch
Anm.	Anmerkung
ao.; a. o.	außerordentlich
A.T.	Altes Testament
a. Z.	auf Zeit

Abk.	Bedeutung
a. a. O.	am angegebenen Ort
Abk.	Abkürzung
a. D.	außer Dienst
AG	Aktiengesellschaft Arbeitsgemeinschaft Amtsgericht
a. m.	ante meridiem[1]; ante mortem[2]
Antw.	Antwort
apl.	außerplanmäßig
Aufl.	Auflage

Abk.	Bedeutung
Abb.	Abbildung
Abs.	Absatz, Absender
A.D.	Anno Domini
a. G.	auf Gegenseitigkeit
Ank.	Ankunft
Anw.	Anweisung
Ass.	Assessor, Assessorin
AZ; Az.	Aktenzeichen

[1] VOR MITTAG, VORMITTAGS [2] VOR DEM TODE

Buchstabe B

Abk.	Bedeutung
b.	bei
beil.	beiliegend
betr.	betreffend, betreffs
Bez.	Bezeichnung; Bezirk
Bg.	Bogen
BRT	Bruttoregistertonne
bspw.	beispielsweise
b. w.	bitte wenden
bzw.	beziehungsweise

Abk.	Bedeutung
B.A.	Bachelor of Arts
Bem.	Bemerkung
Betr.	Betreff
Bf.	Bahnhof; Brief
Bl.	Blatt
BSP	Bruttosozialprodukt
btto.	Brutto
bz.	bezahlt

Abk.	Bedeutung
Bd.	Band
bes.	besonders
bez.	bezahlt; bezüglich
bfn.	brutto für netto
BLZ	Bankleitzahl
Bsp.	Beispiel
Btx	Bildschirmtext
BZ	Bezirk

Buchstabe C

Abk.	Bedeutung
ca.	zirka; circa
ccm	Kubikzentimeter
Co.	Compagnie

Abk.	Bedeutung
cal	Kalorie
cl	Zentiliter
c/o	care off; aufpassen, vorsichtig sein

Abk.	Bedeutung
cbm	Kubikmeter
cmm	Kubikmillimeter
c.t.	cum tempore[1)]

[1)] DAS IST DIE SOGENANNTE „AKADEMISCHE VIERTELSTUNDE". WENN DER VORLESUNGSBEGINN MIT 10.00 UHR ANGEGEBEN IST UND DAHINTER C.T. STEHT, DANN BEDEUTET DAS, DASS DIESE VORLESUNG EINE VIERTELSTUNDE SPÄTER BEGINNT, ALSO UM 10.15 UHR. DAMIT SOLL DEM DOZENTEN UND DEN STUDENTEN AUSREICHEND ZEIT FÜR DEN WECHSEL ZU EINEM ANDEREN HÖRSAAL GEGEBEN WERDEN. ES GIBT AUCH DEN NACHSATZ S.T. (SINE TEMPORE), DANN BEGINNT DIE VORLESUNG PÜNKTLICH ZUR VOLLEN STUNDE.

Buchstabe D

Abk.	Bedeutung
d. Ä.	der Ältere
d. d.	de dato[1]
d. Gr.	der/die Große
dipl.	dipolmiert
d. J.	dieses Jahres; der/die Jüngere
Doz.	Dozent
dt.	deutsch
dat.	Datum
DG	Dachgeschoss
d. h.	das heißt
Dir.	Direktor, Direktorin
d. M.	dieses Monats
Dr.	Doktor
dto.	dito (dasselbe, ebenso)
Dat.	Dativ
dgl.	dergleichen
d. i.	das ist
Diss.	Dissertation
do.	dito (dasselbe, ebenso)
d. R.	der Reserve (Militär)

[1] VOM TAG DER AUSSTELLUNG AN (AUF URKUNDEN)

Buchstabe E

Abk.	Bedeutung
ebd.	ebenda
em.	emeritiert[1]
ev.	evangelisch
evtl.	eventuell
Exz.	Exzellenz
ed.	edidit (herausgegeben)
erg.	ergänze!
Ev.	Evangelium
exkl.	Exklusive
eh.; e.h.	ehrenhalber
etc.	et cetera[2]
E.V.	eingetragener Verein
Expl.	Exemplar

[1] IN DEN RUHESTAND VERSETZT (VON HOCHSCHULLEHRERN) [2] UND SO WEITER

Buchstabe F

Abk.	Bedeutung
Fa	Firma
ff.	folgende (Seiten)
Fr.	Freitag; Frau

Abk.	Bedeutung
f.	folgende Seite
FHS	Fachhochschule
frdl.	freundlich

Abk.	Bedeutung
ff	sehr fein
Fm; fm	Festmeter
Frl.	Fräulein

Buchstabe G

Abk.	Bedeutung
geb.	geboren; gebunden
gefl.	gefällig, gefälligst
Gen.	Genitiv; Genosse, Genossenschaft
gez.	gezeichnet

Abk.	Bedeutung
Gebr.	Gebrüder
geh.	geheftet
gesch.	geschieden
ggf.	gegebenenfalls

Abk.	Bedeutung
gef.	gefallen
gen.	genannt
get.	getauft
ggT	größter gemeinsamer Teiler

Buchstabe H

Abk.	Bedeutung
ha	Hektar
h. c.	honoris causa[2)]
hl	Hektoliter
Hr.	Herr
Hz	Hertz

Abk.	Bedeutung
habil.	habilitatus[1)]
hg.	herausgegeben
hl.	heilig
hrsg.	herausgegeben

Abk.	Bedeutung
Hbf.	Hauptbahnhof
Hg.	Herausgeber
Hptst.	Hauptstadt
Hrsg.	Herausgeber

1) MIT LEHRBERECHTIGUNG AN HOCHSCHULEN UND UNIVERSITÄTEN 2) EHRENHALBER (VERGLEICHE E.H.)

Buchstabe I

Abk.	Bedeutung
i. A.	im Auftrag
i. d.	in der
i. H.	im Haus(e)
ill.	illustriert
I.N.R.I.	Jesus Nazarenus Rex Judaeorum
i. v.	intravenös

Abk.	Bedeutung
i. Alg.	im Allgemeinen
idg.	indogermanisch
i. f.	ipse fecit[3)]
Ill.	Illustration
inv.	invenit[5)]
i. V.	in Vertretung

Abk.	Bedeutung
ib., ibd.	Ibidem[1)]
i. e.	id est[2)]
i. J.	im Jahr(e)
imp.	imprimatur[4)]
it.	item[6)]

1) EBENDA, EBENDORT 2) DAS IST; DAS HEISST 3) SELBST GEMACHT
4) VERMERK DES AUTORS ODER DES VERLEGERS AUF DEM LETZTEN KORREKTURABZUG, DASS DER SATZ ZUM DRUCK FREIGEGEBEN IST 5) HAT ERFUNDEN 6) EBENSO, DESGLEICHEN

Buchstabe J

Abk.	Bedeutung	Abk.	Bedeutung	Abk.	Bedeutung
Jb.	Jahrbuch	Jg.	Jahrgang	Jgg.	Jahrgänge
Jh.	Jahrhundert	jr.	Junior	jun.	Junior

Buchstabe K

Abk.	Bedeutung	Abk.	Bedeutung	Abk.	Bedeutung
kart.	kartoniert	KB	Kilobyte	kcal	Kilokalorie
kfm.	kaufmännisch	Kfm.	Kaufmann	Kffr., Kfr.	Kauffrau
Kfz	Kraftfahrzeug	kgV	kleinstes gemeinsames Vielfaches	k. J.	künftigen Jahres
k. k.	kaiserlich-königlich	k. M.	künftigen Monats	k. o.	Knock-out
Kr.; Krs	Kreis	Kto.	Konto	k. u. k.	kaiserlich und königlich

Buchstabe L

Abk.	Bedeutung	Abk.	Bedeutung	Abk.	Bedeutung
led.	led.	lfd.	laufend	Lit.	Literatur
log	log	lt.	laut	Lt., Ltn.	Leutnant
lx	lx	Ly	Lichtjahr	Lz.	Lizenz

Buchstabe M

Abk.	Bedeutung	Abk.	Bedeutung	Abk.	Bedeutung
ma.	mittelalterlich	MA.	Mittelalter	M. A.	Magister; Master of Arts
m. A. n.	meiner Ansicht nach	m. a. W.	mit anderen Worten	mdal.	mundartlich
MdB; M. d. B.	Mitglied des Bundestages	m. E.	meines Erachtens	MEZ	Mitteleuropäische Zeit
mdh.	mittelhochdeutsch	Min., min.	Minute	ml	Milliliter
mod.	moderato[1)]	Mskr.	Manuskript	Mss.	Manuskripte

[1)] GEMÄSSIGT; MÄSSIG SCHNELL

Buchstabe N

Abk.	Bedeutung	Abk.	Bedeutung	Abk.	Bedeutung
n. Br.	nördliche Breite	n. Chr.	nach Christus	nhd.	neuhochdeutsch
nm.	nachmittags	n. M.	nächsten Monats	N. N.	nomen nescio[1)]
NN	Normalnull	No.; No	Numero	Nom.	Nominativ
Nr.	Nummer	Nrn.	Nummern	n. St.	neuen Stils
N. T.	Neues Testament	n. V.	nach Vereinbarung; nach Verlängerung	NW	Nordwest

[1)] „DEN NAMEN WEISS ICH NICHT"

Buchstabe O

Abk.	Bedeutung	Abk.	Bedeutung	Abk.	Bedeutung
o. a.	oben angeführt	o. ä.	oder ähnlich	o. Ä.	oder Ähnliche(s)
od.	oder	o. g.	oben genannt	o. J.	ohne Jahr
o.k.	okay	ö. L.	östliche Länge	o. O.	ohne Obligo[1]; ohne Ort
o. O. u. J.	ohne Ort und Jahr				

[1] VERBINDLICHKEIT, VERPFLICHTUNG (OHNE OBLIGO = OHNE GEWÄHR)

Buchstabe P

Abk.	Bedeutung	Abk.	Bedeutung	Abk.	Bedeutung
p. a.	pro anno[1]	p. A.	per[2] Adresse	part.	Parterre
Part.	Parterre	Pfd.	Pfund	Pkt.	Punkt
pl., Pl. Plur.	Plural	p.m.	post meridiem[3]; post mortem[4]; post memoria[5]	Pp	Pianissimo
pp.	per procura6)	Pp.	Pappband	Prof.	Professor, Professorin
Prov.	Provinz	PS	Pferdestärke; Postskriptum[7]		

[1] JÄHRLICH [2] MIT, MITTELS, DURCH [3] NACH MITTAG, NACHMITTAGS [4] NACH DEM TOD
[5] ZUM GEDÄCHTNIS; ZUR ERINNERUNG [6] VOLLMACHT [7] NACHSCHRIFT

Buchstabe Q

Abk.	Bedeutung
q. e. d.	quod erat demonstrandum[1]

[1] WAS ZU BEWEISEN WAR

Buchstabe R

Abk.	Bedeutung
r.	rechts
reg.	registered[2]
Rm	Raummeter[4]

Abk.	Bedeutung
rad	Radian[1]
resp.	respektive[3]
RT	Registertonne

Abk.	Bedeutung
rd.	rund
r.-k.	römisch-katholisch

[1] EINHEIT DES WINKELS IM BOGENMASS [2] REGISTRIERT, EINGEORDNET [3] BEZIEHUNGSWEISE

Buchstabe S

Abk.	Bedeutung
s	Sekunde
SB	Selbstbedienung
sec	Sekunde
sel.	selig
Sing.	Singular
sm	Seemeile

Abk.	Bedeutung
s.	sieh(e)
s. Br.	südliche Breite
s. e. e. o.	salvo errore et omissione[2]
sen.	Senior
s. l.	sine loco[3]
s. o.	siehe oben!

Abk.	Bedeutung
s. a.	sine anno[1]
s. d.	sieh(e) dort!
Sek., sek	Sekunde
s. g.	so genannt
s. l. e. a	sine loco et anno[4]
sog.	sogenannt

SOS	save our souls[5]
Std.	Stunde
s. u.	siehe unten!

Sp.	Spalte
Str.	Straße
svw.	so viel wie

s. t.	sine tempore[6]
stud.	Studiosus[7]
s. Z.	Seinerzeit

[1] OHNE JAHR, OHNE JAHRESSANGABE [2] IRRTUM UND AUSLASSUNG VORBEHALTEN
[3] LOCO = ORT; SINE LOCO = NICHT AM ORT; NICHT VORRÄTIG [4] OHNE ORT UND JAHR
[5] „RETTE(T) UNSERE SEELEN" (INTERNATIONALER HILFERUF) [6] SIEHE OBEN BEIM BUCHSTABEN C (C. T.)
[7] STUDENT; Z. B. STUD. MED = STUDENT DER MEDIZIN

Buchstabe T

Abk.	Bedeutung
t	Tonne
Tsd.	Tausend

Abk.	Bedeutung
Tel.	Telefon

Abk.	Bedeutung
Tit.	Titel

Buchstabe U

Abk.	Bedeutung
u. a.	und andere; unter anderem
u. A. w. g.	um Antwort wird gebeten
u. d. M.	unter dem Meeresspiegel
u. ff.	und folgende (Seiten)
u. U.	unter Umständen
u. v. a. m.	und vieles andere mehr
u. zw.	und zwar

Abk.	Bedeutung
u. a. m.	und andere mehr
u. desgl.	und desgleichen
ü. d. M.	über dem Meeresspiegel
usf.	und so fort
u. ü. V.	unter üblichem Vorbehalt
u. W.	unseres Wissens

Abk.	Bedeutung
u. Ä.	und Ähnliches
u. dgl.	und dergleichen
u. E.	Unseres Erachtens
usw.	und so weiter
u. v. a.	und vieles andere
u. Z.	unsere(r) Zeitrechnung

Buchstabe V

Abk.	Bedeutung
v.	vom, von, vor
var.	Varietät
vgl.	vergleich(e)!
VIP; V. I. P.	very important person[1]
v. m.	vormittags
vorm.	vormals; vormittags
v. s. pl.	verte, si placet![3]
v. u. Z.	vor unserer Zeitrechnung

Abk.	Bedeutung
V.	Vers
v. Chr.	vor Christo, vor Christus
v. g. u.	vorgelesen, genehmigt, unterschrieben
v. J.	vorigen Jahres
v. o.	von oben
v. R. w.	von Rechts wegen
v. T.	vom Tausend
v. v.	vice versa[4]

Abk.	Bedeutung
v. a.	vor allem
v. d.	vor der
v. H.	vom Hundert
v. M.	vorigen Monats
Vol.-%	Volumenprozent
vs.	versus[2]
v. u.	von unten

[1] SEHR WICHTIGE PERSON (PERSÖNLICHKEIT) [2] GEGEN(ÜBER), IM GEGENSATZ [3] BITTE WENDEN!
[4] UMGEKEHRT (IN DER GLEICHEN WEISE ZUTREFFEND), GENAUSO

Buchstabe W

Abk.	Bedeutung
wg.	wegen
Wwe.	Witwe

Abk.	Bedeutung
w. L.	westliche Länge
Wwr.	Witwer

Abk.	Bedeutung
w. o.	wie oben

Buchstabe X

Abk.	Bedeutung
XL	extra large[1]
XXS	extra extra small[4]

Abk.	Bedeutung
XS	extra small[2]

Abk.	Bedeutung
XXL	extra extra large[3]

[1] KLEIDERGRÖSSE SEHR GROSS [2] KLEIDERGRÖSSE EXTRA KLEIN
[3] KLEIDERGRÖSSE EXTREM GROSS [4] KLEIDERGRÖSSE EXTREM KLEIN

Buchstabe Z

Abk.	Bedeutung
Z.	Zahl; Zeile
z. D.	zur Disposition
z. H.; z. Hd.	zu Händen
z. T.	zum Teil
z. w. V.	zur weiteren Veranlassung
z. Z.; z. Zt.	zur Zeit

Abk.	Bedeutung
z. B.	zum Beispiel
z. d. A.	zu den Akten; erledigt
Zitt.	Zitter
Ztr.	Zentner
zz,; zzt.	zurzeit
zzgl.	zuzüglich

Abk.	Bedeutung
z. b. V.	zur besonderen Verwendung
z. E.	zum Exempel
Zs.; Zschr.	Zeitschrift
z. Wv.	zur Wiederverwendung; zur Wiedervorlage
Zz.	Zinszahl

3. Buchstabiertafel

Seltene und schwerverständliche Wörter oder Fremdwörter müssen bei einem Diktat oder einem Telefonat sehr oft buchstabiert werden. Jeder einzelne Buchstabe des schwer verständlichen Wortes muss mit dem entsprechenden Anfangsbuchstabes eines bekannten Wortes erklärt werden können.

Buchstabe	International	Deutschland Din 5009 2022[1)]	Zum Vergleich →	Deutsches Kaiserreich 1905	Weimarer Republik 1926	Deutsches Reich 1934	Deutschland 1996
A	Alfa	Aachen	→	Albert	Albert	Anton	Anton
Ä	Alfa-Echo	Umlaut Aachen	→	Ärger	Änderung	Ärger	Ärger
B	Bravo	Berlin	→	Berta	Bernhard	Bruno	Berta
C	Charlie	Chemnitz	→	Cäsar	Cäsar	Cäsar	Cäsar
CH	Charlie-Hotel		→			Charlotte	Charlotte
D	Delta	Düsseldorf	→	David	David	Dora	Dora
E	Echo	Essen	→	Emil	Emil	Emil	Emil
F	Foxtrott	Frankfurt	→	Friedrich	Friedrich	Fritz	Friedrich
G	Golf	Goslar	→	Gustav	Gustav	Gustav	Gustav
H	Hotel	Hamburg	→	Heinrich	Heinrich	Heinz	Heinrich
I	India	Ingelheim	→	Isidor	Ida	Ida	Ida
J	Juliett	Jena	→	Jacob	Jacob	Jod	Julius
K	Kilo	Köln	→	Karl	Katharina	Kurfürst	Kaufmann
L	Lima	Leipzig	→	Ludwig	Ludwig	Ludwig	Ludwig
M	Mike	München	→	Marie	Marie	Marie	Martha

N	November	Nürnberg	→	Nathan	Nathan	Nordpol	Nordpol
O	Oscar	Offenbach	→	Otto	Otto	Otto	Otto
Ö	Oscar-Echo	Umlaut Offenbach	→	Ökonom	Ökonom	Öse	Ökonom
P	Papa	Potsdam	→	Paul	Paula	Paula	Paula
Q	Quebec	Quickborn	→	Quelle	Quelle	Quelle	Quelle
R	Romeo	Rostock	→	Richard	Richard	Richard	Richard
S	Sierra	Salzwedel	→	Samuel	Samuel	Siegfried	Samuel (Siegfried)
Sch			→			Schule	Schule
ß	Sierra-Sierra	Eszett	→				Eszett
T	Tango	Tübingen	→	Theodor	Theodor	Toni	Theodor
U	Uniform	Unna	→	Ulrich	Ulrich	Ulrich	Ulrich
Ü	Uniform-Echo	Umlaut Unna	→	Überfluß[2)]	Überfluß[1)]	Übel	Übermut
V	Victor	Völklingen	→	Viktor	Viktor	Viktor	Viktor
W	Whiskey	Wuppertal	→	Wilhelm	Wilhelm	Wilhelm	Wilhelm
X	X-Ray	Xanten	→	Xantippe	Xantippe	Xantippe	Xanthippe
Y	Yankee	Ypsilon	→	Ypsilon	Ypsilon	Ypern	Ypsilon
Z	Zulu	Zwickau	→	Zacharias	Zacharias	Zeppelin	Zacharias (Zeppelin)

[1)] DAS DEUTSCHE INSTITUT FÜR NORMUNG (DIN) HAT AM 13.5.2022 DIE NEUE BUCHSTABIERTAFEL VERÖFFENTLICHT. DIE DIN 5009 VERWENDET NUR NOCH STÄDTENAMEN.
[2)] ZU DIESER ZEIT WURDE ÜBERFLUSS NOCH NICHT MIT „DOPPEL-S" GESCHRIEBEN!

4. Der Morsecode

Der Morsecode dient zur telegraphischen Übermittlung von Buchstaben, Zahlen und gebräuchlichen Zeichen.

Buchstaben

A • –	B – • • •	C – • – •	D – • •	E •
F • • – •	G – – •	H • • • •	I • •	J • – – –
K – • –	L • – • •	M – –	N – •	O – – –
P • – – •	Q – – • –	R • – •	S • • •	T –
U • • –	V • • • –	W • – –	X – • • –	Y – • – –
Z – – • •				
Ä • – • –	Ö – – – •	Ü • • – –	ß • • • – – • •	CH – – – –

Ziffern

1 • – – – – –	2 • • – – –	3 • • • – –	4 • • • • –
5 – – – – –	6 – • • • •	7 – – • • •	8 – – – • •
9 – – – – •	0 – – – – –		

Zeichen

, – – • • – –	. • – • – • –	? • • – – • •	! – • – • – –
: – – – • • •	(– • – – •	) – • – – • –	= – • • • –
+ • – • – •	„ • – • • – •		

Besondere Zeichen

KA (Spruchanfang) – • – • – AR (Spruchende) • – • – •
BT (Pause) – • • • – VE (verstanden) • • • – •
SK (Verkehrsende) • • • – • –
SOS (internationaler (See-)Notruf) • • • – – – • • •
HH (Fehler; Irrung; Wiederholung ab letztem vollständigen Wort) • • • • • • • •

5. Die griechischen Buchstaben

α	β	γ	δ	ε	ζ	η	θ	ι
Alpha	Beta	Gamma	Delta	Epsilon	Zeta	Eta	Theta	Jota

κ	λ	μ	ν	ξ	ο	π	ρ	σ
Kappa	Lambda	My	Ny	Xi	Omikron	Pi	Rho	Sigma

τ	Υ	φ	χ	ψ	ω
Tau	Ypsilon	Phi	Chi	Psi	Omega

6. Die Brailleschrift (Blindenschrift)

Sechs Punkte bilden das Raster für die Blindenschrift. Mit diesem Raster kann man durch Kombination 64 Zeichen darstellen.

○ ○
○ ○
○ ○

Buchstaben und Kombinationen

A oder 1	B oder 2	C oder 3	D oder 4	E oder 5	F oder 6	G oder 7	H oder 8	I oder 9	J oder 0
● ○ ○ ○ ○ ○	● ○ ● ○ ○ ○	● ● ○ ○ ○ ○	● ● ○ ● ○ ○	● ○ ○ ● ○ ○	● ● ● ○ ○ ○	● ● ● ● ○ ○	● ○ ● ● ○ ○	○ ● ● ○ ○ ○	○ ● ● ● ○ ○

K	L	M	N	O	P	Q	R	S	T
● ○ ○ ○ ● ○	● ○ ● ○ ● ○	● ● ○ ○ ● ○	● ● ○ ● ● ○	● ○ ○ ● ● ○	● ● ● ○ ● ○	● ● ● ● ● ○	● ○ ● ● ● ○	○ ● ● ○ ● ○	○ ● ● ● ● ○

U	V	W	X	Y	Z	Ä	Ö	Ü	ß
● ○ ○ ○ ● ●	● ○ ● ○ ● ●	○ ● ● ● ○ ●	● ● ○ ○ ● ●	● ● ○ ● ● ●	● ○ ○ ● ● ●	○ ● ○ ● ● ○	○ ● ● ○ ○ ●	● ○ ● ● ○ ●	○ ● ● ○ ● ●

ST	AU	EU	EI	IE	CH	SCH
○ ● ● ● ● ●	● ○ ○ ○ ○ ●	● ○ ● ○ ○ ●	● ● ○ ○ ○ ●	○ ● ○ ○ ● ●	● ● ○ ● ○ ●	● ○ ○ ● ○ ●

Symbole und Zeichen

Komma	Semikolon	Punkt	Doppel-punkt	Frage-zeichen	Ausrufeze-ichen	Zahl folgt
○ ○ ● ○ ○ ○	○ ○ ● ○ ● ○	○ ○ ○ ○ ● ○	○ ○ ● ● ○ ○	○ ○ ● ○ ○ ●	○ ○ ● ● ● ○	○ ● ○ ● ● ●

öffnendes Anführungszeichen	schließendes Anführungszeichen	Klammern	Bindestrich	Paragraph	Apostroph
○ ○ ● ○ ● ●	○ ○ ○ ● ● ●	○ ○ ● ● ● ●	○ ○ ○ ○ ● ●	○ ● ○ ○ ● ●	○ ○ ○ ○ ○ ●

PAPIERFORMATE

Das Format (Höhe und Breite) von Papierblättern wurde vom **D**eutschen **I**nstitut für **N**ormung am 8. August 1922 in der DIN-Norm **DIN 476** mit folgenden Maßen festgelegt:

$$\text{Breite} : \text{Höhe} = 1 : \sqrt{2}$$

Das bedeutet, dass die Höhe eine Papierblattes -mal (ungefähr 1,4142-mal) so groß ist wie die Breite. Wenn man dieses Blatt (DIN A 4) über die lange Seite in der Mitte faltet, dann ist dieses gefaltete Blatt (DIN A 5) genau halb so groß wie das Ausgangsblatt und das Verhältnis der Breite : Höhe ist wiederum $1 : \sqrt{2}$.

Wenn man das Blatt DIN A 5 erneut faltet, erhält man das Blatt DIN A 6 usw.

Das Blatt A 0 nennt man **Vierfachbogen**, es hat genau den Flächeninhalt 1 m². Das Blatt A 1 nennt man **Doppelbogen** (0,5 m²), das Blatt A 2 **Bogen** (0,25 m²), das Blatt A 3 **Halbbogen** (0,125 m²) und das Blatt A 4 **Viertelbogen** (0,0625 m²).

Das gebräuchlichste Format ist das Format der Reihe A. Es gibt aber auch noch die Reihen B, C und D.
Maße: Breite × Höhe, in mm × mm

Klasse	Reihe A	Reihe B	Reihe C	Reihe D
0	841 × 1189	1000 × 1414	917 × 1295	771 × 1091
1	594 × 841	707 × 1000	648 × 917	545 × 771
2	420 × 594	500 × 707	458 × 648	385 × 545
3	297 × 420	353 × 500	324 × 458	272 × 385
4	210 × 297	250 × 353	229 × 324	192 × 272
5	148 × 210	176 × 250	162 × 229	136 × 192
6	105 × 148	125 ×176	114 × 162	96 × 136
7	74 × 105	88 × 125	81 × 114	68 × 96
8	52 × 74	62 × 88	57 × 81	
9	37 × 52	44 × 62	40 × 57	
10	29 × 37	31 × 44	28 × 40	

DIE TIERKREISZEICHEN

Die Erde bewegt sich einmal im Jahr um die Sonne. Es entsteht aber der Eindruck, als ob sich die Sonne bewegt. Sie geht im Osten auf, bewegt sich über den Horizont und geht im Westen unter. Die scheinbare Sonnenbahn an der Himmelsphäre nennt man **Ekliptik**. Im Lauf eines Jahres zieht sie nacheinander durch die zwölf Sternbilder. Die von der Sonne durchlaufenden Sternbilder nennt man deshalb ekliptikale Sternbilder (Tierkreissternbilder).

Die Tierkreiszeichen kennzeichnen 30° breite Kreisabschnitte auf der Ekliptik und bilden die zwölf Abschnitte des Tierkreises. Sie beginnen am Frühlingsanfang.

Widder (21.3 - 20.4.)
Stier (21.4 - 20.5.)
Zwillinge (21.5. - 21.6.)
Krebs (22.6. - 22.7.)
Löwe (23.7. - 23.8.)
Jungfrau (24.8. - 23.9.)
Waage (24.9. - 23.10.)
Skorpion (24.10. - 22.11.)
Schütze (23.11. - 21.12.)
Steinbock (22.12. - 20.1.)
Wassermann (21.1. - 19.2.)
Fische (20.2. - 20.3.)

BESONDERE TAGE

1. Besondere Tage im Jahresverlauf

1.1 Der 29. Februar

Der Julianische Kalender wurde im Jahr 45 v.Chr. von Cäsar eingeführt. Im Oktober 1582 wurde er reformiert und seit dieser Zeit gilt in den meisten Ländern der **Gregorianische Kalender.**

Seit diesem Zeitpunkt ist festgelegt:
Den 29. Februar gibt es nur alle vier Jahre, und zwar nur in solchen Jahren, deren Jahreszahl durch vier dividiert werden kann (solche Jahre nennt man **Schaltjahre**, zum Beispiel 1664, 1948, 2012, ...).
Seit dieser Zeit (1582) wurden aber hierbei drei Ausnahmen gemacht: Jahreszahlen, die man durch 4 und 100, aber nicht durch 400 dividieren kann, sind keine Schaltjahre (das waren bis jetzt nur die Jahre 1700, 1800, 1900). Auch das Jahr 2100 wird kein Schaltjahr sein.
Die Jahre 1600 und 2000 waren Schaltjahre.

1.2 Die gleichbleibenden Tage

Neujahrstag
Am 1. Januar feiert die Kirche das Hochfest der Gottesmutter Maria. Das Fest entstand bereits im 7.Jahrhundert in Rom. Papst Paul VI. erklärte 1967 den Neujahrstag zum Weltfriedenstag.

Heilige Drei Könige
Seit dem 6. Januar im Jahr 336 feiert man dieses Fest.
Das sogenannte **Epiphaniasfest** (lat. „Erscheinung") ist in der katholischen Kirche das Hochfest der Erscheinung des Herrn. Andere Bezeichnungen sind „Hochneujahr", „Großneujahr" oder „Oberster".

Mariä Lichtmess
Der Tag wird 40 Tage nach Weihnachten am 2. Februar gefeiert. Es ist der Tag der „Reinigung der seligen Jungfrau Maria".
Nach biblischen Gesetzen galt die Frau 40 Tage nach der Geburt eines Sohnes als unrein. Nach dieser Zeit musste sie dem Priester ein Schaf oder eine Taube zum Opfer übergeben.

Valentinstag
Der Valentinstag wird am 14. Februar gefeiert. Er geht auf den Heiligen und Märtyrer Valentin von Terni zurück, der als Patron der Liebenden verehrt wird. Er soll angeblich am 14. Februar 269 hingerichtet worden sein. Im Jahr 469 hat Papst Gelasi einen Gedenktag eingeführt.

Frühlingsanfang (kalendarisch)
Frühlingsanfang ist um den 20. März.

Walpurgisnacht
Das Fest der Walpurgisnacht findet in der Nacht vom 30. April zum 1.Mai statt. Der Name bezieht sich auf die heilige Walburga (sie lebte von etwa 710 bis 779), einer in England geborenen Äbtissin.
In dieser Nacht wird Feuer entzündet und es herrscht der Brauch, in den naheliegenden Gemeinden den Maibaum zu stehlen.

Maifeiertag
Der 1. Mai ist in Deutschland und in vielen anderen Staaten ein gesetzlicher Feiertag. Er wird auch als „Tag der Arbeit" bezeichnet.
Am 1. Mai 1886 rief die nordamerikanische Arbeiterbewegung zu einem Generalstreik in Chicago auf. Viele mussten damals bis zu zwölf Stunden am Tag arbeiten und sie demonstrierten für die Einführung des Achtstundentages.
Der 1. Mai 1919 war in Deutschland erstmalig und einmalig ein Feiertag, die folgenden Jahre nicht mehr. Erst die Nationalsozialisten erklärten ab 1. Mai 1933 diesen Tag wieder zum Feiertag.

17. Juni
Am 17. Juni 1953 kam es in der ehemaligen DDR zu Streiks und Demonstrationen mit politischen und wirtschaftlichen Forderungen. Dieser Volksaufstand wurde von der sowjetischen Armee gewaltsam niedergeschlagen. Dabei wurden 34 Demonstranten getötet.
Der 17.Juni wurde von 1954 bis zur Wiedervereinigung 1990 zum Nationalfeiertag, dem „Tag der deutschen Einheit". Er ist weiterhin ein Gedenktag.

Sommeranfang (kalendarisch)
Sommeranfang ist um den 21. Juni.

Sonnwendfeier
Die Sonnwendfeier findet am 21. Juni statt. Sinn des Brauches ist es, dass mit einem großen Feuer die schlechten Geister vertrieben werden und die Ernte gut ausfällt.

Mariä Himmelfahrt
Mariä Himmelfahrt ist das Fest der leiblichen Aufnahme Mariens in den Himmel und wird am 15. August gefeiert. Das Fest hat seinen Ursprung bereits im 5. Jahrhundert.
Es ist im Saarland und in überwiegend katholischen Gemeinden Bayerns gesetzlicher Feiertag.

Herbstanfang
Herbstanfang ist um den 23. September.

3. Oktober
Der 3. Oktober wurde 1990 zum **„Tag der Deutschen Einheit"** bestimmt. Er ist gesetzlicher Feiertag und soll als Nationalfeiertag an die Wiedervereinigung der beiden getrennten deutschen Staaten erinnern.

Reformationstag
Der Reformationstag ist am 31. Oktober. Er wird von den evangelischen Christen gefeiert und soll an den Tag erinnern, an dem Martin Luther am 31.10.1517 seine 95 Thesen an die Schlosskirche in Wittenberg anschlug.
Er ist in neun Bundesländern Feiertag: Brandenburg, Bremen, Hamburg, Mecklenburg-Vorpommern, Niedersachsen, Sachsen, Sachsen-Anhalt, Schleswig-Holstein und Thüringen.

Allerheiligen
Allerheiligen wird am 1. November begangen. Er ist ein Gedenktag der römisch-katholischen Kirche und soll an die Heiligen erinnern (die offiziell heiliggesprochen wurden) und an alle Menschen „von deren Heiligkeit nur Gott weiß".
Er ist in überwiegend katholisch geprägten Bundesländern ein Feiertag: Baden-Württemberg, Bayern, Nordrhein-Westfalen, Rheinland-Pfalz und Saarland.

Allerseelen
Allerseelen wird am 2. November begangen, er ist ein Tag zum Gedenken aller Toten und deren Seelen. Allerseelen ist kein gesetzlicher Feiertag.
Für die Toten seiner ihm unterstellten Klöster hat Abt Odilo von Cluny erstmals im Jahr 998 Allerseelen als Gedenktag ausgerufen. Jahre später wurde der Tag auf die gesamte Kirche ausgeweitet.

Martinstag
Der Martinstag ist am 11. November. Der Mönch Martin von Tours war der Begründer des abendländischen Mönchtums. Er ist einer der bekanntesten Heiligen der katholischen Kirche. Er wurde am 11. November 397 beerdigt.
Viele Bräuche (z. B. Martinsgansessen, Martinszug) finden an diesem Tag statt.

Nikolaustag
Der Nikolaustag ist am 6. Dezember. Nikolaus wurde im Jahr 300 in Myra (Türkei) zum Bischof geweiht. Er galt als „Anwalt der Armen und Rechtlosen". Nach der Legende soll er nach seinem Tod in der Vorweihnachtszeit durch Myra gelaufen sein und vergoldete Äpfel und Nüsse den Armen vor die Hütte gelegt haben.
Noch heute herrscht der Brauch, dass die Kinder am Abend vor dem Nikolaustag ihre Schuhe vor die Tür stellen, damit sie sein Gehilfe Knecht Ruprecht mit Schokolade und Süßigkeiten füllt.

Winteranfang (kalendarisch)
Winteranfang ist um den 21. Dezember.

Heiliger Abend
Er findet am 24. Dezember statt. Die Nacht vom 24. zum 25. Dezember wird auch Heilige Nacht (Weihnachtslied „Stille Nacht, heilige Nacht") oder Christnacht bezeichnet. Die sogenannte Weihnachtsbescherung findet meistens bereits am Heiligen Abend statt.

Weihnachten

Der Festtag Weihnachten ist der 25. Dezember. Es ist das Fest der Geburt Jesu Christi. Ostern, Pfingsten und Weinachten sind die drei Hauptfeste im Kirchenjahr des westlichen Christentums. Der 25. Dezember als Geburtstag von Jesu Christi wird erstmals am 25. Dezember 336 in Rom erwähnt.
Weihnachten ist in vielen Staaten ein gesetzlicher Feiertag, in Deutschland ist auch der folgende Tag, der sogenannte „zweite Weihnachtsfeiertag" ein gesetzlicher Feiertag.

Silvester

Silvester ist am 31. Dezember. Im Jahr 1582 wurde mit der gregorianischen Kalenderreform der letzte Tag des Jahres vom 24. Dezember auf den 31. Dezember verlegt. Das war der Todestag des Papstes Silvester I. am 31. Dezember 335.

1.3 Die veränderlichen Tage

Die meisten Termine in der folgenden Aufzählung hängen vom **ersten Vollmond nach Frühlingsbeginn** (21. März) ab. Danach richten sich die folgenden Termine. Zuerst der Ostersonntag und davon hängen ab: Aschermittwoch, Himmelfahrt, Pfingstsonntag und Fronleichnam.

Ostersonntag

Ostern ist immer am ersten Sonntag nach dem ersten Vollmond ab Frühlingsbeginn.
Wenn der erste Vollmond am 21. März ist und
→ der 22. März ein Sonntag ist, dann ist Ostersonntag am 22. März.
→ der 21. März ein Sonntag ist, denn ist Ostersonntag am 25. April.

Das bedeutet, der Ostersonntag ist immer zwischen dem 22. März und 25. April.
Nach diesem frühesten und spätesten Termin des Ostersonntags kann man sich die frühesten und spätesten Termine der folgenden sechs besonderen Tage im Jahresverlauf ableiten.

Aschermittwoch

Aschermittwoch ist 46 Tage vor Ostersonntag.
Für die Westkirche beginnt mit dem Aschermittwoch die 40-tägige Fastenzeit. Die Bezeichnung geht auf den Brauch zurück, dass früher (seit dem 6. Jahrhundert) Büßer in der Kirche mit Asche bestreut wurden.

Palmsonntag

Der Palmsonntag ist der Sonntag vor Ostern. An diesem Tag endet die Fastenzeit.

Karfreitag

Karfreitag ist zwei Tage vor Ostern, er ist in der katholischen Kirche ein strenger Fasten- und Abstinenztag.

Muttertag

Der Muttertag ist am zweiten Sonntag im Mai. Es ist ein Tag zu Ehren der Mutter und der Mutterschaft. Seine Ursprünge hat er im antiken Griechenland. Der Muttertag in der heutigen Form geht auf die US-amerikanische Frauenbewegung zurück. Erstmals wurde der Muttertag im Jahr 1914 unter Präsident Wilson als Feiertag begangen. Die Nationalsozialisten erklärten 1933 den Muttertag zum öffentlichen Feiertag.

Himmelfahrt

Himmelfahrt ist 39 Tage nach dem Ostersonntag (der 40. Tag der Osterzeit). Himmelfahrt bedeutet in der Religion, zu einem hohen Ziel zu gelangen. In den Himmel (ins Jenseits) zu gelangen, ohne zu sterben. Himmelfahrt ist immer ein Donnerstag.

Pfingsten

Der Pfingstsonntag ist der 49. Tag nach dem Ostersonntag (der 50. Tag der Osterzeit). Das Pfingstfest wurde erstmal im Jahr 130 erwähnt. Die gläubigen Christen feiern mit diesem Fest die Sendung des Geistes Gottes zu den Jüngern Jesu Christi.

Fronleichnam

Fronleichnam ist der 60. Tag nach Ostersonntag, der zweite Donnerstag nach Pfingsten. Er ist einer der höchsten Feiertage im römisch-katholischen Kirchenjahr. Die gläubigen Christen feiern ein „Fest der Dankbarkeit für die leibliche Gegenwart Jesu in Brot und Wein und die Gemeinschaft der Gläubigen mit ihm im Abendmahl".

Erntedankfest

Das Fest ist an keinen festen Termin gebunden, es findet aber in der Regel am ersten Sonntag im Oktober statt. Es ist ein Fest nach der Ernte im Herbst und die Gläubigen danken Gott für die Gaben der Ernte.

1.4 Internationale Welt- und Gedenktage

27. Januar	Holocaust-Gedenktag
1. Februar	„Ändere dein Passwort"-Tag
4. Februar	Weltkrebstag
12. Februar	Internationaler Tag gegen den Einsatz von Kindersoldaten
21. Februar	Internationaler Tag der Muttersprache
8. März	Internationaler Frauentag
14. März	Pi-Tag, Tag zu Ehren der Kreiszahl (nicht offiziell)
15. März	Weltverbrauchertag
21. März	Welttag der Poesie

22. März	Weltwassertag
24. März	Welttuberkulosetag
2. April	Weltkinderbuchtag
	Welt-Autismus-Tag
7.April	Weltgesundheitstag
22. April	Tag der Erde
23.April	Welttag des Buches
1. Mai	Internationaler Tag der Arbeit
3. Mai	Internationaler Tag der Pressefreiheit
5. Mai	Welthebammentag
15. Mai	Internationaler Tag der Familie
17. Mai	Internationaler Tag der Homophobie
21. Mai	Welttag für kulturelle Entwicklung
22. Mai	Internationaler Tag zur Erhaltung der Artenvielfalt
25. Mai	Tag der vermissten Kinder
31. Mai	Weltnichtrauchertag
1. Juni	Internationaler Kindertag
5. Juni	Weltumwelttag
14. Juni	Weltblutspendetag
26. Juni	Welttrogentag
	Internationaler Tag gegen die Folter
6. Juli	Welt-Kuss-Tag
28. Juli	Welt-Hepatitis-Tag
12. August	Weltjugendtag
13. August	Internationaler Linkshändertag
8. September	Weltbildungstag
10. September	Welt-Suizid-Präventionstag
2. Sonntag im September	Tag des offenen Denkmals
20. September	Internationaler Weltkindertag
21. September	Internationaler Tag des Friedens; Weltfriedenstag
	Welt-Alzheimer-Tag
26. September	Europäischer Tag der Sprachen
1. Oktober	Weltmusiktag
5. Oktober	Weltlehrertag

10. Oktober	Welttag der seelischen Gesundheit
16. Oktober	Welternährungstag
24. Oktober	Tag der Vereinten Nationen
28. Oktober	Welt-Poliotag
30./31. Oktober	Weltspartag
3. November	Weltmännertag
10. November	Weltwissenschaftstag für Frieden und Entwicklung
14. November	Weltdiabetestag
15. November	Tag der Autoren hinter Gittern
16. November	Welttag der Toleranz
17. November	Internationaler Studententag
21. November	Welttag des Fernsehens
25. November	Internationaler Tag zur Beseitigung von Gewalt gegen Frauen
1. Dezember	Welt-AIDS-Tag
2. Dezember	Internationaler Tag für die Abschaffung der Sklaverei
3. Dezember	Internationaler Tag der Behinderten
5. Dezember	Internationaler Tag des Ehrenamtes
7. Dezember	Tag der internationalen Zivilluftfahrt
9. Dezember	Welt-Anti-Korruptions-Tag
10. Dezember	Internationaler Tag der Menschenrechte
11. Dezember	Internationaler Tag der Berge
18. Dezember	Internationaler Tag der Migranten

2. Traditionelle Hochzeitstage

Tag der Trauung	Grüne Hochzeit
1 Jahr	Papierne Hochzeit
2 Jahre	Baumwollene Hochzeit
3 Jahre	Lederne Hochzeit
4 Jahre	Seidenhochzeit
5 Jahre	Hölzerne Hochzeit
6 Jahre	Zinnerne Hochzeit
7 Jahre	Kupferne Hochzeit
8 Jahre	Blecherne Hochzeit
9 Jahre	Keramikhochzeit
10 Jahre	Rosenhochzeit
11 Jahre	Stahlhochzeit
12 Jahre	Nickelhochzeit
12,5 Jahre	Petersilienhochzeit
13 Jahre	Kristallhochzeit
14 Jahre	Elfenbeinhochzeit
15 Jahre	Gläserne Hochzeit oder Veilchenhochzeit
16 Jahre	Saphirhochzeit
17 Jahre	Orchideenhochzeit
18 Jahre	Türkishochzeit
19 Jahre	Perlmutthochzeit
20 Jahre	Porzellanhochzeit oder Dornenhochzeit
21 Jahre	Opalhochzeit
22 Jahre	Bronzehochzeit
23 Jahre	Titanhochzeit
24 Jahre	Satinhochzeit
25 Jahre	Silberne Hochzeit
26 Jahre	Jadehochzeit
27 Jahre	Mahagonihochzeit
28 Jahre	Nelkenhochzeit
29 Jahre	Samthochzeit
30 Jahre	Perlenhochzeit
31 Jahre	Lindenhochzeit
32 Jahre	Seifenhochzeit
33 Jahre	Zinnhochzeit
33 1/3 Jahre	Knoblauchhochzeit
34 Jahre	Amberhochzeit oder Bernsteinhochzeit
35 Jahre	Leinenhochzeit oder Linnenhochzeit
36 Jahre	Smaragdhochzeit
37 Jahre	Machalithochzeit
37,5 Jahre	Aluminiumhochzeit
38 Jahre	Feuerhochzeit
39 Jahre	Sonnenhochzeit
40 Jahre	Rubinhochzeit
41 Jahre	Birkenhochzeit
42 Jahre	Granathochzeit
43 Jahre	Bleihochzeit
44 Jahre	Sternenhochzeit
45 Jahre	Messinghochzeit
46 Jahre	Lavendelhochzeit
47 Jahre	Kaschmirhochzeit
48 Jahre	Diademhochzeit
49 Jahre	Zederne Hochzeit
50 Jahre	Goldene Hochzeit
51 Jahre	Weidenhochzeit
52 Jahre	Topashochzeit
53 Jahre	Uranhochzeit
54 Jahre	Zeushochzeit
55 Jahre	Platinhochzeit oder Juwelenhochzeit
60 Jahre	Diamantene Hochzeit
61 Jahre	Ulmenhochzeit
62 Jahre	Aquamarinhochzeit
63 Jahre	Quecksilberhochzeit
65 Jahre	Eiserne Hochzeit
66 Jahre	Schnittlauchhochzeit
67 Jahre	Steinerne Hochzeit
70 Jahre	Gnadenhochzeit
72,5 Jahre	Juwelenhochzeit
75 Jahre	Kronjuwelenhochzeit
80 Jahre	Eichenhochzeit
85 Jahre	Engelshochzeit
100 Jahre	Himmelshochzeit

3. Jahrestage der Konfirmation

10 Jahre	Bronzene Konfirmation
25 Jahre	Silberne Konfirmation
50 Jahre	Goldene Konfirmation
60 Jahre	Diamantene Konfirmation
65 Jahre	Eiserne Konfirmation
70 Jahre	Gnadenkonfirmation
75 Jahre	Kronjuwelenkonfirmation
80 Jahre	Eichenkonfirmation
85 Jahre	Engelkonfirmation

4. Welcher Wochentag war am ... ?

Mit Hilfe der **„Gaußschen Wochentagsformel"** kann man für jedes Datum in der Vergangenheit oder der Zukunft den Wochentag bestimmen.

Die Formel lautet:

$$w = (d + \lfloor 2{,}6 \times m - 0{,}2 \rfloor + y + \lfloor \tfrac{y}{4} \rfloor + \lfloor \tfrac{c}{4} \rfloor - 2 \times c) \bmod 7$$

Hierzu muss einiges erklärt werden.

- Die Klammern $\lfloor\ \rfloor$ sind sogenannte „Gaußklammern". Der Wert in der Klammer wird stets abgerundet zu einer ganzen Zahl (das bedeutet: z. B. 3,9 wird abgerundet auf 3)
- (...) mod 7 bedeutet: Das Ergebnis dieses Terms ist die Zahl, die als Rest bleibt, wenn man die Zahl in der „runden" Klammer durch 7 dividiert. Beispiel: (36) mod 7 = 1 weil 36:7=5, Rest 1. Wenn die Zahl in der Klammer negativ ist, muss man so oft die Zahl 7 addieren, bis das Ergebnis eine positive Zahl ist. **Beispiel:** (-32) mod 7 = (-32 + 5×7) mod 7 = (-32 + 35) mod 7 = (3) mod 7 = 3, weil 3:7 = 0, Rest 3
- d: Datum des Tages (also 1 bis 31)
- m: Monat (Zählbeginn ist der März = 1, April = 2 ... bis Februar = 12)
- y: die letzten beiden Ziffern der Jahreszahl. Nur bei den Monaten Januar und Februar die beiden letzten Ziffern des Vorjahres
  (Beispiele: November 1865 → 65, Februar 1923 → 22, Januar 2000 → 99)
- c: die ersten beiden Stellen der Jahreszahl. Für die Monate Januar und Februar in den „gregorianischen" Jahren 1600, 2000, 2400, ... um eine Stelle vermindert (Beispiele: November 1713 → 17, Februar 2000 → 19, März 2000 → 20)
- w: der gesuchte Wochentag

Berechnungsbeispiel: Welcher Wochentag war der 24. April 1970?

$d = 24, m = 2, y = 70, c = 19$

$w = (24 + \lfloor 2{,}6 \times 2 - 0{,}2 \rfloor + 70 + \lfloor \frac{70}{4} \rfloor + \lfloor \frac{19}{4} \rfloor - 2 \times 19) \bmod 7 \lfloor \frac{y}{4} \rfloor$

$w = (24 + \lfloor 5 \rfloor + 70 + \lfloor 17{,}5 \rfloor + \lfloor 4{,}75 \rfloor - 38) \bmod 7$

$w = (24 + 5 + 70 + 17 + 4 - 38) \bmod 7$

$w = (82) \bmod 7$ 82:7=11 Rest 5

$w = 5$

Der gesuchte Werktag war ein Freitag.

„BESONDERE" WÖRTER

1. Wort des Jahres

1971 aufmüpfig
1977 Szene
1978 konspirative Wohnung
1979 Holocaust
1980 Rasterfahndung
1981 Nulllösung
1982 Ellbogengesellschaft
1983 heißer Herbst
1984 Umweltauto
1985 Glykol
1986 Tschernobyl
1987 Aids, Kondom
1988 Gesundheitsreform
1989 Reisefreiheit
1990 Die neuen Bundesländer
1991 Besserwessi
1992 Politikverdrossenheit
1993 Sozialabbau
1994 Superwahljahr
1995 Multimedia
1996 Sparpaket
1997 Reformstau
1998 Rot-Grün
1999 Millennium
2000 Schwarzgeldaffäre
2001 der 11. September
2002 Teuro
2003 das alte Europa
2004 Hartz IV
2005 Bundeskanzlerin
2006 Fanmeile
2007 Klimakatastrophe
2008 Finanzkrise
2009 Abwrackprämie
2010 Wutbürger
2011 Stresstest
2012 Rettungsroutine
2013 GroKo
2014 Lichtgrenze
2015 Flüchtlinge
2016 postfaktisch
2017 Jamaika-Aus
2018 Heißzeit
2019 Respektrente
2020 Coronapandemie
2021 Wellenbrecher

2. Unwort des Jahres

1991 ausländerfrei
1992 ethnische Säuberung
1993 Überfremdung
1994 Peanuts
1995 Diätenanpassung
1996 Rentnerschwemme
1997 Wohlstandmüll (arbeitsunfähige Kranke)
1998 sozialverträgliches Frühableben
1999 Kollateralschaden
2000 national befreite Zone
2001 Gotteskrieger
2002 Ich-AG
2003 Tätervolk
2004 Humankapital
2005 Entlassungs-Produktivität

2006	freiwillige Ausreise	2007	Herdprämie	2008	notleidende Banken
2009	betriebsratsverseucht	2010	alternativlos	2011	Döner-Morde
2012	Opfer-Abo	2013	Sozialtourismus	2014	Lügenpresse
2015	Gutmensch	2016	Volksverräter	2017	Alternative Fakten
2018	Anti-Abschiebungs-Industrie	2019	Klimahysterie	2020	Rückführungs-patenschaften und Corona-Diktatur
2021	Pushback				

3. Unwort des 20. Jahrhunderts

Eine unabhängige Jury wählte das Wort „Menschenmaterial" zum Unwort des 20. Jahrhunderts. Die Wahl erfolgte aufgrund der „unangemessenen Kopplung von Lebendig-Menschlichem und toter Sache".

4. Satz des Jahres

2001: „Und das ist (auch) gut so" (Klaus Wowereit)
2002: „Es gibt nur ein' Rudi Völler" (Lied über den damaligen Fußballtrainer Rudi Völler von dem Duo „Klaus und Klaus")
2003: „Deutschland sucht den Superstar" (Titel einer populären TV-Casting-Show)
2009: „Das steht mir zu" (Ulla Schmidt)
2010: „Die Zeit der Basta-Politik ist vorbei" (Heiner Geißler)
2011: „Fukushima hat meine Haltung zur Kernenergie verändert" (Angela Merkel)
2012: „Mir fehlte das Fingerspitzengefühl" (Peter Steinbrück)
2013: „Das Internet ist für uns alle Neuland" (Angela Merkel)
2014: „Wer dauerhaft hier leben will, soll dazu angehalten werden, im öffentlichen Raum und in der Familie Deutsch zu sprechen" (CSU)
2015: „Wir haben so vieles geschafft – wir schaffen das!" (Angela Merkel)
2016: „Wir haben im Moment keinen Zustand von Recht und Ordnung" (Horst Seehofer)
2017: „Es ist besser, nicht zu regieren, als falsch zu regieren" (Christian Lindner)
2018: „Ich lasse mich nicht von einer Kanzlerin entlassen, die nur wegen mir Kanzlerin ist" (Horst Seehofer)
2019: „Bitte hört auf die Wissenschaft!" (Luisa Neubauer, Klimaaktivistin)
2020: „Hass ist keine Meinung" (Heinrich Bedford-Strohm)
2021: „Besiegen wir das Virus nicht weltweit, kommt es mit dem nächsten Flieger zurück" (Gerd Müller, Bundesentwicklungsminister)

5. Jugendwort des Jahres

2008	Gammelfleischparty	2009	hartzen	2010	Niveaulimbo
2011	Swag	2012	YOLO	2013	Babo
2014	Läuft bei dir	2015	Smombie	2016	fly sein
2017	i bims	2018	Ehemann/Ehefrau	2019	---
2020	lost	2021	cringe	2022	smash

6. Palindrome

Palindrome sind Wörter oder Sätze, die vorwärts und rückwärts gelesen identisch sind.

Beispiele für **Wort-Palindrome**:

3 Buchstaben	Tat, Uhu, Ehe, tot, …
4 Buchstaben	Anna, Ebbe, Otto, Elle, …
5 Buchstaben	Kajak, Radar, neben, …
6 Buchstaben	Renner, Retter, nennen, …
7 Buchstaben	Rentner
8 Buchstaben	Reittier
10 Buchstaben	Lagerregal
13 Buchstaben	Reliefpfeiler

Beispiele für **Satz-Palindrome**:

- Erika feuert nur untreue Fakire
- Eine Horde bedrohe nie!
- Trug Tim eine so helle Hose nie mit Gurt?
- Die Liebe ist Sieger, rege ist sie bei Leid

Das ist der längste bisher bekannte Palindromsatz:

- Geist ziert Leben, Mut hegt Siege, Beileid trägt belegbare Reue, Neid dient nie, nun eint Neid die Neuerer, abgelebt gärt die Liebe, Geiz geht, umnebelt reizt Sieg

Zwei Beispiele aus der englischen Sprache:

- Was it a car or a cat I saw? („War es ein Auto oder eine Katze, was ich gesehen habe?")
- A man, a plan, a canal – Panama („Ein Mann, ein Plan, ein Kanal – Panama")

7. Besonders lange Wörter

Die längsten deutschen Wörter im Duden sind:

Kraftfahrzeug-Haftpflichtversicherung	36 Buchstaben
Donau-Dampfschifffahrtsgesellschaft	34 Buchstaben
Arbeiterunfallversicherungsgesetz	33 Buchstaben
Rhein-Main-Donau-Großschifffahrtsweg	33 Buchstaben
Straßenverkehrs-Zulassungs-Ordnung	32 Buchstaben
Kraftfahrzeugreparaturwerkstatt	31 Buchstaben

Das bisher zweitlängste Wort (63 Buchstaben) der deutschen Sprache – aber nicht im Duden vertreten – war ein Gesetz aus dem Mecklenburg-vorpommerschen Landesrecht. Es wurde 1999 als Folge der Rinderseuche BSE eingeführt. Der Schweriner Landtag hat das Gesetz mit der Abkürzung „RkReÜAÜG" im Jahr 2013 wieder abgeschafft.

Das Gesetz hieß mit vollem Namen:
„Rinderkennzeichnungs- und Rindfleischetikettierungsüberwachungsaufgabenübertragungsgesetz"

Im Jahr 2003 gab es eine
„Verordnung zur Übertragung der Zuständigkeit des Oberfinanzpräsidenten der Oberfinanzdirektion Berlin nach § 8 Satz 2 der Grundstücksverkehrsverordnung auf das Bundesamt zur Regelung offener Vermögensfragen":
Das Gesetz mit der Abkürzung „GrundVZÜV" hatte 67 Buchstaben und hieß:
„Grundstücksverkehrsgenehmigungszuständigkeitsübertragungsverordnung"
Das Gesetz wurde 2007 wieder abgeschafft.

DIVERSES

„NATUR" DES JAHRES

1. Vogel des Jahres

Seit 1971 wird der Vogel des Jahres gewählt.

Jahr	Vogel	Jahr	Vogel	Jahr	Vogel
1971	Wanderfalke	1972	Steinkauz	1973	Eisvogel
1974	Mehlschwalbe	1975	Goldregenpfeifer	1976	Wiedehopf
1977	Schleiereule	1978	Kranich	1979	Rauchschwalbe
1980	Birkhuhn	1981	Schwarzspecht	1982	Großer Brach-vogel
1983	Uferschwalbe	1984	Weißstorch	1985	Neuntöter
1986	Seekrähe	1987	Braunkehlchen	1988	Wendehals
1989	Teichrohrsänger	1990	Pirol	1991	Rebhuhn
1992	Rotkehlchen	1993	Flussregenpfeifer	1994	Weißstorch
1995	Nachtigall	1996	Kiebitz	1997	Buntspecht
1998	Feldlerche	1999	Goldammer	2000	Rotmilan
2001	Haubentaucher	2002	Haussperling	2003	Mauersegler
2004	Zaunkönig	2005	Uhu	2006	Kleiber
2007	Turmfalke	2008	Kuckuck	2009	Eisvogel
2010	Kormoran	2011	Gartenrotschwanz	2012	Dohle
2013	Bekassine	2014	Grünspecht	2015	Habicht
2016	Stieglitz	2017	Waldkauz	2018	Star
2019	Feldlerche	2020	Turteltaube	2021	Rotkehlchen
2022	Wiedehopf				

2. Blume des Jahres

Seit 1980 wird die Blume des Jahres gewählt.

Jahr	Blume	Jahr	Blume	Jahr	Blume
1980	Lungenenzian	1981	Gelbe Narzisse	1982	Rotes Waldvöglein
1983	Wilde Tulpe	1984	Sommeradonisröschen	1985	Wald-Akelei
1986	Arnika	1987	Stranddistel	1988	Drachenwurz
1989	Kartäusernelke	1990	Bergsandglöckchen	1991	Rosmarinheide
1992	Rundblättriger Sonnentau	1993	Schachblume	1994	Breitblättriges Knabenkraut
1995	Trollblume	1996	Gewöhnliche Kuhschelle	1997	Silberdistel
1998	Krebsscher	1999	Sumpfdotterblume	2000	Purpurblauer Steinsame
2001	Blutroter Storchschnabel	2002	Hain-Veilchen	2003	Kornrade
2004	Alpenglöckchen	2005	Großer Klappertopf	2006	Wiesenschaumkraut
2007	Bach-Nelkenwurz	2008	Nickende Distel	2009	Gemeine Wegwarte
2010	Sibirische Schwertlilie	2011	Moorlilie	2012	Heide-Nelke
2013	Leberblümchen	2014	Schwanenblume	2015	Gewöhnlicher Teufelsabbiss
2016	Echte Schlüsselblume	2017	Klatschmohn	2018	Langblättriger Ehrenpreis

2019	Besenheide	2020	Fieberklee	2021	Großer Wiesenknopf
2022	Vierblättrige Einbeere				

3. Nutztier des Jahres

Seit 1984 wird die Nutztierrasse des Jahres gewählt.

Jahr	Nutztier	Jahr	Nutztier	Jahr	Nutztier
1984	Kärntner Brillenschaf	1985		1986	Murnau-Werdenfelser-Rind
1987	Schwäbisch-Hälli-sches Landschwein	1988	Schleswiger Kaltblut	1989	Wildschaf
1990	Angler Sattelschwein	1991	Rhönschaf	1992	Hinterwälder Rind
1993	Thüringer Waldziege	1994	Westfälisches Totlegerhuhn, Diepholzer Gans, Pommernente	1995	Buntes Bentheimer Schwein
1996	Schleswiger Kaltblut	1997	Rotes Höhenvieh	1998	Weiße gehörnte Heidschnucke
1999	Wollschwein	2000	Rottaler Pferd	2001	Bayerische Landgans, Bergischer Kräher, Ber-gischer Schlotterkamm, Krüper

Jahr	Nutztier	Jahr	Nutztier	Jahr	Nutztier
2002	Angler Rind	2003	Spitz und Pinscher	2004	Leutstettener Pferd, Dunkle Biene
2005	Bentheimer Landschaf	2006	Deutsches Sattelschwein	2007	Murnau-Werdenfelser Rind
2008	Bronzepute	2009	Alpines Steinschaf	2010	Meißner Widderkaninchen
2011	Limpurger Rind	2012	Deutscher Sperber	2013	Leineschaf
2014	Dülmener	2015	Deutsches Karakul	2016	Original Braunvieh, Glanrind, Deutsches Schwarzbuntes Niederungsrind
2017	Deutsche Pekingente, Orpingtonente, Warzenente	2018	Altwürttemberger Pferd	2019	Wollschwein
2020	Pustertaler Schecken/ Kuhhund	2021	Pustertaler Schecken/ Kuhhund	2022	Esel

4. Fisch des Jahres

Seit 1984 wird der Fisch des Jahres gewählt.

Jahr	Fisch	Jahr	Fisch	Jahr	Fisch
1984	Bachschmerle	1985	Bitterling	1986	Schneider
1987	Europäischer Schlammpeitz-ger	1988	Bachneunauge und Flussneunauge	1989	Groppe
1990	Bachforelle	1991	Elritze	1992	Atlantischer Lachs
1993	Kabeljau	1994	Nase	1995	Europäischer Aal
1996	Meerforelle	1997	Europäische Äsche	1998	Strömer
1999	Nordsee-schnäpel	2000	Atlantischer Lachs	2001	Europäischer Stör
2002	Quappe	2003	Barbe	2004	Maifisch
2005	Bachforelle	2006	Groppe	2007	Schleie
2008	Bitterling	2009	Europäischer Aal	2010	Karausche
2011	Äsche	2012	Neunaugen	2013	Forellen
2014	Stör	2015	Huchen	2016	Hecht
2017	Flunder	2018	Dreistachliger Stichling	2019	Atlantischer Lachs
2020	Nase	2021	Atlantischer Hering	2022	Hering

5. Biotop des Jahres

Seit 1988 wird das Biotop des Jahres gewählt.

Jahr	Biotop	Jahr	Biotop	Jahr	Biotop
1988	Obstwiese	1989	Waldrand/Wald-wiese	1990	Röhricht
1991	Magerrasen	1992	Quelle	1993	Feldholzinsel
1994	Wegrand	1995	Buchenwald	1996	Bach
1997	Bach	1998	Obstwiese	1999	Obstwiese
2000	Fluss	2001	Fluss	2002	Garten
2003	Garten	2004	Viehwiese	2005	Viehwiese
2006		2007		2008	
2009		2010	Blütenhang	2011	Blumenwiese
2012	Totholz	2013		2014	
2015	Alte Bäume	2016	Trockenmauer-werk	2017	Brache
2018	Saum	2019	Arten- und struktur-reicher Nadel-wald	2020	Artenreiche Allee
2021		2022	Naturgarten		

6. Baum des Jahres

Seit 1989 wird der Baum des Jahres gewählt.

Jahr	Baum
1989	Stieleiche
1992	Bergulme
1995	Spitzahorn
1998	Wildbirne
2001	Esche
2004	Weiß-Tanne
2007	Berg-Ahorn
2010	Vogel-Kirsche
2013	Wild-Apfel
2016	Winter-Linde
2019	Flatter-Ulme
2022	Rotbuche

Jahr	Baum
1990	Buche
1993	Speierling
1996	Hainbuche
1999	Silberweide
2002	Wacholder
2005	Rosskastanie
2008	Walnuss
2011	Elsbeere
2014	Trauben-Eiche
2017	Fichte
2020	Gewöhnliche Robinie

Jahr	Baum
1991	Sommerlinde
1994	Eibe
1997	Eberesche
2000	Sandbirke
2003	Schwarz-Erle
2006	Schwarz-Pappel
2009	Berg-Ahorn
2012	Europäische Lerche
2015	Feld-Ahorn
2018	Ess-Kastanie
2021	Stechpalme

7. Heilpflanze des Jahres

Die Heilpflanze des Jahres wird seit 1990 gewählt.

Jahr	Heilpflanze	Jahr	Heilpflanze	Jahr	Heilpflanze
1990	Weißdorn	1991	Spitzwegerich	1992	
1993	Spitzwegerich	1994	Huflattich	1995	Echtes Johannis-kraut
1996	Große Brenn-nessel	1997	Acker-Schachtel-halm	1998	Salbei
1999	Königskerze	2000	Rosmarin	2001	Thymian
2002	Echte Kamille	2003	Mistel/Salbei	2004	Gemeine Schaf-garbe/ Tausendgülden-kraut
2005	Lein	2006	Zitronenmelisse	2007	Duftveilchen
2008	Echter Lavendel	2009	Ringelblume	2010	Gewürznelken-baum
2011	Rosmarin	2012	Koloquinte	2013	Damaszener Rose
2014	Anis	2015	Zwiebel	2016	Kubeben-Pfeffer
2017	Gänseblümchen	2018	Ingwer	2019	Echtes Johannis-kraut
2020	Gewöhnliche Wegwarte	2021	Meerrettich	2022	Brennnessel

8. (Wild-)Tier des Jahres

Seit 1992 wird das (Wild-)Tier des Jahres gewählt.

Jahr	(Wild-)Tier	Jahr	(Wild-)Tier	Jahr	(Wild-)Tier
1992	Fledermaus	1993	Wildkatze	1994	Rotwild
1995	Apollofalter	1996	Feldhamster	1997	Alpensteinbock
1998	Unke	1999	Fischotter	2000	Äskulapnatter
2001	Feldhase	2002	Rotwild	2003	Wolf
2004	Siebenschläfer	2005	Braunbär	2006	Seehund
2007	Elch	2008	Wisent	2009	Braunbrustigel
2010	Dachs	2011	Eurasischer Luchs	2012	Gämse
2013	Mauswiesel	2014	Wisent	2015	Feldhase
2016	Feldhamster	2017	Haselmaus	2018	Wildkatze
2019	Reh	2020	Maulwurf	2021	Fischotter
2022	Gewöhnlicher Schweinswal				

9. Insekt des Jahres

Seit 1999 wird das Insekt des Jahres gewählt.

Jahr	Insekt	Jahr	Insekt	Jahr	Insekt
1999	Gemeine Florfliege	2000	Goldglänzender Rosenkäfer	2001	Plattbauchlibelle
2002	Zitronenfalter	2003	Feldgrille	2004	Hain-Schwebfliege

Jahr	Insekt	Jahr	Insekt	Jahr	Insekt
2005	Steinhummel	2006	Siebenpunkt-Marienkäfer	2007	Ritterwanze
2008	Esparsetten-Widderchen	2009	Gemeine Blutzikade	2010	Ameisenlöwe
2011	Große Kerbameise	2012	Hirschkäfer	2013	Gebänderte Flussköcherfliege
2014	Goldschildfliege	2015	Silbergrüner Bläuling	2016	Dunkelbrauner Kugelspringer
2017	Gottesanbeterin	2018	Gemeine Skorpionsfliege	2019	Rostrote Mauerbiene
2020	Schwarzblauer Ölkäfer	2021	Dänische Eintagsfliege	2022	Schwarzhalsige Kamelhalsfliege

10. Staude des Jahres

Die Staude des Jahres wird seit 2000 gewählt.

Jahr	Staude	Jahr	Staude	Jahr	Staude
2000	Fetthenne	2001	Glockenblume	2002	Astern
2003	Salbei	2004	Storchschnäbel	2005	Windröschen
2006	Flammenblu-men	2007	Ehrenpreis	2008	Sonnenbraut
2009	Funkie	2010	Katzenminzen	2011	Fetthenne
2012	Knöterich	2013	Wolfsmilch	2014	Elfenblume
2015	Segge	2016	Schwertlilien	2017	Bergenien
2018	Taglilien	2019	Edle Disteln	2020	Rispenhirse
2021	Schafgarbe	2022	Hakonechloa		

DIVERSES

ZITATE, WEISHEITEN, RATSCHLÄGE, „SCHLAUE SPRÜCHE"

Oft benötigt man beim Schreiben eines Briefes oder einer Widmung ein geeignetes Zitat, das für einen besonderen Anlass (Geburtstag, Konfirmation, Volljährigkeit, bestandene Prüfung, Heirat, besondere Leistung, Beginn des Berufslebens, ...) geeignet ist. Es gibt unzählig viele solcher Sprüche. Hier eine kleine Auswahl.

1. Wissen, Verstand, Vernunft, Klugheit, Bildung

- Alle Autorität, die ich besitze, beruht sich einzig darauf, dass ich weiß, dass ich nichts weiß. (Sokrates)
- Wichtig ist, dass man nie aufhört zu fragen. (Einstein)
- Von Kindheit an war ich ein Freund des Lesens, und das bisschen Geld, das mir in die Hände kam, wurde für gute Bücher ausgegeben. (Benjamin Franklin)
- Natürlicher Verstand kann fast jeden Grad von Bildung ersetzen, aber keine Bildung den natürlichen Verstand. (Schopenhauer)
- Ich habe keine besondere Begabung, sondern bin nur leidenschaftlich neugierig. (Einstein)
- Erfahrung ist der Anfang aller Kunst und jedes Wissens. (Aristoteles)
- Ein Kluger hat so viel zu denken, dass er keine Zeit hat zu reden. Ein Dummkopf hat so viel zu reden, dass er keine Zeit hat zu denken. (Weisheit aus Israel)
- Vernunft muss sich jeder selbst erwerben, nur die Dummheit pflanzt sich gratis fort. (Erich Kästner)
- Lernen ist wie rudern gegen den Strom: Wenn man aufhört, treibt man zurück. (Laotse)
- Die Wissenden reden nichts, die Redenden wissen nichts. (Chinesisches Sprichwort)
- Der Vorteil der Klugheit besteht darin, dass man sich dumm stellen kann. Das Gegenteil ist schon schwieriger. (Kurt Tucholsky)
- Phantasie ist wichtiger als Wissen. (Einstein)
- Die Briefe eines klugen Mannes enthalten immer den Charakter der Leute, an die er schreibt. (Lichtenberg)
- Wenige Menschen denken, und doch wollen alle entscheiden. (Friedrich der Große)
- Wissen ist gut, doch Können ist besser. (Emanuel Geibel)
- Nichts auf der Welt ist so mächtig wie eine Idee, deren Zeit gekommen ist. (Victor Hugo)
- Der Nachteil der Intelligenz besteht darin, dass man ununterbrochen gezwungen ist, dazuzulernen. (Shaw)
- Es ist keine Schande, nichts zu wissen, wohl aber, nichts lernen zu wollen. (Sokrates)

2. Dummheit, Unwissenheit

- Zwei Dinge scheinen unendlich. Das Universum und die menschliche Dummheit. Beim Universum bin ich mir ganz sicher. (Albert Einstein)
- Es ist gefährlich, aufrichtig zu ein, außer wenn man auch dumm ist. (G. B. Shaw)
- Ich bin ja mit dem lieben Gott so weit einverstanden, aber dass er der Klugheit Grenzen gesetzt hat und der Dummheit nicht, das nehme ich ihm wirklich übel. (Konrad Adenauer)

3. Dankbarkeit, Zufriedenheit

- Wenn wir all unser Unglück auf einen gemeinsamen Haufen legten und dann jeder davon einen gleich großen Teil wieder an sich nehmen lässt, so würden die meisten Menschen zufrieden ihr eigenes Unglück zurücknehmen und davongehen. (Sokrates)
- Der Mensch dankt desto weniger für fremde Geschenke, je geneigter er ist, eigene zu machen, und der Freigiebige ist selten ein Dankbarer. (Jean Paul)
- Wer Zufriedenheit in sich trägt, der braucht nicht zu suchen nach den Schätzen dieser Welt, denn das Köstlichste nennt er bereits sein eigen.

4. Freunde, Freundschaft

- Ohne Freunde möchte niemand leben, auch wenn er alle übrigen Güter besäße. (Aristoteles)
- Tiere sind die besten Freunde. Sie stellen keine Fragen und kritisieren nicht. (Mark Twain)
- Ältere Freundschaften haben vor neuen hauptsächlich das voraus, dass man sich schon viel verziehen hat. (Johann Wolfgang von Goethe)
- Der einzige Weg, einen Freund zu haben, ist der, selbst einer zu sein. (R. W. Emerson)
- Den sicheren Freund erkennt man in unsicheren Sachen. (Cicero)
- So notwendig wie die Freundschaft ist nichts im Leben. (Aristoteles)

5. Wünsche, Zukunft

- Es gibt erfülltes Leben, trotz vieler unerfüllter Wünsche. (Dietrich Bonhoeffer)
- Wer wenig wünscht, verliert selten. (Konfuzius)
- Man darf nie vergessen, jeder Baum wird klein gepflanzt. (Konrad Adenauer)
- Ich sorge mich nie um die Zukunft. Sie kommt früh genug. (Einstein)
- Selbst der strengste Winter fürchtet sich vor dem Frühling. (Litauisches Sprichwort)
- Alt ist man erst, wenn man an der Vergangenheit mehr Freude hat als an der Zukunft. (Coco Chanel)
- Keine Zukunft vermag gutzumachen, was du in der Gegenwart versäumst. (Albert Schweitzer)

- Die beste Möglichkeit die Zukunft vorherzusagen ist sie zu gestalten. (Lincoln)
- Auch der längste Marsch beginnt mit einem ersten Schritt. (Laotse)
- Es wird Wagen geben, die von keinem Tier gezogen werden und mit unglaublicher Gewalt daher fahren. (Leonardo da Vinci)
- Die Zukunft belohnt diejenigen, die weitermachen. Ich habe keine Zeit, mich selbst zu bemitleiden. Ich habe keine Zeit, mich zu beschweren. Ich werde weitermachen. (Barack Obama)
- Die Gestaltung neuer Dinge braucht stets viel Geduld. (Konrad Adenauer)

6. Liebe

- Schön ist alles, was man mit Liebe betrachtet. (Christian Morgenstern)
- Einen Menschen lieben heißt einwilligen, mit ihm alt zu werden. (Camus)
- Liebe ist ein Ring. Ein Ring hat kein Ende. (Russisches Sprichwort)
- Liebe, die nicht Tat wird, ist keine Liebe. (Ricarda Huch)
- Liebe ist, den anderen so zu nehmen, wie er ist. (K. Grove)
- Ein Irrtum, welcher sehr verbreitet und manchen Jüngling irreleitet, ist der, dass Liebe eine Sache, die immer nur Vergnügen mache. (Wilhelm Busch)
- Liebe ist erst dann Liebe, wenn keine Gegenliebe erwartet wird. (Antoine de Saint-Exupéry)
- Gegen große Vorzüge eines anderen gibt es kein Reinigungsmittel als die Liebe. (Goethe)
- Wenn der Mensch verliebt ist, zeigt er sich so, wie er immer sein sollte. (Simone de Beauvoir)
- Alter schützt vor Liebe nicht, aber Liebe vor dem Altern. (Coco Chanel)
- Es ist besser, geliebt und verloren zu haben, als überhaupt nicht geliebt zu haben.

7. Glück, Freude, Lachen, Heiterkeit, Fröhlichkeit

- Mut steht am Anfang des Handelns. Glück am Ende. (Demokrit)
- Man weiß selten, was Glück ist. Man weiß aber immer was Glück war (Françoise Sagan)
- Das beste Mittel, jeden Tag gut zu beginnen ist: Beim Erwachen daran zu denken, ob man nicht wenigstens einem Menschen an diesem Tag eine Freude machen könnte. (Nietzsche)
- Das schönste Geschenk an den Menschen ist die Fähigkeit zur Freude. (Luc de Clapiers)
- Der Heiterkeit sollen wir, wann immer sie sich einstellt, Tür und Tor öffnen, denn sie kommt nie zur unrechten Zeit. (Schopenhauer)
- Eine offene Hand schenkt mehr Freude als saubere Finger. (Zentralafrika)
- Das Lächeln, das du aussendest, kehrt zu dir zurück. (Indische Weisheit)
- Der verlorenste aller Tage ist der, an dem man nicht gelacht hat. (Chamfort)
- Wer jemals die Freude empfand, Böses mit Gutem zu vergelten, der wird sich niemals mehr die Gelegenheit nehmen lassen, sich selber diese Freude zu machen. (Östliche Weisheit)
- Fröhlichkeit und Mäßigkeit sind die besten Ärzte. (Deutsches Sprichwort)

8. Unglück, Trauer, Abschied

- Abschied tut immer weh! Doch die Freude des Wiedersehens lässt uns den Schmerz bald vergessen. (Horst Bulla)
- Die Bande der Liebe werden mit dem Tod nicht durchschnitten. (Thomas Mann)
- Wenn wir unser Unglück auf einen gemeinsamen Haufen legen und dann jeder davon einen gleich großen Teil wieder an sich nehmen lässt, so würden die meisten Menschen zufrieden ihr eigenes Unglück zurücknehmen und davongehen. (Sokrates)
- Die meisten Menschen sind unglücklich, weil sie vom Glück zu viel verlangen. (Jean Paul Belmondo)
- Das Schönste, was ein Mensch hinterlassen kann, ist ein Lächeln im Gesicht derjenigen, die an ihn denken. (nach Theodor Fontane)
- Der Abschied ist eine gute Gelegenheit, jemandem zu verzeihen. (Marcel Baumert)
- Wer im Gedächtnis seiner Lieben lebt, der ist nicht tot, der ist nur fern; tot ist nur, wer vergessen wird. (Immanuel Kant)
- Du bist nicht mehr da, wo du warst, aber du bist überall, wo wir sind. (Victor Hugo)
- Niemand ist fort, den man liebt. Liebe ist ewige Gegenwart. (Stefan Zweig)
- Im Abschied ist die Geburt der Erinnerung. (Deutsches Sprichwort)

9. Männer, Frauen, Ehe, Eltern, Familie

- Viele Männer wissen genau, wann und wo sie geheiratet haben. Aber sie haben vergessen, warum. (Robert Lemke)
- Wer behauptet, Frauen zu kennen, ist kein Gentleman. (Shaw)
- Nicht der Mangel an Liebe, sondern der Mangel an Freundschaft macht die unglücklichsten Ehen. (Nietzsche)
- Nichts ist im Leben ein so schlimmes Kennzeichen für einen wertlosen Charakter wie Undankbarkeit, insbesondere wenn sich diese Undankbarkeit in mangelnder Achtung und Ehrerbietung den Eltern gegenüber äußert. (Josef Edward Flanagan)
- Männer denken über Frauen nach. Frauen denken darüber nach, was die Männer über sie denken. (Peter Ustinov)

10. Geld, Reichtum, Vermögen, Besitz

- Wer der Meinung ist, dass man für Geld alles haben kann, gerät leicht in den Verdacht, dass er für Geld alles zu tun bereit ist. (Benjamin Franklin)
- Willst du den Wert des Geldes erkennen, versuche dir welches zu borgen. (Benjamin Franklin)
- Er vermehrte seinen Reichtum durch Verteilen von Geschenken. Mehr Reichtum hat er nicht nötig. (Afrikanische Weisheit aus der Sahara)

- Ein Reicher, der sein Geld verloren hat, ist schlimmer dran als ein Armer, der niemals Geld besessen hat. (Spruch aus der Türkei)
- Nicht nach dem Einkommen, sondern nach den Bedürfnissen muss man das Vermögen eines jeden schätzen. (Cicero)
- Das Geld zieht nur den Eigennutz an und verführt stets unwiderstehlich zum Missbrauch. (Einstein)

11. Geburt

- Mit jedem Kind, das dir begegnet, ertappst du Gott auf frischer Tat. (Martin Luther)
- Wenn aus Liebe Leben wird, erhält das Glück einen Namen. (Unbekannt)
- Welch wunderbares Geheimnis ist der Eintritt eines neuen Menschen in die Welt. (Leo Tolstoi)
- Kinder sind Boten des Glücks. (Chinesisches Sprichwort)
- Wort können nicht ausdrücken die Freude über neues Leben. (Hermann Hesse)
- Bei Kindern braucht man ein Gläschen voll Weisheit, ein Fass voll Klugheit und ein Meer voll Geduld. (Franz von Sales)
- Das große Glück ist manchmal ganz klein. (Sprichwort)
- Ein Kind ist sichtbar gewordene Liebe. (Novalis)
- Mit jedem neugeborenen Kind geht eine kleine Sonne auf. (Irmgard Erath)
- Kleine Kinder sind das Lächeln Gottes. (Manfred Poisel)
- Kinder sind Hoffnungen. (Novalis)
- Drei Dinge sind aus dem Paradies geblieben: Die Blumen des Tages, die Sterne der Nacht und die Augen der Kinder. (Dante)
- Glück kann man nicht kaufen, Glück wird geboren. (Sprichwort)
- Ein Kind kann das ganze Herz ausfüllen, ohne ein einziges Wort zu sagen. (Unbekannt)
- Der Trunk, dessen man nie müde wird, ist Wasser; die Frucht, derer man nie müde wird, ist ein Kind. (Indisches Sprichwort)

12. Leben, Lebensweisheit, Erfahrung, Ratschläge

- Willst du das Leben leicht haben, so bleibe immer bei der Herde. (Nietzsche)
- Wir lernen aus Erfahrung, dass die Menschen nicht aus Erfahrungen lernen. (Shaw)
- Wer die Grausamkeit der Natur und der Menschen einmal erkannt hat, der bemüht sich, selbst in kleinen Dingen, wie dem Niedertreten des Grases, schonungsvoll zu sein. (Christian Morgenstern)
- Wenn wir bedenken, dass wir alle verrückt sind, ist das Leben erklärt (Mark Twain).
- Man bleibt nur gut, wenn man vergisst. (Nietzsche)
- Lang leben will jeder, aber alt werden will keiner. (Nestroy)
- Wenn du vor einer Wahl stehst, dass du mehrere Wege beschreiten kannst, so wähle stets den schwereren Weg und du kannst sicher sein, dass du den richtigeren gewählt hast. (Ulrich Wilhelm Graf Schwerin)

- Der Weg zum Reichtum liegt hauptsächlich in zwei Wörtern: Arbeit und Sparsamkeit. (Benjamin Franklin)
- Der Mensch muss sich in der Welt selbst forthelfen. Dies ihn zu lehren, ist unsere Aufgabe. (Pestalozzi)
- Ein einziges Blättchen Erfahrung ist mehr wert als ein ganzer Baum voller guter Ratschläge. (Litauisches Sprichwort)
- Nicht weil die Dinge schwierig sind, wagen wir sie nicht, sondern weil wir sie nicht wagen, sind sie schwierig. (Seneca)
- Wer in einem Streit zuerst still ist, stammt aus gutem Hause. (Tschechoslowakei)
- Durch Nichtzürnen bezwing den Zornigen, durch Güte den Bösen, durch Spende den Geizigen, durch Wahrheit den Lügner. (Buddha)
- Wer Erkenntnis hat, ist frei von Zweifel. Wer gut ist, ist frei von Kummer, so wie der Tapfere frei von Furcht ist. (Konfuzius)
- Es gibt nur wenige Dinge, denen man schlechter standhalten kann als einem guten Beispiel. (Mark Twain)
- Man sieht nur mit dem Herzen gut – das Wesentliche ist für die Augen unsichtbar. (Exupéry)
- Wer sich vornimmt, Gutes zu wirken, darf nicht erwarten, dass die Menschen ihm deswegen Steine aus dem Weg räumen. (Albert Schweitzer)
- Erfahrung ist das, was einem bleibt, wenn einem nichts mehr bleibt. (Unbekannt)
- Den Ziegenbock fürchte von vorn, das Pferd von hinten, den Menschen aber von allen Seiten. (Russische Volksweisheit)
- Wer wenig bedarf, kommt nicht in die Lage, auf vieles verzichten zu müssen. (Plutarch)
- Wer treten will, muss sich treten lassen. (Heinrich Mann)
- Auch Quellen und Brunnen versiegen, wenn man zu viel aus ihnen schöpft. (Demosthenes)
- Das Böse lernt sich leicht, das Gute schwer. (Chinesisches Sprichwort)
- Auch aus Steinen, die in den Weg gelegt werden, kann man Schönes bauen. (Goethe)
- Gib jedem Tag die Chance, der schönste deines Lebens zu werden. (Mark Twain)
- Wir leben alle unter dem gleichen Himmel, aber wir haben nicht alle den gleichen Horizont. (Konrad Adenauer)

13. Wahrheit, Lügen

- Überzeugungen sind gefährlichere Feinde der Wahrheit als Lügen. (Nietzsche)
- Wenn du die Wahrheit sagst, gibt es nichts, was du im Kopf behalten müsstest. (Marc Twain)
- Wenn der Wahrheit nicht die Klugheit zu Hilfe kommt, ertrinkt sie. (Schottisches Sprichwort)
- Eine sanfte Lüge ist besser als die Wahrheit. (Aus Ägypten)
- Die meisten Menschen haben vor der Wahrheit mehr Angst als vor einer Lüge. (Ernst Ferstl)
- Alles was du sagst, sollte wahr sein. Aber nicht alles was wahr ist, solltest du auch sagen. (Voltaire)
- Eine Lüge schleppt zehn weitere hinter sich. (Deutsches Sprichwort)

- Eine schmerzliche Wahrheit ist besser als eine Lüge. (Thomas Mann)
- Lügen haben kurze Beine und sie bringen es dennoch herrlich weit. (Walter Ludin)

14. Vergessen

- Wer viel verspricht, vergisst auch viel. (Thomas Fuller)
- Vergibt deinen Feinden, aber vergiss niemals ihre Namen. (John F. Kennedy)
- Der Mensch ist erst wirklich tot, wenn niemand mehr an ihn denkt. (Berthold Brecht)
- Die Tat wird vergessen, doch das Ergebnis bleibt bestehen. (Ovid)
- Eine schöne Uhr zeigt die Zeit an, eine schöne Frau lässt sie vergessen. (Maurice Chevalier)
- Was du mir sagst, das vergesse ich. Was du mir zeigst, daran erinnere ich mich. Was du mich tun lässt, das verstehe ich. (Konfuzius)
- Nichts wird langsamer vergessen als eine Beleidigung und nichts eher als eine Wohltat. (Martin Luther)
- Vergessen ist Gefahr und Gnade zugleich. (Theodor Heuss)
- Zehn Küsse werden leichter vergessen als ein Kuss. (Jean Paul)
- Vergessen können ist das Geheimnis ewiger Jugend. Wir werden alt durch Erinnerung. (Erich Maria Remarque)
- Die Vergesslichkeit des Menschen ist etwas anderes als die Neigung mancher Politiker, sich nicht erinnern zu können. (Marcel Mart)
- Erinnere dich der Vergessenen – eine Welt geht in dir auf. (Marie von Ebner-Eschenbach)

15. Vergangenheit

- Jetzt sind die guten alten Zeiten, nach denen wir uns in zehn Jahren zurücksehen. (Peter Ustinov)
- Die Erfahrung ist wie eine Laterne im Rücken; sie beleuchtet stets nur das Stück Weg, das wir bereits hinter uns haben. (Konfuzius)
- Ich beschäftige mich nicht mit dem, was getan worden ist. Mich interessiert, was getan werden muss. (Marie Curie)
- Ein alter Mann: Ein Kind mit Vergangenheit. (Zarko Petan)
- Was für ein herrliches Leben hatte ich! Ich wünschte nur, ich hätte es früher bemerkt. (Colette)
- Man weiß selten, was Glück ist, aber man weiß meistens was Glück war. (Sagan)
- Alt ist man dann, wenn man an der Vergangenheit mehr Freude als an der Zukunft hat. (John Knittel)
- Doppelt lebt, wer auch Vergangenes genießt. (Marcel Martial)
- Angenehm ist am Gegenwärtigen die Tätigkeit, am Künftigen die Hoffnung und am Vergangenen die Erinnerung. (Aristoteles)
- Das Merkwürdige an der Zukunft ist wohl die Vorstellung, dass man unsere Zeit einmal die gute alte Zeit nennen wird. (Ernest Hemingway)

- Zukunft ist die Zeit, in der man die ganze Vergangenheit kennen wird. Solange man die Vergangenheit nur teilweise kennt, lebt man in der Gegenwart. (Gabriel Laub)
- Viele leben zu sehr in der Vergangenheit. Die Vergangenheit soll ein Sprungbrett sein, aber kein Sofa. (Harold Macmillan)
- Wer in der Zukunft lesen will, muss in der Vergangenheit blättern. (André Malraux)
- Die Ehrfurcht vor der Vergangenheit und die Verantwortung gegenüber der Zukunft geben fürs Leben die richtige Haltung. (Dietrich Bonhoeffer)
- Wer vor der Vergangenheit die Augen verschließt, wird blind für die Gegenwart. (Richard von Weizsäcker)

POSTLEITREGIONEN IN DEUTSCHLAND

Seit dem 1. Juli 1993 gibt es in Deutschland das fünfstellige Postzahlleitsystem.
Die erste Ziffer bezeichnet die Zone (Verkehrsflughafen), ab dem die Post ausgeliefert wird. Die zweite Ziffer gibt die Region an → die ersten beiden Ziffern nennt man Postleitregion.

Leitregion	Bereich
	0
00	- nicht vergeben -
01	Dresden, Riesa, Meißen, Bischofswerda
02	Görlitz, Bautzen, Zittau, Hoyerswerda
03	Cottbus, Finsterwalde, Forst (Lausitz), Spremberg
04	Leipzig, Altenburg, Eilenburg, Torgau, Grimma
05	- Reserve -

Leitregion	Bereich
	1
10	Berlin Innenstadt
11	Bundesinstitutionen in Berlin
12	Südliches und südöstliches Berlin
13	Nördliches Berlin
14	Potsdam, südwestliches Berlin, Rathenow, Luckenwaldes, Brandenburg an der Havel
15	Frankfurt/Oder, Eisenhüttenstadt, Fürstenwalde/Spree, Königs Wusterhausen

06	Halle/Saale, Dessau-Roßlau, Quedlinburg, Zeitz
07	Gera, Jena, Saalfeld/Saale, Greiz
08	Plauen, Zwickau, Aue, Klingenthal
09	Chemnitz, Annaberg-Buchholz, Zschopau, Freiberg
2	
20	Hamburg Mitte
21	Südl. und östl. Hamburg und Umland, Lüneburg, Buxtehude, Stade, Reinbek
22	Hamburg Nord/West, Wedel, Norderstedt, Ahrensburg
23	Lübeck, Bad Segeberg, Wismar, Mölln
24	Kiel, Flensburg, Schleswig, Neumünster
25	Westküste (Elmshorn, Itzehoe, Sylt)
26	Oldenburg, Wilhelmshaven, Emden, Aurich
27	Großraum Bremen Bremerhaven, Cuxhaven, Delmenhorst, Helgoland, Neuwerk

16	Oranienburg, Eberswalde, Pritzwalk, Schwedt/Oder
17	Neubrandenburg, Greifswald, Neustrelitz, Usedom
18	Rostock, Stralsund, Güstrow, Bergen auf Rügen
19	Schwerin, Ludwigslust, Parchim, Wittenberge
3	
30	Hannover, Garbsen, Langenhagen, Laatzen
31	Hannover Umland, Hameln, Hildesheim, Peine, Schaumburg
32	Herford, Minden, Detmold, Löhne
33	Bielefeld, Paderborn, Gütersloh, Bad Driburg
34	Kassel, Hannoversch-Münden, Korbach, Warburg
35	Gießen, Wetzlar, Marburg, Dillenburg, Frankenberg
36	Fulda, Bad-Hersfeld, Alsfeld, Bad Salzungen
37	Göttingen, Höxter, Eschwege, Osterode am Harz

Leitregion	Bereich
28	Bremen, Ottersberg, Syke, Schwanewede, Stuhr, Weyhe
29	Celle, Uelzen, Salzwedel, Soltau, Lüchow
4	
40	Düsseldorf, Hilden, Mettmann, Ratingen
41	Mönchengladbach, Neuss, Viersen, Erkelenz
42	Wuppertal, Felbert, Solingen, Remscheid
43	– Reserve –
44	Dortmund, Lünen, Herne, Bochum
45	Essen, Mühlheim an der Ruhr, Recklinghausen, Gelsenkirchen
46	Oberhausen, Bottrop, Bocholt, Wesel
47	Duisburg, Krefeld, Moers, Kleve, Wesel
48	Münster, Rheine, Nordhorn, Coesfeld
49	Osnabrück, Melle, Ibbenbüren, Lingen (Ems)

Leitregion	Bereich
38	Braunschweig, Salzgitter, Gifhorn, Wolfsburg, Halberstadt, Wernigerode
39	Magdeburg, Stendal, Staßfurt, Oschersleben
5	
50	Köln (linksrheinisch mit Deutz), Frechen, Brühl, Bergheim
51	Köln (rechtsrheinisch ohne Deutz), Leverkusen, Bergisch-Gladbach, Gummersbach
52	Aachen, Eschweiler, Düren, Heinsberg
53	Bonn, Remagen, Siegburg, Euskirchen
54	Trier, Wittlich, Daun, Prüm, Bitburg
55	Mainz, Simmern/Hunsrück, Bad Kreuznach, Idar-Oberstein
56	Koblenz, Neuwied, Mayen, Andernach
57	Siegen, Lennestadt, Olpe, Altenkirchen (Westerwald)
58	Hagen, Witten, Iserlohn, Lüdenscheid
59	Hamm, Unna, Soest, Arnsberg

6	
60	Frankfurt/Main Mitte
61	Bad Homburg, Friedberg, Bad Vilbel, Oberursel
62	– Reserve – Wird im internen Gebrauch zur Bezeichnung des Internationalen Postzentrums (IPZ) in Frankfurt/Main benutzt, in welchem Post aus und für das Ausland bearbeitet wird.
63	Aschaffenburg, Hanau, Offenbach am Main, Miltenberg
64	Darmstadt, Bensheim, Heppenheim, Groß-Gerau
65	Wiesbaden, Limburg an der Lahn, Rüsselsheim am Main, Frankfurt/Main West
66	Saarbrücken, Neunkirchen, Homburg, Pirmasens, Zweibrücken
67	Kaiserslautern, Ludwigshafen am Rhein, Worms, Speyer
68	Mannheim, Schwetzingen, Lampertheim, Viernheim
69	Heidelberg, Weinheim, Leimen, Mannheim (nur Postfächer)

7	
70	Stuttgart, Fellbach, Filderstadt, Leinfelden-Echterdingen
71	Stuttgarter Umland, Böblingen, Waiblingen, Backnang, Ludwigsburg
72	Tübingen, Reutlingen, Sigmaringen, Freudenstadt, Balingen, Nürtingen
73	Göppingen, Esslingen am Neckar, Schwäbisch Gmünd, Aalen
74	Heilbronn, Bietigheim-Bissingen, Schwäbisch Hall, Crailsheim
75	Pforzheim, Eppingen, Calw, Mühlacker
76	Karlsruhe, Baden-Baden, Landau in der Pfalz, Bruchsal
77	Offenburg, Lahr, Kehl, Achern, Bühl
78	Villingen-Schwenningen, Singen (Hohentwiel), Konstanz, Tuttlingen, Rottweil
79	Freiburg im Breisgau, Lörrach, Titisee-Neustadt, Waldshut-Tiengen, Emmendingen

Leitregion	Bereich
	8
80	München Mitte-Nordwest
81	München West, Süd, Ost
82	Münchner Umland (Süd, West), Fürstenfeldbruck, Starnberg, Garmisch-Partenkirchen
83	Rosenheim, Traunstein, Freilassing, Bad Tölz
84	Landshut, Waldkraiburg, Dingolfing, Pfarrkirchen, Mühldorf am Inn
85	Münchner Umland (Nord, Ost), Ingolstadt, Dachau, Freising, Eichstätt
86	Augsburg, Donauwörth, Landsberg am Lech, Neuburg a. Donau
87	Kempten, Kaufbeuren, Memmingen, Marktoberdorf
88	Friedrichshafen, Lindau (Bodensee), Ravensburg, Biberach an der Riß
89	Ulm, Neu-Ulm, Heidenheim an der Brenz, Ehingen (Donau)

Leitregion	Bereich
	9
90	Nürnberg, Fürth, Zirndorf
91	Nürnberger Umland, Erlangen, Schwabach, Ansbach, Dinkelsbühl
92	Amberg, Neumarkt in der Oberpfalz, Weiden in der Oberpfalz, Schwandorf
93	Regensburg, Cham, Kelheim, Abensberg
94	Passau, Landau an der Isar, Regen, Straubing
95	Hof, Bayreuth, Kulmbach, Marktredwitz
96	Bamberg, Lichtenfels, Coburg, Sonneberg
97	Würzburg, Schweinfurt, Wertheim, Bad Kissingen
98	Suhl, Hildburghausen, Ilmenau, Meiningen
99	Erfurt, Weimar, Eisenach, Mühlhausen/Thüringen

KRAFTFAHRZEUGKENNZEICHEN IN DEUTSCHLAND

Abkürzungen der Bundesländer:
BW = Baden-Württemberg, BY = Bayern, BE = Berlin, BB = Brandenburg, HB = Bremen, HH = Hamburg, HE = Hessen, MV = Mecklenburg-Vorpommern, NI = Niedersachsen, NW = Nordrhein-Westfalen, RP = Rheinland-Pfalz, SL = Saarland, SN = Sachsen, ST = Sachsen-Anhalt, SH = Schleswig-Holstein, TH = Thüringen

Orts-kürzel	Ursprung	Stadt/Landkreis
A	Augsburg	Stadt und Landkreis Augsburg (BY)
AB	Aschaffenburg	Stadt und Landkreis Aschaffenburg (BY)
ABI	Anhalt, Bitterfeld	Landkreis Anhalt-Bitterfeld (ST)
AE	Auerbach	Vogtlandkreis (SN)
AIB	Aibling	Landkreis München, Landkreis Rosenheim (BY)
AK	Altenkirchen	Landkreis Altenkirchen (Westerwald – RP)
ALZ	Alzenau	Landkreis Aschaffenburg (BY)
AN	Ansbach	Stadt und Landkreis Ansbach (BY)
ANG	Angermünde	Landkreis Uckermark (BB)

Orts-kürzel	Ursprung	Stadt/Landkreis
AA	Aalen	Ostalbkreis (BW)
ABG	Altenburg	Landkreis Altenburger Land (TH)
AC	Aachen	Städteregion Aachen (NW)
AH	Ahaus	Kreis Borken (NW)
AIC	Aichach	Landkreis Aichach/Friedberg (BY)
ALF	Alfeld	Landkreis Hildesheim (NI)
AM	Amberg	Stadt Amberg (BY)
ANA	Annaberg	Erzgebirgskreis (SN)
ANK	Anklam	Landkreis Vorpommern-Greifswald (MV)

Orts-kürzel	Ursprung	Stadt/Landkreis
AÖ	Altötting	Landkreis Altötting (BY)
APD	Apolda	Landkreis Weimarer Land (TH)
ART	Artern	Kyffhäuserkreis (TH)
ASL	Aschers-leben	Salzlandkreis (ST)
AT	Alten-Treptow	Mecklenburgische Seenplatte (MV)
AUR	Aurich	Landkreis Aurich (NI)
AZ	Alzey	Landkreis Alzey-Worms (RP)
B	Berlin	Berlin (BE)
BAD	Baden-Baden	Stadt Baden-Baden (BW)
BB	Böblingen	Landkreis Böblingen (BW)
BBL		Brandenburgische Landesregierung (BB)
BCH	Buchen	Neckar-Odenwald-kreis (BW)
BE	Beckum	Kreis Warendorf (NW)

Orts-kürzel	Ursprung	Stadt/Landkreis
AP	Apolda	Landkreis Weimarer Land (TH)
ARN	Arnstadt	Ilm-Kreis (TH)
AS	Amberg, Sulzbach	Landkreis Amberg-Sulzbach (TH)
ASZ	Aue, Schwar-zenberg	Erzgebirgskreis (SN)
AU	Aue	Erzgebirgskreis (SN)
AW	Ahrweiler	Landkreis Ahrweiler (ST)
AZE	Anhalt-Zerbst	Landkreis Anhalt-Bitterfeld (ST)
BA	Bamberg	Stadt und Landkreis Bamberg (BY)
BAR	Barnim	Landkreis Barnim (BB)
BBG	Bernburg	Salzlandkreis (ST)
BC	Biberach	Landkreis Biberach (BW)
BD		Bundesdienst
BED	Brand-Erbisdorf	Landkrei Mittelsachsen (SN)

BER	Bernau	Landkreis Barnim (BB)
BGD	Berchtes-gaden	Landkreis Berchtesgadener Land (BY)
BH	Bühl	Ortenaukreis, Landkreis Rastatt (BW)
BID	Biedenkopf	Landkreis Marburg-Biedenkopf (HE)
BIR	Birkenfeld	Landkreis Birkenfeld (RP)
BIW	Bischofswerda	Landkreis Bautzen (SN)
BKS	Bernkastel	Landkreis Bernkastel-Wittich (RP)
BLB	Berleburg	Kreis Siegen-Wittgenstein (NW)
BM	Bergheim	Rhein-Erft-Kreis (NW)
BNA	Borna	Landkreis Leipzig (SN)
BÖ	Börde	Landkreis Börde (SA)
BOH	Bocholt	Kreis Borken (NW)
BOT	Bottrop	Bottrop (NW)

BF	Burgstein-furt	Kreis Steinfurt (NW)
BGL	Berchtes-gadener Land	Landkreis Berchtesgadener Land (BY)
BI	Bielefeld	Stadt Bielefeld (NW)
BIN	Bingen	Landkreis Mainz-Bingen (RP)
BIT	Bitburg	Eifelkreis Bitburg-Prüm (RP)
BK	Backnang	Landkreis Backnang (BW)
BL	Balingen	Zollernalbkreis (BW)
BLK	Burgen-landkreis	Burgenlandkreis (SA)
BN	Bonn	Stadt Bonn Diplomaten (NW)
BO	Bochum	Stadt Bochum (NW)
BOG	Bogen	Landkreis Straubing-Bogen (BY)
BOR	Borken	Kreis Borken (NW)
BP		Bundespolizei

Orts-kürzel	Ursprung	Stadt/Landkreis
BRA	Brake	Landkreis Wesermarsch (NI)
BRG	Burg	Landkreis Jerichower Land (SA)
BRL	Braunlage	Landkreis Goslar (NI)
BS	Braunschweig	Braunschweig (NI)
BSK	Beeskow	Landkreis Oder-Spree (BB)
BTF	Bitterfeld	Landkreis Anhalt-Bitterfeld (ST)
BUL	Burglengen-feld	Landkreis Amberg Sulzbach. Landkreis Schwandorf (BY)
BÜS	Büsingen	Büsingen am Hochrhein Landkreis Konstanz (BW)
BW		Wasserstraßen- und Schifffahrtsverwal-tung des Bundes
BYL	Bayerischer Landtag	Landesregierung und Landtag Bayern (BY)
C	Chemnitz	Stadt Chemnitz SN

Orts-kürzel	Ursprung	Stadt/Landkreis
BRB	Brandenburg	Stadt Brandenburg an der Havel (BB)
BRK	Brückenau	Landkreis Bad Kissingen (BY)
BRV	Bremervörde	Landkreis Rotenburg (Wümme – NI)
BSB	Bersenbrück	Landkreis Osnabrück (NI)
BT	Bayreuth	Stadt und Landkreis Bayreuth (BY)
BÜD	Büdingen	Wetteraukreis (HE)
BÜR	Büren	Kreis Paderborn (NW)
BÜZ	Bützow	Landkreis Rostock (MV)
BWL		Landesregierung Baden-Württemberg (BW)
BZ	Bautzen	Landkreis Bautzen (SN)
CA	Calau	Landkreis Ober-Spreewald-Lausitz (BB)

CAS	Castrop	Kreis Recklinghausen (NW)
CE	Celle	Landkreis Celle (NI)
CLP	Cloppenburg	Landkreis Cloppenburg (NI)
CO	Coburg	Stadt und Landkreis Coburg (BY)
COE	Coesfeld	Kreis Coesfeld (NW)
CUX	Cuxhaven	Landkreis Cuxhaven (NI)
D	Düsseldorf	Stadt Düsseldorf (NW)
DAH	Dachau	Landkreis Dachau (BY)
DAU	Daun	Landkreis Vulkaneifel (RP)
DD	Dresden	Stadt Dresden (SN)
DEG	Deggendorf	Landkreis Deggendorf (BY)
DGF	Dingolfing	Landkreis Dingolfing-Landau (BY)
DI	Dieburg	Landkreis BY Darmstadt-Dieburg

CB	Cottbus	Stadt Cottbus (BB)
CHA	Cham	Landkreis Cham (BY)
CLZ	Clausthal-Zellerfeld	Landkreis Goslar (NI)
COC	Cochem	Landkreis Cochem-Zell (RP)
CR	Crailsheim	Landkreis Schwäbisch Hall (BY)
CW	Calw	Landkreis Calw (BW)
DA	Darmstadt	Darmstadt; Landkreis Darm-stadt-Dieburg (HE)
DAN	Dannenberg	Landkreis Lüchow-Dannenberg (NI)
DBR	Doberan	Landkreis Rostock (MV)
DE	Dessau	Stadt Dessau-Roßlau (SN)
DEL	Delmenhorst	Stadt Delmenhorst (NI)
DH	Diepholz	Landkreis Diepholz (NI)
DIL	Dillenburg	Lahn-Dill-Kreis (HE)

Orts-kürzel	Ursprung	Stadt/Landkreis
DIN	Dinslaken	Kreis Wesel (NW)
DKB	Dinkelsbühl	Landkreis Ansbach (BY)
DLG	Dillingen	Landkreis Dillingen (BY)
DN	Düren	Kreis Düren (NW)
DON	Donauwörth	Landkreis Donau-Ries (BY)
DUD	Duderstadt	Landkreis Göttingen (NI)
DW	Dippoldis-walde	Landkreis Sächsische Schweiz-Osterz-gebirge (SN)
E	Essen	Stadt Essen (NW)
EB	Eilenburg	Landkreis Nord-sachsen (SN)
EBN	Ebern	Landkreis Haßberge (BY)
ECK	Eckernförde	Kreis Rendsburg-Eckernförde (SH)
EE	Elbe, Elster	Landkreis Elbe-Elster (BB)
EG	Eggenfelden	Landkreis Rottal-Inn (BY)

Orts-kürzel	Ursprung	Stadt/Landkreis
DIZ	Diez	Rhein-Lahn-Kreis (RP)
DL	Döbeln	Landkreis Mittelsachsen (SN)
DM	Demmin	Landkreis Mecklenburgische Seenplatte (MV)
DO	Dortmund	Stadt Dortmun (NW)
DU	Duisburg	Stadt Duisburg (NW)
DÜW	Dürkheim	Landkreis Bad Dürkheim (RP)
DZ	Delitzsch	Landkreis Nordsachsen (SN)
EA	Eisenach	Stadt Eisenach (TH)
EBE	Ebersberg	Landkreis Ebersberg (BY)
EBS	Ebermann-Stadt	Landkreise Forchheim, Kulm-bach, Bayreuth (BY)
ED	Erding	Landkreis Erding (BY)
EF	Erfurt	Stadt Erfurt (TH)
EH	Eisenhütten-stadt	Landkreis Oder-Spree (BB)

EI	Eichstätt	Landkreis Eichstätt (BY)
EIL	Eisleben	Landkreis Mansfeld-Südharz (SA)
EIS	Eisenberg	Saale-Holzland-Kreis (TH)
EM	Emmendin-gen	Landkreis Emmendingen (BW)
EMS	Ems	Rhein-Lahn-Kreis (RP)
ER	Erlangen	Stadt Erlangen (BY)
ERH	Erlangen, Höchstadt	Landkreis Erlangen-Höchstadt (BY)
ERZ	Erzgebirge	Erzgebirgskreis (SN)
ESB	Eschenbach	Landkreise Neustadt/ Waldnaab, Bayreuth, Amberg-Sulzbach, Nürnberger Land (BY)
EU	Euskirchen	Kreis Euskirchen (NW)
F	Frankfurt	Stadt Frankfurt/Main (HE)
FD	Fulda	Landkreis Fulda (HE)
FDS	Freudenstadt	Landkreis Freudenstadt (BW)

EIC	Eichsfeld	Landkreis Eichsfeld (TH)
EIN	Einbeck	Landkreis Northeim (NI)
EL	Emsland	Landkreis Emsland (NI)
EMD	Emden	Stadt Emden (NI)
EN	Ennepe	Ennepe-Ruhr-Kreis (NW)
ERB	Erbach	Odenwaldkreis (HE)
ERK	Erkelenz	Kreis Heinsberg (NW)
ES	Esslingen	Landkreis Esslingen (BW)
ESW	Eschwege	Werra-Meißner-Kreis (HE)
EW	Eberswalde	Landkreis Barnim (BB)
FB	Friedberg	Wetteraukreis (HE)
FDB	Friedberg	Landkreis Aichach-Friedberg (BY)
FEU	Feucht-wangen	Landkreis Ansbach (BY)

Orts-kürzel	Ursprung	Stadt/Landkreis
FF	Frankfurt	Stadt Frankfurt/Oder (BB)
FG	Freiberg	Landkreis Mittel-sachsen (SN)
FKB	Frankenberg	Landkreis Waldeck-Franken-berg (HE)
FLÖ	Flöha	Landkreis Mittelsachsen (SN)
FO	Forchheim	Landkreis Forchheim (BY)
FR	Freiburg	Stadt Freiburg, Land-kreis Breisgau-Hoch-schwarzwald (BW)
FRI	Friesland	Landkreis Friesland (NS)
FS	Freising	Landkreis Freising (BY)
FTL	Freital	Landkreis Sächsische Schweiz-Osterz-gebirge (SN)
FÜS	Füssen	Landkreis Ostallgäu (BY)
FZ	Fritzlar	Schwalm-Eder-Kreis (EH HE)
GA	Gardelegen	Altmarktkreis Salzwedel (ST)

Orts-kürzel	Ursprung	Stadt/Landkreis
FFB	Fürstenfeld-bruck	Landkreis Fürstenfeldbruck (BY)
FI	Finsterwalde	Landkreis Elbe-Elster (BB)
FL	Flensburg	Stadt Flensburg (SH)
FN	Friedrichs-hafen	Bodenseekreis (BW)
FOR	Forst	Landkreis Spree-Neiße (BB)
FRG	Freyung, Grafenau	Landkreis Freyung-Grafenau (BY)
FRW	Freienwalde	Landkreis Märkisch-Oderland (BB)
FT	Frankenthal	Stadt Frankenthal (RP)
FÜ	Fürth	Stadt und Landkreis Fürth (BY)
FW	Fürsten-walde	Landkreis Oder-Spree (BB)
G	Gera	Stadt Gera (TH)
GAN	Gandersheim	Landkreis Northeim (NI)

GAP	Garmisch-Partenkirchen	Landkreis Garmisch-Partenkirchen (BY)
GD	Gmünd	Ostalbkreis (BW)
GE	Gelsen-kirchen	Stadt Gelsenkirchen (NW)
GEO	Gerolzhofen	Landkreise Schweinfurt. Hassberge (BY)
GF	Gifhorn	Landkreis Gifhorn (NI)
GHA	Geithain	Landkreis Leipzig (SN)
GI	Gießen	Landkreis Gießen (HE)
GL	Gladbach	Rheinisch-Bergischer Kreis (NW)
GM	Gummers-bach	Oberbergischer Kreis (NW)
GN	Gelnhausen	Main-Kinzig-Kreis (HE)
GÖ	Göttingen	Stadt und Landkreis Göttingen (NI)
GOH	Goarshausen	Rhein-Lahn-Kreis (RP)
GR	Görlitz	Landkreis Görlitz (SN)

GC	Glauchau	Landkreis Zwickau (SN)
GDB	Gadebusch	Landkreis Nordwest-mecklenburg (MV)
GEL	Geldern	Kreis Kleve (NW)
GER	Germers-heim	Landkreis Germersheim (RP)
GG	Groß-Gerau	Landkreis Groß-Gerau (HE)
GHC	Gräfen-hainichen	Landkreis Wittenberg (ST)
GK	Geilen-kirchen	Kreis Heinsberg (NW)
GLA	Gladbeck	Kreis Recklinghausen (NW)
GMN	Grimmen	Landkreis Vorpommern-Rügen (MV)
GNT	Genthin	Landkreis Jerichower Land (ST)
GOA	Goar	Rhein-Hunsrück-Kreis (RP)
GP	Göppingen	Landkreis Göppingen (BW)
GRA	Grafenau	Landkreis Freyung-Grafenau (BY)

Orts-kürzel	Ursprung	Stadt/Landkreis
GRH	Großenhain	Landkreis Meißen (SN)
GRM	Grimma	Landkreis Leipzig (SN)
GS	Goslar	Landkreis Goslar (NI)
GTH	Gotha	Landkreis Gotha (TH)
GUB	Guben	Landkreis Spree-Neiße (BB)
GV	Grevenbroich	Rhein-Kreis Neuss (NW)
GW	Greifswald	Landkreis Vorpom-mern-Greifswald (MV)
H	Hannover	Region Hannover (NI)
HAB	Hammelburg	Landkreis Bad Kissingen (BY)
HAM	Hamm	Stadt Hamm (NW)
HB	Hansestadt Bremen	Stadt Bremen (HB)
HBS	Halberstadt	Landkreis Harz (ST)
HCH	Hechingen	Zollernalbkreis, Landkreis Freuden-stadt (BW)

Orts-kürzel	Ursprung	Stadt/Landkreis
GRI	Griesbach	Landkreis Rottal-Inn (BY)
GRZ	Greiz	Landkreis Greiz (TH)
GT	Gütersloh	Kreis Gütersloh (NW)
GÜ	Güstrow	Landkreis Rostock (MV)
GUN	Gunzen-hausen	Landkreis Weißen-burg-Gunzenhausen (BY)
GVM	Greves-mühlen	Landkreis Nordwest-mecklenburg (MV)
GZ	Günzburg	Landkreis Günzburg (BY)
HA	Hagen	Stadt Hagen (NW)
HAL	Halle	Stadt Halle (ST)
HAS	Haßfurt	Landkreis Haßberge (BY)
HBN	Hildburg-hausen	Landkreis Hildburghausen (TH)
HC	Hainichen	Landkreis Mittelsachsen (SN)
HD	Heidelberg	Stadt Heidelberg, Rhein-Neckar-Kreis (BW)

HDH	Heidenheim	Landkreis Heidenheim (BW)	HDL	Haldensleben	Landkreis Börde (ST)
HE	Helmstedt	Landkreis Helmstedt (NI)	HEB	Hersbruck	Landkreis Nürnberger Land (BY)
HEF	Hersfeld	Landkreis Hersfeld-Rotenburg (HE)	HEI	Heide	Kreis Dithmarschen (SH)
HEL		Hessischer Landtag (HE)	HER	Herne	Stadt Herne (NW)
HET	Hettstedt	Landkreis Mansfeld-Südharz (ST)	HF	Herford	Kreis Herford (NW)
HG	Homburg	Hochtaunuskreis (HE)	HGN	Hagenow	Landkreis Ludwigslust-Parchim (MV)
HGW	Hansestadt Greifswald	Stadt Greifswald (MV)	HH	Hansestadt Hamburg	Stadt Hamburg (HH)
HHM	Hohenmölsen	Burgenlandkreis (ST)	HI	Hildesheim	Landkreis Hildesheim (NI)
HIG	Heiligenstadt	Landkreis Eichsfeld (TH)	HIP	Hilpoltstein	Landkreis Roth (BY)
HK	Heidekreis	Landkreis Heidekreis (NI)	HL	Hansestadt Lübeck	Stadt Lübeck (SH)
HM	Hameln	Landkreis Hameln-Pyrmont (NI)	HMÜ	Hann. Münden	Landkreis Göttingen (NI)
HN	Heilbronn	Stadt und Landkreis Heilbronn (BW)	HO	Hof	Stadt und Landkreis Hof (BY)
HOG	Hofgeismar	Landkreis Kassel (HE)	HOH	Hofheim	Landkreis Haßberge (BY)

Orts-kürzel	Ursprung	Stadt/Landkreis
HOL	Holzminden	Landkreis Holzminden (NI)
HOR	Horb	Landkreis Freudenstadt (BW)
HOT	Hohenstein	Landkreis Zwickau (SN)
HR	Homberg	Schwalm-Eder-Kreis (HE)
HS	Heinsberg	Kreis Heinsberg (NW)
HST	Hansestadt Stralsund	Stadt Stralsund (MV)
HV	Havelberg	Landkreis Stendal (ST)
HWI	Hansestadt Wismar	Stadt Wismar (MV)
HY	Hoyerswerda	Landkreis Bautzen (SN)
IGB	Ingbert	Stadt St. Ingbert (SL)
IL	Ilmenau	Ilm-Kreis (TH)
IN	Ingolstadt	Stadt Ingolstadt (BY)
J	Jena	Stadt Jena (TH)
JL	Jerichower Land	Landkreis Jerichower Land (ST)

Orts-kürzel	Ursprung	Stadt/Landkreis
HOM	Homburg	Saarpfalzkreis (SL)
HÖS	Höchstadt	Landkreis Erlangen-Höchstadt (BY)
HP	Heppenheim	Kreis Bergstraße (HE)
HRO	Hansestadt Rostock	Stadt Rostock (MV)
HSK	Hochsauer-landkreis	Hochsauerlandkreis (NW)
HU	Hanau	Stadt Hanau (HE)
HVL	Havelland	Landkreis Havelland (BB)
HX	Höxter	Kreis Höxter (NW)
HZ	Harz	Landkreis Harz (ST)
IK	Ilm-Kreis	Ilm-Kreis (TH)
III	Illertissen	Landkreis Neu-Ulm (BY)
IZ	Itzehoe	Kreis Steinburg (SH)
JE	Jessen	Landkreis Wittenberg (ST)
JÜL	Jülich	Kreis Düren (NW)

K	Köln	Stadt Köln (NW)	KA	Karlsruhe	Stadt und Landkreis Karlsruhe (BW)
KB	Korbach	Landkreis Waldeck-Franken-berg (HE)	KC	Kronach	Landkreis Kronach (BY)
KE	Kempten	Stadt Kempten (BY)	KEH	Kelheim	Landkreis Kelheim (BY)
KEL	Kehl	Ortenaukreis (BW)	KEM	Kemnath	Landkreise Bayreuth, Tirschenreuth (BY)
KF	Kaufbeuren	Stadt Kaufbeuren (BY)	KG	Kissingen	Landkreis Bad Kissingen (BY)
KH	Kreuznach	Landkreis Bad Kreuznach (RP)	KI	Kiel	Stadt Kiel (SH)
KIB	Kirchheim-bolanden	Donnersbergkreis (RP)	KK	Kempen, Krefeld	Kreis Viersen (NW)
KL	Kaiserslautern	Stadt und Landkreis Kaiserslautern (RP)	KLE	Kleve	Kreis Kleve (NW)
KLZ	Klötze	Altmarkkreis Salzwedel (ST)	KM	Kamenz	Landkreis Bautzen (SN)
KN	Konstanz	Landkreis Konstanz (BW)	KO	Koblenz	Stadt Koblenz (RP)
KÖN	Königshofen	Landkreis Rhön-Grabfeld (BY)	KÖT	Köthen	Landkreis Anhalt-Bitterfeld (ST)
KÖZ	Kötzting	Landkreis Cham (BY)	KR	Krefeld	Stadt Krefeld (NW)
KRU	Krumbach	Landkreis Günzburg (BY)	KS	Kassel	Stadt und Landkreis Kassel (HE)
KT	Kitzingen	Landkreis Kitzingen (BY)	KU	Kulmbach	Landkreis Kulmbach (BY)
KÜN	Künzelsau	Hohenlohekreis (BW)	KUS	Kusel	Landkreis Kusel (RP)

Orts-kürzel	Ursprung	Stadt/Landkreis
KW	Königs Wusterhausen	Landkreis Dahme-Spreewald (BB)
KYF	Kyffhäuser	Kyffhäuserkreis (TH)
LA	Landshut	Stadt und Landkreis Landshut (BY)
LAU	Lauf	Landkreis Nürnberger Land (BY)
LBS	Lobenstein	Saale-Orla-Kreis (TH)
LC	Luckau	Landkreis Dahme-Spreewald (BB)
LDK	Lahn-Dill-Kreis	Lahn-Dill-Kreis (HE)
LEO	Leonberg	Landkries Böblingen (BW)
LEV	Leverkusen	Stadt Leverkusen (NW)
LG	Lüneburg	Landkreis Lüneburg (NI)
LI	Lindau	Landkreis Lindau (BY)

Orts-kürzel	Ursprung	Stadt/Landkreis
KY	Kyritz	Landkreis Ostpri-gnitz-Spreewald (BB)
L	Leipzig	Stadt und Landkreis Leipzig (SN)
LAN	Landau	Landkreis Dingolfing-Landau (BY)
LB	Ludwigsburg	Landkreis Ludwigsburg (BW)
LBZ	Lübz	Landkreis Ludwigslust-Parchim (MV)
LD	Landau	Stadt Landau (RP)
LDS	Landkreis Dahme-Spree-wald	Landkreis Dahme-Spreewald (BB)
LER	Leer	Landkreis Leer (NI)
LF	Laufen	Landkreise Altötting, Berchtesgadener Land, Traunstein (BY)
LH	Lüding-hau-sen	Kreis Unna, Kreis Krefeld (NW)
LIB	Liebenwerda	Landkreis Elbe-Elster (BB)

LIF	Lichtenfels	Landkreis Lichtenfels (BY)	**LIP**	Lippe	Kreis Lippe (NW)
LL	Landsberg	Landkreis Landsberg (BY)	**LM**	Limburg	Landkreis Limburg-Weilburg (HE)
LN	Lübben	Landkreis Dahme-Spreewald (BB)	**LÖ**	Lörrach	Landkreis Lörrach (BW)
LÖB	Löbau	Landkreis Görlitz (SN)	**LOS**	Landkreis Oder-Spree	Landkreis Oder-Spree (BB)
LP	Lippstadt	Kreis Soest (NW)	**LR**	Lahr	Ortenaukreis (BW)
LRO	Landkreis Rostock	Landkreis Rostock (MV)	**LSA**		Land Sachsen-Anhalt (ST)
LSN		Land Sachsen (SN)	**LSZ**	Langensalza	Unstrut-Hainich-Kreis (TH)
LU	Ludwigshafen	Stadt Ludwigshafen (RP)	**LÜN**	Lünen	Kreis Unna (NW)
LUP	Ludwigslust, Parchim	Landkreis Ludwigslust-Parchim (MV)	**LWL**	Ludwigslust	Landkreis Ludwigslust-Parchim (MV)
M	München	Stadt und Landkreis München (BY)	**MA**	Mannheim	Stadt Mannheim (BW)
MAB	Marienberg	Erzgebirgskreis (SN)	**MAI**	Mainburg	Landkreise Kelheim, Landshut (BY)
MAK	Marktredwitz	Landkreis Wunsiedel (BY)	**MAL**	Mallersdorf	Landkreis Landshut (BY)
MB	Miesbach	Landkreis Miesbach (BY)	**MC**	Malchin	Landkreis Mecklen-burgische Seenplatte (MV)
MD	Magdeburg	Stadt Magdeburg (ST)	**ME**	Mettmann	Kreis Mettmann (NW)

Orts-kürzel	Ursprung	Stadt/Landkreis
MED	Meldorf	Kreis Dithmarschen (SH)
MEI	Meißen	Landkreis Meißen (SN)
MEL	Melle	Landkreis Osnabrück (NI)
MET	Mellrichstadt	Landkreis Rhön-Grabfeld (BY)
MGH	Mergentheim	Main-Tauber-Kreis (BW)
MH	Mülheim	Stadt Mülheim (NW)
MI	Minden	Kreis Minden-Lübbecke (NW)
MK	Märkischer Kreis	Märkischer Kreis (NW)
ML	Mansfelder Land	Landkreis Mansfeld-Südharz (ST)
MN	Mindelheim	Landkreis Unterallgäu (BY)
MOD	Marktoberdorf	Landkreis Ostallgäu (BY)
MON	Monschau	Städteregion Aachen, Kreis Düren (NW)

Orts-kürzel	Ursprung	Stadt/Landkreis
MEG	Melsungen	Schwalm-Eder-Kreis (HS)
MEK	Mittlerer Erzgebirgs-kreis	Erzgebirgskreis (SN)
MER	Merseburg	Saalekreis (ST)
MG	Mönchen-gladbach	Stadt Mönchengladbach (NW)
MGN	Meiningen	Landkreis Schmalkalden-Meiningen (TH)
MHL	Mühlhausen	Unstrut-Hainich-Kreis (TH)
MIL	Miltenberg	Landkreis Miltenberg (BY)
MKK	Main-Kinzig-Kreis	Main-Kinzig-Kreis (HE)
MM	Memmingen	Stadt Memmingen (BY)
MO	Moers	Kreis Wesel (NW)
MOL	Märkisch-Oderland	Landkreis Märkisch-Oderland (BB)
MOS	Monschau	Neckar-Oden-wald-Kreis (BW)

MQ	Merseburg, Querfurt	Saalekreis (ST)	**MR**	Marburg	Landkreis Marburg-Biedenkopf (HE)
MS	Münster	Stadt Münster (NW)	**MSE**	Mecklenburgische Seenplatte	Landkreis Mecklenburgische Seenplatte (MV)
MSH	Mansfeld, Südharz	Landkreis Mansfeld-Südharz (ST)	**MSP**	Main, Spessart	Landkreis Main-Spessart (BY)
MST	Mecklenburg-Strelitz	Landkreis Mecklenburgische Seenplatte (MV)	**MTK**	Main-Taunus-Keis	Main-Taunus-Kreis (HE)
MTL	Muldental	Landkreis Leipzig (SN)	**MÜ**	Mühldorf	Landkreis Mühldorf am Inn (BY)
MÜB	Münchberg	Landkreise Hof, Bayreuth (BY)	**MÜR**	Müritz	Landkreis Mecklenburgische Seenplatte (MV)
MVL		Landesregierung Mecklenburg-Vorpommern (MV)	**MW**	Mittweida	Landkreis Mittelsachsen (SN)
MY	Mayen	Landkreis Mayen-Koblenz (RP)	**MYK**	Mayen, Koblenz	Landkreis Mayen Koblenz (RP)
MZ	Mainz	Stadt Mainz, Landkreis Mainz-Bingen (RP)	**MZG**	Merzig	Landkreis Merzig-Wadern (SL)
N	Nürnberg	Stadt Nürnberg, Landkreis Nürnberger Land (BY)	**NAB**	Nabburg	Landkreise Schwandorf, Amberg-Sulzbach (BY)
NAI	Naila	Landkreis Hof (BY)	**NAU**	Nauen	Landkreis Havelland (BB)

Orts-kürzel	Ursprung	Stadt/Landkreis
NB	Neubranden-burg	Stadt Neubranden-burg (MV)
NDH	Nordhausen	Landkreis Nordhausen (TH)
NEA	Neustadt an der Aisch	Landkreis Neustadt an Aisch-Bad Windsheim (BY)
NEC	Neustadt bei Coburg	Stadt und Landkreis Coburg (BY)
NES	Neustadt an der Saale	Landkreis Rhön-Grabfeld (BY)
NF	Nordfriesland	Kreis Nordfriesland (SHH)
NI	Nienburg	Landkreis Nienburg/Weser (NI)
NL		Landesregierung Niedersachsen (NI)
NMB	Naumburg	Burgenlandkreis (ST)
NÖ	Nördlingen	Landkreis Donau-Ries (BY)
NOL	Niederschle-sische Ober-lausitz	Landkreis Görlitz (SN)

Orts-kürzel	Ursprung	Stadt/Landkreis
ND	Neuburg an der Donau	Landkreis Neuburg-Schrobenhausen (BY)
NE	Neuss	Rhein-Kreis Neuss (NW)
NEB	Nebra	Burgenlandkreis (ST)
NEN	Neunburg	Landkreis Schwandorf (BY)
NEW	Neustadt an der Wald-naab	Landkreis Neustadt an der Waldnaab (BY)
NH	Neuhaus	Landkreis Sonneberg (TH)
NK	Neunkirchen	Landkreis Neunkirchen (SL)
NM	Neumarkt	Landkreis Neumarkt/Oberpfalz (BY)
NMS	Neumünster	Stadt Neunmünster (SH)
NOH	Nordhorn	Landkreis Grafschaft Bentheim (NI)
NOM	Northeim	Landkreis Northeim (NI)

NOR	Norden	Landkreis Aurich (NI)
NR	Neuwied am Rhein	Landkreis Neuwied (RP)
NT	Nürtingen	Landkreis Esslingen (BW)
NVP	Nordvor-pommern	Landkreis Vorpommern-Rügen (MV)
NWM	Nordwest-mecklenburg	Landkreis Nordwest-mecklenburg (MV)
NZ	Neustrelitz	Landkreis Mecklen-burgische Seenplatte (MV)
OAL	Ostallgäu	Landkreis Ostallgäu (BY)
OBB	Obernburg	Landkreis Miltenberg (BY)
OC	Oschersleben	Landkreis Börde (ST)
OD	Oldesloe	Kreis Stormarn (SH)
OF	Offenbach	Stadt und Landkreis Offenbach (HE)
OH	Ostholstein	Kreis Ostholstein (SH)
ÖHR	Öhringen	Hohenlohekreis (NW)

NP	Neuruppin	Landkreis Ost-prignitz-Ruppin (BB)
NRW		Landesregierung Nordrhein-Westfalen (NW)
NU	Neu-Ulm	Landkreis Neu-Ulm (BY)
NW	Neustadt an der Wein-straße	Stadt Neustadt an der Weinstraße (RP)
NY	Niesky	Landkreis Görlitz (SN)
OA	Oberallgäu	Landkreis Oberallgäu (BY)
OB	Oberhausen	Stadt Oberhausen (NW)
OBG	Osterburg	Landkreis Stendal (ST)
OCH	Ochsenfurt	Landkreis Würzburg (BY)
OE	Olpe	Kreis Olpe (NW)
OG	Offenburg	Ortenaukreis (BW)
OHA	Osterode am Harz	Landkreis Göttingen (NI)
OHV	Oberhavel	Landkreis Oberhavel (BB)

Orts-kürzel	Ursprung	Stadt/Landkreis
OHZ	Osterholz	Landkreis Osterholz (NI)
OL	Oldenburg	Stadt und Landkreis Oldenburg (NI)
OPR	Ostprignitz, Ruppin	Landkreis Ostprignitz-Ruppin (BB)
OSL	Oberspree-wald, Lausitz	Landkreis Ober-spreewald-Lausitz (BB)
OVI	Oberviechtach	Landkreis Schwandorf (BY)
OVP	Ostvor-pommern	Landkreis Ostvorpommern (MV)
P	Potsdam	Stadt Potsdam (BB)
PAF	Pfaffenhofen	Landkreis Pfaffenhofen (BY)
PAR	Parsberg	Landkreise Kelheim, Neumarkt/Oberpfalz (BY)
PCH	Parchim	Landkreis Ludwigslust-Parchim (MV)
PEG	Pegnitz	Landkreise Bayreuth, Nürnberger Land, Forchheim (BY)

Orts-kürzel	Ursprung	Stadt/Landkreis
OK	Ohrekreis	Landkreis Börde (ST)
OP	Opladen	Stadt Leverkusen (NW)
OS	Osnabrück	Stadt und Landkreis Osnabrück (NI)
OTW	Ottweiler	Landkreis Ottweiler (SL)
OVL	Obervogt-land	Vogtlandkreis (SN)
OZ	Oschatz	Landkreis Nordsachsen (SN)
PA	Passau	Stadt und Landkreis Passau (BY)
PAN	Pfarrkirchen	Landkreis Rottal-Inn (BY)
PB	Paderborn	Kreis Paderborn (BY)
PE	Peine	Landkreis Peine (NI)
PF	Pforzheim	Enzkreis, Stadt Pforzheim (BW)

PI	Pinneberg	Kreis Pinneberg (SHH)
PL	Plauen	Vogtlandkreis (SN)
PM	Potsdam, Mittelmark	Landkreis Potsdam-Mittelmark (BB)
PR	Prignitz	Landkreis Prignitz (BB)
PS	Pirmasens	Stadt Pirmasens, Landkreis Südwestp-falz (RP)
PZ	Prenzlau	Landkreis Uckermark (BB)
QLB	Quedlinburg	Landkreis Harz (ST)
RA	Rastatt	Landkreis Rastatt (BW)
RD	Rendsburg	Kreis Rensburg-Eckernförde (SH)
RE	Reckling-hausen	Kreis Recklinghausen (NW)
REH	Rehau	Landkreise Hof, Wunsiedel (BY)
RG	Riesa, Großenhain	Landkreis Meißen (SN)
RI	Rinteln	Landkreis Schaumburg (NS)

PIR	Pirna	Landkreis Sächsische Schweiz-Ostergebirge (SN)
PLÖ	Plön	Kreis Plön (SH)
PN	Pößneck	Saale-Orla-Kreis (TH)
PRÜ	Prüm	Eifelkreis Bitburg-Prüm (RP)
PW	Pasewalk	Landkreis Vorpommern-Greifswald (MV)
QFT	Querfurt	Saalekreis (ST)
R	Regensburg	Stadt und Landkreis Regensburg (BY)
RC	Reichenbach	Vogtlandkreis (SN)
RDG	Ribnitz-Damgarten	Landkreis Vorpommern-Rügen (MV)
REG	Regen	Landkreis Regen (BY)
REI	Reichenhall	Landkreis Berchtesgadener Land (BY)
RHHh	Roth	Landkreis Roth (BY)
RID	Riedenburg	Landkreis Kelheim (BY)

Orts-kürzel	Ursprung	Stadt/Landkreis
RIE	Riesa	Landkreis Meißen (SN)
RM	Röbel/Müritz	Landkreis Mittelsachsen (SN)
RO	Rosenheim	Stadt und Landkreis Rosenheim (BY)
ROF	Rotenburg an der Fulda	Landkreis Hersfeld-Rotenburg (HE)
ROL	Rottenburg an der Laber	Landkreise Landshut, Kelheim (BY)
ROT	Rothenburg ob der Tauber	Landkreis Ansbach (BY)
RP	Rhein-Pfalz	Rhein-Pfalz-Kreis (RP)
RS	Remscheid	Stadt Remscheid (NW)
RT	Reutlingen	Landkreis Reutlingen (BW)
RÜD	Rüdesheim	Rheingau-Taunus-Kreis (HE)
RV	Ravensburg	Landkreis Ravensburg (BW)
RZ	Ratzeburg	Kreis Herzogtum Lauenburg (SH)

Orts-kürzel	Ursprung	Stadt/Landkreis
RL	Rochlitz	Landkreis Mittelsachsen (SN)
RN	Rathenow	Landkreis Havelland (BB)
ROD	Roding	Landkreise Cham, Schwandorf (BY)
ROK	Rocken-hausen	Donnersbergkreis (RP)
ROS	Rostock	Landkreis Rostock (MV)
ROW	Rotenburg (Wümme)	Landkreis Rotenburg (Wümme – NI)
RPL		Landesregierung Rheinland-Pfalz (RP)
RSL	Roßlau	Stadt Dessau-Roßlau (ST)
RU	Rudolstadt	Landkreis Saalfeld-Rudolstadt (TH)
RÜG	Rügen	Landkreis Vorpommern-Rügen (MV)
RW	Rottweil	Landkreis Rottweil (BW)
S	Stuttgart	Stadt Stuttgart (BW)

SAB	Saarburg	Landkreis Trier-Saarburg (RP)
SAL		Landesregierung Saarland (SL)
SAW	Salzwedel	Altmarkkreis Salzwedel (ST)
SB	Saarbrücken	Regionalverband Saarbrücken (SL)
SBK	Schönebeck	Salzlandkreis (ST)
SCZ	Schleiz	Saale-Orla-Kreis (TH)
SDL	Stendal	Landkreis Stendal (ST)
SE	Segeberg	Kreis Segeberg (SH)
SEE	Seelow	Landkreis Märkisch-Oderland (BB)
SEL	Selb	Landkreis Wunsiedel (BY)
SFT	Staßfurt	Salzlandkreis (ST)
SGH	Sangerhausen	Landkreis Mansfeld-Südharz (ST)
SHA	Schwäbisch Hall	Landkreis Schwäbisch Hall (BW)

SAD	Schwandorf	Landkreis Schwandorf (BY)
SAN	Stadtsteinach	Landkreise Hof, Kulmbach, Kronach (BY)
SÄK	Säckingen	Landkreis Säckingen (BW)
SBG	Strasburg	Landkreis Vorpommern-Greifswald (MV)
SC	Schwabach	Stadt Schwabach (BY)
SDH	Sonders-hau-sen	Kyffhäuserkreis (TH)
SDT	Schwedt	Landkreis Uckermark (BB)
SEB	Sebnitz	Landkreis Sächsische Schweiz-Osterz-gebirge (SN)
SEF	Scheinfeld	Landkreis Neustadt an der Aisch-Bad Windsheim (BY)
SFB	Senftenberg	Landkreis Oberspreewald-Lausitz (BB)
SG	Solingen	Stadt Solingen (NW)
SH		Landesregierung Schleswig-Holstein (SH)
SHG	Stadthagen	Landkreis Schaumburg (NI)

Orts-kürzel	Ursprung	Stadt/Landkreis
SHK	Saale-Hol-zland-Kreis	Saale-Holzland-Kreis (TH)
SI	Siegen	Kreis Siegen-Wittgenstein (NW)
SIM	Simmern	Rhein-Hunsrück-Kreis (RP)
SL	Schleswig	Kreis Schleswig-Flensburg (SH)
SLF	Saalfeld	Landkreis Saalfeld-Rudolstadt (TH)
SLK	Salzlandkreis	Salzlandkreis (ST)
SLS	Saarlouis	Landkreis Saarlouis(SL)
SLZ	Salzungen	Wartburgkreis (TH)
SMÜ	Schwab-münchen	Landkreis Augsburg (BY)
SO	Soest	Kreis Soest (NW)
SOG	Schongau	Landkreis Weilheim-Schongau (BY)
SÖM	Sömmerda	Landkreis Sömmerda (TH)

Orts-kürzel	Ursprung	Stadt/Landkreis
SHL	Suhl	Stadt Suhl (TH)
SIG	Sigmaringen	Landkreis Sigmaringen (BW)
SK	Saalekreis	Saalekreis (ST)
SLE	Schleiden	Kreis Düren, Kreis Euskirchen (NW)
SLG	Saulgau	Landkreis Saulgau (BW)
SLN	Schmölln	Landkreis Altenburger Land (TH)
SLÜ	Schlüchtern	Main-Kinzig-Kreis (HE)
SM	Schmal-kalden	Landkreis Schmakalden-Meiningen (TH)
SN	Schwerin	Stadt Schwerin (MV)
SOB	Schroben-hau-sen	Landkreis Neuburg-Schrobenhausen (BY)
SOK	Saale-Orla-Kreis	Saale-Orla-Kreis (TH)
SON	Sonneberg	Landkreis Sonneberg (TH)

SP	Speyer	Stadt Speyer (RP)	**SPB**	Spremberg	Landkreis Spree-Neiße (BB)
SPN	Spree, Neiße	Landkreis Spree-Neiße (BB)	**SR**	Straubing	Stadt Straubing, Landkreis Straubing-Bogen (BY)
SRB	Strausberg	Landkreis Märkisch-Oderland (BB)	**SRO**	Stadtroda	Saale-Holzland-Kreis (TH)
ST	Steinfurt	Kreis Steinfurt (NW)	**STA**	Starnberg	Landkreis Starnberg (BY)
STB	Sternberg	Landkreis Ludwigslust-Parchim (MV)	**STD**	Stade	Landkreis Stade (NI)
STE	Staffelstein	Landkreis Lichtenfels (BY)	**STL**	Stollberg	Erzgebirgskreis (SN)
STO	Stockach	Landkreis Stockach (BW)	**SU**	Siegburg	Rhein-Sieg-Kreis (NW)
SUL	Sulzbach	Landkreis Amberg-Sulzbach (BY)	**SÜW**	Südliche Weinstraße	Landkreis Südliche Weinstraße (RP)
SW	Schweinfurt	Stadt und Landkreis Schweinfurt (BY)	**SWA**	Schwalbach	Rheingau-Taunus-Kreis (HE)
SY	Syke	Landkreis Diepholz (NI)	**SZ**	Salzgitter	Stadt Salzgitter (NI)
SZB	Schwarzen-berg	Erzgebirgskreis (SN)	**TBB**	Tauber-bis-chofsheim	Main-Tauber-Kreis (BW)
TDO	Torgau, Delitzsch, Oschatz	Landkreis Nordsachsen (SN)	**TE**	Tecklenburg	Kreis Steinfurt (NW)
TET	Teterow	Landkreis Rostock (MV)	**TF**	Teltow, Fläming	Landkreis Teltow-Fläming (BB)

Ortskürzel	Ursprung	Stadt/Landkreis
TG	Torgau	Landkreis Nordsachsen (SN)
THW		Bundesanstalt Technisches Hilfswerk
TO	Torgau, Oschatz	Landkreis Nordsachsen (SN)
TP	Templin	Landkreis Uckermark (BB)
TS	Traunstein	Landkreis Traunstein (BY)
TÜ	Tübingen	Landkreis Tübingen (BW)
UE	Uelzen	Landkreis Uelzen (NI)
UFF	Uffenheim	Landkreis Neustadt an der Aisch-Bad Windsheim (BY)
UL	Ulm	Stadt Ulm, Alb-Donau-Kreis (BW)
UN	Unna	Kreis Unna (NW)
ÜB	Überlingen	Bodenseekreis, Landkreis Ravensburg (BW)
VAI	Vaihingen	Landkreis Ludwigsburg (BW)

Ortskürzel	Ursprung	Stadt/Landkreis
THL		Landesregierung Thüringen (TH)
TIR	Tirschen-reuth	Landkreis Tirschenreuth (BY)
TÖL	Tölz	Landkreis Bad Tölz, Wolfratshausen (BY)
TR	Trier	Stadt Trier, Landkreis Trier-Saarburg (RP)
TT	Tettnang	Bodenseekreis (BW)
TUT	Tuttlingen	Landkreis Tuttlingen (BW)
UEM	Ueckermünde	Landkreis Vorpommern-Greifswald (MV)
UH	Unstrut, Hainich	Unstrut-Hainich-Kreis (TH)
UM	Uckermark	Landkreis Uckermark (BB)
USI	Usingen	Hochtaunuskreis (HE)
V	Vogtland	Vogtlandkreis (SN)
VB	Vogelsberg	Vogelsbergkreis (HE)

VEC	Vechta	Landkreis Vechta (NI)
VG	Vorpommern, Greifswald	Landkreis Vorpommern-Greifswald (MV)
VIE	Viersen	Kreis Viersen (NW)
VK	Völklingen	Stadt Völklingen (SL)
VR	Vorpommern, Rügen	Landkreis Vorpommern-Rügen (MV)
W	Wuppertal	Stadt Wuppertal (NW)
WAF	Warendorf	Kreis Warendorf (NW)
WAN	Wanne	Stadt Herne (NW)
WAT	Wattenscheid	Stadt Bochum (NW)
WBS	Worbis	Landkreis Eichsfeld (TH)
WE	Weimar	Stadt Weimar (TH)
WEN	Weiden	Stadt Weiden (BY)
WES	Wesel	Kreis Wesel (NW)
WG	Wangen	Landkreis Ravensburg (BW)

VER	Verden	Landkreis Verden (NI)
VIB	Vilsbiburg	Landkreise Landshut, Rottal-Inn (BY)
VIT	Viechtach	Landkreis Regen (BY)
VOH	Vohenstrauß	Landkreis Neustadt an der Waldnaab (BY)
VS	Villingen, Schwennin-gen	Schwarzwald-Baar-Kreis (BW)
WA	Waldeck	Landkreis Waldeck-Frankenberg (HE)
WAK	Wartburg-kreis	Wartburgkreis (TH)
WAR	Warburg	Kreis Höxter (NW)
WB	Wittenberg	Landkreis Wittenberg (ST)
WDA	Werdau	Landkreis Zwickau (SN)
WEL	Weilburg	Landkreis Limburg-Weilburg (HE)
WER	Wertingen	Landkreise Dillingen, Augsburg (BY)
WF	Wolfen-büttel	Landkreis Wolfenbüttel (NI)
WHV	Wilhelms-haven	Stadt Wilhelmshaven (NI)

Orts-kürzel	Ursprung	Stadt/Landkreis
WI	Wiesbaden	Stadt Wiesbaden (HE)
WIS	Wismar	Landkreis Nordwest-mecklenburg (MV)
WIZ	Witzenhausen	Werra-Meißner-Kreis (HE)
WL	Winsen (Luhe)	Landkreis Harburg (NI)
WM	Weilheim	Landkreis Weilheim-Schongau (BY)
WN	Waiblingen	Rems-Murr-Kreis (BW)
WO	Worms	Stadt Worms (RP)
WOH	Wolfhagen	Landkreis Kassel (HE)
WOR	Wolfrats-hausen	Landkreise München, Bad Tölz-Wolfratshausen, Starnberg (BY)
WR	Wernigerode	Landkreis Harz (ST)
WS	Wasserburg	Landkreis Rosenheim (BY)
WST	Westerstede	Landkreis Ammerland (NI)

Orts-kürzel	Ursprung	Stadt/Landkreis
WIL	Wittlich	Landkreis Bernkastel-Wittlich (RP)
WIT	Witten	Ennepe-Ruhr-Kreis (NW)
WK	Wittstock	Landkreis Ost-prignitz-Ruppin (BB)
WLG	Wolgast	Landkreis Vorpommern-Greifswald (MV)
WMS	Wolmirstedt	Landkreis Börde (ST)
WND	Wendel	Landkreis St. Wendel (SL)
WOB	Wolfsburg	Stadt Wolfsburg (NI)
WOL	Wolfach	Ortenaukreis, Landkreis Freudenstadt (BW)
WOS	Wolfstein	Landkreis Freyung-Grafenau (BY)
WRN	Waren	Landkreis Mecklenburgische Seenplatte (MV)
WSF	Weißenfels	Burgenlandkreis (ST)
WSW	Weißwasser	Landkreis Görlitz (SN)

WT	Waldshut	Landkreis Waldshut (BW)	**WTL**	Wittlage	Landkreis Osnabrück (NI)
WTM	Wittmund	Landkreis Wittmund (NI)	**WÜ**	Würzburg	Stadt und Landkreis Würzburg (BY)
WUG	Weißenburg	Landkreis Weißenburg-Gunzenhausen (BY)	**WÜM**	Wald-münchen	Landkreis Cham (BY)
WUN	Wunsiedel	Landkreis Wunsiedel (BY)	**WUR**	Wurzen	Landkreis Leipzig (SN)
WW	Westerwald	Westerwaldkreis (RP)	**WZ**	Wetzlar	Stadt Wetzlar (HE)
WZL	Wanzleben	Landkreis Börde (ST)	**X**		Nato
Y		Bundeswehr	**Z**	Zwickau	Landkreis Zwickau (SN)
ZE	Zerbst	Landkreis Anhalt-Bitterfeld (ST)	**ZEL**	Zell	Landkreis Cochem-Zell (RP)
ZI	Zittau	Landkreis Görlitz (SN)	**ZIG**	Ziegenhain	Schwalm-Eder-Kreis (HE)
ZP	Zschopau	Erzgebirgskreis (SN)	**ZR**	Zeulenroda	Landkreis Greiz (TH)
ZW	Zweibrücken	Stadt Zweibrücken, Landkreis Südwestpfalz (RP)	**ZZ**	Zeitz	Burgenlandkreis (ST)

„FUNDGRUBE"

Im Jahr 1937 erschien im Günter Heymann Verlag das Büchlein „Die 1000fache Fundgrube" mit über 1000 Ratschlägen und Rezepten für alle möglichen alltäglichen Angelegenheiten. Viele dieser Ratschläge sind hier im Originaltext (einschließlich der damaligen Rechtschreibregeln) und den zugehörigen Nummern nachzulesen.

1. Haushalt

Küchenschrankgeruch wird beseitigt
durch Ausstreuen von gemahlenem Kaffee.

Die Schere wird wieder blank.
Gebrauchte Scheren und Werkzeuge erhalten neuen Glanz, wenn Sie eine Masse aus einer kleinen Tasse Kleie[*)] und heißem Wasser unter Zusatz von 1 Löffel Salz und 2 Löffeln Essig bereiten, sie hiermit ordentlich einreiben und mit Wasser nachspülen.

[*)] RÜCKSTÄNDE (SCHALENRESTE) BEI DER VERARBEITUNG VON GETREIDE ZU MEHL.

Eine Falte im Teppich?
Nach Abbürsten des Teppichs benetzt man die Falte auf der Rückseite mit Wasser, läßt den Teppich eine Stunde lang glatt liegen und bügelt ihn dann von der Rückseite.

Umbiegen der Teppichecken verhindern.
Man heftet unter die Ecken ein Stück steifer, genau angepaßter Pappe, über die noch etwas Futterleinwand genäht wird.

Bügeleisen halten die Hitze länger,
wenn man sie auf einen Ziegelstein stellt statt auf den üblichen Metalluntersatz.

Obstflecke an den Händen (zur Einmachzeit)
verschwinden durch Waschen der Hände in Buttermilch.

Ausgediente Gardinen
ergeben einen guten Schutz gegen Vogelfraß durch Bedecken der Saatbeete im Garten.

Apfelsinenschalen sind vorzüglich zum Reinigen
Emaillegefäßen, Ausgüssen, Badewannen und Porzellan.

Der Schlüssel dreht sich schwer.
Sie müssen ihn mit Paraffin einwachsen.

DIVERSES

Ein vorzügliches Putzmittel für Silbersachen
ist Schlämmkreide, die mit Spiritus zu einem dicken Brei angerührt wird.

Das Messer riecht nach Zwiebeln?
Man zieht es mehrmals durch eine rohe Mohrrübe.

Wasser- und Biergläser,
von denen das eine fest im anderen sitzt, lösen sich augenblicklich, wenn man das untere ins heiße Wasser stellt und in das obere kaltes Wasser hineingießt.

Goldsachen, die durch langes Liegen blind wurden,
reibt man mit dem Saft einer Zwiebel ein und läßt sie 1 – 2 Stunden liegen. Dann mit einem weichen Lappen abreiben.

Pflanzen dürfen nicht dann gedüngt werden,
wenn sie sich in der Winterruhe befinden.

Gießen im Garten nur abends!
Gießen während des Sonnenscheins ist zwecklos.

Nimm Salz zum Entfernen frischer Tintenflecke:
wird es sofort getan, so zieht die Tinte in das Salz ein.

Brillengläser laufen nicht an,
wenn man sie ganz leicht mit Glyzerin oder Seife abreibt.

Briefmarken löst man tadellos ab,
nachdem man den Umschlag von hinten gut befeuchtet hat.

Klaviertasten
reinigt man mit verdünntem Spiritus.

Schrammen auf Möbeln
reibt man mit einer Mischung aus gleichen Teilen Essig und Öl ab; sie verschwinden bald.

Polierte Möbel verlieren alle Flecke,
wenn man sie mit einem Lappen mit Wasser reinigt, in welchem Sauerkraut gewässert wurde. Mit trockenem Lappen nachreiben!

Ledermöbel
sind nur mit Benzin zu reinigen.

Kleine Teppiche im Sommer reinigen.
Am besten werden sie, wenn man sie nach dem Ausklopfen über kurzgeschorenen feuchten Rasen zieht.

Im Winter reinigt man kleine Teppiche,
indem man reinen Schnee über sie kehrt, den man nach einiger Zeit abbürstet.

Vasen reinigt man innen
mit gesalzenem Essigwasser. Gut durchschütteln und nachspülen.

Nagel und Haken leicht in Steinwände einschlagen.
Man muss sie nur vorher eine Weile in Öl legen.

Frische Rotweinflecke
werden einige Zeit mit Salz bestreut und dann ausgewaschen.

Alte Rotweinflecke.
Mit Schmierseife einreiben, warm auswaschen, mit verdünntem Wasserstoffsuperoxyd nachreiben, in reinem Wasser spülen.

Frische Kirsch-, Himbeer-, Fruchtsaftflecke.
Mit Zitronensaft einreiben, dann auswaschen.

Alte Zeitungsbogen
halten, im Winter unter den Teppich gelegt, das Zimmer wärmer.

Tube geht nicht auf?
Tubenkopf in heißes Wasser stecken.

2. Kochen, Ernährung, Lebensmittel

Tee erhält ein besonderes Aroma,
wenn man eine Vanillestange in die Teedose legt.

Wozu sind Eierschalen verwendbar?
Eierschalen, kurz gestoßen oder gemahlen, sind als kohlensaurer Kalk ein guter Zusatzdünger, für den besonders Bohnen und Erbsen dankbar sind. Auch für Topfpflanzen!

Alte Kartoffeln werden schmackhafter,
wenn man zu dem Kochwasser etwas Essig gibt.

Aussteinen von Kirschen.
Man schneidet einen Gänsekiel gerade ab, stößt mit dem Kielende den Stein zur anderen Seite heraus. Kaum eine Maschine besorgt das so rasch und gut.

Man soll Löffel auch nicht in aufbewahrten Speisen
lassen, weil sie dem Geschmack schaden.

Kartoffeln angebrannt?
Es ist halb so schlimm, wenn Sie noch einmal mit k a l t e m Wasser aufsetzen und dann nach Aufwallen gleich abgießen.

Eine angebrochene Bier- oder Seltersflasche aufheben.
Man stellt sie auf den Kopf. Die Kohlensäure bleibt erhalten.

Getrocknete Pilze, durch die Pfeffermühle gedreht,
ergeben eine hervorragende Würze zu vielerlei Zwecken.

Gemüse (außer Bohnen und Erbsen) abends ernten!
Sie haben dann die höchsten Nährwerte und besten Geschmack.

Wenn die Obstbäume unter Schneedruck leiden,
dann den Schnee abschütteln! Das Obst leidet sonst später.

Blumenkohl beim Kochen schön weiß halten.
Man gibt dem Kochwasser eine Kleinigkeit Zucker zu.

Eier platzen nicht beim Kochen,
wenn man etwas Salz in das Wasser tut.

Anbrennen von Milch wird vermieden,
wenn man den Kochtopf vorher gut mit kaltem Wasser ausspült.

Will die Schlagsahne nicht steif werden,
so fügt man etwas aufgelöste Gelatine hinzu.

Mandeln springen nicht fort
beim Hacken, wenn Sie etwas Zucker unterstreuen.

Um das Festwerden von Klößen zu verhindern,
muss man sie vor dem Kochen eine Stunde stehen lassen.

Beim Kochen von alten Kartoffeln
soll man eine Kleinigkeit Milch in das Wasser gießen. Sie werden dann nicht dunkel und der Geschmack wird verbessert.

Kartoffeln in kaltem oder heißem Wasser ansetzen?
Viel richtiger in heißem. Der Geschmack bleibt viel besser.

Kartoffeln soll man d ü n n schälen:
die wertvollsten Stoffe sitzen unmittelbar unter der Schale.

Hefe prüfen.
Man tut etwas Hefe in ein Glas heißes Wasser. Steigt sie hoch, so ist die Treibkraft noch gut.

Angebrannter Braten wird wieder tadellos,
wenn man das Fleisch samt der Soße nach Abschneiden der angeschwärzten Stellen in einen frischen Topf gibt und nun nach Beifügung einer Brise Natron zu Ende brät.

Jeder Fisch – hält sich frisch,
wenn man ihn in mit Essig getränkte, feuchte Tücher schlägt.

Wenn der Kuchen fest sitzt:
Blech oder Form mit einem nassen Tuch kurze Zeit abkühlen.

Aufgewärmt? Speisen soll man nur im Wasserbade
aufwärmen. Das nimmt ihnen den „aufgewärmten" Geschmack.

Bohnenkaffee schmeckt besonders gut,
wenn man eine Messerspitze Kakao zusetzt.

Nimm etwas Salz in die Pfanne beim Braten!
Es verhindert das Umherspritzen des Fettes.

Küchenkräuter nie in der Sonne,
nur im Schatten trocknen!

Welke Radieschen
legt man nicht mit der Knolle, sondern mit dem Blattwerk ins Wasser. So werden sie wieder aufgefrischt.

Ist der Fisch noch frisch?
Legen sie ihn in einen Topf mit Wasser! Sinkt er unter, kann er gekocht werden. Steigt er empor, so ist er schlecht.

Wenn man auf Fischfleisch mit dem Finger drückt
und der Eindruck zurückbleibt, so ist er reichlich alt. Bei frischem Fischfleisch schwindet der Eindruck sofort wieder.

Petersilie zerkleinert man am leichtesten,
wenn man sie vorher in heißes Wasser taucht, nicht kalt wäscht.

3. Körperpflege, Gesundheit, Krankheit

Gegen Schnupfen
hilft Einziehen einiger Tropfen Glyzerin in die Nase.

Braunfärbung der Fingerspitzen
bei starken Rauchern läßt sich mit Zitronensaft bekämpfen.

Kirschkerne sind ideale Füllung für Wärmkissen.
Man wärmt ein genügendes Quantum vor Gebrauch in der Röhre und füllt sie in einen Beutel aus Leinen- oder Baumwollstoff.

Rauchen abgewöhnen?
Wer sich das Rauchen abgewöhnen will, wird in diesem Bestreben unterstützt durch den reichlichen Genuß von Äpfeln.

Nimm Salz zum Gurgeln!

Bei Bienen- und Insektenstichen
mindert ein aufgelegter Salzbrei den Schmerz und verhindert Auftreten der Geschwulst.

Harz, Ölfarbe usw. an den Händen
wird mit Öl und Terpentin leicht abgewaschen.

Bienen- und Wespenstiche.
Man bestreicht die Stichwunde mit nasser Soda oder mit angefeuchtetem feinem Zucker. Der Schmerz geht zurück, die Geschwulst verschwindet. Steckengebliebene Stachel vorher entfernen.

Insektenstiche jeder Art
lindert Essigwasser.

Leichtere Hautverbrennungen.
Es hilft: Einreiben mit Butter oder Öl.

Schwere Brandwunden:
Auf die verbrannte Stelle streut man bis zum Eintreffen des Arztes doppelkohlensaures Natron dick auf. Darüber Verband!

Fußschweiß verschwindet
durch Einreiben der Füße mit Essigwasser nach dem Fußbad.

Entfettungskuren durch Erdbeeren
sind wirksam, wenn man täglich drei starke Portionen roh, ungesüßt ißt und zugleich völlig diät lebt.

Wenn Schnupfen und Husten zusammentreten,
dann ist völlige Nahrungsenthaltung häufig von bester Wirkung.

Verdauungsschwäche?
Nach jeder Mahlzeit ein Stückchen Ananas, roh oder eingemacht!

Stuhlverstopfung
kann in vielen Fällen durch reines Olivenöl behoben werden, von dem man morgens und abends einen Teelöffel voll nimmt.

Gegen Schlucken hilft:
eine Messerspitze Salz auf der Zunge sich auflösen lassen.

Reiner Zucker, vor sportlichen Leistungen genossen,
erhöht die Leistungsfähigkeit, insbesondere die Ausdauer.

Muskelkater nach sportlicher Anstrengung
mildert man durch heißes Vollbad und leichte Knetmassage.

Übermüdete Füße
werden wieder frisch durch lauwarmes Fußbad (15 Minuten) und anschließendes Massieren der Füße mit Franzbranntwein.

Herzklopfen
bekämpft man durch kalte Umschläge.

Schlechter Mundgeruch?
Ingwerwurzel kauen!

Gegen Schlaflosigkeit:
20 Tropfen Baldrian auf Zucker.

Gegen Schnarchen:
Das Bett am Fußende leicht erhöhen.

Achselschweiß beseitigt man
mit einer Abkochung von 30 g Eichenrinde und ¾ Liter Wasser.

Schlank werden. Ein ganz vorzügliches, unschädliches
Mittel ist, jeden Morgen nüchtern 1 Glas abgestandenes Wasser mit dem Saft einer Zitrone und einer Prise Salz zu trinken.

Zitronen werden um vieles ergiebiger,
wenn man sie vor dem Gebrauch in warmes Wasser legt.

4. Haustiere

Hunde werden von Häuserecken ferngehalten
durch Ausstreuen von etwas Schwefelblumen.

Der Hund darf keine Geflügelknochen
fressen. (Unbedingt beachten.)

5. Lästiges Ungeziefer

Eindringen von Motten verhindert man,
indem man ein Sträußchen Steinklee zwischen die Sachen legt.

Kellerasseln – das unangenehmste Ungeziefer
(platt, grau, breit, mit den vielen Beinen). Man gießt in eine Flasche einen Teelöffel Weingeist, dreht sie derart, daß die ganze Innenwand bespült wird, und legt sie so nieder, daß die Mündung den Boden berührt und die Asseln bequem hineinkriechen können. Das tun sie und werden betäubt. Man verbrennt sie.

Stachelbeerraupen verschwinden spurlos
durch Bestreuen der regenfeuchten Sträucher mit Tabak-Asche.

Blattläuse an jungen Rosentrieben usw.
Man siedet Zigarrenstummel und andere Tabakreste und bespritzt mit dieser Tabakbrühe die befallenen Triebe.

LITERATURVERZEICHNIS

Brockhaus Enzyklopädie (20 Bände), 17. Auflage, Wiesbaden 1967
Harenberg Personenlexikon 20. Jahrhundert, Dortmund 1994
Personenlexikon „Geschichte in Gestalten", Otus Verlag, St. Gallen 2004
Daten der Weltgeschichte, Weltbild Verlag, Augsburg 2001
Große Männer der Weltgeschichte, Kaiser Verlag, Klagenfurt 1987
Große Frauen der Weltgeschichte, Kaiser Verlag, Klagenfurt 1987
Greil, Josef: Wortprofi; Schülerwörterbuch Deutsch, 2. Auflage, München 1996
Schüler Duden „Die Geographie", Brockhaus AG, Mannheim 1997
Schüler Duden „Die Religionen", Brockhaus AG, Mannheim 1980
Schüler Duden „Das Wissen von A bis Z", Brockhaus AG, Mannheim 1980
Schüler Duden „Die Geschichte", Duden Verlag, Mannheim 1988
Haak Flaggenatlas Erde, 1. Auflage, Klett Perthes, Gotha 2001
Der Neue Fischer Weltalmanach 2018, S. Fischer Verlag, Frankfurt 2017
Der Neue Kosmos Weltalmanach 2021, Kosmos Verlag, Stuttgart 2020
Die 1000fache Fundgrube, Günter Heymann Verlag, Friesack 1937
Internet – Wikipedia

Viele Lehrbücher, die im Unterricht an weiterführenden Schulen verwendet werden

WERNER WIRTH

Der Autor (Jahrgang 1940) verbrachte seine Kindheit und Jugendzeit in der kleinen Stadt Helmbrechts im Frankenwald. Nach dem Abitur studierte er in Erlangen Mathematik und Geographie für das Lehramt. Bis zu seiner Pensionierung unterrichtete er diese beiden Fächer an der Realschule in Hof.
Neben seiner beruflichen Tätigkeit war er viele Jahre bei verschiedenen Verlagen als Autor und Mitautor tätig: Lehrbücher für den Geographie-Unterricht und viele Übungsbücher und Arbeitsmaterialien für den Mathematik-Unterricht.

Er war auch Erfinder und Herausgeber der allseits beliebten Lernspielreihe „Mit Freude spielend lernen". Das waren über 100 verschiedene Kartenspiele für alle Unterrichtsfächer, mit denen der im Unterricht behandelte Lehrstoff „spielend" überprüft werden konnte.

Die Eindrücke und Erfahrungen, die er auf seinen Reisen in die südeuropäischen Länder, nach Israel, Ägypten, Thailand, Russland, China, Mexiko und in die Zentralsahara sammelte, bereicherten seinen Geographie-Unterricht.

Für ihn sollte Wissensvermittlung in der Schule auf zwei Ebenen stattfinden. Einerseits ist es das notwendige und wichtige abfragbare Wissen, das anhand von Leistungsnachweisen überprüft wird. Andererseits ist es das Wissen als Grundlage für die weitere Ausbildung: Einen Überblick zu haben, Zusammenhänge zu erkennen und Fähigkeiten und Fertigkeiten zu entwickeln, um Herausforderungen im Leben zu meistern.